Medien • Kultur • Kommunikation

Herausgegeben von
A. Hepp, Bremen, Deutschland
F. Krotz, Bremen, Deutschland
W. Vogelgesang, Trier, Deutschland
M. Hartmann, Berlin, Deutschland

Kulturen sind heute nicht mehr jenseits von Medien vorstellbar: Ob wir an unsere eigene Kultur oder ‚fremde' Kulturen denken, diese sind umfassend mit Prozessen der Medienkommunikation verschränkt. Doch welchem Wandel sind Kulturen damit ausgesetzt? In welcher Beziehung stehen verschiedene Medien wie Film, Fernsehen, das Internet oder die Mobilkommunikation zu unterschiedlichen kulturellen Formen? Wie verändert sich Alltag unter dem Einfluss einer zunehmend globalisierten Medienkommunikation? Welche Medienkompetenzen sind notwendig, um sich in Gesellschaften zurecht zu finden, die von Medien durchdrungen sind? Es sind solche auf medialen und kulturellen Wandel und damit verbundene Herausforderungen und Konflikte bezogene Fragen, mit denen sich die Bände der Reihe „Medien • Kultur • Kommunikation" auseinandersetzen. Dieses Themenfeld überschreitet dabei die Grenzen verschiedener sozial- und kulturwissenschaftlicher Disziplinen wie der Kommunikations- und Medienwissenschaft, der Soziologie, der Politikwissenschaft, der Anthropologie und der Sprach- und Literaturwissenschaften. Die verschiedenen Bände der Reihe zielen darauf, ausgehend von unterschiedlichen theoretischen und empirischen Zugängen, das komplexe Interdependenzverhältnis von Medien, Kultur und Kommunikation in einer breiten sozialwissenschaftlichen Perspektive zu fassen. Dabei soll die Reihe sowohl aktuelle Forschungen als auch Überblicksdarstellungen in diesem Bereich zugänglich machen.

Herausgegeben von

Andreas Hepp
Universität Bremen
Bremen, Deutschland

Waldemar Vogelgesang
Universität Trier
Trier, Deutschland

Friedrich Krotz
Universität Bremen
Bremen, Deutschland

Maren Hartmann
Universität der Künste (UdK)
Berlin, Deutschland

Weitere Bände in dieser Reihe http://www.springer.com/series/12694

Friedrich Krotz · Cathrin Despotović
Merle-Marie Kruse
(Hrsg.)

Mediatisierung als Metaprozess

Transformationen,
Formen der Entwicklung
und die Generierung von Neuem

Herausgeber
Friedrich Krotz
Bremen, Deutschland

Merle-Marie Kruse
Bremen, Deutschland

Cathrin Despotović
Bremen, Deutschland

Die vorliegende Publikation entstand in dem von der Deutschen Forschungsgemeinschaft (DFG) geförderten Schwerpunktprogramm 1505 „Mediatisierte Welten: Kommunikation im medialen und sozialen Wandel" (http://www.mediatisiertewelten.de/).

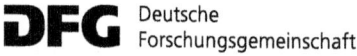

Medien • Kultur • Kommunikation
ISBN 978-3-658-16083-8   ISBN 978-3-658-16084-5 (eBook)
DOI 10.1007/978-3-658-16084-5

Die Deutsche Nationalbibliothek verzeichnet diese Publikation in der Deutschen Nationalbibliografie; detaillierte bibliografische Daten sind im Internet über http://dnb.d-nb.de abrufbar.

Springer VS
© Springer Fachmedien Wiesbaden GmbH 2017
Das Werk einschließlich aller seiner Teile ist urheberrechtlich geschützt. Jede Verwertung, die nicht ausdrücklich vom Urheberrechtsgesetz zugelassen ist, bedarf der vorherigen Zustimmung des Verlags. Das gilt insbesondere für Vervielfältigungen, Bearbeitungen, Übersetzungen, Mikroverfilmungen und die Einspeicherung und Verarbeitung in elektronischen Systemen.
Die Wiedergabe von Gebrauchsnamen, Handelsnamen, Warenbezeichnungen usw. in diesem Werk berechtigt auch ohne besondere Kennzeichnung nicht zu der Annahme, dass solche Namen im Sinne der Warenzeichen- und Markenschutz-Gesetzgebung als frei zu betrachten wären und daher von jedermann benutzt werden dürften.
Der Verlag, die Autoren und die Herausgeber gehen davon aus, dass die Angaben und Informationen in diesem Werk zum Zeitpunkt der Veröffentlichung vollständig und korrekt sind. Weder der Verlag noch die Autoren oder die Herausgeber übernehmen, ausdrücklich oder implizit, Gewähr für den Inhalt des Werkes, etwaige Fehler oder Äußerungen. Der Verlag bleibt im Hinblick auf geografische Zuordnungen und Gebietsbezeichnungen in veröffentlichten Karten und Institutionsadressen neutral.

Gedruckt auf säurefreiem und chlorfrei gebleichtem Papier

Springer VS ist Teil von Springer Nature
Die eingetragene Gesellschaft ist Springer Fachmedien Wiesbaden GmbH
Die Anschrift der Gesellschaft ist: Abraham-Lincoln-Str. 46, 65189 Wiesbaden, Germany

Inhaltsverzeichnis

Zur Einleitung – Mediatisierung als Metaprozess:
Transformationen, Formen der Entwicklung und die
Generierung von Neuem.................................... 1
Friedrich Krotz, Cathrin Despotović und Merle-Marie Kruse

Teil I   Zur Einführung

Mediatisierung: Ein Forschungskonzept 13
Friedrich Krotz

Teil II   Transformationen

Dimensionen und Dynamiken synthetischer Gesellschaften........... 35
Karin Knorr Cetina, Werner Reichmann und Niklas Woermann

Die Mediatisierung von Eltern-Kind-Beziehungen
im Kontext grenzüberschreitender Migration 59
Heike Greschke, Diana Dreßler und Konrad Hierasimowicz

Mediengeneration als Prozess: Zur Mediatisierung der
Vergemeinschaftungshorizonte von jüngeren, mittelalten
und älteren Menschen... 81
Andreas Hepp, Matthias Berg und Cindy Roitsch

Work-in-progress. Medien als Status-Marker
in der Fertigung politischer Positionen 113
Stefan Laube, Jan Schank und Thomas Scheffer

Teil III Diskontinuitäten

Häusliches Medienhandeln zwischen Dynamik und Beharrung: Die Domestizierung des Internets und die Mediatisierung des Zuhauses 2008–2016 139
Jutta Röser, Kathrin Friederike Müller, Stephan Niemand und Ulrike Roth

Mediatisierte Medienrezeption: Neue Integrationswege der Ko-Orientierung? 163
Udo Göttlich, Luise Heinz und Martin R. Herbers

Teil IV Reflexive Entwicklungen

Kulturen im Wandel: Zur nonlinearen Brüchigkeit von Mediatisierungsprozessen 187
Tilo Grenz und Michaela Pfadenhauer

Zwischen spekulativen Strategien und strategischen Spekulationen. Zur reflexiven Mediatisierung riskanter Geldverausgabung 211
Gerd Möll und Ronald Hitzler

Medien, Musik und Algorithmen – Zur Publikumsvermessung im Internet 233
Josef Wehner, Jan-Hendrik Passoth und Tilmann Sutter

Teil V Formierungen und Generierungen

Deliberation im Netz – Formen und Funktionen des digitalen Diskurses am Beispiel des Microbloggingsystems *Twitter* 259
Caja Thimm, Mario Anastasiadis und Jessica Einspänner-Pflock

Welchen Beitrag ‚leistet' die Materialität der Medien zum soziokulturellen Wandel? 281
Anne-Kathrin Hoklas und Steffen Lepa

Spielen in mediatisierten Welten – Editor-Games und der Wandel der zeitgenössischen Digitalkulturen 303
Pablo Abend und Benjamin Beil

**Die Mediatisierung der deutschen Forensik.
Aktivierte Zuschauer und private Unternehmen
auf dem forensischen Markt**................................... 323
Matthias Meitzler, Caroline Plewnia und Jo Reichertz

Teil VI Ausblick

**Pfade der Mediatisierung: Bedingungsgeflechte
für die Transformationen von Medien, Alltag,
Kultur und Gesellschaft** 347
Friedrich Krotz

Zur Einleitung – Mediatisierung als Metaprozess: Transformationen, Formen der Entwicklung und die Generierung von Neuem

Friedrich Krotz, Cathrin Despotović und Merle-Marie Kruse

Zusammenfassung

Heutzutage finden Leben und Erfahrungen von Menschen zunehmend in *mediatisierten Welten* statt. Dieser Begriff bezeichnet Handlungsfelder und Sozialwelten, in denen sich die relevanten Formen gesellschaftlicher Praktiken und kultureller Sinngebung untrennbar mit Medien verschränkt haben. Dieser Beitrag leitet die gemeinsame Abschlusspublikation des Schwerpunktprogramms 1505 „Mediatisierte Welten" ein, das im Zeitraum vom 1. Oktober 2010 bis zum 30. September 2016 von der Deutschen Forschungsgemeinschaft (DFG) gefördert und am ZeMKI der Universität Bremen koordiniert wurde. Der erste Abschnitt berichtet über die Entstehung, den Verlauf und wesentliche Aktivitäten des Schwerpunktprogramms „Mediatisierte Welten". Im zweiten Abschnitt wird das Konzept des Bandes vorgestellt und ein Überblick über die einzelnen Beiträge der Abschlusspublikation gegeben. In der sechsjährigen Forschung haben sich drei Perspektiven auf Mediatisierung als Metaprozess herauskristallisiert, entlang derer der Band strukturiert ist: *Transformationen, Diskontinuitäten und Reflexive Entwicklungen* sowie *Formierungen und Generierungen*.

F. Krotz (✉)
Universität Bremen, Bremen, Deutschland
E-Mail: krotz@uni-bremen.de

C. Despotović
Universität Bremen, Bremen, Deutschland
E-Mail: cathrin.despotovic@uni-bremen.de

M.-M. Kruse
Universität Bremen, Bremen, Deutschland
E-Mail: m.kruse@uni-bremen.de

Schlüsselwörter

Schwerpunktprogramm „Mediatisierte Welten" · Mediatisierung · Metaprozess · Mediatisierte Welten · Medienwandel · Abschlusspublikation

1 Das DFG-Schwerpunktprogramm 1505 „Mediatisierte Welten" – Entstehung, Verlauf und Aktivitäten

Der vorliegende Band ist die gemeinsame Abschlusspublikation des Schwerpunktprogramms (SPP) „Mediatisierte Welten", das im Zeitraum vom 1. Oktober 2010 bis zum 30. September 2016 von der Deutschen Forschungsgemeinschaft (DFG) gefördert und am ZeMKI der Universität Bremen koordiniert wurde. Grundstein des SPP war ein Einrichtungsantrag, der auf eine Idee von Friedrich Krotz zurück ging und in Zusammenarbeit mit Christiane Funken, Andreas Hepp sowie Michael Jäckel ausgearbeitet und Ende 2008 bei der DFG eingereicht wurde. Die basale Annahme des Schwerpunktprogramms war und ist, dass Leben und Erfahrungen der Menschen zunehmend in und in Bezug zu *mediatisierten Welten* stattfinden. Mit diesem Begriff werden Handlungsfelder und Sozialwelten bezeichnet, in denen sich die relevanten Formen gesellschaftlicher Praktiken und kultureller Sinngebung untrennbar mit Medien verschränkt haben. Mediatisierte Welten konkretisieren sich in Öffentlichkeit und Politik, aber auch in Alltag, sozialen Beziehungen und Geschlechterverhältnissen, Erwerbsarbeit und Konsum, gesellschaftlichen Institutionen und Arbeitsorganisation. Der Begriff *Mediatisierung* bezeichnet einen ähnlich übergreifenden Entwicklungsprozess wie Globalisierung oder Individualisierung, nämlich die zunehmende Prägung von Kultur und Gesellschaft durch Medienkommunikation.

Während das von Friedrich Krotz koordinierte Schwerpunktprogramm als Rahmenprogramm für einen Zeitraum von sechs Jahren bewilligt wurde, beliefen sich die Laufzeiten der Einzelprojekte auf jeweils zwei Jahre.[1] Einige Teilprojekte entwickelten jeweils Fortsetzungsanträge und konnten vier oder sechs Jahre im Kontext des SPP forschen. Zu allen drei Antragszeitpunkten haben sich jeweils etwa 50 Wissenschaftlerinnen und Wissenschaftler mit eigenen Projekten beworben,

---

[1]Einen Überblick über das Konzept, die Teilprojekte und Forschungsaktivitäten des Schwerpunktprogramms bietet weiterhin die SPP-Homepage (www.mediatisiertewelten. de). Über die offizielle Laufzeit des SPP hinaus bleibt zudem der SPP-Blog aktiv (blog. mediatisiertewelten.de).

jedoch war die Zahl der teilnehmenden Projekte jeweils durch die finanziellen Rahmenvorgaben begrenzt. So haben in den vergangenen sechs Jahren insgesamt 33 Teilprojekte an 18 Standorten unterschiedliche Aspekte des Zusammenhangs von Medienwandel und dem Wandel von Kultur und Gesellschaft erforscht. Die wesentlichen Ergebnisse dieser Forschung umreißt nun der vorliegende Abschlussband. Eine Reihe von Monografien einzelner Teilprojekte und von projektübergreifenden Sammelbänden liegt bereits vor, wie der SPP-Homepage (www.mediatisiertewelten.de) zu entnehmen ist. Zudem arbeiten mehrere Teilprojekte derzeit auch an eigenen abschließenden Monografien, die die jeweilige Forschungsarbeit im Detail darstellen.

Es würde zu weit führen, alle Forschungsaktivitäten des Schwerpunktprogramms in diesem kurzen Überblick darstellen zu wollen. Zusätzlich zu den gemeinsamen Buchpublikationen des SPP (vgl. Krotz und Hepp 2012; Hepp und Krotz 2014; Krotz et al. 2014) und vielfältigen internen wie externen, nationalen wie internationalen, größtenteils interdisziplinären Tagungen und Workshops, die im Rahmen des Schwerpunktprogramms organisiert wurden, sei an dieser Stelle insbesondere auf drei Aspekte verwiesen, die neben der konkreten Projektarbeit und der übergreifenden internen Zusammenarbeit die drei Förderphasen des SPP geprägt haben: *Erstens* die internationale Vernetzung des SPP, *zweitens* die Nachwuchsförderung innerhalb des Forschungszusammenhangs und *drittens* der Transfer von Ergebnissen in Zivilgesellschaft und Öffentlichkeit.

Mit Blick auf die *internationale Vernetzung* möchten wir zum einen die langjährige und intensive Kooperation mit der ECREA Temporary Working Group „Mediatization", die im Kontext einer SPP-Tagung gegründet wurde und aus der inzwischen eine Section „Mediatization" geworden ist, hervorheben. Sie führte sowohl zu Tagungsbänden als auch zur Herausgabe mehrerer Schwerpunkthefte zu Mediatisierung in renommierten internationalen Zeitschriften (vgl. u. a. Hepp und Couldry 2013; Hepp et al. 2010; Krotz 2013). Zum anderen haben auch verschiedene Einzelprojekte projektübergreifende nationale und internationale Tagungen veranstaltet.

Hinsichtlich der *Nachwuchsförderung* fanden im gesamten Förderzeitraum des SPP regelmäßig selbst organisierte Kolloquien des wissenschaftlichen Nachwuchses an verschiedenen Standorten statt, in deren Rahmen die eigenen Qualifikationsprojekte vorgestellt und übergreifende theoretische wie methodische Fragen, teilweise auch mit geladenen Expertinnen und Experten, diskutiert wurden. Zusätzlich wurde dem wissenschaftlichen Nachwuchs die Teilnahme an Summer Schools, Vernetzungstreffen und anderen karriereförderlichen Veranstaltungen ermöglicht. Die intensive Nachwuchsarbeit im SPP hat nicht nur zahlreiche wissenschaftliche Qualifikationsarbeiten hervorgebracht (vgl. z. B.

Einspänner-Pflock 2017; Englert 2014; Grenz 2017; Laube 2016; Schulz 2016; Schulz 2012), sondern mündet nun auch in einem über die Laufzeit des SPP hinaus bestehenden wissenschaftlichen Netzwerk mit gemeinsamen Forschungsaktivitäten. Im Kontext der Gleichstellungspolitik wurden darüber hinaus auch Workshops und Coachings speziell für die weiblichen Mitarbeiterinnen im Schwerpunktprogramm organisiert.

Der *Transfer von Forschungsergebnissen aus dem SPP in Zivilgesellschaft und Öffentlichkeit* erfolgte unter anderem durch die Mitarbeit mehrerer Teilprojekte am Webangebot „Terra Digitalis" der DFG im Kontext des Wissenschaftsjahrs 2014 zum Thema „Die digitale Gesellschaft".[2] Darüber hinaus organisierte das Koordinationsprojekt gemeinsam mit der Akademie für Politische Bildung Tutzing die Tagung „Mediatisierte Gesellschaften. Medienkommunikation und Sozialwelten im Wandel", deren Kreis von Adressierten neben Wissenschaftlerinnen und Wissenschaftlern vor allem auch Journalistinnen und Journalisten, in der schulischen wie außerschulischen Bildungsarbeit aktive Personen und andere Multiplikatorinnen und Multiplikatoren umfasste. Das SPP hat zusätzlich einen Blog (blog.mediatisiertewelten.de) eingerichtet, der zum Ziel hat, die Zivilgesellschaft über aktuelle Entwicklungen zum Wandel von (digitalen) Medien und Gesellschaft zu informieren und eine Diskussion anzuregen. Unter anderem wurden zu diesem Zweck wöchentliche Medienbeobachtungen sowie quartalsweise eine Journalbeobachtung veröffentlicht. Außerdem wird hier über wissenschaftliche Neuerscheinungen informiert und Gastautorinnen und -autoren eine Plattform geboten, auf der auch andere Textsorten als sonst wissenschaftlich üblich ausprobiert werden können.

2 Konzept des Bandes und Überblick über die Beiträge

Der vorliegende Sammelband, zu dem auch diejenigen Projekte eingeladen waren, die in früheren Phasen gefördert wurden, verfolgt eine doppelte Zielsetzung: Insofern es sich um die gemeinsame Abschlusspublikation des DFG-Schwerpunktprogramms „Mediatisierte Welten" handelt, umreißen die projektspezifischen Texte einerseits knapp, was die jeweiligen Projekte geforscht und erarbeitet haben. Andererseits konzentriert sich der Band – wie alle bisherigen SPP-Publikationen

---

[2]Vgl. http://www.terra-digitalis.dfg.de. Zugegriffen: 16. September 2016. Vgl. zum Wissenschaftsjahr 2014 allgemein auch http://www.digital-ist.de. Zugegriffen 16. September 2016.

auch – auf zentrale, übergreifende Themen, Fragestellungen und Entwicklungen der Mediatisierungsforschung und weist somit über einen reinen Berichtsband hinaus.

Hierzu wurden im Vorfeld folgende konzeptuelle Leitfragen entwickelt, die alle Projekte in ihren Beiträgen in verschiedenen Gewichtungen aufgreifen:

1. Welche empirischen Arbeiten hat das jeweilige Projekt durchgeführt bezogen auf welche Ausgangsüberlegungen, welche empirischen Einsichten und welche theoretischen Folgerungen ergaben sich für den jeweiligen Forschungsbereich?
2. Welche Schlussfolgerungen ergeben sich für den Mediatisierungsansatz?
3. An welche Theorien und Fragestellungen der Herkunftswissenschaft des Projekts hat das Projekt angeknüpft, welche Ergebnisse sind für die Herkunftswissenschaft relevant und wo können sie anknüpfen?
4. Welche Zusammenhänge und Verbindungen interdisziplinärer Art haben sich dabei ergeben, welche Ergebnisse sind für die anderen am SPP beteiligten Disziplinen interessant und welche wurden von diesen anderen Disziplinen übernommen?
5. Welche für die Öffentlichkeit möglicherweise relevanten Schlussfolgerungen lassen sich formulieren?

Während diese Leitfragen also eine erste konzeptuelle Klammer des vorliegenden Bandes bilden, sei an dieser Stelle auch betont, dass die jeweiligen Autorinnen und Autoren eigene Schwerpunktsetzungen in ihren Beiträgen vornehmen konnten und entsprechend ihre Texte selbst verantworten.

Eine zweite konzeptuelle Klammer ergibt sich aus der Prozessperspektive dieses Bandes: In der gemeinsamen Diskussion dessen, was die Teilprojekte in ihren Förderzeiten geforscht und an Erkenntnissen gewonnen haben, haben sich vor allem drei Perspektiven auf Mediatisierung als Metaprozess herauskristallisiert, die jeweils andere Akzente setzen, sich aber nicht gegenseitig ausschließen: *Transformationen, Diskontinuitäten und Reflexive Entwicklungen* sowie *Formierungen und Generierungen*. Entlang dieser Perspektiven ist entsprechend der vorliegende Band aufgebaut.

Zunächst fasst im ersten Abschnitt *Zur Einführung* ein Beitrag von Friedrich Krotz mit dem Titel *Mediatisierung: Ein Forschungskonzept* wesentliche Ergebnisse und Schlussfolgerungen aus der projektübergreifenden Mediatisierungsforschung der vergangenen Jahre zusammen und entwirft einige konzeptionelle Weiterentwicklungen. Ein besonderer Schwerpunkt liegt hierbei darauf, das Feld der Mediatisierungsforschung systematisch zu beschreiben.

Die Beiträge im zweiten Abschnitt *Transformationen* beschreiben Mediatisierung als Transformationsprozess(e) sozialer Felder bzw. sozialer Welten. Im Fokus stehen damit Prozesse der Veränderung bereits bestehender ‚Entitäten', die in andere Formen und Zusammenhänge weiter entwickelt werden. Karin Knorr Cetina, Werner Reichmann und Niklas Woermann sehen in ihrem Beitrag *Dimensionen und Dynamiken synthetischer Gesellschaften* eine der Konsequenzen des Mediatisierungsprozesses in der Veränderung der Ordnung sozialer Situationen auf der Mikroebene und untersuchen anhand zweier Fallbeispiele die Transformation der mikrosoziologischen, situativen Interaktionsordnung durch die Verwendung sogenannter skopischer Medien. Der Beitrag *Die Mediatisierung von Eltern-Kind-Beziehungen im Kontext grenzüberschreitender Migration* von Heike Greschke, Diana Dreßler und Konrad Hierasimowicz fragt, wie es gelingt, in geografischer Distanz mit Unterstützung von Kommunikationstechnologien eine Mutter- oder Vater-Position im Lebensalltag von Kindern innezuhaben und damit auch, wie sich unter Bedingungen von Migration und Mediatisierung das ‚doing family' ändert. Andreas Hepp, Matthias Berg und Cindy Roitsch beschäftigen sich in ihrem Beitrag *Mediengeneration als Prozess: Zur Mediatisierung der Vergemeinschaftungshorizonte von jüngeren, mittelalten und älteren Menschen* mit der kommunikativen Vernetzung und Gemeinschaftsbildung im Generationenvergleich und entwickeln einen prozesshaften Begriff von Mediengeneration. Schließlich verdeutlichen Stefan Laube, Jan Schank und Thomas Scheffer in dem Beitrag *Work-in-progress. Medien als Status-Marker in der Fertigung politischer Positionen* anhand von Ergebnissen ihrer ethnografischen Parlamentsforschung zur Fertigung politischer Sachpositionen, die verschiedene mediengestützte Karrieren durchlaufen, die Möglichkeitsbedingungen von Positionen-Fertigungen angesichts von Mediatisierung.

In den Beiträgen des dritten Abschnitts *Diskontinuitäten* wird Mediatisierung als nichtlinearer Prozess beschrieben. Im Fokus steht hier, dass Ungleichzeitigkeiten, Zurückwendungen oder Versuche zu beobachten sind, Mediatisierungsprozesse anzuhalten oder einzugrenzen. Der Beitrag *Häusliches Medienhandeln zwischen Dynamik und Beharrung: Die Domestizierung des Internets und die Mediatisierung des Zuhauses 2008–2016* von Jutta Röser, Kathrin Friederike Müller, Stephan Niemand und Ulrike Roth bezieht sich auf die Langzeitforschungen des Projekts und stellt dabei die Prozesshaftigkeit von Mediatisierung sowie die Begriffe „Dynamik" und „Beharrung", die als konstitutive Elemente von Mediatisierung diskutiert werden, in den Mittelpunkt der Betrachtung. Udo Göttlich, Luise Heinz und Martin R. Herbers analysieren in ihrem Beitrag *Mediatisierte Medienrezeption: Neue Integrationswege der Ko-Orientierung?* den Wandel von Rezeptions- und Nutzungsweisen des Fernsehens, der sich gegenwärtig durch das Hinzukommen des sogenannten Second Screen, also von mobilen, digitalen Endgeräten, auf denen Anwendungen parallel oder verschränkt zum Fernsehprogramm genutzt werden, vollzieht.

Die Beiträge des vierten Abschnitts *Reflexive Entwicklungen* zeigen, dass derartige komplexe Langzeitprozesse zumindest in verschiedenen Feldern auch aus Rückkopplungen bestehen und Gegenbewegungen produzieren bzw. benötigen, wie sie auch im Rahmen einer Theorie der reflexiven Modernisierung beschrieben werden. Tilo Grenz und Michaela Pfadenhauer befassen sich in ihrem Beitrag *Kulturen im Wandel: Zur nonlinearen Brüchigkeit von Mediatisierungsprozessen* mit reflexiver Mediatisierung und betrachten Kommerzialisierungsstrategien der Anbieter von De-Mediatisierungsangeboten, an denen Mediatisierung als multidirektional, non-linear und kulturspezifisch erkennbar wird. Wie zur Analyse der Entwicklung, Diffusion und Aneignung kommunikationsmedialer Technologien ein angemessener Begriff von reflexiver Mediatisierung beschaffen sein muss, der sowohl nicht-intendierte Nebenfolgen der Mediatisierungsdynamik für die Integrität und den Bestand sozialer Welten als auch unterschiedliche Modi des Umgangs mit freiwillig eingegangen Risiken und Unsicherheiten in mediatisierten Welten erfassen kann, ist dann Thema des Beitrags *Zwischen spekulativen Strategien und strategischen Spekulationen. Zur reflexiven Mediatisierung riskanter Geldverausgabung* von Gerd Möll und Ronald Hitzler. Josef Wehner, Jan-Hendrik Passoth und Tilmann Sutter zeigen in ihrem Beitrag *Medien, Musik und Algorithmen – Zur Publikumsvermessung im Internet* anhand ethnografischer Untersuchungen von Online-Musikanbietern, dass mit der Verdatung von Nutzungsaktivitäten im Web ein komplexes Beobachtungs- und Verhandlungsgeschehen einher geht, in dem sich Versuche einer Algorithmisierung von Medienaktivitäten mit komplementären Prozessen einer nicht-algorithmisierten Verarbeitung der Daten und Weiterentwicklung der Verfahren verbinden.

Mediatisierung wird schließlich in den Beiträgen des fünften Abschnitts *Formierungen und Generierungen* als das Entstehen neuer Phänomene beschrieben, die sich etwa in veränderten Praktiken oder Wissensordnungen ausdrücken. Der Schwerpunkt hier liegt insbesondere darin, die Entwicklungen dieses Neuen zu beschreiben. Ausgehend vom Konzept der deliberativen Demokratie nach Habermas gehen Caja Thimm, Mario Anastasiadis und Jessica Einspänner-Pflock in ihrem Beitrag *Deliberation im Netz – Formen und Funktionen des digitalen Diskurses am Beispiel des Microbloggingsystems Twitter* der Frage nach, ob und inwiefern sich Deliberation in die partizipativen Anwendungen des Sozialen Netzes fortsetzt und konzeptionell weiterentwickeln lässt, und stellen das entwickelte Konzept der Online Mini-publics vor. Anne-Kathrin Hoklas und Steffen Lepa setzen sich dann in dem Text *Welchen Beitrag ‚leistet' die Materialität der Medien zum soziokulturellen Wandel? Erkenntnistheoretische Potenziale des Affordanzkonzepts für die Mediatisierungsforschung am Beispiel des alltäglichen Musikhörens* mit Potenzialen des Affordanzbegriffs für die empirische Mediatisierungsforschung auseinander und stellen jene praktisch an ausgewählten Fallbeispielen aus ihrem Projekt zur Mediatisierung des alltäglichen Musikhörens in Deutschland dar. Der Beitrag *Spielen in mediatisierten Welten – Editor-Games und der Wandel der zeitgenössischen Digitalkulturen* von Pablo Abend und Benjamin Beil hat eine praxeologische und medienethnografische Erforschung soziotechnischer und sozio-ökonomischer Bedingungen der digitalen Medienpraxis des Computerspiel-Moddings und damit Praktiken der Veränderung oder Erweiterung von Inhalten und Strukturen eines Computerspiels durch Spielerinnen und Spieler zum Ziel. Der Beitrag *Die Mediatisierung der deutschen Forensik. Aktivierte Zuschauer und private Unternehmen auf dem forensischen Markt* von Matthias Meitzler, Caroline Plewnia und Jo Reichertz fragt vor dem Hintergrund eines wissenssoziologischen Medienwirkungsansatzes, welche Veränderungen sich im forensischen Feld als Folge seiner medialen Repräsentation im Fernsehen beobachten lassen.

Den Abschluss des Bandes bildet im sechsten Abschnitt *Ausblick* dann ein themenübergreifendes Fazit von Friedrich Krotz mit dem Titel *Pfade der Mediatisierung: Bedingungsgeflechte für die Transformationen von Medien, Alltag, Kultur und Gesellschaft,* das Mediatisierung als Metaprozess sozialen und kulturellen Wandels in einigen seiner Besonderheiten auf der Basis der Arbeit des Schwerpunktprogramms charakterisiert. Zentral ist, dass es nicht *die* Mediatisierung gibt, sondern dass Mediatisierungsprozesse in Abhängigkeit von Kultur und Geschichte, Ökonomie und Politik verlaufen und in den unterschiedlichsten sozialen Entitäten ausgehandelt werden (müssen). Zudem wird auf die Rolle historischer Bedingungen heutiger Mediatisierungsprozesse sowie auf die Bedeutung anderer Metaprozesse wie Globalisierung, Individualisierung und Kommerzialisierung eingegangen. Der Text nimmt auf dieser Basis auch die Frage nach einer kritischen Mediatisierungsforschung auf.

Literatur

Einspänner-Pflock J (2017) Privatheit im Netz. Konstruktions- und Gestaltungsstrategien von Online-Privatheit bei Jugendlichen. Springer/VS, Wiesbaden
Englert CJ (2014) Der CSI-Effekt in Deutschland? Die Macht des Crime TV. Springer/VS, Wiesbaden
Grenz T (2017) Mediatisierung als Handlungsproblem: Eine wissenssoziologische Studie zum Wandel materialer Kultur. Springer/VS, Wiesbaden

Hepp A, Couldry N (Hrsg) (2013) „Conceptualising Mediatization". Special Issue: Mediatization. Journal of Communication Theory 23
Hepp A, Krotz F (Hrsg) (2014) Mediatized worlds. Culture and society in a media age. Palgrave Macmillan, London
Hepp A, Hjarvard S, Lundby K (Hrsg) (2010) Special Issue: Mediatization. Communications. The European Journal of Communication Research 35
Krotz F (Hrsg) (2013) Special Issue: Media and cultural change outside of Europe. Communications. The European Journal of Communication Research 38
Krotz F, Hepp A (Hrsg) (2012) Mediatisierte Welten: Beschreibungsansätze und Forschungsfelder. Springer/VS, Wiesbaden
Krotz F, Despotović C, Kruse M-M (Hrsg) (2014) Die Mediatisierung sozialer Welten. Synergien empirischer Forschung. Springer/VS, Wiesbaden
Laube S (2016) Nervöse Märkte. Materielle und leibliche Praktiken im virtuellen Finanzhandel. De Gruyter Oldenbourg, Berlin/Boston
Schulz AH (2016) Usability in digitalen Kooperationsnetzwerken. Nutzertests und Logfile-Analyse als kombinierte Methode. Universität Bremen: Dissertation. http://elib.suub.uni-bremen.de/edocs/00105045-1.pdf. Zugegriffen: 20. September 2016
Schulz I (2012) Mediatisierte Sozialisation im Jugendalter. Kommunikative Praktiken und Beziehungsnetze im Wandel. Vistas, Berlin

Über die Autorinnen und den Autor

Friedrich Krotz, Dr. phil. habil., ist Professor für Kommunikationswissenschaft mit dem Schwerpunkt Soziale Kommunikation und Mediatisierungsforschung an der Universität Bremen. Er ist Initiator und Koordinator des DFG-Schwerpunktprogramms „Mediatisierte Welten". Forschungsschwerpunkte: Theorie und Methoden der Kommunikationswissenschaft, Kultursoziologie, Cultural Studies, Medien und Gesellschaft und Mediatisierungsforschung. Zu seinen letzten Veröffentlichungen gehören (zus. mit C. Despotović und M.-M. Kruse) 2014 die Herausgabe des Bandes „Die Mediatisierung sozialer Welten. Synergien empirischer Forschung" im VS-Verlag sowie (zus. mit A. Hepp) 2014 die Herausgabe des Buches „Mediatized worlds. Culture and society in a media age" bei Palgrave und (zus. mit A. Hepp) 2012 die Herausgabe des Bandes „Mediatisierte Welten. Forschungsfelder und Beschreibungsansätze" im VS-Verlag. Zudem ist er gewähltes Mitglied des International Councils der IAMCR.

Cathrin Despotović, M.A., ist wissenschaftliche Mitarbeiterin im Koordinationsprojekt des DFG-Schwerpunktprogramms „Mediatisierte Welten" am Zentrum für Medien-, Kommunikations- und Informationsforschung (ZeMKI) der Universität Bremen. Forschungsschwerpunkte: Diskursforschung, Medienkultur und politische Kultur, Wissenssoziologie. Veröffentlichung: „Die Mediatisierung sozialer Welten. Synergien empirischer Forschung" (hrsg. mit F. Krotz und M.-M. Kruse, Springer/VS 2014).

Merle-Marie Kruse, M.A., ist wissenschaftliche Mitarbeiterin im Koordinationsprojekt des DFG-Schwerpunktprogramms „Mediatisierte Welten" am Zentrum für Medien-, Kommunikations- und Informationsforschung (ZeMKI) der Universität Bremen. In ihrem

Dissertationsvorhaben beschäftigt sie sich mit Aushandlungen des ‚Politischen' im mediatisierten Alltag Jugendlicher. Forschungsschwerpunkte: Cultural (Media) Studies; Medienkultur und politische Kultur; Jugendliche, Politik und Medien; Diskurs- und qualitative Sozialforschung. Veröffentlichungen u. a.: „Cultural Studies" in „The International Encyclopedia of Political Communication", hrsg. von G. Mazzoleni et al. (mit T. Thomas, John Wiley & Sons 2015), „Die Mediatisierung sozialer Welten. Synergien empirischer Forschung" (hrsg. mit F. Krotz und C. Despotović, Springer/VS 2014), „Occupy als Jugendbewegung für Generationengerechtigkeit? Mediatisierte Aushandlungen des ‚Politischen' durch junge Menschen" in Journal für Generationengerechtigkeit (JFGG) 1/2015 (mit M. Stehling), „Pop Macht Nation. Affirmationen und Irritationen nationaler Identität in Texten deutschsprachiger Popmusik" (LIT 2013), „Dekonstruktion und Evidenz. Ver(un)-sicherungen in Medienkulturen" (hrsg. mit T. Thomas, S. Hobuß, I. Hennig, Helmer 2011).

Teil I
Zur Einführung

Mediatisierung: Ein Forschungskonzept

Friedrich Krotz

Zusammenfassung

Der Text gibt einen Einstieg in die neuere Mediatisierungsforschung, wobei der Schwerpunkt auf den im Rahmen des DFG-Schwerpunktprogramms „Mediatisierte Welten" entwickelten Konzepten und Überlegungen liegt. Zunächst geht es um grundlegende konzeptionelle und auch wissenschaftstheoretische Überlegungen. Im zweiten Teilkapitel werden vor allem die unterliegenden Konzepte von Medien, Mediensystem und Medienwandel diskutiert. Insbesondere wird hier das Entstehen einer digitalen, computerkontrollierten Infrastruktur herausgearbeitet. Das dritte Teilkapitel befasst sich dann vor allem mit der Frage, wie Medienwandel allgemein zu Transformationen von Alltag, Kultur und Gesellschaft führt; hier werden auch einige projektübergreifende Schlussfolgerungen vorgetragen. In einem knappen abschließenden Teil wird unter anderem auf den abschließenden Beitrag in diesem Band verwiesen, der an diesen einführenden Text anschließt und neben einem Konzept von möglichen Pfaden von Mediatisierung auch Überlegungen zu einer kritischen Mediatisierungsforschung präsentiert.

Schlüsselwörter

Mediatisierung · Medienwandel · Transformationsprozesse · Soziale Welten · Alltagswandel

---

F. Krotz (✉)
Universität Bremen, Bremen, Deutschland
E-Mail: krotz@uni-bremen.de

© Springer Fachmedien Wiesbaden GmbH 2017
F. Krotz et al. (Hrsg.), *Mediatisierung als Metaprozess,*
Medien • Kultur • Kommunikation, DOI 10.1007/978-3-658-16084-5_2

1 Ein Einstieg in die Mediatisierungsforschung von heute

Der Begriff *Mediatisierung*, so hat Stefanie Averbeck-Lietz (2014) gezeigt, wurde in Bezug auf Medienentwicklungen im 20. Jahrhundert immer wieder verwendet. Eine systematische Theorie von Mediatisierungsprozessen hat sich aber erst seit den 1990er Jahren im Zusammenhang mit dem Aufkommen digitaler Medien und des Computers entwickelt. Vor allem die Tatsache, dass dieser Begriff immer wieder im Zusammenhang mit Medienwandel Verwendung gefunden hat, macht deutlich, dass er am konkreten Erleben und an den verarbeiteten Erfahrungen der Menschen ansetzt: Menschen erleben Medienwandel als ein Neuentstehen und eine Weiterentwicklung von Medien, aber auch als die Entstehung von Kommunikationspotenzialen und Infrastrukturen, kommunikativ konstituierten Entitäten wie Beziehungen, veränderten privaten oder geschäftlichen Aktivitäten und Arbeitsfeldern, und nicht zuletzt auch dadurch, dass sie selbst und auch die anderen Menschen andere Kommunikationsgeräte erproben, ihre Zeit anders verbringen oder sich anders informieren. Damit verbundene Erfahrungen werden dann in der Alltagsperspektive der Menschen häufig mit dem Begriff *Mediatisierung* beschrieben und diskutiert.

Begriffe wie *Mediatisierung* oder *mediatisiert* finden dann auch sinnvoller Weise Verwendung in wissenschaftlichen Ansätzen, die sich mit dem Erleben und den Erfahrungen der Menschen in ihrem Alltag, in Kultur und Gesellschaft beschäftigen, und auch wissenschaftliche Ergebnisse lassen sich damit über die eigene Disziplin hinaus verständlich vermitteln, sofern ein solches Konzept angemessen definiert und entwickelt wird. Dazu muss *Mediatisierung* die sich wandelnden Kommunikationsbedingungen und die daraus resultierenden Veränderungen herausarbeiten, aber auch die neuen Formen symbolischen Handelns, das damit verbundene Erleben und die daraus entstehenden Erfahrungen sowie deren Konsequenzen konzeptionell integrieren. In diesem Sinn wurde der Mediatisierungsbegriff als Prozesskonzept in den 1990er Jahren verwendet und dann auch aufgegriffen (vgl. Krotz 1995; Mazzoleni und Schulz 1999) und in diesem Sinn wird er auch heute verstanden – er dient auch in seiner Verwissenschaftlichung einer wechselseitigen Verständigung.

Der Mediatisierungsansatz untersucht also, kurz gesagt, den Wandel von Alltag, Kultur und Gesellschaft im Kontext des Wandels der Medien. Dies geschieht *konzeptionell* in einer *Prozessperspektive:* Mediatisierungsforschung nimmt zwei aktuell stattfindende Transformationen, die miteinander in Beziehung stehen, in den Blick, und fragt dementsprechend nicht nach stabilen Sachverhalten oder unveränderbaren Fakten, sondern nach Prozessen des Medienwandels und den daraus resultierenden prozessualen Veränderungen; in diesem Zusammenhang werden dann auch Medien als Prozesse begriffen. Dieser grundlegende Aspekt spielt natürlich in allen theoretischen und empirischen Überlegungen eine zentrale Rolle; im Hinblick darauf ist auch der vorliegende Band gegliedert, wie es in der Einleitung dieses Bandes beschrieben wird.

Thematisch beschäftigt sich Mediatisierungsforschung dabei mit drei Bereichen: Zuallererst zielte der Ansatz darauf ab, den aktuellen, mit dem Aufkommen der ‚universellen, weil programmierbaren Maschine Computer' in Gang gekommenen Wandel von Medien mit allen seinen Folgen insbesondere für das Zusammenleben der Menschen angemessen empirisch zu untersuchen und umfassend theoretisch zu fassen. Mediatisierungstheorie beinhaltet dabei zweitens eine historische Perspektive: Sie interessiert sich für den Wandel der Medien von früher und die damals sich ergebenden Veränderungen in Alltag, Kultur und Gesellschaft. Sie will den aktuellen Wandel von heute auch im Kontext der historischen Entwicklungen verstehen. Weil Mediatisierungsforschung sich vor allem für die sozialen, kulturellen, organisatorischen und sonstigen Konsequenzen des Medienwandels interessiert, und diese Konsequenzen für die Menschen und ihr Zusammenleben von erheblicher Bedeutung sein können, gehört schließlich drittens zum Mediatisierungsansatz auch kritische Forschung, die sich an den Fragen der Zivilgesellschaft und damit auch an Werten wie Demokratie und Selbstverwirklichung (vgl. Adloff 2005) orientiert.

Dieses konzeptionelle Vorgehen der Mediatisierungsforschung prägt auch die dafür relevanten wissenschaftstheoretischen Überlegungen: Mediatisierungsforschung kommt nicht als eine mehr oder weniger axiomatische Grundlagentheorie daher, sondern zielt auf *Theoriebildung im Prozess ab, die an konkreten und erlebbaren Phänomen ansetzt.* In den Worten Stuart Halls: „I'm not interested in theory, I'm interested in going on theorizing" (Hall; zit. nach Ang 1989, S. 110). Danach wird Theorie als eine Möglichkeit begriffen, „die historische Welt und ihre Prozesse zu erfassen, zu verstehen und zu erklären, um Aufschlüsse für unsere eigene Praxis zu gewinnen und sie gegebenenfalls zu ändern" (Hall 1989, S. 173).[1] Dass ein derartiger pragmatischer Ansatz bei konkreten Studien dabei dann natürlich auf unterschiedliche Grundlagentheorien zurückgreift, liegt auf der Hand – beispielsweise auf ein in den Cultural Studies gegründetes semiotisches Medienkonzept (vgl. Williams 1990; Saussure 1998), die Domestizierungstheorie (vgl. Silverstone und Haddon 1996), auf ein dem symbolischen Interaktionismus

---

[1] Insgesamt zu einer Darstellung des Wissenschaftsverständnisses vgl. auch Krotz (2009, 2015) sowie Dorer und Marschik (2015).

entlehntes Kommunikationskonzept (vgl. Krotz 2001, 2007) und auf damit verträgliche Gesellschafts- und Persönlichkeitskonzepte (vgl. u. a. Marx und Engels 1969; Gramsci 1991; Foucault 1978; Bourdieu 1987).

Allen terminologischen, konzeptionellen und sonstigen Schwierigkeiten mit dem Konzept *Mediatisierung* zum Trotz hat sich dieser Forschungsansatz im Rahmen der Kommunikations- und Medienwissenschaft vermutlich vor allem deshalb etabliert, weil er letztlich der einzige übergreifend angelegte konzeptionelle Ansatz ist, der darauf abzielt, den derzeitigen Mediatisierungsschub insgesamt empirisch und theoretisch zu fassen. Dies geschieht insbesondere auch durch historische Studien und die Entwicklung eines Verständnisses des heutigen Wandels auch als Fortsetzung historischen Medienwandels, und, wie bereits erläutert, mit einer kritischen Zielsetzung. In dieser Hinsicht hat sich dieser Ansatz bisher auch ebenso bewährt wie die Untersuchung anderer langfristiger und kulturell übergreifender Metaprozesse (vgl. Krotz 2001, 2011) wie etwa der Globalisierungs- und der Individualisierungsforschung. Andere Rahmenkonzepte, die versucht haben, die gesamte Medienentwicklung und deren kulturelle wie gesellschaftliche Bedeutung zu beschreiben, wie etwa Konzepte einer Netzwerk-, Informations- oder Mediengesellschaft, haben immer nur Teilaspekte in den Blick genommen oder den Prozesscharakter der Entwicklungen nicht angemessen berücksichtigen können. Ähnliche Aussagen gelten für weitere Ansätze wie Remediatisierung, Domestizierung, Affordanz- und Praxistheorien, kommunikativen Konstruktivismus oder die Suche nach einer umfassenden und zeitübergreifenden Medienlogik, aber auch Konvergenzthesen – sie sind hilfreich und relevant, aber können immer nur Einzelaspekte angemessen in den Blick nehmen.

Insgesamt hat sich um das Konzept *Mediatisierung* herum vor allem in Europa eine breite Forschungslandschaft etabliert, was sich auch in dem Zustandekommen einer Sektion „Mediatisierung" des europäischen kommunikations- und medienwissenschaftlichen Verbandes ECREA ausdrückt. Zudem hat sich der Ansatz auch in andere Disziplinen hinein verbreitet – in die Soziologie und die Pädagogik beispielsweise, und das Konzept hat auch in weiteren Wissenschaften Beachtung gefunden, die sich mit dem Wandel ihres Gegenstandsbereichs durch eine wachsende Bedeutung von Medien beschäftigen. Dass der Mediatisierungsansatz dabei heute durchaus Lücken und Defizite aufweist und viele Konzepte noch nicht konsensuell festgelegt sind, soll dabei nicht verschwiegen werden. Häufig wird beispielsweise in publizierten Arbeiten nicht explizit angegeben, auf welche Medientheorien sich die Autorinnen oder Autoren beziehen, was dann zu Missverständnissen führen kann. Gleichwohl entwickeln sich aber allmählich gemeinsame Bezugsmuster (vgl. Lundby 2009, 2014), zu denen auch der vorliegende Aufsatz beitragen will.

Dazu wird im folgenden zweiten Teilkapitel zunächst ein Überblick über das theoretische und empirische Konzept der Transformation ‚Medienwandel' im Mediatisierungsansatz vorgestellt und begründet und im dritten Teilkapitel dann ausgeführt, wie die daraus resultierenden Transformationen von Alltag, Kultur und Gesellschaft entstehen und wie sie sich empirisch untersuchen und theoretisch fassen lassen. Zudem werden einige allgemeine Resultate neuer Mediatisierungsforschung umrissen. Im vierten Teilkapitel werden abschließend einige weiterführende Überlegungen präsentiert.[2]

2 Medienwandel: von einem Mediensystem aus technisch, sozial und kulturell singulären Mediengruppen zu einer computerkontrollierten digitalen Infrastruktur

2.1 Medien und Medienwandel in den Zeiten analoger Medien

Wenn man den prädigitalen Medienwandel beschreiben will, muss man zunächst den Begriff *Mediensystem* einführen – damit wurde bekanntlich in der klassischen vordigitalen Kommunikations- und Medienwissenschaft (KMW) die Menge aller damals noch analogen kommunikativen Medien einer Kultur bzw. Gesellschaft bezeichnet, die dort zu einem Zeitpunkt zur Verfügung standen und genutzt wurden (vgl. Kleinsteuber 2005; Thomaß 2007).

Medienwandel kann dann entweder durch den Wandel eines Mediums, also dessen Entstehung oder Weiterentwicklung zustande kommen, oder durch einen Wandel des Mediensystems – der wiederum durch den Wandel eines Mediums, einen Wandel von Verhältnissen von Medien zueinander oder aber auch durch andere, etwa medienübergreifende Einflüsse zustande kommen kann. Die Einführung religiöser Zensurmaßnahmen oder ein grundlegender Wandel von Finanzierungsbedingungen beispielsweise wären derartige übergreifende Einflüsse.

---

[2]Die Rolle externer Bedingungen für Medienwandel und Mediatisierung wie etwa von Globalisierung und kulturellen Voraussetzungen und die Frage nach der Bedeutung historischer Mediatisierungsprozesse für heutige Mediatisierungsprozesse etc. wird dann im diesen Band abschließenden Aufsatz unter dem Titel der „Pfade der Mediatisierung" vorgestellt. Dort werden auch Überlegungen zu den Grundlagen einer kritischen Mediatisierungsforschung besprochen.

Behandeln wir zunächst den Fall des Aufkommens und des Wandels eines *Einzelmediums*. Hier ist zunächst zu berücksichtigen, dass die verschiedenen analogen Medien bzw. Mediengruppen wie Schrift, Print, Foto, Tonband, Fernsehen, Brief und Telefon etc. auf ganz unterschiedliche Weisen in unterschiedlichen historischen Zusammenhängen entstanden sind, aus ganz unterschiedlichen Techniken bestanden, je an spezifische Sinneswahrnehmungen gerichtet waren, unterschiedliche Kompetenzen voraussetzten, unterschiedliche Inhalte und Ästhetiken verwendeten und über unterschiedlich ausgerichtete Institutionalisierungsprozesse in die jeweiligen Gesellschaften und Kulturen eingebettet worden waren.

In technischer wie in sozialer Hinsicht basierten alle Mediengruppen bzw. Medien insofern auf eigenständigen Grundlagen und entwickelten sich im Laufe der Geschichte auch auf eigenständige Weise: Die Printtechnologie beispielsweise wurde in Europa im 15. Jahrhundert erfunden, wobei die Druckmaschinen zunächst mechanisch arbeiteten; die Fotografie war eine Erfindung des 19. Jahrhunderts und beruhte damals auf chemischen Grundlagen; das elektromagnetische Fernsehen stammt aus dem zwanzigsten Jahrhundert; jede dieser Mediengruppen hat sich auch eigenständig entwickelt (vgl. Hörisch 2004; Bösch 2011). Das Gleiche lässt sich für die sozialen Grundlagen sagen: Jedes einzelne Medium ist auf seine Weise organisiert und in die Gesellschaft eingebettet worden. So entstanden für die Printmedien Druckereien und Verlage, später öffentliche Bibliotheken und Schulen, aber auch staatliche und kirchliche Zensureinrichtungen und dafür notwendige Normen. Die Fotografie benötigte optische Geräte und chemische Verfahren, um Bilder herzustellen, sichtbar und haltbar zu machen – über die Jahrzehnte hinweg entstanden zentralisierte Entwicklungslabore und darauf spezialisierte Transportsysteme, Museen und spezifische Zeitschriften für fotografische Bilder; es gab aber auch Pornografieverbot und das Recht am eigenen Bild.

Auf diesen jeweiligen technisch-sozialen Grundlagen wurden dann in Form einer lang andauernden Ausdifferenzierung *spezifisch ausgerichtete Mediendienste entwickelt, die als wirtschaftlich wie politisch tragfähige Geschäfts- und Organisationsmodelle an sich gleichzeitig entwickelnde Gewohnheiten, Praktiken und Erwartungen der Nutzerinnen und Nutzer gekoppelt waren, und die sich über die Zeit hinweg veränderten.* So differenzierten sich die Printmedien unter anderem in Flugblätter, Bücher, Zeitungen und Zeitschriften etc. aus; für die einzelnen dieser Mediendienste wurden dann jeweils angepasste Technologien entwickelt oder verwendet und spezifische Organisations- und Geschäftsmodelle gefunden. Ferner wurden soziale Institutionen eingerichtet, wie beispielsweise feudalistische Zensurinstanzen oder der demokratisch legitimierte Presserat, und die Schule fürs Lernen von Lesen und Schreiben entstand und wurde später für alle obligatorisch.

Auch das Fotografieren veränderte sich im Laufe der Zeit, etwa durch vereinfachte fotografische Geräte und eine Auslagerung des Entwickelns von Bildern durch schnell erreichbare Labore, wobei aber nach wie vor die meisten geknipsten Bilder in privaten Fotoalben verschwanden (vgl. Hörisch 2004; Bösch 2011).

Neben diesen technischen und sozialen Strukturen von Medien müssen im Hinblick auf Einzigartigkeit und andauernde Veränderung der Medien auch *die konkreten Inhalte, deren ästhetische Formen und die je medienspezifischen Erwartungen der Bevölkerung und ihre entsprechenden Nutzungsformen* berücksichtigt werden: Die technischen und sozialen Strukturen waren ja eigentlich nur die Voraussetzung für die konkreten Inhalte, die für die früheren Massenmedien produziert wurden, für die sich die Menschen interessierten und die sie auf ihre Weise nutzten, während für die Medien interpersonaler Kommunikation ästhetische, aber auch Nutzungsformen vorgegeben waren, Inhalte aber in bestimmten Rahmen nach Bedarf und Absicht gewählt werden konnten.

Im Hinblick auf Inhalte und ästhetische Formen unterschieden sich die früheren analogen Medien bekanntlich beträchtlich, und jedes Medium entwickelte sich auf seine Weise. Die Zeitung war beispielsweise als tagesaktuelles Informationsmedium etabliert, das zunächst in schwarz-weiß, später mit Bildern erschien, aus unterschiedlichen, dann aber fest vorgegebenen und geordnet angebotenen Genres wie Leitartikel, Kommentar oder Anzeigen bestand und für die es journalistische Regeln und diese kontrollierende Institutionen gab. Hingegen sind die Informationsleistungen des Fernsehens sehr viel mehr an Bilder, Bewegung und Farbe gebunden, sind unterschiedlich ausführlich, und sie konkurrieren mit anderen Genres wie Unterhaltung oder Sport. Dabei haben sich sowohl die Inhalte wie die Darstellungsformen wesentlich verändert, alltäglich in kleinen Schritten beispielsweise durch veränderte Schnitttechniken, oder mit großen Schritten, etwa durch die Einführung von Satellitenübertragungen.

Schließlich im Hinblick auf die Nutzungsformen und deren Wandel ist davon auszugehen, dass Medien für Nutzerin und Nutzer einen Erfahrungsraum bilden, in dem sich die Nutzungspersonen weitgehend nach eigenen Kriterien auf Inhalte einlassen konnten. Dabei konnten die individuellen oder schichtspezifischen Erwartungen und Gewohnheiten relativ unterschiedlich sein, nicht nur im Hinblick auf die verschiedenen Medien, etwa Zeitung und Buch, sondern auch im Hinblick darauf, wie mit einzelnen Medien umgegangen wurde. Gab es im Kino trotz Dunkelheit eine implizite soziale Kontrolle durch die enge Sitzordnung, so fand Fernsehnutzung überwiegend zu Hause und allenfalls im Kreis der Familie und damit weitgehend unbeobachtet statt. Zu erinnern ist auch daran, dass ein Wandel von Medien gleichwohl auch von der Nutzendenseite her erfolgen konnte – nach Illich (2010) kam die Entwicklung des Buches zu einer Form, wie wir sie heute kennen, bereits im 12. und 13. Jahrhundert zustande durch eine veränderte Nachfrage nach brauchbaren, in der jeweiligen Nationalsprache verfassten Büchern, deren Verwendung konkreten Nutzen versprechen sollte.

Ähnliche technische und soziale Besonderheiten wie auch historische Entwicklungen lassen sich auch für die anderen analogen sowie auch für die Medien interpersonaler Kommunikation aufzeigen – so benutzte Schrift unterschiedliche Trägermaterialien, wurde das Briefgeheimnis im Laufe der Zeit verbindlich und entwickelte sich das Telefon in vielen europäischen Ländern zum dispersen Massenmedium, das beispielsweise auch Konferenzschaltungen oder Zeitansagen anbot.

Zusammenfassend zeigen diese Überlegungen und Beispiele, dass die analogen einzelnen Medien je eigene technisch-organisatorische und soziale Strukturen besaßen und sich mit typischen Inhalten und ästhetischen Formen an ihre Nutzerinnen und Nutzer wandten, die ihrerseits ihre je eigenen Nutzungserwartungen und -gewohnheiten komplementär dazu entwickelten. Jede dieser vier Ebenen eines Mediums – Technik/Organisation, soziale Einbettung und Normen, Inhalte und ästhetische Formen sowie Nutzungserwartungen und -praktiken – unterlag eigenständigen Entwicklungen, die so zu Veränderungen des jeweiligen Mediums und damit des Mediensystems führten.

Was *die Einzelmedien übergreifenden Veränderungen des Mediensystems* angeht, so kann hier etwa das Hinzutreten neuer Fernsehanbieter wie im Jahre 1984 in Deutschland als Beispiel dienen, wodurch dann auch neue Genres zustande kamen, sich die Finanzierungsquellen der Medien veränderten, neue gesetzliche oder sonstige normative Regeln und damit zusammenhängende Institutionen wie etwa die Landesmedienanstalten aufkamen, neue Unternehmen entstanden und Nutzendengruppen wie etwa Kleinkinder einbezogen wurden etc. Entsprechende Einflüsse können aus der Gesellschaft, aber auch aus der Religion, der Wirtschaft, der Politik oder aus anderen Teilsystemen kommen, aber auch beispielsweise durch Globalisierung in Gang gesetzt werden.

2.2 Das Entstehen einer sich wandelnden digitalen computerkontrollierten Infrastruktur für symbolische Operationen

Heute befinden wir uns mitten in einem grundlegenden medialen Wandel, in dessen Folge die einzelnen Medien und die gesellschaftlichen Mediensysteme sowie deren Wandel vollständig anders beschrieben und charakterisiert werden müssen. Auch wenn manche heutigen Medienangebote mit den Namen früherer analoger

Medien bezeichnet werden – etwa Bilder als Fotos – so heißt dies keineswegs, dass sich da nichts geändert hat. Grundsätzlich kann man heute auch nicht mehr allgemein sagen, dass alle Hardware/Software-Systeme als menschlich nutzbare Kommunikationspotenziale dienen können – Suchmaschinen wie *Google* etwa hantieren zum größten Teil auf der Basis von komplexen und zum Teil autonomen Computersystemen und übersetzen allenfalls einzelne Resultate für menschliche Wahrnehmungen.

Denn seit einem halben Jahrhundert haben die analogen Mediensysteme sich *in homogene, sich immer weiter entwickelnde computergesteuerte, digitale Infrastrukturen verwandelt, über die tendenziell die gesamten symbolischen Operationen in einer Gesellschaft abgewickelt werden.* Auch diesem Wandel liegen technische Neuerungen zugrunde, aber ganz anderer Art, nämlich die *Erfindung und Entwicklung des Computers*[3], der dabei ist, zum Teil aller technischen Einrichtungen zu werden und alle derartigen Einrichtungen zu vernetzen, und der dabei insbesondere auch die alten Medien ‚verschluckt' hat. Wenn dies in den folgenden Punkten genauer beschrieben wird, so ist zu berücksichtigen, dass die je beobachteten Entwicklungen natürlich derzeit noch voll im Gange sind und keineswegs überall ein Endzustand erreicht ist, sofern ein solcher überhaupt jemals eintreten wird.

Was die analogen Medien angeht, so hat dabei jedes seine einzigartige Technik und Organisation ebenso wie seine typische soziale Einbettung und Struktur verloren und ist in Form eines Hardware/Software-System als Teil dieser digitalen Infrastruktur neu entstanden; d. h. alle sind in Computernetzen als Endgeräte integriert oder sogar von Computern simuliert. Am weitesten ist dieser Prozess bei der Fotografie vorangeschritten, die inzwischen überwiegend ohne ein darauf bezogenes spezifisches Gerät genutzt wird, mit Chemie nichts mehr zu tun hat, es dafür auch kaum noch eigenständige Geschäfte oder Distributionsformen gibt – selbst die Motive und die Verwendung von Fotos haben sich geändert bzw. erweitert, wie einerseits Selfies, andererseits die Verwendung von Foto-Präsentation oder Lagerung in *Instagram* oder *Facebook* zeigen. Man liest allmählich auch weniger auf Papier, und Bücher teilen ihre Gattungsbezeichnung mit e-books. Ebenso wie Filme, Serien und Musik werden bald auch geschriebene Texte

---

[3]Wir halten die Bedeutung des Computers für den heutigen Medienwandel für überragend; wenn die Entwicklung zu Beginn von dessen Verwendung zu Recht als Digitalisierung (etwa des Schreibens oder Rechnens) bezeichnet worden ist, kann ‚Digitalisierung' die späteren Entwicklungen nicht mehr angemessen beschreiben, wie weiter unten noch genauer begründet wird.

überwiegend mittels Streaming verteilt; bekanntlich plant *Amazon* auch schon eine nutzungsabhänge Gebühr anstatt eines Kaufpreises. Die zudem auf Computerbasis entstandenen neuen Medien/Mediendienste von heute sind Hardware/Software-Systeme, die in mindestens die folgenden Typen unterschieden werden können:

1. Distributionssysteme wie beispielsweise Blogs oder Websites, die prinzipiell von jedem Individuum oder sonstigen sozialen Akteur betrieben werden können, um darüber Inhalte, beispielsweise Meinungen, zu verteilen oder kontrollierte öffentliche Dialoge zu führen. Hier ist anzunehmen, dass sich diese Gruppe zunehmend in professionelle und nicht-professionelle Angebote ausdifferenziert.
2. Professionelle Distributionssysteme wie beispielsweise Streaming-Dienste oder Portale, die eine Vielzahl von professionellen Angeboten anbieten und bereithalten.
3. Interaktive Kommunikationsangebote, also wechselseitige Handlungsverhältnisse zwischen Mensch und mobilen, aber in der Regel an Rechennetze geknüpften Computern. Diese liefern den Menschen spezifische fiktive oder reale Repräsentationen und bieten darauf bezogene symbolische Operationsmöglichkeiten, wie etwa Computerspiele oder Roboter, beispielsweise der AIBO (vgl. Krotz 2007). Derartige Geräte simulieren immer häufiger auch menschliche Kommunikation, wie beispielsweise SIRI bei *Apple* oder sogenannte Bots, d. h. ‚autonom' agierende Software-Programme die sich in *Facebook* oder *Twitter* bewegen und dort als scheinbare Menschen in der Kommunikation auftreten.
4. Hardware/Software-Systeme, die interpersonale oder Gruppenkommunikation organisieren, wie etwa *WhatsApp, Telegram,* SMS oder in der Art des klassischen Telefonierens.
5. Hardware/Software-Systeme, die spezifische Handlungsformen organisieren, indem sie auf bestimmte Handlungsintentionen bezogene Organisationsformen anbieten und darüber Menschen und andere soziale Akteure zu spezifischen Aktivitäten zusammenbringen. Beispiele dafür sind etwa Partnerschaftsvermittlungen, Angebote wie *Tinder, YouPorn, Uber,* aber auch *Twitter* und *Amazon, Avaaz* und ähnliche Dienste.
6. Hardware/Software-Systeme, die spezifische Dienstleistungen anbieten, wie etwa Stadtpläne, Übersetzungshilfen etc., und dabei, wie manche der anderen Typen, vor allem als Datensammelstellen operieren.
7. Hardware/Software-Systeme, deren Zweck vor allem darin liegt, Daten zu sammeln, die einzelnen Individuen oder sozialen Akteuren zugeordnet werden können, sowie als Dienstleistungen Daten zu speichern oder auszuwerten.

Im Anschluss an solche Systematisierungen sind eine Reihe ergänzender Anmerkungen zu machen. Zunächst ist festzuhalten, dass die neu entstehenden Hardware/Software-Systeme *meist der Organisation von Handlungsweisen dienen sollen,* und diese auch gestalten und möglichst monopolartig einfangen wollen. Beispielsweise hat *Facebook* mittlerweile ein Monopol auf die Organisation privater Beziehungen im Rahmen der genannten digitalen computergesteuerten Infrastruktur, während *Google* das Wissen und damit auch die Traditionen der Menschen verwaltet und *Twitter* das Gestaltungsbedürfnis der Menschen kanalisiert. Zwar ermöglichen und vereinfachen derartige Angebote viele Formen der Internetnutzung, gleichzeitig schränken sie sie aber auch ein und nutzen sie zum Datensammeln. Hinzu kommt, dass viele derartige Dienste die Inhalte, die sie kontrollieren, nur noch personalisiert, d. h. selektiv an die Menschen zurückgeben.

Ergänzend finden sich neue Arten der Symbolisierung, insofern jede soziale Handlung entdifferenziert werden kann in einerseits das beabsichtigte Geschehen, andererseits eine symbolische Repräsentation, die dann in der computergesteuerten Infrastruktur vorgehalten wird. Beispielsweise Rasenmähen oder Staubsaugen werden so zu Tätigkeiten, die nicht mehr vom Menschen ausgeführt werden, sondern die der Mensch veranlasst und die irgendwelche Computeragglomerationen verbunden mit spezifischen Aktanten ausführen. Zudem werden die Inhalte, auf die derartige Hardware/Software-Systeme Zugriff haben und die sie sammeln, in Formen gespeichert und verwertet, die die Menschen mit ihrem Wahrnehmungsapparat nicht mehr unvermittelt nutzen können. Vielmehr finden alle Operationen auf der Basis von gespeicherten Daten in computergerechten Datenbanken statt, auf die nur noch dafür zugelassene bzw. zugeschnittene Computerprogramme sowie für bestimmte Zwecke programmierte Algorithmen zugreifen können. Diese liefern – Beispiel Personalisierung – den Endverbraucherinnen und -verbrauchern nur noch das zu, was der Algorithmus für angemessen hält. Dabei werden die für Menschen als zusammengehörig begriffenen Inhalte aufgelöst und entdifferenziert und sind insbesondere nur noch über Software zugänglich. Dem ist weiter hinzuzufügen, dass soziales Handeln von Menschen untereinander, sofern es nicht mittels Medien stattfindet, gleichwohl zunehmend von Medien begleitet, beobachtet oder beeinflusst wird, beispielsweise in sogenannten synthetischen Situationen (d. h. in Präsenz von Bildschirmmedien), wie Knorr Cetina et al. in diesem Band zeigen.

Gleichzeitig wird diese Infrastruktur von wenigen großen Unternehmen und Institutionen gesteuert, die dabei weitgehend ihren Interessen folgen, nur gelegentlich eingeschränkt von politischen Vorgaben. Zudem lässt sich beobachten, dass diese Infrastruktur zunehmend homogen wird, beispielsweise, was Datensammlung angeht, die von immer mehr Einzelakteuren betrieben wird, aber auch, was die Datenhaltung angeht. Durch neue Software besteht prinzipiell auch die Möglichkeit, dass immer neue handlungsbezogene Angebote entwickelt werden: Nicht mehr ‚content ist king', sondern ‚Handlungsorganisation durch Medien ist king'. Ein neueres Beispiel dafür sind beispielsweise die medizinischen Apps, die jeweils bestimmte Lebensbereiche und sozialweltlich gerichtete Aktivitäten der Menschen organisieren – sie machen sie einfacher und leichter, schränken sie aber gleichzeitig auch ein und machen sie zum Teil der computergesteuerten Infrastruktur. Denn in ihrem Rahmen lassen sich auch immer neue Geschäftsmodelle entwickeln, die auch deswegen erst einmal funktionieren, weil sie grenzüberschreitend angelegt sind und versuchen, Nutzerinnen und Nutzer in den verschiedenen Kulturen zu finden, um so genügend Rendite abzuwerfen.

Diese Überlegungen leiten aber bereits über auf das nächste Teilkapitel, nämlich, wie die Transformation der Medien zu einer Transformation im sozialen Leben, also von Alltag, Kultur und Gesellschaft führt.

3 Die Transformation des Sozialen und Kulturellen

Mediatisierungsforschung will sich ja, wie bereits eingangs angemerkt, gerade nicht auf die Untersuchung des Medienwandels beschränken, sondern die dadurch in Gang gebrachte Transformation von Alltag, Kultur und Gesellschaft herausarbeiten. Die zentrale Frage ist dementsprechend, wie der Wandel der Medien welche Transformationen von Alltag und Gesellschaft hervorruft, genauer, wie dieser Zusammenhang, der ohne Zweifel nicht als kausaler Zusammenhang verstanden werden kann (vgl. Krotz 2001, 2007; Lundby 2014), funktioniert.

Einen wesentlichen systematischen Beitrag zur Beantwortung dieser Frage liefert hier das im Schwerpunktprogramm vom Symbolischen Interaktionismus übernommene und weiter entwickelte Konzept der *sozialen bzw. mediatisierten Welten*. Diese Übernahme beruht auf der Beobachtung, dass sich wandelnde oder neu entstehende Medien oder Mediendienste in der Regel heute für alle Mitglieder einer Gesellschaft eingeführt, aber keineswegs von allen direkt übernommen oder gar verwendet werden. Dabei sind vielmehr komplexe Übernahme- bzw. Verweigerungsprozesse zu beobachten. Hinzu kommt, dass von manchen Bevölkerungsgruppen manche Medien besonders früh oder manchmal auch mit ganz anderen Intentionen übernommen werden, als das von den Erfindenden bzw. Organisierenden gedacht war. Beispielsweise wurde das Mobiltelefon bekanntlich zunächst der angepeilten Zielgruppe, nämlich gut bezahlten Managerinnen und

Managern angetragen, die das keineswegs alle übernahmen. Stattdessen waren es dann vor allem auch interessierte Jugendliche, die dieses Gerät domestizierten und mit der Kreation der SMS, später mit dem sogenannten ‚Anklingeln' preiswerte Formen der Nutzung fanden (vgl. Schulz 2012; Höflich 2016).

In allen solchen Fällen ist zudem festzuhalten, dass die meisten Menschen ein neues Medium nicht ganz allgemein in all ihre Lebensbereiche einführen, sondern es – erzwungen, angeregt oder einfach interessiert – in der Regel in einem bestimmten Lebensbereich erproben und dann seinen Einsatz ausweiten, wenn es sich denn bewährt hat. Das zeigen unter anderem die Studien von Röser et al. in diesem Band sowie etwa auch die phänomenologische Studie von Maria Bakardjieva (2005).

Für eine empirische Konzeption des dann doch recht offenen Begriffs der Lebensbereiche eignet sich nun der insbesondere von den Forscherinnen und Forschern um Anselm Strauss eingeführte Begriff der *sozialen Welt* oder auch *Sozialwelt* (vgl. Strauss 1978; Krotz 2014a). Darunter werden alle kommunikativen Aktivitäten bezüglich eines Themas oder Themenbereichs gefasst, zusammen mit den beteiligten Personen und Akteuren, die zu einem Zeitpunkt oder in einer bestimmten Zeitphase über dieses Thema kommunizieren – beispielsweise eine Fangruppe, ein Universitätsinstitut, eine Forschendengruppe oder eine Familie lassen sich als solche thematisch strukturierten kommunikativen Entitäten begreifen.[4] Die kommunikative Teilhabe in solchen thematisch über Interesse begründeten Entitäten verwickelt die Individuen in zusammenhängende Strukturen von Erleben und Handeln – und es sind in der Regel immer solche Sozialwelten, in denen neue Medien erprobt werden und in denen dann auch Vereinbarungen explizit oder implizit ausgehandelt werden, wie man was auf welche Weise kommuniziert, etwa, um zu kooperieren, sich zu informieren oder was auch immer sonst anfällt.

Dieser Begriff hat bei genauerem Hinsehen neben seiner Eignung als Einheit für Mediatisierungsforschung zwei Vorteile. Einmal sind auch *Publika,* das klassische Objekt der prädigitalen KMW, derartige Sozialwelten, weil sie sowohl als Präsenzpublika im Theater als auch als disperse Publika einer Zeitung oder einer Fernsehsendung als Sozialwelten begriffen werden können. Insofern knüpft Mediatisierungsforschung hier an die vordigitale KMW an. Zum anderen lässt sich auf der Basis des Begriffs der Sozialwelt auch sinnvoll definieren, was mit *mediatisiert* gemeint ist: In jeder solchen sozialen Welt werden dann neben situativer,

---

[4]Gelegentlich wird stattdessen auch der an die Arbeiten Norbert Elias' angelehnte Begriff der *kommunikativen Figuration* verwendet (vgl. Hepp und Hasebrink 2014), der aber mehr die objektivierte Vernetzung als das thematische Interesse als Grundlage in den Vordergrund stellt.

d. h. nicht medienvermittelter, Kommunikation bestimmte kommunikative Medien benutzt. In manchen dieser Sozialwelten sind dann eines oder mehrere der verwendeten Medien derart wichtig, dass man das, was dort geschieht, nur dann verstehen bzw. wissenschaftlich rekonstruieren kann, wenn man diese relevanten Medien prominent berücksichtigt – diese kann man dann *mediatisierte Sozialwelten* (im Hinblick auf ein spezifisches Medium) nennen: Beispielsweise ist die soziale Welt der Fußballspieler eines professionellen Vereins im Hinblick auf das Fernsehen mediatisiert, weil darüber sowohl die Karrieren der Spielenden als auch diese ganze Sozialwelt in ihrer Besonderheit finanziert werden. Beispielsweise waren Universitätsinstitute früher im Hinblick auf Bücher mediatisiert und sind es heute im Hinblick auf Computermedien (vgl. McNeely und Wolverton 2008).

Auf Basis dieser Überlegungen kann die Frage danach, wie sich Alltag, Kultur und Gesellschaft im Kontext des Wandels der Medien verändern, auf die Frage konzentriert werden, wie soziale Welten sich im Kontext des Wandels der Medien verändern und ggf. zu mediatisierten Welten werden.[5] Dazu lassen sich systematisch mögliche Prozesse beschreiben, wie die sich wandelnden Medien in sozialen Welten erprobt und verwendet werden und was dies dann etwa in alltäglicher, sozialer und kultureller, aber auch ökonomischer und politischer Hinsicht etc. verändert. In einer derartigen Perspektive können dafür auf der Basis abstrakter Überlegungen zunächst einmal die folgenden ‚Mechanismen' benannt werden, wie solcher sozialer und kultureller Wandel zustande kommt. Die hier benannten Mechanismen beziehen sich auf die oben bestimmten konkreten Formen gesellschaftlichen Medienwandels:

Einmal kann derartiger Wandel an einem ganz spezifischen Medium anknüpfen, weil die Menschen anders kommunizieren oder sich darauf beziehen, dass Medien wie auch immer eine zusätzliche Bedeutung zukommt. So verändert etwa die Nutzung von *Facebook* die sozialen Beziehungen der Menschen, oder Blogs und Informationsmedien wie *Twitter* etc. führen zu einer anderen politischen Öffentlichkeit. Dabei muss berücksichtigt werden, dass sich Aufkommen oder Wandel eines Mediums auch zunächst nur oder vor allem in den technischen oder sozialen Strukturen dieses Mediums oder in den darüber transportierten Inhalten, den verwendeten Ästhetiken oder schließlich in den veränderten Nutzungsbedingungen ausdrücken kann, insofern beispielsweise anlässlich der Zulassung von Privatfernsehen in Deutschland in den 1980er Jahren Landesmedienanstalten als neue Institutionen entstehen oder sich Machtbalancen verändern.

---

[5]Die daran anschließende Frage, wie sich dann Gesellschaft als Konglomerat einander überlappender und sich wandelnder sozialer Welten verändert, kann hier aus Platzgründen nicht weiter behandelt werden (vgl. auch Krotz 2014a).

Zweitens ist es möglich, dass Individuen und andere soziale Akteure ihr Handeln daran orientieren, dass die Menschen in spezifischen sozialen Welten anders kommunizieren, und so in Betracht ziehen, dass das eventuell auch für andere Akteure eine Rolle spielt – beispielsweise, wenn Unternehmen ihre Struktur so weiter entwickeln, dass sie ihre kommunikativen Beziehungen zu Lieferantinnen und Lieferanten, in der Produktion und zu Kundinnen und Kunden neu organisieren. So musste sich ja auch die Musikindustrie mit dem Aufkommen des Internet darauf einstellen, dass infolgedessen Musik außerhalb ihrer Kontrolle frei getauscht wird. Generell müssen sich alle sozialen Akteure wie etwa Unternehmen und Institutionen auf vielfältigen Ebenen auf derartige Veränderungen einstellen. In manchen Fällen sind derartige Anpassungen fortlaufende Prozesse, wie es das Konzept einer *reflexiven Mediatisierung* ausdrückt (vgl. hierzu Möll und Hitzler sowie Grenz und Pfadenhauer in diesem Band).

Drittens können das Aufkommen und die Verwendung neuer/veränderter Medien Auswirkungen auf das Mediensystem insgesamt haben, indem beispielsweise ergänzend weitere Mediendienste, neue Kombinationen von Medien oder neue Nutzungsformen mit weiteren Konsequenzen entstehen und verwendet werden, also weitere Mediatisierungsschübe in Gang gesetzt werden. Beispielsweise hatte der Erfolg von Smartphones zur Folge, dass spezifische Mediendienste als Apps entwickelt wurden, insbesondere solche, die auf die situative Präsenz von Smartphones zielten – Bezahlfunktionen, Taschenlampen, Schrittzähler und weitere situativ nutzbare Software (vgl. Krotz 2014b). Zudem ist hier auf die Entwicklung des Internets von einem Kommunikationsmedium zu einem Marktplatz zu verweisen – Medien und Mediengruppen können so auf andere Zielsetzungen hin orientiert werden.

Viertens können im Kontext des Wandels von Medien jenseits der Nutzerinnen und Nutzer, die an den kommunikativen Inhalten interessiert sind, andere Zielsetzungen für mediale Angebote eine Rolle spielen, um konkretes kommunikatives Handeln zu beeinflussen. So zielen beispielsweise viele pädagogische und politische Mediendienste darauf ab, politische Partizipation oder Medienkompetenz zu befördern. Insbesondere ist es auch so, dass Medien immer technisch/organisatorisch von Unternehmen oder Institutionen kontrolliert werden, die dadurch eigene Interessen verfolgen können. Hier ist insbesondere an die vielfältigen Kontroll- und Datensammelaktivitäten im Netz zu denken, aber auch an Bots, die auf *Twitter* agieren oder in *Facebook* Kommunikation zu beeinflussen versuchen.

Fünftens schließlich ist zu berücksichtigen, dass die entstehende computergestützte digitale Infrastruktur darauf abzielt, das Gesamt der symbolischen Aktivitäten einer Gesellschaft zu organisieren. In dieser Hinsicht ist auf die zukünftig wahrscheinlich zunehmende Bedeutung von Augmented Reality, auf das Entstehen neuer ‚Kommunikationspartner', die Menschen simulieren, etwa als Roboter, und die Potenziale des sogenannten Internets der Dinge zu verweisen (vgl. Krotz 2014b). Die damit verbundenen Möglichkeiten einer Selbststeuerung von Maschinen und Algorithmen konstituieren extern steuerbare Umgebungsbedingungen für konkretes Handeln und machen so völlig neue Geschäfts- und Organisationsmodelle, neue Machtquellen und politische Einflussnahmen, neue Verbrechen und Manipulationsformen usw. möglich.

Grundsätzlich lassen sich Mediatisierungsprozesse in der Geschichte der Menschheit insofern bis heute und vermutlich auch in der weiteren Zukunft als Ausdifferenzierung von Medien und von Kommunikation beschreiben. In dem so aufgespannten Rahmen lassen sich die im DFG-Schwerpunktprogramm „Mediatisierte Welten" (vgl. auch Krotz und Hepp 2012; Krotz et al. 2014; Hepp und Krotz 2014) realisierten Projekte ansiedeln (wenn sie auch nicht alle diese Begrifflichkeiten verwendet haben oder sich auf derartige Rahmenüberlegungen beziehen), wie sich Leserinnen und Leser im Folgenden überzeugen können. Aus derartigen Projekten können insofern wichtige Schlussfolgerungen über den Prozess der Mediatisierung gezogen werden, wie er heute stattfindet. Einige projektübergreifende Schlussfolgerungen, welche Konsequenzen Medienwandel in Alltag, Kultur und Gesellschaft auslösen kann, sollen schließlich diese Überlegungen illustrieren.

Waren die früheren Mediatisierungsformen der 1980er und 1990er Jahre auf die Etablierung und Durchsetzung der digitalen Infrastruktur ausgerichtet und war deshalb zunächst auch zu Recht von Digitalisierung die Rede, so richten sich die derzeitigen und wohl auch die zukünftigen Mediatisierungsschübe eher auf eine breitere und tiefere Durchdringung bisher eher oberflächlich beeinflusster Felder – *Digitalisierung war gestern,* heute geht es eher um die Breite und Tiefe der computergesteuerten medialen Infrastruktur und vor allem deren Orientierung und Gestalt. Hier bekommt auch das Smartphone als alltäglicher Begleiter jeder und jedes Einzelnen seine Bedeutung, dessen Ableger wie Kopfhörer, *Google Glass* und Schrittzähler zunehmend zu Körperteilen werden. Es entsteht eine stets an die Netze angeschlossene *Augmented Personality,* die nicht mehr nur an den Körper gebunden sein muss.

Die ständige potenzielle Verbundenheit jedes Individuums mit allen anderen Individuen und Institutionen, also eine zunehmende und radikale Verdichtung von Vergemeinschaftung bzw. Vergesellschaftung, kann als besonderes Kennzeichen des Entstehens einer computerkontrollierten digitalen Infrastruktur gesehen werden. Eine daran anschließende These ist, dass die zunehmend über ihre Teilhabe an der computergesteuerten digitalen Infrastruktur vergesellschafteten Individuen das Netz immer weiter gehend zu ihrem Lebensraum machen. Infolgedessen wäre es notwendig, ein Menschenrecht auf einen freien und unkontrollierten Zugriff auf das Internet zu definieren – ein Recht, das weder begrenzt, noch kommerziell erstickt, aber auch nicht durch Datensammelei gegen das Individuum gewendet oder durch staatliche Regulierung wie etwa Abschaffung von Netzneutralität eingeschränkt werden darf. Weiter ist festzuhalten, dass die Vergemeinschaftungsformen im Internet mittlerweile entweder durchkommerzialisiert sind oder sie gerade durchkommerzialisiert werden. Die Behauptung, dass bei den damit verbundenen und auch von den Staaten vorangetriebenen Überwachungsformen nur vorhandene Datenspuren eingesammelt werden, ist aber eine der verharmlosenden Lügen. Richtig ist, dass Aktivitäten der Nutzerinnen und Nutzer systematisch angeregt, beobachtet und registriert werden, dass viele Apps so programmiert wurden, dass möglichst viele ‚Spuren' entstehen, und dass eine Vielzahl sammelnder Programme und Mechanismen extra entwickelt wurden. Die These hier ist, dass langfristig dem nur eine radikale Dezentrierung sowie eine demokratische, gesellschaftlich organisierte Kontrolle und Begrenzung von Hardware/Software-Systemen abhelfen kann.

Von Bedeutung für Demokratie und politische Partizipation ist weiter, dass sich das Informationsverhalten der Menschen langfristig deutlich zu verändern scheint (vgl. Wagner und Gebel 2014). Waren früher im Alltag der Bürgerinnen und Bürger bestimmte Teile des Tages dem Ritual der Nachrichtenaufnahme und deren Reflexion gewidmet, so wird ein Bedarf an Informationen zunehmend an die je konkrete Situation gebunden, in der diese Informationen relevant wären, und so anders eingefordert und aufgenommen. Darauf gerichtete situative Informationsangebote sind aber natürlich schwieriger in ihren Intentionen und Hintergründen zu beurteilen und machen so abhängiger: Augmented Reality sowie die stetige kommunikative Anbindung an soziale Netzwerke und das Aufkommen des Internet der Dinge lassen vermuten, dass sich in diesem Zusammenhang auch die zutiefst menschliche Aktivität, Erleben zu reflektieren und es dadurch in persönliche Erfahrungen umzuwandeln, verändern wird. Denn für solche Prozesse werden zunehmend etwa via *Facebook* präsentative Formen nach Außen verwendet, auf die dann beliebige Andere, aber auch Aktanten, Apps und Algorithmen reagieren und sich zu Wort melden, aber auch sonst etwa via *Twitter* und anderen Kanälen zunehmend Ansichten Anderer einbezogen werden. Derartige Überlegungen verweisen auf notwendige weitere Untersuchungen.

4 Ergänzende Überlegungen

Insgesamt knüpft der Mediatisierungsansatz einerseits an die klassische Kommunikationswissenschaft des 20. Jahrhunderts an, indem er thematisch der zunehmenden qualitativen und quantitativen Bedeutung der Medien für die Menschen nachgeht und sich dabei konzeptionell auf die zentralen Konzepte der KMW wie *Medium, Sozialwelt, Kommunikation* oder *Wandel* bezieht. Dabei geht er aber über die Fragen der klassischen Kommunikationswissenschaft hinaus. Denn die kulturelle und gesellschaftliche Bedeutung der Medien wie des Medienwandels geht heute nicht mehr nur die Kommunikations- und Medienwissenschaft an, sondern muss interdisziplinär erforscht, verstanden und praktisch beeinflusst werden. Dabei müssen auch andere Metaprozesse wie Globalisierung und Individualisierung berücksichtigt werden, die parallel und in Bezug zu Mediatisierungsschüben stattfinden; schließlich ist auch eine auf die Fragen der Zivilgesellschaft gerichtete kritische Perspektive notwendig.

Insofern ist der Mediatisierungsansatz als in der Kommunikationswissenschaft wurzelnde, aber gleichzeitig interdisziplinär angelegte Sozialwissenschaft anzusehen, die prinzipiell von den sozialen Subjekten und insbesondere den menschlichen Individuen ausgeht. Der Ansatz ist also neben seiner bereits eingangs genannten Prozessualität insbesondere sozial- und nicht medienzentriert. Dabei ist freilich darauf zu achten, dass er bei seinen Fragestellungen bleibt. Ergänzend ist weiter festzuhalten, dass die hier vorgelegten Überlegungen und Ergebnisse einerseits vorläufig sind, wie alle prozessorientierten Ergebnisse, die inmitten eines laufenden Metaprozesses gesammelt und entwickelt wurden. Hinzu kommt, dass sich die berücksichtigten Transformationsprozesse nach wie vor beschleunigen und wegen der Akkumulierbarkeit von Software und den sich dadurch immer weiter entwickelnden Steuerungspotenzialen von Computern auch weiter beschleunigen und immer mehr Lebensbereiche immer tiefer durchdringen werden. Andererseits legen die hier vorgestellten theoretischen Überlegungen und die Ergebnisse empirischer Forschung eine brauchbare Grundlage für die weitere Entwicklung der Mediatisierungsforschung. Denn sie sind daraufhin ausgelegt, längerfristig relevante Prozesse herauszuarbeiten und so zu einer übergreifenden Beschreibung und Theoretisierung des derzeit stattfindenden grundlegenden Mediatisierungsschubs (vgl. hierzu Krotz 2001) beizutragen. Dies geschieht insbesondere durch die in diesem Band vorgestellten Projekte, die auch vielfältige weitere Schlussfolgerungen präsentieren. Im Anschluss daran wird in einem abschließenden Text in diesem Band auf weitere, insbesondere externe Einflüsse auf den Metaprozess Mediatisierung sowie auf kritische Mediatisierungsansätze eingegangen.

Literatur

Adloff F (2005) Zivilgesellschaft. Theorie und politische Praxis. Campus, Frankfurt am Main
Ang I (1989) Wanted: Audiences. In: Seiter E, Borchers H, Kreutzner G, Warth, E (Hrsg) Remote control. Television, audiences, and cultural power. Routledge, London/New York, S 96–115

Averbeck-Lietz S (2014) Understanding mediatization in „first modernity". In: Lundby K (Hrsg) Handbook mediatization of communication. De Gruyter, Berlin/Boston, S 109–130

Bakardjieva M (2005) Internet society: The internet in everyday life. Sage, London u.a.

Bösch F (2011) Mediengeschichte. Campus, Frankfurt am Main

Bourdieu P (1987) Die feinen Unterschiede. Kritik der gesellschaftlichen Urteilskraft. Suhrkamp, Frankfurt am Main

Dorer J, Marschik M (2015) Theoretisierung, Bricolage und Dekonstruktion. In: Hepp A, Krotz F, Lingenberg S, Wimmer J (Hrsg) Handbuch Cultural Studies und Medienanalyse. Springer/VS, Wiesbaden, S 23–30

Foucault M (1978) Dispositive der Macht. Berlin, Merve

Gramsci A. (1991) Marxismus und Kultur. Ideologie, Alltag, Literatur. Herausgegeben von Sabine Kebir. 3. Aufl. VSA, Hamburg

Hall S (1989) Ausgewählte Schriften: Ideologie, Kultur, Medien, neue Rechte, Rassismus. Argument, Hamburg

Hepp A, Hasebrink U (2014) Human interaction and communicative figurations: The transformation of mediatized cultures and societies In: Lundby K (Hrsg) Handbook mediatization of communication. De Gruyter, Berlin/Boston, S 249–272

Hepp A, Krotz F (2014) Mediatized worlds. Culture and society in a media age. Palgrave Macmillan, London

Höflich J (2016) Der Mensch und seine Medien. Springer/VS, Wiesbaden

Hörisch J (2004) Eine Geschichte der Medien. Suhrkamp, Frankfurt am Main

Illich I (2010) Im Weinberg des Textes. Beck, München

Kleinsteuber H (2005) Mediensysteme. In: Weischenberg S, Kleinsteuber H, Pörksen B (Hrsg) Handbuch Journalismus und Medien. UVK, Konstanz, S 275–280

Krotz F (1995) Elektronisch mediatisierte Kommunikation. Rundfunk und Fernsehen 43: 445–462

Krotz F (2001) Die Mediatisierung kommunikativen Handelns. Wie sich Alltag und soziale Beziehungen, Kultur und Gesellschaft durch die Medien wandeln. Westdeutscher Verlag, Opladen

Krotz F (2007) Mediatisierung. Fallstudien zum Wandel von Kommunikation. Springer/VS, Wiesbaden

Krotz F (2009) Stuart Hall: Encoding/Decoding und Identität. In: Hepp A, Krotz F, Thomas T (Hrsg) Schlüsselwerke der Cultural Studies. Springer/VS, Wiesbaden, S 210–223

Krotz F (2011) Mediatisierung als Metaprozess. In: Hagenah J, Meulemann H (Hrsg) Mediatisierung der Gesellschaft? LIT, Münster, S 19–41

Krotz F (2014a) Einleitung: Projektübergreifende Konzepte und theoretische Bezüge der Untersuchung mediatisierter Welten. In: Krotz F, Despotović C, Kruse M-M (Hrsg) Die Mediatisierung sozialer Welten. Synergien empirischer Forschung. Springer/VS, Wiesbaden, S 7–32

Krotz F (2014b) Die Mediatisierung von Situationen und weitere Herausforderungen für die kommunikationswissenschaftliche Forschung. Medienjournal 38:5–20

Krotz F (2015) Überblicksartikel: Theoretische Basisorientierungen. In: Hepp A, Krotz F, Lingenberg S, Wimmer J (Hrsg) Handbuch Cultural Studies und Medienanalyse. Springer/VS, Wiesbaden, S 17–22

Krotz F, Hepp A (Hrsg) (2012) Mediatisierte Welten: Forschungsfelder und Beschreibungsansätze. Springer/VS, Wiesbaden

Krotz F, Despotović C, Kruse M-M (Hrsg) (2014) Die Mediatisierung sozialer Welten. Synergien empirischer Forschung. Springer/VS, Wiesbaden
Lundby K (Hrsg) (2009) Mediatization. Concept, changes, consequences. Peter Lang, New York
Lundby K (Hrsg) (2014) Handbook mediatization of communication. De Gruyter, Berlin/Boston
Marx K, Engels F (1969) Die deutsche Ideologie. Marx/Engels Werke Bd 3. Dietz Verlag, Berlin
Mazzoleni G, Schulz W (1999) „Mediatization" of politics: A challenge for democracy? Political Communication 16:247–261
McNeely IF, Wolverton L (2008) Reinventing knowledge. From Alexandria to the internet. Norton & Co, New York
Saussure F de (1998) Grundfragen der allgemeinen Sprachwissenschaft. In: Mersch D (Hrsg) Zeichen über Zeichen. dtv, München, S 193–215
Schulz I (2012) Mediatisierte Sozialisation im Jugendalter. Kommunikative Praktiken und Beziehungsnetze im Wandel. Vistas, Berlin
Silverstone R, Haddon L (1996) Design and the domestication of information and communication technologies: Technical change and everyday life. In: Mansell R, Silverstone R (Hrsg) Communication by design: The politics of information and communication technologies. Oxford University Press, Oxford, S 44–74
Strauss A (1978) A social world perspective. Studies in Symbolic Interaction 1:119–128
Thomaß B (Hrsg) (2007) Mediensysteme im internationalen Vergleich. UTB, Konstanz
Wagner U, Gebel C (2014) Jugendliche und die Aneignung politischer Information in Online-Medien. Springer/VS, Wiesbaden
Williams R (1990) Television: Technology and cultural form. 2. Aufl. Routledge, London/New York

Über den Autor

Friedrich Krotz, Dr. phil. habil., ist Professor für Kommunikationswissenschaft mit dem Schwerpunkt Soziale Kommunikation und Mediatisierungsforschung an der Universität Bremen. Er ist Initiator und Koordinator des DFG-Schwerpunktprogramms „Mediatisierte Welten". Forschungsschwerpunkte: Theorie und Methoden der Kommunikationswissenschaft, Kultursoziologie, Cultural Studies, Medien und Gesellschaft und Mediatisierungsforschung. Zu seinen letzten Veröffentlichungen gehören (zus. mit C. Despotović und M. Kruse) 2014 die Herausgabe des Bandes „Die Mediatisierung sozialer Welten. Synergien empirischer Forschung" im VS-Verlag sowie (zus. mit A. Hepp) 2014 die Herausgabe des Buches „Mediatized worlds. Culture and society in a media age" bei Palgrave und (zus. mit A. Hepp) 2012 die Herausgabe des Bandes „Mediatisierte Welten. Forschungsfelder und Beschreibungsansätze" im VS-Verlag. Zudem ist er gewähltes Mitglied des International Councils der IAMCR.

Teil II
Transformationen

Dimensionen und Dynamiken synthetischer Gesellschaften

Karin Knorr Cetina, Werner Reichmann und Niklas Woermann

Zusammenfassung

Eine der Konsequenzen des Mediatisierungsprozesses ist die Veränderung der Ordnung sozialer Situationen auf der Mikroebene. In unserem Beitrag untersuchen wir, wie die Verwendung sogenannter skopischer Medien die mikrosoziologische, situative Interaktionsordnung im ethnografischen Detail transformiert. Anhand zweier Fallbeispiele hochmediatisierter Interaktionssituationen, eSport und staatliches Schuldenmanagement, zeigen wir, wie zwei Dimensionen der mikrosoziologischen Begriffsarchitektur für mediatisierte Gesellschaften entsprechend angepasst und erweitert werden müssen. Die erste Dimension betrifft den Zeitbezug in der Handlungskoordination und die Einführung eigenlogischer situationaler Zeitzonen, die zweite Dimension behandelt die Delegation institutioneller Funktionen an skopische Medien. Abschließend stellt der Beitrag eine Skizze synthetischer Gesellschaften vor: Gesamtgesellschaftliche, globale Strukturen beziehen sich auf mikrosoziologische Einheiten, wenn andere Mechanismen der Handlungskoordination,

---

K. Knorr Cetina (✉)
Universität Konstanz, Konstanz, Deutschland
E-Mail: karin.knorr@uni-konstanz.de

W. Reichmann
Universität Konstanz, Konstanz, Deutschland
E-Mail: werner.reichmann@uni-konstanz.de

N. Woermann
University of Southern Denmark, Odense, Dänemark
E-Mail: woermann@sam.sdu.dk

wie beispielsweise Organisationen, auf globaler Ebene überfordert sind. Der Begriff der Globalen Mikrostrukturen konzipiert dabei die Ausbreitung von Koordinationsformen, die sich global aufspannen und gleichzeitig mikrosoziologischer Natur sind. Synthetische Situationen werden durch die Nutzung skopischer Medien und aufbauend auf Prozessen der Mediatisierung global aufgespannt und bieten Formen der Handlungskoordination global an.

Schlüsselwörter
Synthetische Situation · Skopische Medien · eSports · Medieninstitutionalismus · Mikrosoziologie · Interaktionismus

1 Einleitung

Die Analyse moderner Gesellschaften führt zu variantenreichen Ergebnissen. In der soziologischen Literatur finden wir beispielsweise Thesen zu veränderten Zeitstrukturen (vgl. Nassehi 2008; Rosa 2005), Analysen zur zunehmenden Verwendung von Medien und der dadurch bedingten Veränderungen sozialer Praktiken und Strukturen (vgl. Finnemann 2011; Krotz 2007; Lundby 2009) oder auch die Erforschung der steigenden Durchdringung alltäglicher Lebenswelten mit digitalen Daten und Informationen (vgl. Reichert 2014; Süssenguth 2015). All diese Arbeiten erforschen die unübersehbaren Transformationen des Sozialen zu Beginn des 21. Jahrhunderts hinsichtlich ihrer Makrostrukturen und ihrer Organisationen und sie liefern dabei schlüssige und detailreiche Erkenntnisse über die Sozialformen moderner Gesellschaften in der westlich-industrialisierten Welt.

Wir widmen uns in diesem Beitrag ebenso der Analyse moderner Gesellschaften und legen dabei den Fokus auf ihre digital-mediatisierten Bedingungen. Dabei verwenden wir allerdings einen anderen Zugang als die oben genannten Arbeiten: Wir analysieren systematisch die von technologischen Weiterentwicklungen und Innovationen begleiteten und bedingten Veränderungen mikrosoziologischer Situations- und Interaktionsordnungen. Wir gehen davon aus, dass Face-to-Face-Interaktionen zunehmend von medienvermittelten Interaktionen und Handlungen abgelöst werden und fragen nach den mikrosoziologischen Konsequenzen dieser Entwicklung: Wie sind situationale Interaktionsordnungen in von Medien durchdrungenen Gesellschaften zu beschreiben? Wie muss die mikrosoziologische Begriffsarchitektur überdacht werden, wenn Face-to-Face- von Face-to-Screen-Interaktionen bereichert oder gar ersetzt werden? Und was bedeutet es für die

Ordnung sozialer Situationen, medial temporalisiert und mit digitalen Informationen angereichert zu werden? Wie verändern Informationen, die ohne die mediale Vermitteltheit nicht zugänglich oder präsent wären, die soziale Situation? Unsere These ist, dass sich durch die Existenz eines neuen Medientyps, den wir als *skopische Medien* bezeichnen, mikrosoziologische und situationale Ordnungen maßgeblich verändern. Skopische Medien, so unsere These, transformieren soziale Situationen in sogenannte *synthetische Situationen*. Diese Veränderungen sozialer situationaler Ordnungen, so unsere These weiter, sind aber nicht auf die Mikroebene reduziert, sondern sie beeinflussen gesamtgesellschaftliche Koordinations- und Organisationsmechanismen. Unsere These steht den eingangs erwähnten Erkenntnissen über moderne Gesellschaften nicht entgegen, sondern integriert sie auf einer mikrosoziologischen Ebene, da die Dimensionen Temporalität, Mediatisierung sowie die Inklusion des Digitalen in das Soziale maßgebliche situationale Veränderungen sind, die als Folgen der situationalen Synthetisierung verstanden werden. Ziel des Beitrages ist es, zwei Dimensionen der Transformation von Face-to-Face- zu synthetischen Situationen erstmals im Detail zu beschreiben und zu analysieren, um anschließend einen Bogen hin zu einer ersten Skizze einer Theorie synthetischer Gesellschaften zu spannen.

Im ersten Teil dieses Beitrages beschreiben wir die beiden für unsere Arbeit zentralen theoretischen Begriffe des skopischen Mediums sowie der synthetischen Situation. Daran anschließend widmen wir uns zwei Dimensionen der skopisch-medialen Transformation sozialer Situationen: der *Temporalität,* also der Zeitlichkeit und der Zeitstruktur von Situationen, und dem, was wir als *Medieninstitutionalismus* bezeichnen, nämlich die situationale Delegation von institutionellen Funktionen an Medien. Als Quermaterie dazu spielt das Digitale sowie die Informationalisierung immer eine zentrale Rolle. Im dritten Teil dieses Beitrags entwerfen wir die Idee synthetischer Gesellschaften, indem wir das Konzept globaler Mikrostrukturen mit jenem der synthetischen Situation koppeln.

2 Synthetische Interaktionsordnungen

Bevor wir uns den beiden Fallstudien im Detail widmen, klären wir die beiden zentralen Begriffe dieses Beitrages. *Skopische Medien* und die *synthetische Situation* sind als theoretische Arbeitskonzepte zu verstehen, um neue, globale Formen der sozialen Interaktion und Koordination adäquat analysieren zu können. Sie helfen, Fragen nach aktuellen, potenziell globalen Sozialformen zu beantworten, wie sie in so unterschiedlichen Handlungsfeldern wie der eSport-Szene, den Finanzmärkten oder bei modernen militärischen Streitmächten zu finden sind.[1]

2.1 Skopische Medien

Äußerlich betrachtet sind skopische Medien technische Arrangements, die geografisch entfernte Menschen zur Interaktion nutzen können. Sie bestehen üblicherweise aus einer Anordnung von Bildschirmen, daran angeschlossene, miteinander vernetzte Computer und Software, die – anhand von Algorithmen – Daten verarbeiten und visualisieren.

Skopische Medien bilden Interaktionssituation aber nicht lediglich ab. Sie spiegeln nicht bloß Situationen, sondern reichern sie an, verändern sie und greifen damit aktiv in die Situation ein. Es mag zunächst wenig innovativ erscheinen, Medien einen aktiven Anteil bei der Vermittlung zuzusprechen. Bereits in den 1950er formulierte Harold A. Innis (1997, S. 96) die These, dass „der Gebrauch eines bestimmten Kommunikationsmediums […] in gewisser Weise die Gestalt des zu übermittelnden Wissens prägt", die im Anschluss in Marshall McLuhans berühmt gewordenen Behauptung, dass das Medium die Botschaft sei, kondensierte und als „Generativität des Mediums" fester Bestandteil moderner Medientheorie geworden ist. Das skopische Medium geht aber über die bloße Prägung der *Gestalt* des Wissens hinaus: Es ist in der Lage Situationen zu koppeln, sie zusammenzufassen, zu augmentieren und zu übertragen (vgl. Knorr Cetina 2009, S. 64) und dadurch neue und entfernte Beobachtungs- und Informationsräume als neue Realitäten zu eröffnen. Skopische Medien projizieren entfernte Zustände und Ereignisse in Situationen hinein und ermöglichen es, Situationen und Interaktionen mit Daten und kleinteiligen Informationen anzureichern, sie in die situationale Projektion einzubeziehen und in der Situation wirksam werden zu lassen. Skopische Medien machen Interaktions- und Handlungszusammenhänge

---

[1] Die empirische Grundlage dieses Beitrages ist die vergleichende Auswertung von Fallstudien, die in sieben unterschiedlichen Handlungsfeldern, nämlich Militär, eSport, Extremsport, Finanzmarkt, staatliches Schuldenmanagement, bildgebende medizinische Verfahren sowie Telekonferenzen durchgeführt wurden. Die empirischen Fallstudien hatten zum Ziel, einerseits die Bandbreite der Existenzformen und der Herstellungsaspekte skopischer Medien zu erforschen und andererseits den Aufbau und die Eigenschaften synthetischer Situationen am Handlungsvollzug ethnographisch zu analysieren. Ein großer Teil der Daten wurde im Rahmen des Projekts *Skopische Medien* im DFG-Schwerpunktprogramm *Mediatisierte Welten* erhoben.

sicht- und beobachtbar, die ohne sie verborgen oder unsichtbar wären. In manchen Fällen würden diese Bereiche nicht oder noch nicht existieren, da sie aus Erwartungen oder „Fiktionen" (Beckert 2016, S. 61–94) bestehen. Auch deshalb binden skopische Medien in besonderer Weise die Aufmerksamkeit der Interaktionspartner und -partnerinnen.

Durch die Kopplung geografisch entfernter Zusammenhänge wird Interaktion potenziell (aber nicht notwendigerweise) zu einer *globalen* Interaktion, die die herkömmliche Definition von Raum und räumlicher Ausdehnung herausfordert und manchmal komplett hinter sich lässt. Ähnlich verhält es sich mit Zeit, die von skopischen Medien durch eine eigenständige, von einer „astronomischen Zeit" (vgl. Merton 1937) abgekoppelten Temporalität ersetzt wird. Skopische Medien sind darüber hinaus in dem Sinne *reflexiv* als sie Handlungen und Interaktionen aus der Situation auf- und übernehmen, verarbeiten und in die Form der übermittelten Darstellung einfließen lassen (vgl. Woermann und Kirschner 2014). Sie sind beides: Beobachtungs- und Projektionsmedium.

Skopische Medien bilden erhöhte „Schicksalshaftigkeit" (Goffman 1971, S. 180) ab und aus. Sie werden besonders häufig in schicksalhaften Handlungszusammenhängen eingesetzt und helfen, diese zu bewältigen. Umgekehrt sind sie aber auch in der Lage, neue Schicksalshaftigkeiten zu erzeugen, indem sie neue soziale Welten herstellen, in denen neue Probleme und Herausforderungen gestellt werden.

Die *Kopplung* geografisch entfernter Akteure, Objekte, Umwelten und Situationen aber auch Emotionen, Schicksale, Strategien, Regeln, Politiken oder Interessen durch skopische Medien schaffen einen neuen Typus der Interaktionssituation: Indem sie all diese eigenständigen Beobachtungsräume und sozialen Welten synthetisieren, schaffen sie eine neue Sozialität, sie transformieren soziale Ordnungen in eine eigenständige Realität, die wir als *synthetische Situation* bezeichnen.

2.2　Synthetische Situationen

Der von skopischen Medien erzeugte Situationstypus hebt sich deutlich von dem ab, was Goffman (1964, 1983) als „nackte Situation" bezeichnet hat. Goffmans Situationskonzeption besteht auf Face-to-Face-Interaktion und geht explizit von einer Situation körperlicher Ko-Präsenz der Interagierenden aus. Für die Analyse nackter situationaler Anordnungen stellen Goffman, aber auch phänomenologische und ethnomethodologische Ansätze zahlreiche analytische Konzepte zur Verfügung.

Moderne, mediatisierte Gesellschaften weisen aber zunehmend Interaktionssituationen auf, in denen körperliche Ko-Präsenz keine oder nur mehr eine untergeordnete Rolle spielt bzw. in denen die körperliche Präsenz von anderen

Präsenzformen angereichert oder ersetzt wird. Nicht zuletzt sind es technische Systeme wie die oben beschriebenen skopischen Medien, die Menschen in die Lage versetzen, sinnhafte Interaktionen außerhalb nackter Situationen umzusetzen. Diesen neuen Situationstypus nennen wir *synthetische Situation.*

Die synthetische Situation ist als Erweiterung zur Face-to-Face-Situation zu verstehen. Sie entkoppelt den Körper von Interaktion und macht den „body-to-body-starting point" von Interaktion, von dem Goffman (1983, S. 2) ausgegangen ist, hinfällig. Da sie medial hergestellt wird und die dabei verwendeten Medien grundsätzlich global skaliert werden können, ist die synthetische Situation darüber hinaus eine potenziell globale Situation. Daten und Informationen sind ein konstitutives Element synthetischer Situationen – sie sind *informationell* in dem Sinne, dass über den Einsatz skopischer Medien Informationen, über die üblicherweise nicht verfügt werden kann, in der synthetischen Situation präsent gemacht werden.

Abschließend möchten wir betonen, dass synthetische Situationen empirisch äußerst variantenreich auftreten und dass *Grade der Situationssynthetisierung* zu beobachten sind. Wenn wir von *der* synthetischen Situation sprechen, meinen wir also synthetische Welten äußerst unterschiedlicher Immersionsintensität. Dadurch sind grundsätzlich Typisierungen synthetischen Situationen möglich, die von einer lediglich informationell angereicherten Face-to-Face-Interaktionen (beispielsweise durch die Hinzunahme von Smartphones oder das *Zuschalten* weiterer, entfernter Interaktionspartner) bis hin zu synthetischen Situationen, in denen der Körper als letzte Verankerung in der physischen Welt dient und die Aufmerksamkeit der Interaktionspartner vollständig von skopischen Medien absorbiert wird (wie dies beispielsweise auf Finanzmärkten zu beobachten ist).

3 Dimensionen & Dynamiken synthetischer Gesellschaften

Nach der Klärung der beiden wesentlichen Begriffe, mit denen wir die körperliche Ko-Präsenz nackter Situationen theoretisch aufbrechen, stellen wir in diesem Abschnitt exemplarisch zwei Dimensionen der Interaktionsordnung synthetischer Situationen vor. Wir zeigen anhand von zwei Fallstudien, wie die Begriffsarchitektur für die Analyse synthetischer Situationen angepasst werden muss. Die erste Dimension betrifft den Zeitbezug in der Handlungskoordination und das Aufspannen eines translokalen Zeithorizontes der synthetischen Situation. Die zweite Dimension behandelt die Delegation institutioneller Funktionen an skopische Medien. Diese beiden Dimensionen, Temporalität und Medieninstitutionalismus, *verändern* die bestehende Begriffsarchitektur der Analyse sozialer Situationen und passen sie den oben beschriebenen, neuen Formen der Interaktion an. Es steht außer Frage, dass auch Face-to-Face-Situationen durch eine spezifische Zeitlichkeit charakterisierbar sind und, dass Institutionen auch in nackten Situationen der Handlungs- und Interaktionskoordination wirksam werden. Aber in den synthetischen Situationen mediatisierter Welten verändern sich die Zeitordnungen ebenso wie die praktische Einbettung institutioneller Normen- und Entscheidungsinstanzen maßgeblich.

3.1 Temporalität

Die erste Dimension synthetischer Situationen, die wir im Detail vorstellen, bezeichnen wir als Temporalität. Unsere These ist, dass skopische Medien in synthetischen Situationen eine eigenständige Temporalität aufspannen. Wir gehen dabei von der mikrosoziologisch fundierten Annahme aus, dass die Handlungskoordination und Erlebnisstruktur in Interaktionssituationen (unter anderem) auf zeitlichen Ordnungen basiert, und, dass das Verfertigen gelungener Interaktion mithin immer auch die Konfiguration eines situationsspezifischen Zeithorizontes mit einschließt. Mit dem Übergang von der Face-to-Face-Situation zur synthetischen (Face-to-Screen-)Situation ist somit auch eine Veränderung der Konfigurationsmodi solcher situationaler Zeithorizonte denkbar – und wie sich im Laufe unserer Forschung zeigte, auch empirisch nachweisbar. Als ersten Schritt zu einem solchen Vergleich wird im Folgenden aufgezeigt, dass skopische Medien Temporalisierungseffekte haben, also in die Struktur zeitlichen Erlebens und Handelns in der konkreten synthetischen Situation eingreifen. Dies wird im Folgenden anhand des empirischen Fallbeispiels des eSports, also des Computerspiels als professionalisierter Wettkampfsport, aufgezeigt.

Zeitlichkeit beschreibt in unserer Definition die Form der Abfolge relevanter, sinnhafter Ereignisse (vgl. Woermann und Rokka 2015). Da wir Medien grundsätzlich als sinnvermittelnd bzw. sinngebend betrachten, folgt, dass sie die Zeitlichkeit von Interaktionen oder sozialen Praktiken konfigurieren können. Die Relevanz eines Ereignisses ist zudem relativ zur jeweiligen Interaktionsordnung gegeben. Es geht uns also nicht um die Zeitlichkeit von Ereignissen, die unabhängig oder außerhalb einer sozialen Situation existieren.

In einem komplexen Computerspiel geschehen (genau wie in anderen sozialen Praktiken auch) eine enorm große Anzahl von Dingen gleichzeitig oder sehr schnell nacheinander, ohne dass man diese sinnvoll auf eine (dann fast endlose) Zahl von Einzelereignissen herunterbrechen könnte. Stattdessen fasst das subjektive Erleben, die Sprache, aber beispielsweise auch ein Computersystem ein Bündel von Realitätsakzenten als referenzierbares Ereignis auf. Die Abfolge solcher Ereignisse lässt sich folglich als temporaler Strom beschreiben und analysieren. Da skopische Medien kontinuierlich Daten sammeln, kontextualisieren und einzelne Aspekte in der synthetischen Situation herausheben – etwa durch Signaltöne, Aufblinken, oder farbliche Markierung – prägen sie die Ereignisstruktur der Situation in großem Maße und induzieren zumindest teilweise einen bestimmten verzeitlichten Erlebnishorizont der Teilnehmer. Es kommt zur Temporalisierung der Situation und der darin eingebetteten Bildschirmpraktik durch das skopische Medium.

3.1.1 Echtzeitstrategiespiele

Temporalisierungseffekte skopischer Medien treten vor allem in drei Fallbeispielen besonders deutlich zutage: dem Finanzmarkthandel, dem staatlichen Schuldenmanagement und im eSport, also dem wettkampforientierten Computerspielen, welches sich in den letzten Jahren international nicht nur rasant verbreitet hat, sondern auch zunehmende Anerkennung als Sportart erfährt (vgl. Seo und Jung 2014; Woermann und Kirschner 2014).

Beim eSport spielen stets zwei (oder mehr) Spielende über das Internet gegeneinander, indem sie in separaten Situationen vor einem Bildschirm sitzen und per Maus und Tastatur Befehle eingeben. Die materielle Ordnung dieser Situation wird vom Bildschirm und hoch spezialisierten Eingabegeräten (Maus und Tastatur in spezieller Form) dominiert und ist, ebenso wie das Aufmerksamkeitsregime und die Körperhaltung, vollständig auf das Spiel auf dem Bildschirm fokussiert. Unsere Forschung hat sich auf eine eSport-Disziplin fokussiert, deren Namen die herausragende Bedeutung von Zeitlichkeit für diese Art des Spielens bereits in sich trägt: die *Echtzeitstrategiespiele* (kurz RTS für real-time strategy game). Ähnlich wie im Schach kontrollieren dabei zwei Gegner bzw. Gegnerinnen am Computer eine Armee aus unterschiedlichen Einheiten mit unterschiedlichen Bewegungsmustern und Angriffsstärken; wobei sie diese Armee im Laufe des Spiels selber aufbauen und kontinuierlich Einheiten nachproduzieren müssen. Zu diesem Zweck sammeln sie während der Partie Rohstoffe mittels Sammlereinheiten und errichten Basen mit Produktionsgebäuden, die der Gegner oder die Gegnerin wiederum versucht zu zerstören. Dabei kontrollieren die Spielenden bis zu 200 Einheiten und zahlreiche Gebäude gleichzeitig, können diese reparieren oder Verbesserungen erforschen. Allein daraus ergibt sich eine enorme Komplexität der möglichen Spielzüge, die noch weiter gesteigert wird, indem Spielzüge in RTS nicht nacheinander bzw. rundenbasiert (wie etwa beim Schach), sondern gleichzeitig stattfinden. Zudem sind die Spieleinheiten teilautomatisiert und werden von der Software gesteuert. Beispielsweise werden gegnerische Einheiten selbsttätig angegriffen, sobald sie in die Nähe kommen oder Einheiten bewachen auf Befehl ein bestimmtes Gebiet.

Das seit Jahren populärste Wettkampfspiel der Disziplin ist *StarCraft 2* (SC2), welches im Mittelpunkt der Datenerhebung dieser Teilstudie steht. Einige hauptberufliche Spieler und Spielerinnen genießen Starstatus, verfügen über ein Millioneneinkommen, eigenen Trainerstab, Berater und genießen entsprechende Medienaufmerksamkeit. Um die Leistungsspitze zu erreichen, gelten mindestens zehn Stunden tägliches Training als Pflicht, nicht zuletzt um jene außergewöhnlichen körperlichen Routinen und Wahrnehmungsfähigkeiten zu erlernen, die es Profis ermöglichen, über eine Spieldauer von fünf bis 40 min bis zu 300 Befehle pro Minute einzugeben. Hierbei handelt es sich um Eingaben im Sinne der Software, für die mehrere Körperbewegungen notwendig sind, wie etwa Bewegen des Mauszeigers zu einer Einheit, Anklicken, und Drücken einer Taste. Dabei geht es jedoch keinesfalls nur um Reaktionsgeschwindigkeit, sondern vielmehr darum, dass Tausende von Einzelbefehlen an einzelne Einheiten wie etwa „Baue dort eine Kaserne!" oder „Greife diese Gegnereinheit an!" sich zu taktisch klugen Aufstellungen auf dem Schlachtfeld und einer insgesamt erfolgreichen Strategie zusammenfügen. Somit ist bei RTS nicht nur die Gleichzeitigkeit der Spielzüge von zentraler Bedeutung, sondern auch das Ineinandergreifen der Einzelaktionen im zeitlichen Ablauf.

3.1.2 Zeitebenen in Echtzeitstrategiespielen

Wie entsteht Zeitlichkeit in einem Computerspiel und auf welche Weise konstituiert sich das Zeiterleben der Spieler? Die Spielereignisse und ihre Auswirkungen – also etwa: eine Einheit feuert auf eine andere und zerstört diese – werden auf einem Server berechnet. Diese Ereignisse sind zum einen das direkte Ergebnis von Befehlseingaben der Spielenden zum anderen von Algorithmen berechnete (Re-)Aktionen von Einheiten oder Gebäuden, etwa wenn sich diese automatisch verteidigen. Tausende separater Operationen der Spieleinheiten werden von der Spielsoftware nicht nur berechnet, sondern auch animiert visualisiert, d. h. auf dem Bildschirm dargestellt. Diese Spieloperationen finden in der sogenannten *In-Game Time* statt, also einem algorithmischen Zeithorizont, der von der Software in jeder Spielpartie neu aufgespannt wird (beginnend von Spielsekunde null bis zum Ende der Partie). Diese In-Game Time ist für das prinzipielle Funktionieren von Echtzeitstrategiespielen fundamental: Jede Spielfigur benötigt für das Ausführen einer Aktion ein bestimmtes Zeitintervall, also etwa um von A nach B zu laufen, die Waffe nachzuladen usw. Wäre dies nicht der Fall, so wäre der Spielverlauf für

Menschen kaum noch beobachtbar und ein sinnvolles Interagieren zwischen den menschlichen Spielenden nicht möglich.

Die algorithmische In-Game Time ist zwar der zentrale Zeithorizont jeder Spielpartie, sie ist jedoch nicht mit dem Zeithorizont der lokalen synthetischen Situation identisch. So kann das Spiel etwa angehalten werden (wie etwa beim Basketball), während die Interaktion über das Medium (z. B. über einen Chat) weiterläuft. Obwohl in der synthetischen Situation die Sinnhorizonte zwischen dem Geschehen vor dem Bildschirm und auf dem Bildschirm gekoppelt werden, finden Ereignisse vor und auf dem Schirm dennoch in separaten Zeithorizonten statt. Dies zeigt sich besonders an zwei Phänomenen: dem Taktgeben, also der körperlichen Synchronisation, und dem sogenannten Lag, bei dem die Synchronisation zwischen synthetischer Situation und In-Game Time verloren geht.

Beim Erlernen der Fähigkeiten, die zum wettbewerbstauglichen Spielen notwendig sind, kommt der Einübung von verkörpertem Rhythmus und Zeitgefühl auf der einen, und der praktischen Verfertigung der Synchronisierung zwischen Feinmotorik und Bildschirmgeschehen auf der anderen Seite eine große Bedeutung zu. In-Game Time und Zeit der synthetischen Situation geschehen separat voneinander, können und müssen aber synchronisiert werden. Viele Profispieler und -spielerinnen nicken während des Spieles leicht mit dem Kopf oder Wippen mechanisch mit dem Fuß. Ähnlich einem Musiker oder einer Musikerin hilft ihnen dies, einen Rhythmus zu halten, um im richtigen Moment einzusetzen – sei es mit dem Beginn eines musikalischen Solos oder eines gut getakteten Angriffs. Die Zeitlichkeit des Mediums kolonisiert gleichsam den lokalen Zeithorizont und verlangt eine starke Aufmerksamkeitsfokussierung sowie eine Anpassung von technischer Infrastruktur, körperlichen Routinen und Wahrnehmungsmustern an die Zeitlichkeit des skopischen Mediums. In der Folge wirken sich Änderungen des zeitlichen Rhythmus im skopischen System auf die Interaktionsordnung der synthetischen Situation aus.

Zwischen dem Drücken einer Taste und der Verarbeitung des Befehls auf dem Server vergeht notwendigerweise Zeit, ebenso zwischen der Berechnung einer Aktion auf dem Server und der Ausgabe auf einem Bildschirm. Die Zeitdifferenz zwischen der synthetischen Situation vor dem Bildschirm und der In-Game Time wird jedoch von den Spielenden normalerweise nicht wahrgenommen oder thematisiert, da sich Spielende vollständig auf das Geschehen auf dem Bildschirm fokussieren. Diese Synchronisierung des Wahrnehmungshorizontes tritt erst zutage, wenn sie gestört wird, indem es zu einem sogenannten „Lag" kommt. Damit wird eine unintendierte und unregelmäßige Verzögerung zwischen Eingabe und Umsetzung in der In-Game Time beschrieben, welche von Spielenden als sehr unangenehm und ärgerlich empfunden wird und sie dazu berechtigt, beim Schiedsrichter oder der Schiedsrichterin eine technische Pause oder gar einen Spielabbruch zu verlangen. Die Synchronisierung der beiden Zeithorizonte in der Wahrnehmung des oder der geübten Spielenden ist das Ergebnis einer feinen Abstimmung der technischen Apparatur mit den Wahrnehmungsroutinen des oder der Spielenden. Einem Begriff von Donald Schön (1983) folgend und Bezug nehmend auf die aktuelle Herausbildung einer *Phenomenology of Action* (Collins und Kusch 1995) erzeugt die Spielsituation eine „Action Present", per Definition „the zone of time in which action can still make a difference to the situation" (Schön 1983, S. 62). Entscheidend ist dabei, dass in dieser phänomenologischen Perspektive *Being in Action* als bestimmte Wahrnehmungsrahmung verstanden wird. Die durch die Praktik aufgespannte Situation ermöglicht es den Spielenden, sich selbst als aktiv Handelnde wahrzunehmen. Praxisphänomenologisch gesehen handelt es sich beim Handeln (Being in Action) weder um eine Willensentscheidung, noch um eine Notwendigkeit, sondern um eine von mehreren Rahmungen, innerhalb derer eine Situation erlebt werden kann. So lässt sich insbesondere die emotionale Reaktion der StarCraft-Spielenden auf Lags erklären: Damit sich ein flüssiges Spielerlebnis einstellt, müssen die bewusste Handlungsentscheidung, die feinmotorische Befehlseingabe und die Umsetzung der Aktion auf dem Bildschirm zu einer Einheit verschmelzen, deren zuverlässiges Funktionieren sicher erwartet werden kann. Die Feinabstimmung der Konstellation aus bewusstem Handeln, Feinmotorik, Bedienung des technischen Interface (Maus und Tastatur) und Umsetzung in eine sichtbare Spielaktion durch die Software muss so funktionieren, dass der Eindruck von Gleichzeitigkeit entsteht. Dadurch kann die synthetische Situation Spielende von unterschiedlichen Orten der Erde in die gleiche Spielsituation gleichsam hineinziehen und fesseln. Es kommt zu einer Kopplung der beiden Situationen für die Dauer bestimmter Episoden: Während eines einwandfrei laufenden, intensiven Spiels werden die Ereignisse vor dem Bildschirm in beiden synthetischen Situationen durch die Ereignisse auf dem Bildschirm getaktet, ja geradezu absorbiert. Es entsteht das Erlebnis von Gleichzeitigkeit, oder eben jene *Echtzeit,* die dem Spiel-Genre den Namen gibt.

3.1.3 Zwei Ebenen der Temporalisierung

Zusammenfassend ergeben sich Temporalisierungseffekte auf zwei Ebenen: Erstens wird die synthetische Situation durch das skopische Medium in die Ereignisfolge ortsferner Prozesse eingebunden, etwa in die Interaktionsordnung einer Telekonferenz oder in die Entwicklungen auf dem Markt für Öl-Futures. Der Bildschirm reichert die Situation an und erhöht somit ihre Ereignisdichte – wobei anzumerken ist, dass es sich nicht einfach um das direkte Einblenden objektiv gegebener Ereignisse handelt. Stattdessen bestimmt das System, was als sinnhaftes Ereignis gelten kann. Die skopisch angereicherte Ereignisfolge der synthetischen Situation taktet nun den Verlauf der Situation, und zwar oftmals unerbittlich: Weder eSport-Partien noch Finanzmärkte kennen ein *Time-out* – Spiel und Markt laufen weiter, egal ob die in der Situation Teilnehmenden mithalten können oder nicht.

Dass die Temporalisierung, die mit der Einbindung skopischer Medien einhergeht, von den Teilnehmenden meistens als Beschleunigung erfahren wird, ist jedoch nicht allein auf diese erste Ebene zurückzuführen. Stattdessen spielt hier die zweite Ebene eine zentrale Rolle: der Eingriff in die Struktur des erlebten Zeitablaufes. Wir gehen davon aus, dass das zeitliche Erleben Handelnder nicht direkt mit der Abfolge *objektiv* stattfindender Ereignisse gleichgesetzt werden darf, sondern das Ergebnis einer Relevanzstruktur ist, welche die zeitliche Wahrnehmung prägt. Potenziell finden sich in jeder Situation Vorgänge, deren Ablauf den Teilnehmenden Anlass geben könnte, die Situation als ereignisreich und zeitlich dicht wahrzunehmen. Umgekehrt beobachteten wir bei unseren Fallstudien Ärzte und Ärztinnen, Soldaten und Soldatinnen oder eben auch Computerspielende, die in Situationen, in denen scheinbar alles gleichzeitig oder zumindest uneinholbar schnell geschieht, den Überblick bewahren und reaktionsfähig bleiben.

In der phänomenologischen Tradition von Husserl (2013) wird dieser Effekt durch die Differenz zwischen dem inneren Zeiterleben und der „objektiven" oder „äußeren" Weltzeit erklärt. Dieses rein subjektlogische Verständnis blendet die funktionale Bedeutung der Situationsstruktur und damit die Effekte skopischer Medien aus, sodass wir stattdessen in der Folge des *Practice Turns* (vgl. Schatzki 2006, 2010) und der situationsfokussierten Mikrosoziologie (vgl. Laurier 2008; Rawls 2005) nach der Erlebnisstruktur der bildschirmgebundenen Praktiken fragen, die von der (Bildschirm-)situation selbst bereitgestellt wird (vgl. Woermann und Rokka 2015). Die zeitliche Struktur des Erlebens der Ausführenden der Praktik ist unserer Ansicht nach in hohem Maße durch die Ereignisstruktur geprägt, welche das skopische Medium in die Situation projiziert. Die Temporalisierungseffekte skopischer Medien beruhen zu einem guten Teil auf dieser strukturellen Prägung des Zeiterlebens der Situationsteilnehmerinnen und -teilnehmer.

3.1.4 Temporalisierungsfolgen

Temporalisierung hat eine Reihe von Folgen für synthetische Situationen, ihre Teilnehmenden, sowie die Gesellschaft als Ganzes.

1. Das skopische Medium zwingt die Teilnehmenden, der Abfolge der sinnhaften Ereignisse auf dem Bildschirm kontinuierlich zu folgen und zeitadäquat zu reagieren. Dies absorbiert in vielen Momenten die gesamte Aufmerksamkeit der Teilnehmenden. Es zwingt sie zudem auch, sowohl ihre körperlichen

Routinen (Schlafen, Essen, Takt halten) als auch ihre Körperhaltung und ihren Körpereinsatz stark auf das Medium einzustellen.
2. Oft kommt es zu einer starken Beschleunigung bei gleichzeitiger Verstetigung des Handelns: die Nutzenden „hängen" stundenlang vor dem Bildschirm, der ihre unmittelbare Aufmerksamkeit und Reaktion erfordert.
3. Die Steuerung der zeitlichen Struktur der Interaktion geht von der lokalen Situation auf das skopische Medium über. In der nackten Face-to-Face-Situation bestimmen die Teilnehmenden den Fortgang der Ereignisse mittels körperlicher und sprachlicher Interaktion und Kommunikation, etwa beim Turn-Taking (vgl. Sacks et al. 1974; Schegloff 2000), eingestreuten Gesprächspausen oder dem Einsatz von Planungslauten während des Sprechens. Die Interaktion des Computerspiels findet jedoch jenseits der verbalen Ebene statt und greift nur auf Eingaben mit Tastatur und Maus sowie die visuelle Ebene (und Computersounds) zurück. Die Geschwindigkeit von Ereignissen in der In-Game Time wird von der Software kontrolliert. Oft erhöht sich beispielsweise die Geschwindigkeit von Ereignisfolgen so rapide, das die Teilnehmenden ihnen kaum folgen können. An anderen Stellen erzwingt das Spiel dagegen ungeduldiges Warten. Die Spielenden klicken dann oft scheinbar ziellos mit der Maus auf dem Bildschirm herum, da die Körperroutinen den Tempowechsel nicht so schnell angepasst werden können wie die Aufmerksamkeit. Die Sportler und Sportlerinnen sprechen dann davon, dass „die Muskeln warm bleiben" müssen.
4. Andererseits ist die Synchronisierung eine Leistung, die von den Teilnehmenden in der lokalen synthetischen Situation erbracht werden muss. Gelingt dies nicht, so bricht die Funktion des skopischen Mediums schnell zusammen.

3.2 Medieninstitutionalismus

Die zweite Dimension synthetischer Situationen, die wir hier im Detail vorstellen, bezeichnen wir mit dem Arbeitsbegriff des *Medieninstitutionalismus*. Die These dabei ist, dass die Aufgaben, die soziale Institutionen übernehmen, in mediatisierten Gesellschaften *auch* an skopische Mediensysteme delegiert, von diesen übernommen und in synthetischen Situationen wirksam werden. Medieninstitutionalismus betrifft damit den Kern der Koordinationsleistung und der Herstellung von Interaktions*ordnung*. Wie institutionelle Aufgaben an Medien delegiert werden, illustrieren wir exemplarisch an der Fallstudie, die im deutschen Staatsschuldenmanagement durchgeführt wurde. Bevor wir in diese Fallstudie im Detail einsteigen, klären wir, was hier unter Institution verstanden werden soll.

3.2.1 Was ist eine soziale Institution?

Der Begriff der Institution ist „unzulänglich spezifiziert" (Luhmann 1992, S. 98) und wird sehr unterschiedlich verwendet. Wir verstehen hier den Institutionenbegriff als ein abstraktes Gefüge aus Regeln, also Beschränkungen und Ermöglichungen, das über geregelte Kooperation Stabilität in sozialen Beziehungen, Interaktionen und aufeinander bezogenen sozialen Handlungen herstellt (vgl. Voss 2001, S. 7561). Institutionen sind damit „Gestalt gewordene Normen, Entscheidungs- und Sanktionsinstanzen" (Dahrendorf 1991, S. 148). Die Struktur dieses Gefüges beinhaltet eine Leitidee, die die Zielrichtung und Ausgestaltung der Institutionen maßgeblich bestimmt (vgl. Hauriou 1965). Inhaltlich ist dieses Gefüge auf übergeordnete gesamtgesellschaftliche Wert-, Norm-, und Ordnungsvorstellungen bezogen und kulturell eingebettet (vgl. Gukenbiehl 2004, S. 144).

Für die Idee des Medieninstitutionalismus ist dreierlei von besonderer Bedeutung: Erstens erleichtern Institutionen zwischenmenschliche Transaktionen und erbringen damit eine Strukturierungs- und *Entlastungs*leistung. Indem sie Regeln und Ordnungen anbieten, deren Befolgung gleichsam als selbstverständliche Übereinkunft gilt, werden Handlungsrisiko und Handlungsunsicherheit maßgeblich reduziert. Zweitens sind Institutionen auch *Belastungen* da sie Zwang ausüben und individuelle Freiräume einschränken. Dieser Zwang beruht nach unserem Verständnis des Institutionenbegriffs auf der Befolgung interaktional hergestellter konsensualer institutioneller Regeln – und nicht etwa auf (staatlicher) Repression. Und drittens beinhalten Institutionen neben Regeln, Personen und einer Leitidee auch eine „materielle Ausrüstung" (Malinowski 1975, S. 32) – beispielsweise gehören Eheringe zur materiellen Ausrüstung der Institution der Ehe.

Damit sollte deutlich werden, dass wir uns von einem Institutionenbegriff absetzen, der vor allem große, gesamtgesellschaftliche Ordnungsprinzipien im Blick hat und dabei im Wesentlichen den Staat, politische Parteien und das moderne Recht meint – ein Institutionenbegriff, wie er beispielsweise bei Gehlen (1975), Schelsky (1980) oder Rehberg (2014) verwendet wird. Wir fokussieren stärker darauf, was Rehberg (2014, S. 54) als „Mikro-Institutionen" oder „Privat-Institutionalisierungen" bezeichnet hat, das heißt Übersetzungen gesamtgesellschaftlicher institutioneller Vorgaben in den mikrosoziologischen Handlungsvollzug. Darüber hinaus geht die Herausbildung von Institutionen in unserem Verständnis auch nicht notwendigerweise mit Effizienzüberlegungen einher, wie dies eine funktionalistische Perspektive unterstellen würde (vgl. Voss 2001, S. 7564 f.).

Wer den Institutionenbegriff verwendet, setzt sich immer auch dem Verdacht aus, das Bestehende rechtfertigen, es bewahren und konservieren zu wollen. Nach diesem Verständnis hemmen Institutionen Entwicklungen und schwächen bzw.

entfremden das Individuum (vgl. z. B. Habermas 1968). Auch von diesem Verständnis setzen wir uns ab, indem wir mit Malinowski (vgl. 1975, S. 31 ff.) davon ausgehen, dass Institutionen durch Darstellung im Handlungsvollzug durchaus große Dynamik entwickeln und neue institutionelle Arrangements hervorbringen können, auch wenn diese in einer gewissen Spannung zueinander stehen können (vgl. Schelsky 1980, S. 229).

3.2.2 Medieninstitutionalismus im deutschen Staatsschuldenmanagement

Die institutionelle Stabilisierung synthetischer Situationen, so unsere These, wird in skopische Medien eingeschrieben und an diese delegiert. Besonders schicksalsbehaftete Handlungsfelder benötigen besondere institutionelle Mechanismen, um stabile Interaktionskoordination und damit Vertrauen zwischen den Handelnden herzustellen. Diese institutionellen Mechanismen werden in mediatisierten Gesellschaften in skopische Medien eingeschrieben, um Stabilität und Vertrauen zu vermitteln.

Der Primärmarkt des deutschen Staatsschuldenmanagement ist ein solches besonders schicksalhaftes Handlungsfeld, nicht nur weil dort vergleichsweise hohe, existenzielle Beträge gehandelt werden (durchschnittliche Bundesschuld Deutschlands 2010–2015: 1094 Mrd. €[2]; durchschnittliche jährliche Neuemissionen an Staatsanleihen 2010–2015: 244 Mrd. €[3]), sondern auch weil nur wenige Möglichkeiten existieren, die Aufnahme solcher Summen langfristig sicherzustellen. Ein Vertrauensverlust bei potenziellen Investoren hätte weitreichende wirtschaftliche und gesellschaftliche Folgen.

Wenn die Bundesrepublik Deutschland neue Schulden aufnehmen will, wendet sie sich nicht an eine Bank, um einen Kredit aufzunehmen, sondern sie auktioniert Staatsanleihen auf dem sogenannten Primärmarkt. Das Ziel dieser Auktionen ist es, zwischen der Bundesrepublik Deutschland, vertreten durch das Bundesfinanzministerium, die Bundesbank und einer bundeseigenen Staatsschuldenorganisation einerseits und einer Investorengruppe, meist international tätige Großbanken und Finanzinstitute, andererseits, einen marktadäquaten Preis für neu zu emittierenden Staatsanleihen auszuhandeln. Die Auktionen dauern dreieinhalb Stunden und

---

[2]Pressemitteilung Nr. 8/15 der Bundesrepublik Deutschland Finanzagentur GmbH, abrufbar unter https://www.bundesbank.de/Redaktion/DE/Downloads/Service/Bundeswertpapiere/emissionskalender_jahresvorausschau.pdf?__blob=publicationFile. Zugegriffen: 11. Mai 2016.

[3]http://www.deutsche-finanzagentur.de/de/institutionelle-investoren/primaermarkt/. Zugegriffen: 11. Mai 2016.

finden zu vorangekündigten Terminen auf einer eigens programmierten Online-Plattform statt. In dieser Zeit haben Investoren die Möglichkeit, Gebote abzugeben, die einen gebotenen Preis (=Kurs) und das gewünschte Volumen beinhalten. Am Ende der Auktion wird innerhalb einer sehr kurzen Zeitspanne von maximal zwei Minuten über die Zuteilung der Staatsanleihen entschieden.

Diese Online-Plattform wird als Bundesbietungssystem (ab jetzt: BBS) bezeichnet und ist ein skopisches Medium, das für die dreieinhalb Stunden der Auktion eine synthetische Situation herstellt. Auch der Primärmarkt wird erst durch das skopische Medium hergestellt und bis zur Eröffnung der nächsten Auktion beendet. Während der Auktion gibt es keine Face-to-Face-Kontakte zwischen Emittentin und Investoren und Investorinnen, sondern die Auktion wird über das skopische Medium BBS vermittelt. Damit ermöglicht es die Interaktionskoordination zwischen geografisch distanten, nicht ko-präsenten Personen. Es arrangiert die Gebote auf eine spezifische Weise, anonymisiert die Gebote und hilft am Ende der Auktion durch Simulationen, die Zuteilung der Staatsanleihen durchzuführen – es synthetisiert diese Informationen und macht sie in der Auktionssituation präsent. Das BBS kumuliert Erwartungen und Fiktionen (vgl. Beckert 2016), da die Gebote als Aussagen über die Einschätzung der zukünftigen Zahlungsfähigkeit der Emittentin interpretiert werden. Das BBS erzeugt auch eine spezifische Temporalität, auf die wir in diesem Abschnitt aber nicht näher eingehen können.

Was uns hier interessiert ist, wie die synthetisierte Situation der Auktion von Staatsanleihen institutionell stabilisiert wird. Das Hauptinteresse der Emittentin liegt darin, mittelfristig möglichst hohe Kurse zu erzielen um möglichst geringe Risikoaufschläge zahlen zu müssen. Dies gelingt ihr vor allem, indem sie als vertrauenswürdige, stabile Emittentin auftritt. Vertrauen, Stabilität und Verlässlichkeit sind nicht nur auf dem Primärmarkt von Staatsanleihen notwendig, um möglichst günstige Kurse zu erreichen. Vielmehr sind sie für das Funktionieren von allen Märkten wichtig, da sie das Kooperationsproblem der Marktakteure und -akteurinnen löst (vgl. Beckert 2009, S. 252 ff.), also die Frage, mit wem dauerhaft und verlässlich gute Geschäfte gemacht werden können. Skopische Medien sind in der Lage, institutionelle Funktionen wie Regeln und Vorgaben, Restriktionen und Ermöglichungen in Märkten zu übernehmen.

Dies geschieht im Falle des BBS in mehrfacher Hinsicht. Zum einen ist das skopische Medium in eine Reihe von Praktiken und Handlungen eingebettet, die es als besonders sicher und verlässlich gelten lassen. Beispielsweise werden offensichtliche Fehlgebote durch sehr schnelles telefonisches Nachfragen bei den betreffenden Bietenden vermieden, und zwar unabhängig davon, ob die Emittentin durch das Fehlgebot einen für sie besseren oder schlechteren Kurs erzielen könnte. In den Banken und Finanzinstituten, die für deutsche Staatsanleihen bieten, gibt es eine Gruppe von bietberechtigten Personen, die sich im Vorfeld der Auktion persönlich identifizieren müssen, um die Zugriffe und Eingaben auf das System nachvollziehen zu können. Ein weiteres Beispiel für vertrauensbildende Handlungen ist, dass die Auktionsergebnisse, bevor sie in die Informationssysteme der Finanzmärkte eingespeist werden, in einem festgelegten Ablauf und nach dem *Vier-Augen-Prinzip* geprüft werden. Fehlinformationen könnten zu großen Kursschwankungen auf dem Sekundärmarkt führen und dadurch wiederum Verunsicherung und Instabilität erzeugen. Das BBS ist in einen feststehenden Zeitplan eingebettet, der als Emissionskalender bezeichnet wird und frei einsehbar ist. Investoren können sich darauf verlassen, dass die angekündigten Summen auch tatsächlich zu den angekündigten Terminen versteigert werden. Marktopportunistisches Verhalten seitens der Emittentin, d. h. kurzfristige Veränderungen der Coupons oder der Volumina nach Marktlage, wird damit ausgeschlossen.

Neben den Einbettungen des skopischen Mediums in institutionell verankerten Handlungen und Chronologien wird auch das Medium selbst in seiner Materialität in mehrfacher Hinsicht abgesichert und übernimmt damit die institutionelle Aufgabe, Vertrauen und Stabilität zu erzeugen. Beispielsweise befindet es sich in einem von bewaffneten Sicherheitsleuten gesicherten Gebäude, das erst nach einer Identifikationsprozedur betreten werden darf. Es erscheint unmöglich, als unberechtigte Person an das BBS zu kommen, um es zu manipulieren oder zu zerstören. Zusätzlich gibt es zwei in unterschiedlichen Städten Deutschlands stationierte Teams, die die Auktionen unabhängig voneinander leiten, das BBS bedienen und technisch betreuen können. Selbstredend wird alles getan, um das Computersystem vor Angriffen aus dem Netzwerk oder dem Internet abzusichern. Die „materielle Ausstattung", die Malinowski (1975, S. 33) als ein Element von Institutionen bezeichnet hat, übernimmt in synthetischen Situationen nicht bloß symbolhafte oder repräsentative Funktion. Institutionelle Regeln sind in sie eingeschrieben oder gruppieren sich als Praktiken um das skopische Medium, das neben der zentralen Interaktions- auch Stabilisierungs- und damit Entlastungsleistungen erbringt. Sowohl das skopische Medium selbst als auch die Physis und die Handlungen, in die es eingebettet ist, sorgen für den Vollzug institutioneller Regeln. Das skopische Medium stellt den Primärmarkt also nicht bloß her, sondern hat auch Anteil an seiner Stabilisierung und Absicherung. Wenn der Institutionenbegriff bislang so konzipiert wurde, dass er sowohl *in der Gesellschaft* (im Sinne von Staat, Familie, Schule, Organisationen etc.) als auch *im Individuum* (im Sinne von Geist, Psyche, Sozialität etc.) verankert ist, so können wir ihn mit dem Begriff des Medieninstitutionalismus dahin gehend erweitern, dass er in mediatisierten Gesellschaften auch *im Medium* (als Software aber auch als Hardware und als Materialität, in die es eingebettet ist,) zu suchen ist.

Der Begriff des *Medieninstitutionalismus* beinhaltet ein weiteres Moment, auf das wir hier lediglich oberflächlich eingehen können: Empirisch zeigt sich, dass die Delegation von institutionellen Funktionen an skopische Medien in der aktuellen Interaktionsordnung auch spezifischen medialen *Restriktionen* unterliegt. Diese führen dazu, dass die skopisch mediatisierte Herstellung von Vertrauen regelmäßig mit nicht-skopischen oder auch nicht-mediatisierten Handlungen und Interaktionen kombiniert und gekoppelt wird. Beispielsweise wird parallel zu jeder Auktion zwischen den beteiligten staatlichen Organisationseinheiten eine Telefonkonferenz aufrecht erhalten, um bei möglichen Fehlern schnell entscheiden und eingreifen zu können. Hier wird das skopische Medium also mit einem reinen Sprachmedium kombiniert. Ein anderes Beispiel stellen die regelmäßig stattfindenden Investorentreffen dar, in denen in nackten Situationen unmediatisierte Face-to-Face-Interaktionen stattfinden, um mögliche Probleme und potenzielle Weiterentwicklungen des skopischen Mediums zu besprechen. Die Form der nicht-mediatisierten Rahmung synthetischer Situationen weist darauf hin, dass institutionelle Mechanismen über konventionelle Wege in die synthetische Situation gebracht werden können und in besonders schicksalhaften Situationen wieder wirksam werden.

4 Eine Skizze synthetischer Gesellschaften

Im letzten Abschnitt haben wir anhand von zwei Fallstudien zwei Dimensionen synthetischer Situationen analysiert und gezeigt, wie die Verwendung skopischer Medien soziale Situationen synthetisieren und damit ihre Interaktionsordnungen reformuliert werden. Wir haben synthetische Situationen analysiert, in denen Zeitlichkeit sowie die Rolle und Wirksamkeit von institutionellen Arrangements soziale Handlungen und Interaktionen verändern und die neu entstandenen mediatisierten Welten strukturieren. Abschließend beschäftigen wir uns mit der These, dass diese Veränderungen der Mikrostrukturen sozialer Formen nicht ohne Folgen für die Form ganzer Gesellschaften bleiben. Unser Argument ist, dass sich gesamtgesellschaftliche, globale Strukturen auf mikrosoziologische Einheiten beziehen bzw. auf ihnen fußen (müssen) – umgekehrt ausgedrückt, produzieren Interaktionsformen und Praktiken, die auf der mikrosoziologischen Ebene beobachtbar sind, makrosoziologische Sozialformen, die sich potenziell global ausbreiten (können). Unsere Annahme ist dabei, dass die mediale Durchdringung von Handlungen eine globale Ausbreitung von Mikropraktiken fördert bzw. erst ermöglicht. Goffman (1964, S. 135) hat die „nackte Situation" konzipiert als ein „environment of mutual monitoring possibilities, anywhere within which an individual will find himself accessible to the naked senses of all others who are ‚present,' and similarly find them accessible to him." Damit ist die nackte Situation räumlich und zeitlich abgeschlossen. Sie kann nur von räumlich Anwesenden innerhalb einer gemeinsamen Zeitstruktur aufgespannt werden. In mediatisierten Gesellschaften verändern sich mindestens drei der von Goffman angenommenen Komponenten sozialer Situationen. Erstens weiten sich die „monitoring possibililties" aus. Skopische Medien sind vernetze Beobachtungs- und Projektionsinstrumente, die die Beobachtung Anderer aus dem direkten physischen räumlichen Zusammenhang heben. Zweitens sind skopische Medien eine umfassende Erweiterung der „naked senses", da sie die menschlichen Sinne erweitern. Beispielsweise visualisieren sie für Menschen Nicht-Sichtbares (zum Beispiel den Finanzmarkt, Erwartungen, die Zukunft etc.) bzw. ermöglichen sie Interaktion zwischen Menschen, die sich weit außerhalb menschlicher Hör- und Sprechweite befinden. Und drittens verändern Medien die Verständnisse von Präsenz und Zugänglichkeit („accessible to him"). Im Alltag hat sich bereits ein veränderter Präsenzbegriff konstituiert – beispielsweise, wenn Menschen in einem sozialen Netzwerk *gemeinsam online* sind. Synthetischen Situationen zeichnen sich im Vergleich dazu aber durch eine immens gesteigerte Immersivität von gemeinsamer, mediatisierter Präsenz aus – es werden ganze synthetische Mikro*welten* kreiert. Beispielsweise wird im Falle des oben beschriebenen eSports ein selbstständiges, Sinn vermittelndes Handlungsfeld kreiert, in dem neue und von den Teilnehmenden geteilte gemeinsame Zeitstrukturen und Zeitverständnisse gelten, die zu einer anderen Form der gemeinsamen Präsenz führen. Globale Mikrostrukturen werden hier also immer verstanden als *medial* vermittelte Sozialformen. Synthetische Gesellschaften, so die These, bestehen maßgeblich aus solchen mediatisierten Sozialformen, die zwar eine globale, durch skopische Medien ermöglichte Ausbreitung aufweisen, deren Koordinations- und Integrationsleistungen aber auf der Mikroebene erbracht werden.

Um die Verbindung zwischen Mikropraktiken und Makrostrukturen untersuchen zu können, bedienen wir uns des Begriffs der *Globalen Mikrostrukturen,* der anhand des globalen Finanzhandelns erstmals entwickelt wurde (vgl. Knorr Cetina und Bruegger 2002), aber auch im Bereich des internationalen Terrorismus (vgl. Knorr Cetina 2005), bei sozialen Bewegungen oder bei der Ausbreitung von Religionen (vgl. Schulze 2005) untersucht wurde. Globale Mikrostrukturen werden definiert als „structures of connectivity and integration that are global in scope but microsociological in character" (Knorr Cetina 2005, S. 215). Ein wesentliches Merkmal globaler Mikrostrukturen ist, dass sie gleichsam *flach* organisiert sind. Herkömmliche moderne Organisationsformen neigen zu hierarchischen, formalisierten und rational-bürokratischen Koordinationsmechanismen und Entscheidungsstrukturen.

Auch globale Mikrostrukturen sind organisiert und koordiniert. Aber ihre Koordinierungsmechanismen gleichen eher jenen, die wir auch in mikrosoziologischen Interaktionssituationen, wie beispielsweise der synthetischen Situation vorfinden. Dass herkömmliche Koordinationsformen, wie staatliche Organisation, in bestimmten globalen Bereichen nicht leistungsfähig funktionieren, lässt sich am Beispiel des Finanzmarktes deutlich zeigen. Dieser verändert zu schnell seine Form und seine inneren Verbindungen, als dass eine hierarchisch-bürokratische Organisationsweise ihn noch koordinieren könnte. Mediale Systeme, insbesondere skopische Medien, sind aber, wie wir gezeigt haben, in der Lage, mikrosoziologische Interaktionssituationen global zu koppeln, informationell anzureichern, über große Distanzen auszuweiten, sozial zu integrieren – und ihnen beispielsweise eine zeitliche Struktur zu geben bzw. sie zu stabilisieren und Vertrauen zu erzeugen. Die globalen Mikrostrukturen synthetischer Gesellschaften sind leistungsfähig und in der Lage auf globaler Ebene hinreichend integrierte und koordinierte Sozialformen hervorzubringen, deren Ordnung im praktischen Vollzugs hergestellt und auch nur dort verändert werden können.

Von der Erforschung der durch die Verwendung eines spezifischen Medientypuses bedingten Transformationen eines mikrosoziologischen Grundelementes, nämlich der sozialen Situation, und ihre Anbindung an die Etablierung neuer Sozialformen in synthetischen Gesellschaften profitiert auch die Mediatisierungsthese. Wenn mithilfe skopischer Medien hergestellte synthetische Situationen als Kernbereiche der Integration und Koordination ganzer Gesellschaften verstanden werden, dann sind sie auch Teil eines behaupteten gesellschaftlichen *Metaprozesses,* der als Mediatisierung diskutiert wird. Sozialität, verstanden beispielsweise als Intersubjektivität, als Interaktionsordnung, als Koordination von sozialem Handeln, als aufeinander bezogene Emotionalität, als zeitliche Synchronisation etc. wird in synthetischen Situationen durch die Verwendung skopischer Medien auf mehreren Dimensionen transformiert und verändert über globale Mikrostrukturen auch den Mediatisierungsprozess als Ganzes.

Literatur

Beckert J (2009) The social order of markets. Theory and society 38:245–269
Beckert J (2016) Imagined futures – Fictional expectations and capitalist dynamics. Princeton University Press, Cambridge/London
Collins HM, Kusch M (1995) Two kinds of actions: A phenomenological study. Philosophy and Phenomenological Research 55:799–819

Dahrendorf R (1991) Die Offene Gesellschaft und ihre Ängste. In: Zapf W (Hrsg) Die Modernisierung moderner Gesellschaften. Verhandlungen des 25. Deutschen Soziologentages in Frankfurt a.M. 1990. Campus, Frankfurt am Main, S 140–150
Finnemann NO (2011) Mediatization theory and digital media. Communications 36:67–89
Gehlen A (1975) Urmensch und Spätkultur – Philosophische Ergebnisse und Aussagen. 3. Aufl., Athenaion, Frankfurt am Main
Goffman E (1964) The neglected situation. American Anthropologist 66:133–136
Goffman E (1971) Interaktionsrituale – Über Verhalten in direkter Kommunikation. Suhrkamp, Frankfurt am Main
Goffman E (1983) The interaction order. American Sociological Review 48:1–17
Gukenbiehl HL (2004) Institution und Organisation. In: Korte H, Schäfers B (Hrsg) Einführung in Hauptbegriffe der Soziologie. Springer/VS, Wiesbaden, S 143–159
Habermas J (1968) Technik und Wissenschaft als „Ideologie". Suhrkamp, Frankfurt am Main
Hauriou M (1965) Die Theorie der Institution und zwei andere Aufsätze. Duncker und Humblot, Berlin
Husserl E (2013) Zur Phänomenologie des inneren Zeitbewusstseins: mit den Texten aus der Erstausgabe und dem Nachlass. Meiner Verlag, Hamburg
Innis HA (1997) Kreuzwege der Kommunikation – Ausgewählte Texte. Springer, Wien/New York
Knorr Cetina K, Bruegger U (2002) Global microstructures: The virtual societies of financial markets. American Journal of Sociology 117:905–950
Knorr Cetina K (2005) Complex global microstructures: The new terrorist societies. Theory, Culture & Society 22:213–234
Knorr Cetina K (2009) The synthetic situation: Interactionism for a global world. Symbolic Interaction 32:61–87
Krotz F (2007) Mediatisierung – Fallstudien zum Wandel von Kommunikation. Springer/VS, Wiesbaden
Laurier E (2008) How breakfast happens in the café. Time & Society 17:119–134
Luhmann N (1992) Die Universität als organisierte Institution. In Luhmann N (Hrsg) Universität als Milieu. Haux, Bielefeld, S 90–99
Lundby K (Hrsg) (2009) Mediatization: Concept, changes, consequences. Peter Lang, New York
Malinowski B (1975) Eine wissenschaftliche Theorie der Kultur. Suhrkamp, Frankfurt am Main
Merton RK (1937) Social time: A methodological and functional analysis. The American Journal of Sociology 42:615–629
Nassehi A (2008) Die Gesellschaft der Zeit – Auf dem Weg zu einer soziologischen Theorie der Zeit (Neuauflage mit einem Beitrag „Gegenwarten"). Springer/VS, Wiesbaden
Rawls A (2005) Garfinkel's conception of time. Time & Society 14:163–190
Rehberg K-S (2014) Institutionen als symbolische Ordnungen – Leitfragen und Grundkategorien zur Theorie und Analyse institutioneller Mechanismen (TAIM). In: Vorländer H (Hrsg) Symbolische Ordnungen – Beiträge zu einer soziologischen Theorie der Institutionen. Nomos, Baden-Baden, S 43–83
Reichert R (Hrsg) (2014) Big Data – Analysen zum Digitalen Wandel von Wissen, Macht und Ökonomie. transcript, Bielefeld
Rosa H (2005) Beschleunigung – Die Veränderung der Zeitstrukturen in der Moderne. Suhrkamp, Frankfurt am Main

Sacks H, Schegloff EA, Jefferson G (1974) A simplest systematics for the organization of turn-taking for conversation. Language 50:696–735

Schatzki TR (2006) The time of activity. Continental Philosophy Review 39:155–182

Schatzki TR (2010) The timespace of human activity: On performance, society, and history as indeterminate teleological events. Lexington Books, Lanham

Schegloff EA (2000) Overlapping talk and the organization of turn-taking for conversation. Language in Society 29:1–63

Schelsky H (1980) Zur soziologischen Theorie der Institution. In: Schelsky H (Hrsg) Die Soziologen und das Recht – Abhandlungen und Vorträge zur Soziologie von Recht, Institution und Planung. Westdeutscher Verlag, Opladen, S 215–231

Schön DA (1983) The reflective practitioner. How professionals think in action. Basic Books, New York

Schulze R (2005) Islamismus im Kontext der Globalisierung – Politische Widerstandsideologien zwischen Utopie und Pragmatismus. In: Pawelka P, Richter-Bernburg L (Hrsg) Religion, Kultur und Politik im Vorderen Orient: Die Islamische Welt im Zeichen der Globalisierung. Springer/VS, Wiesbaden, S 166–178

Seo Y, Jung S-U (2014) Beyond solitary play in computer games: The social practices of eSports. Journal of Consumer Culture 16:635–655

Süssenguth F (Hrsg) (2015) Die Gesellschaft der Daten – Über die digitale Transformation der sozialen Ordnung. transcript, Bielefeld

Voss TR (2001) Institutions. In: Smelser N, Baltes PB (Hrsg) International Encyclopedia for the Social and Behavioral Sciences. Elsevier, Amsterdam, S 7561–7566

Woermann N, Rokka J (2015) Timeflow: How consumption practices shape consumers' temporal experiences. Journal of Consumer Research 41:1486–1508

Woermann N, Kirschner H (2014) Skopische Medien als Reflektionsmedien – Zur fortschreitenden Mediatisierung von Poker und eSport. In: Krotz F, Despotović C, Kruse M-M (Hrsg) Die Mediatisierung sozialer Welten. Synergien empirischer Forschung. Springer/VS, Wiesbaden, S 93–114

Über die Autoren

Karin Knorr Cetina, Prof. Dr., ist „Otto Borchert Distinguished Service Professor" am Department of Sociology der University of Chicago, Professorin Emerita am Institut für Soziologie der Universität Konstanz und Leiterin des Projekts „Skopische Medien" des DFG-Schwerpunktprogramms „Mediatisierte Welten". Forschungsschwerpunkte: Finanzmärkte, Wissen und Informationen sowie Globalisierung. Gegenwärtig arbeitet sie an einem Buch über globale Finanzmärkte (Maverick Markets) auf der Basis ihrer Forschungen der letzten Jahre. Weitere Informationen: http://sociology.uchicago.edu/people/faculty/knorr_cetina.shtml

Werner Reichmann, PD Dr. rer. soc. oec., ist wissenschaftlicher Mitarbeiter am Institut für Soziologie und Privatdozent an der Universität Konstanz. Er habilitierte 2016 mit einer wissenschaftssoziologischen Arbeit über Zukunftswissen in der Ökonomie. Forschungsschwerpunkte: Science and Technology Studies, Wissenschaftssoziologie der Wirtschaftswissenschaften, Mediensoziologie. Ausgewählte Publikationen: „Die Visualisierung der wirtschaftlichen Zukunft. Skopische Medien, Wissenskulturen und Sehgemeinschaften" in „Visualisierung – Mediatisierung" (hrsg. von K. Lobinger und S. Geise, Köln 2015); „Epistemic Participation. How to Produce Knowledge About the Economic Future" (in: Social Studies of Science 43(6)/2013). Weitere Informationen: www.wernerreichmann.net

Niklas Woermann, Dr. rer. soc., ist Associate Professor am Department of Marketing and Management der University of Southern Denmark sowie wissenschaftlicher Mitarbeiter am Institut für Soziologie der Universität Konstanz im Projekt „Skopische Medien" des DFG-Schwerpunktprogramms „Mediatisierte Welten". Forschungsschwerpunkte: Theorien sozialer Praktiken, Konsumsoziologie, Science and Technology Studies. Aktuelle Veröffentlichung: „Timeflow: How consumption practices shape consumers' temporal experiences" (in: Journal of Consumer Research 41(6)/2015, gemeinsam mit Joonas Rokka). Weitere Informationen: www.sdu.dk/staff/nikl.aspx

Die Mediatisierung von Eltern-Kind-Beziehungen im Kontext grenzüberschreitender Migration

Heike Greschke, Diana Dreßler und Konrad Hierasimowicz

Zusammenfassung

Wie gelingt es in geografischer Distanz mit Unterstützung von Kommunikationstechnologien eine Mutter- oder Vater-Position im Lebensalltag von Kindern innezuhaben? Auf welche Weise schreiben sich technologische Prozesslogiken in das *doing family* unter Migrationsbedingungen ein? Transstaatlich organisierte Familien werden in diesem Beitrag als Avantgarde der Mediatisierung untersucht. Anhand empirischer Daten aus einem laufenden Forschungsprojekt werden emergente techno-soziale Praktiken der Fürsorge und Erziehung auf Distanz herausgearbeitet und die Möglichkeiten und Grenzen einer polymedial-translokalen Lebensweise unter der Bedingung von Transstaatlichkeit eruiert. Ziel dieses Beitrags ist eine empirische Fundierung der Mediatisierungstheorie unter besonderer Berücksichtigung des Polymedialitäts-Ansatzes.

Schlüsselwörter

Transstaatliche Migration · Kommunikationstechnologien · Mediensozialisation · Eltern-Kind-Beziehungen · Doing family · Distant care · Polymedia · Kopräsenz · Globalisierung · Soziale Ungleichheit

---

H. Greschke (✉)
Institut für Soziologie,
Technische Universität Dresden, Dresden, Deutschland
E-Mail: Heike.Greschke@tu-dresden.de

D. Dreßler
Justus-Liebig-Universität Gießen, Gießen, Deutschland
E-Mail: Diana.Dressler@sowi.uni-giessen.de

K. Hierasimowicz
Justus-Liebig-Universität Gießen, Gießen, Deutschland
E-Mail: Konrad.Hierasimowicz@sowi.uni-giessen.de

1 Mediatisierung im Kontext: Migration und Familienleben

Schon die einjährige Johanna[1] hat gelernt, dass der Vater im Telefon ‚steckt': Sie nennt ihr Spielzeugtelefon „Apa" (ungarisch: Vater) und trägt es gerne mit sich herum. Mediatisierung ist ein Prozess, der den Alltag *aller* Familien prägt, was auch immer im Einzelfall unter Familie verstanden wird und wer dabei für wen und in welcher raumzeitlichen Ordnung sorgt. In den letzten Jahrzehnten steigt die Zahl der Familien, die sich temporär oder dauerhaft transstaatlich organisieren (müssen), sodass sich Fürsorgebeziehungen immer häufiger über Staatsgrenzen erstrecken. Diese Entwicklung ist keine direkte Folge von Mediatisierung; sie verweist vielmehr auf einen engen Zusammenhang zwischen dem gesellschaftlichen Metaprozess der zunehmenden Verflechtung von sozialer Praxis mit technologischen Strukturen und ihrer gleichzeitigen Globalisierung. So konstatiert Ludger Pries (2011, S. 18) weltweit eine drastische Zunahme „transnationaler Haushaltsstrategien" seit den 1970er Jahren, welche er vor allem an den stark ansteigenden Geldüberweisungen aus der Migration in die Herkunftsfamilien festmacht. Während sich die Zahl der weltweiten Migrierenden etwas mehr als verdoppelt habe, seien ihre Geldüberweisungen in die Herkunftsländer um das Zehnfache gestiegen. Vertovec (2004, S. 220 ff.) beschreibt Ende des letzten Jahrhunderts eine deutliche Zunahme an internationalen Telefonanrufen, deren Ausweitung er in engem Zusammenhang mit der zeitgleich beobachteten Zunahme an transstaatlich organisierten Familienformen interpretiert. Im Vergleich mit Familien, die *mit* Medien unter einem Dach zusammenleben, erhalten Kommunikationstechnologien in solchen Familien, die migrationsbedingt in mehr als einem Haushalt in mindestens zwei Staaten verteilt leben eine essenzielle Bedeutung für die Aufrechterhaltung von familialen Beziehungen und Funktionen, da ein ‚Zusammenleben' – wenn überhaupt – nur *durch* Medien möglich ist. Migration kann mithin als Treiber von Mediatisierungsprozessen gelten; umgekehrt scheinen der Zugang zu Medien, sowie die Fähigkeit von diesen Gebrauch zu machen, bedeutsame Faktoren in Migrationsprozessen zu sein (vgl. ausführlicher hierzu: Greschke 2014). Die transstaatlich organisierte Familie ist kein ‚Produkt' der Mediatisierung, denn ihre Ursachen sind zuvörderst in einer global stratifizierten Gesellschaftsstruktur (vgl. Kofmann 2008) zu suchen, die sich durch eine eklatant ungleiche Verteilung von Wohlstand, Ressourcen und Lebenschancen auszeichnet

---

[1]Die Namen aller Studienteilnehmenden wurden anonymisiert.

und in der die Staatsangehörigkeit als ‚Platzanweiser' fungiert. Sie ist dennoch ein aufschlussreicher Gegenstand der Mediatisierungsforschung, denn die Emergenz dieses Familienmodells, das soziale Ungleichheiten zwischen Staaten zur eigenen Existenzsicherung produktiv nutzt, ist ohne die stetige Weiterentwicklung und Ausdifferenzierung von Kommunikationstechnologien kaum denkbar.

Der folgende Beitrag gibt einen Einblick in den mediatisierten Alltag transstaatlich organisierter Familien. Er illustriert anhand exemplarischer Beispiele aus unserem Datenkorpus wie und mit welchen Implikationen es gelingt, in geografischer Distanz mit Unterstützung von Kommunikationstechnologien eine Mutter- oder Vater-Position im Lebensalltag von Kindern innezuhaben und auf welche Weise sich technologische Prozesslogiken in das *doing family* (vgl. Morgan 1996) einschreiben. Wir werden zunächst zentrale konzeptionelle Ausgangspunkte des Forschungsprojektes aufgreifen und diese vor dem Hintergrund unserer bisherigen Beobachtungen reflektieren. Im dritten Kapitel beschreiben wir unsere empirische Forschungsarbeit und gehen dabei insbesondere auf die Auswahl der Erhebungsmethoden und die Konzeption der Fallauswahl ein. Kapitel vier gibt einen exemplarischen Einblick in den mediatisierten Alltag der untersuchten Familien, ihre Medienökologien und techno-sozialen Praktiken. Wir werden sodann näher auf das Problem der Herstellung und Sicherung von Präsenz mit technologischen Mitteln eingehen (Abschn. 5). Mediatisierung kann nicht als eine bloße und kontinuierliche Zunahme an technologischen Möglichkeiten und deren Durchdringung der Familienpraxis verstanden werden, so das Fazit, das wir im abschließenden Abschn. 6 begründen. Vielmehr zeichnen unsere Daten ein komplexes und dynamisches Bild des polymedialen Zuhauses unter transstaatlichen Bedingungen, das einerseits von der Potenzialität technologischer Innovationen genährt wird, dessen Gestaltungsmöglichkeiten andererseits von sozialen, ökonomischen, rechtlichen und kulturellen Kontextbedingungen der Migration geprägt sind.

2 Die transstaatlich organisierte Familie als Forschungsfeld: Konzeptionelle Ausgangspunkte

In der Soziologie galt die unter einem Dach zusammenlebende Kernfamilie, bestehend aus Mutter, Vater und Kind(ern), lange Zeit als „funktionales Erfordernis, als die ideale Familienstruktur unter den Anforderungen, die die Industrialisierung bzw. die moderne Gesellschaft an die Familie stellt" (Schmidt und Moritz 2009, S. 13).

Nicht zuletzt einer nostrifizierenden[2] soziologischen Praxis des Kulturenvergleichs im Modernisierungsparadigma ist es zu verdanken, dass sich dieser Idealtypus von Familie in weiten Teilen der Welt als Normalitätsvorstellung durchgesetzt hat (vgl. Matthes 1992). Für Migrationsfamilien ist er seither die maßgebliche normative Referenz, an der sich die gesetzlichen Grundlagen der Familienzusammenführung im Wesentlichen orientieren, auch wenn die Familiensoziologie unter dem Einfluss von Mobilitäts-, Transnationalisierungs- und Multilokalitätsforschungen inzwischen von diesem engen Familienbegriff abgerückt ist. Mit dieser Abkehr von modernen Normalitätsvorstellungen ist ein methodologischer Perspektivwechsel in der soziologischen Familienforschung verbunden. Familie wird nicht mehr vornehmlich als biologisch begründeter Tatbestand, sondern als fortwährende Herstellungsleistung begriffen: „Durch eine sich entgrenzende Arbeitswelt, in der [...] Arbeitsorte multilokal werden, in der sich Raum-Zeit-Pfade der Familienmitglieder vervielfältigen" (Jurczyk et al. 2014, S. 8), ändert sich auch das raumzeitliche Gefüge des familialen Zusammenlebens. Familienzeit wird zur *quality time,* die gemeinsam koordiniert und ausgefüllt werden muss.

Mit Blick auf das *doing family* unter Migrationsbedingungen in transstaatlich organisierten Familien schlagen Baldassar und Merla (2013, S. 7) vor, Familie als intergenerationales System der Organisation und Distribution von Sorgearbeit zu verstehen. Als *transnationale* Familien bezeichnen Bryceson und Vuorela (2002, S. 3) solche, die „live some or most of the time separated from each other, yet hold together and create something that can be seen as a feeling of collective welfare and unity, namely familyhood, even across national borders". Baldassar und Merla (2013) betonen, Distanz und Abwesenheit seien für viele gegenwärtige Familienformen ein konstitutives Merkmal. Sie schlagen deshalb vor, die Organisation und Distribution von Sorgearbeit als analytische Kernkategorie zur Definition von Familien zu erklären. Sorgearbeit setzt sich aus unterschiedlichen Tätigkeiten zusammen, die von den Autorinnen danach unterschieden werden, ob sie körperliche oder emotionale Fürsorge vermitteln bzw. die Sorgepraktiken

---

[2]Als Nostrifizierung – der „Aneignung des anderen nach eigenem Maß" (1992, S. 84) – kritisiert Matthes eine Praxis der international vergleichenden soziologischen Forschung, die, so der Vorwurf, Begriffe universalisiere, die sie an der eigenen gesellschaftlichen Erfahrung gebildet habe. So wurden Familienmodelle, die vom konjugalen Kernfamilien-Modell abwichen, entweder als vormoderne Residuen abgewertet oder erst gar nicht als Familie klassifiziert, wenn sie etwa mehrörtig organisiert waren.

anderer koordinieren. Ein Großteil der Sorgearbeit könne demnach gleichermaßen als „proximate" wie als „distant care" geleistet werden, auch wenn die Familiensoziologie bislang dazu tendiere, distante Formen der Sorgearbeit als atypisch zu begreifen (Baldassar und Merla 2013, S. 45). Für Baldassar und Merla sind Informations- und Kommunikationstechnologien in der Distribution von Sorgearbeit in teilweise migrierten Familien von zentraler Bedeutung, da sich mit ihnen neue Formen der ‚virtuellen' Kopräsenz, familialer Routinen und Kommunikationsmuster etablieren würden.

Dabei muss allerdings zunächst gefragt werden, unter welchen Bedingungen Primärbeziehungen überhaupt mediatisierbar bzw. mediatisierungsbedürftig sind, um Familienleben trotz Distanz zu ermöglichen. Unsere bisherigen Analysen verweisen auf deutliche Unterschiede in den medialen Praktiken der untersuchten Familien, die wir an späterer Stelle genauer beschreiben werden. Hieran schließt sich die Frage, inwieweit sich diese Unterschiede im Zusammenhang mit den Raum-Zeit-Mustern, also der Organisation von An- und Abwesenheitsphasen in den Familien erklären lassen. Auch das Alter der Kinder, die Familienkonstellation, das Geschlecht des migrierten Elternteils und dessen rechtliche und soziale Situation in der Migration sind Faktoren, deren Einflüsse im weiteren Forschungsprozess genauer in Augenschein genommen werden.

Schließlich stellt sich die Frage nach einer analytisch präzisen Bezeichnung unseres Forschungsfeldes. Der Begriff *transnationale Familie* hat sich in der soziologischen und sozialanthropologischen Migrationsforschung zwar weithin durchgesetzt, er ist aber vor dem Hintergrund unserer bisherigen Befunde irreführend, da wir kaum Anhaltspunkte für die konkrete Bedeutung des Nationalen in unseren Daten finden.[3] Mehr als die Transzendierung nationaler Zugehörigkeitskategorien, stehen nach unseren Beobachtungen Phänomene im Vordergrund, die sich aus dem ungleichen Verhältnis zwischen zwei oder mehr Staaten ergeben. Für die Fürsorgebeziehungen, die wir in unserem Sample untersuchen, eignet sich daher besser die Bezeichnung *transstaatlich organisierte Familie*. Der analytische Vorteil des Adjektivs *transstaatlich* liegt darin, dass es eine Kontaktzone sozialer

---

[3]Der aus der englischsprachigen Forschung übernommene Begriff *transnational* birgt nach dem Transfer ins Deutsche ein schwerwiegendes Problem: Er ist genau genommen nur auf die Migration zwischen Nationalstaaten anwendbar. Da jedoch die weltweite Mehrheit der Staaten nicht zu dieser Kategorie gehört, verliert der Begriff an seiner analytischen Schärfe. In multinationalen Staaten wie etwa Belgien oder Indien existieren interne transnationale (kulturelle) Beziehungen. Ferner sind zahlreiche Nationen durch Staatsgrenzen geteilt, wie zum Beispiel Kosovo und Albanien (vgl. dazu ausführlicher Faist 2000, S. 13).

Ungleichheit beschreiben kann. Die alltagsweltliche Struktur teilweise migrierter Familien ist folglich im Makroverhältnis in eine globale Struktur sozialer Ungleichheit eingebettet. Transstaatlich organisierte Familien sind – so könnte man schlussfolgern – ein Resultat einer stratifikatorischen Differenzierung der ‚Weltgesellschaft' (vgl. Kofmann 2008).

3 Doing (Researching) Family unter der Bedingung von Transstaatlichkeit: Erhebungsmethoden und Fallauswahl

In der bisher einundhalbjährigen Förderphase unseres Forschungsprojektes wurde zunächst das Hauptaugenmerk darauf gerichtet, ein Sample an geeigneten Vergleichs- und Kontrastfällen zusammen zu stellen, welches eine Bandbreite an Raum-Zeit-Mustern, Grenzregimen, Sprachgemeinschaften und familialer Organisation repräsentiert. Unser Sample basiert auf der Teilnahme von 69 Familien, die sich über folgende transstaatliche Migrationskontexte erstrecken: 1) Polen – Westliches Europa, 2) Ungarn – Österreich/Deutschland, 3) Ukraine – OECD-Länder, 4) Lateinamerika – Spanien sowie 5) Spanien – Deutschland. Die Migrationspraxis innerhalb der beiden erstgenannten Regionen ist durch eine relativ hohe Zirkularität geprägt und kann als Pendelmigration bezeichnet werden. Diese erklärt sich erstens aus der räumlichen Nähe zwischen Lebensort der Familie und Arbeitsort des migrierten Elternteils; zweitens handelt es sich hier um europäische Binnenmigration, die durch relativ weiche Grenzregime und günstige Aufenthaltsbestimmungen (Personenfreizügigkeit) geprägt sind. Die Migrationskontexte Lateinamerika – Spanien und Ukraine – OECD-Länder bilden hierzu einen interessanten Kontrast, da hier die geografischen Distanzen zwischen Lebensort der Familie und Migrationsziel vergleichsweise groß und die Grenzregime bzw. aufenthaltsrechtlichen Bestimmungen relativ strikt sind, sodass die Mobilitätsmöglichkeiten vergleichsweise stark eingeschränkt sind. Ein weiteres Teilprojekt bezieht vergangene, prädigitale Migrationsdekaden der Gastarbeiterzeit am Beispiel Spanien – Deutschland ein und bietet damit in einer diachronen Vergleichsperspektive die Möglichkeit, rekursive Schritte der Mediatisierung zu untersuchen.

Um eine Vielzahl von Raum-Zeit-Mustern zu erfassen, orientiert sich die Fallauswahl am Prinzip der größtmöglichen Varianz und vergleicht die jeweiligen familialen Medienökologien und -nutzungsmuster. Raum-Zeit-Muster beschreiben die Ausgestaltung der An- und Abwesenheitsphasen in Bezug auf verschiedene Einflussgrößen, wie die zu überwindende geografische Distanz, das für die jeweiligen Grenzüberschritte maßgebliche Regime und die sich daraus ergebenden aufenthaltsrechtlichen Bedingungen sowie die sozio-ökonomischen Ressourcen der Familie und die Arbeits- und Wohnbedingungen der migrierten Eltern. Für die diachrone Vergleichsperspektive wurden familiale Korrespondenzen sowie Interviews mit Zeitzeuginnen und Zeitzeugen aus prädigitalen Migrationsdekaden hinzugezogen, in denen die Kommunikationsmöglichkeiten weitgehend auf epistolare Praktiken, sowie den Austausch von materiellen Gütern mit kulturell symbolischem Wert (z. B. Kleidung, Spielzeug, Nahrungsmittel oder Zeitschriften) beschränkt waren.

Familie ist als intimes und privates Feld für Forschende nicht einfach zu erschließen. Wenn es sich, wie in unserer Fallstudie, zudem um Familienmodelle handelt, die von gesellschaftlichen Normalitätsvorstellungen abweichen, kann dies die Vorbehalte der Familien steigern, sich an einer wissenschaftliche Studie zu beteiligen, sofern dies beinhaltet, Fremde in die eigene Privatsphäre eindringen zu lassen. Durch den oft ungesicherten Aufenthaltsstatus insbesondere der migrierten Eltern(teile) aus den Teilstudien mit Herkunftsort außerhalb der europäischen Union, sowie durch geteilten Wohnraum und eine pragmatisch orientierte Alltagseinstellung wurde nicht nur die Terminfindung, sondern auch der Zugang zu privaten Räumen teilweise erschwert. Trotz der skizzierten Probleme des Feldzugangs, die sich aus der Spezifik des Forschungsgegenstands ableiten, gelang es in vergleichsweise kurzer Zeit einen durchaus ergiebigen Datenkorpus zu generieren. Dies ist unter anderem eine Folge des stetigen, selbstreflexiven und kollaborativen Professionalisierungsprozesses während der Feldforschungsphase. Auch die Auswertung der Daten wird in enger Zusammenarbeit durchgeführt, sodass systematische Vergleiche zwischen den Daten aus den Teilstudien sowie eine multiperspektivische Validierung der Datenanalyse gewährleistet sind. Die Medien selbst werden in der Auswertung als empirische Quellen genutzt, um mittels kommunikationsanalytischer Verfahren Zugang zu ‚In-situ'-Konstruktions- und Aushandlungsprozessen in der Elternschaft auf Distanz zu erlangen. Dabei reflektiert die methodische Vorgehensweise eine soziale Folge des gegenwärtigen Mediatisierungsschubs. Sie zeigt sich darin, dass ein wachsender Teil sozialer Wirklichkeit sich selbst dokumentiert, beziehungsweise der Dokumentation und Archivierung zugänglich wird (vgl. Greschke i. E.). In den mediatisierten Sozialwelten transnationaler Familien wird folglich ein erheblicher Anteil an Praktiken des *doing family* medial fixiert und kann sowohl für die Familien selbst, als auch für Dritte (Forschende eingeschlossen) über den situativen Moment hinaus erhalten werden. Unser methodisches Design macht sich diese Eigenart der Mediatisierung von Familienleben zunutze, indem die Analyse sich nicht nur auf rekonstruktive, durch die Forschenden generierte Daten (wie Beobachtungsprotokolle und Interviewaufnahmen) stützt, sondern vor allem die in den Familien selbst generierten Dokumente familialer Interaktion (Briefe, Skypeaufnahmen, Logfiles, etc.) heranzieht, die nicht nur den Status natürlicher Daten beanspruchen können, sondern auch registrativen Charakter haben (vgl. Bergmann 1985), da sie eine emergente Dimension sozialer Wirklichkeit in Familien ‚in-situ' dokumentieren.

Die Variationsbreite der Familienkonstellationen ist in unserer Studie beträchtlich. In den innerhalb der Europäischen Union situierten Fällen findet eine relativ regelmäßige Pendelmigration des mobilen Elternteils mit physischen Abwesenheitsphasen zwischen fünf Tagen und vier Monaten statt. In den Teilprojekten, die geprägt sind von strikten Grenzregimen, großen Entfernungen oder der Kombination beider Faktoren, variieren die Abstände zwischen den Phasen körperlicher Präsenz erheblich. Zwischen mehrmaligen Heimfahrten im Jahr bis zu körperlichen Abwesenheiten von acht Jahren zeigt sich hier eine enorme Variationsbreite. Bei allen Familien handelt es sich primär um Arbeitsmigration und die transstaatliche Familienorganisation wird in der Regel als temporäres Modell gedacht, das entweder mit dem Nachzug der Familie oder der Rückkehr des migrierten Elternteils enden soll. Tatsächlich gestaltet sich die Beendigung der transstaatlichen Lebensführung jedoch oft schwieriger als zunächst gedacht, was die Herausbildung von distanten Fürsorge- und Erziehungspraktiken begünstigt. Transstaatliche Lebensführung scheint also ein Modell zu sein, das sich unter bestimmten Bedingungen auf Dauer stellen lässt. Der Zugang zu Kommunikationstechnologien und deren Gebrauch zur Sicherung der sozialen Präsenz des migrierten, das Familieneinkommen sichernden Elternteils ist dabei, wenn auch kein hinreichender, so doch ein offenbar notwendiger Faktor.

Wie sieht der Alltag in Familien unter Bedingungen der Transstaatlichkeit aus? Wie konstituiert sich Familie als translokal und techno-sozial verteilter Interaktionszusammenhang? Im folgenden Kapitel geben wir einen Einblick in den mediatisierten Alltag transstaatlich organisierter Familien.

4 Erziehung und Fürsorge in Distanz: Alltag in transstaatlich organisierten Familien

1. Vater[4]: Na, erkläre mir die Knochen!
2. Tochter: (seufzt) Sie sichern die Bewegung. Sie stützen das Körpergewicht.
3. Und schütz --- schützen die inneren Organe.
4. Vater: Ich höre nichts. Ich habe dich jetzt sehr schlecht gehört.
5. Tochter: Dann ö: --- Sie stützen das Körpergewicht. Sie sichern die Bewegung.
6. Sie schützen die inneren Organe.
7. Vater: Hü:m: Wie könnten die Knochen die inneren Organe schützen? Es
8. sind nicht die Knochen, die die inneren Organe schützen.
9. Tochter: Der Muskel? Ich weiß ni:cht!
10. Vater: Letztendlich, letztendlich kann es sein, dass ihr es so gelernt habt. Ja:
11. es schützt die --- sagen wir jetzt ein ganz einfaches Beispiel,
12. wo es unsere inneren Organe schützt. Denk an deinen runden Kopf!
13. Tochter: Es schützt mein Gehirn!
14. Vater: Ja: (lacht) --- Nun letztendlich ja. Ja, sie hat daran gedacht. (2.5) Ö: ---
15. aber das wichtigste Wort, was hier nicht gesagt worden ist, ist, dass es ein
16. Skelett ist. So, wie die Skizze eines Schmetterlings.
17. Unsere Knochen sind das Skelett unseres Organismus.
18. Tochter: Wir haben es nicht gelernt.
19. Vater: Also, dass es ein Skelett ist. Wenn wir sagen Skelett, woran denkst du?
20. Tochter: Dass ö: es den Körper umfasst?
21. Vater: Schreibe in das gugli [google] hinein, Skelett. Gut? Und suche ein
22. Bild. Schreibe in das gugli [google] hinein, Skelett. Aber suche ein Bild,
23. keinen Text!
24. Tochter: Dann sehen wir mal! Was? Skelett (2.0) Skelett.
25. Vater: Ich möchte nur, dass du ein Bild über das Skelett anschaust! Ich weiß,
26. dass du es ungefähr weißt, wie es aussieht. Nur schaue noch einmal hin! ---
27. Gut? ---- Was ist, du Skelett?
28. Tochter: Ich schaue hin und pfui!
29. Vater: Was ist pfui daran?
30. Tochter: Wie es aussieht
31. Vater: .hüm.
32. Tochter: A:!
33. Vater: Und die Wirbelsäule? Taste deinen Rücken an! Réka, taste die Wirbelsäule
34. dort an deinem Rücken! Das ist die Wirbelsäule, die längste Knochenstruktur

---

[4]**Erläuterung der Transkriptionssymbole:**
Vater = Levente; Tochter = Réka
-, --, --- kurze, mittellange und längere Pausen bis 1,5 s
(2.0) geschätzte Pausenlänge ab ca. 1,6 s
: Dehnungen des Wortes
( ) para- und außersprachliche Handlungen,
[ ] Erläuterungen der Autorin

Vater Levente lernt gemeinsam mit Tochter Réka für eine Klassenarbeit in Biologie über den menschlichen Körper, die in der Schule für die folgende Woche angekündigt war. Der Vater kommt seinem Erziehungsauftrag und den Erwartungen der Schule nach, seine Tochter bei der Aufbereitung des Schulstoffs zu Hause zu unterstützen, sodass sie für die Klassenarbeit gut vorbereitet ist. Kurz gesagt, es handelt sich um eine Situation, die sich so oder so ähnlich weltweit an jedem Tag in unzähligen Haushalten ereignen mag. Die Besonderheit der vorliegenden Lernsituation erklärt sich aus dem Umstand, dass Levente und Réka nicht an *einem* Tisch, über *einem* Buch bzw. an *einem* Bildschirm sitzen, während sie zusammen lernen. Zwischen ihnen liegen etwa 1000 km und zwei Staatsgrenzen, sodass sie in zwei verschiedenen Wohnungen, jeder und jede für sich an einem eigenen Tisch und Computer sitzen.[5] Die beiden Computer sind durch das Internet miteinander verbunden. Außerdem sind beide PC mit Kamera, Headset und einer Software für Videotelefonie ausgestattet, sodass sich Levente und Réka hören und sehen und zugleich im Internet nach geeigneten Lernmaterialien suchen können. Betrachtet man den Dialog zwischen Levente und Réka genauer, fallen einige Besonderheiten auf, die mit dieser besonderen medial vermittelten Lernsituation zusammenhängen. So gibt Levente in Zeile 4 zu verstehen, dass er gerade nichts bzw. sehr schlecht hört. Réka wundert sich darüber nicht, sondern wiederholt ohne explizite Aufforderung ihre Antwort auf die Aufgabenstellung des Vaters („Erkläre mir die Knochen"). In der Tat sind technische Störungen in der transstaatlichen Familienkommunikation eher die Regel, als die Ausnahme.

Die Familien lösen dieses wiederkehrende Problem auf unterschiedliche Weise. Sie routinisieren die Störungen, wie im vorliegenden Beispiel, oder sie meiden störungsanfällige Kommunikationsformate und begnügen sich stattdessen mit kanalreduzierten Formaten (z. B. Audio statt Video). Eine sehr typische Art der Störung besteht in plötzlichen Kommunikationsabbrüchen. Selbst diese werden in den Familien routinisiert, in dem sie nicht sozial, sondern fraglos technikinduziert gedeutet werden und in der weiteren bzw. wieder aufgenommenen Kommunikation nicht weiter thematisiert werden. Wenn ein Videogespräch plötzlich abbricht, so wird häu-

---

[5]Levente und Réka sind Teil einer transstaatlich organisierten Familie mit Lebensmittelpunkt in Südwest-Ungarn. Zum Zeitpunkt der Aufnahme arbeitet Levente bereits seit einem Jahr in Deutschland. Seine Frau (Veronika) lebt mit den beiden gemeinsamen Kindern (Réka, 9 Jahre, Zoli, 4 Jahre) dauerhaft in Ungarn. Der Vater kommt etwa alle fünf bis sechs Wochen aus Deutschland zurück und verbleibt etwa sieben bis 14 Tage im gemeinsamen Haushalt. Wenn er in Deutschland ist, führt er mit seiner Familie täglich am späteren Abend etwa 20–40-min Videotelefonate. Sonntags nimmt er sich vor allem für die Kinder Zeit, dann dauern die Videotelefonate häufig länger als eine Stunde und er unterhält sich oder singt mit ihnen und hilft seiner Tochter bei den Schulaufgaben.

fig darauf verzichtet, die Videoverbindung erneut aufzubauen, sondern die Beteiligten wechseln wortlos auf den Audiokanal und setzen ihre Unterhaltung fort. Dabei wird weder der Wechsel des Kommunikationsformats, noch die Störung in der weiteren Unterhaltung erwähnt. Allen Lösungsstrategien im Umgang mit Störungen ist gemeinsam, dass eine Metakommunikation *über* das Medium bzw. eine Selbstthematisierung *durch* das Medium vermieden und eine Übereinkunft der Familienmitglieder ermöglicht wird, so vorzugehen, als handle es sich um eine unmittelbare Interaktion (vgl. Cathcart und Gumpert 1986, S. 325). Wenn die mediale Vermittlung der Gesprächssituation in den Hintergrund tritt, so kann auch die ihr zugrunde liegende Distanz zwischen den Sprechenden zumindest situativ vergessen werden. Zudem scheint die Kommunikationstechnologie eine sozial entlastende Funktion zu erhalten, da mit der fraglosen Zurechnung von kommunikativen Abbrüchen auf die Technik auch schwierige, unliebsame oder konflikthafte Kommunikationssituationen oder Themen beendet werden können, ohne dies explizit machen zu müssen.[6]

Kehren wir noch einmal zurück zu Levente und Réka. An der transkribierten Videosequenz sind ebenfalls die sehr expliziten Anweisungen des Vaters auffällig, wie und wonach Réka im Internet suchen soll. Zunächst könnte man sagen, dass dies durchaus auch in monolokalen Lernsituationen so vorkommen könnte, nämlich dann, wenn Eltern ein ausgeprägtes Interesse an der Vermittlung von Medienkompetenz zeigen und Lernsituationen am Computer nutzen, um ihren Kindern den simultanen Erwerb von Fachkenntnissen *und* Medienkompetenz zu ermöglichen. In transstaatlich organisierten Familien ist Medienkompetenzförderung allerdings keine optionale Entscheidung, denn Medien sind hier eine notwendige Voraussetzung zur Ausübung elterlicher Erziehungs- und Sorgepraktiken in Distanz, sodass Kinder, die in transstaatlichen Milieus aufwachsen, sich vergleichsweise früh und intensiv mit Informations- und Kommunikationstechnologien (IKT) auseinandersetzen (müssen). Dies kann aus der Perspektive der Kinder vor allem dann als eine Art Zwangsmediatisierung empfunden werden, wenn die genutzten (bzw. zur Verfügung stehenden) Kommunikationsformate nicht den kindlichen Kommunikationsbedürfnissen (oder -fähigkeiten) entsprechen. So geben die von Madianou und Miller (2012) befragten philippinischen Familien an, die Kinder, deren Mütter in Cambridge lebten, um den familialen Unterhalt zu sichern, hätten den brieflichen Kontakt mit ihren Müttern als eine Art Schulaufgabe empfunden, der sie aufgrund des Mangels an Aktualität und erfahrbarer Emotionalität eher frustriert als erfüllt habe. Im vorliegenden Fall der

---

[6]Dieser zum Zeitpunkt der Veröffentlichung noch vorläufige Eindruck muss anhand der systematischen Analyse der vorliegenden Daten auf den Zusammenhang von Kommunikationsabbrüchen und anschließenden Themenwechsel überprüft werden.

medial vermittelten Lernsituation zwischen Levente und Réka ist digitale Literalität hingegen nicht das explizite Lernziel, sondern gewissermaßen eine Nebenfolge. Levente kann seiner Tochter die Internetrecherche nicht abnehmen, seine Unterstützungsmöglichkeiten sind in der medial vermittelten Lernsituation darauf beschränkt Réka konkrete Handlungsanweisungen zu geben, sodass sie zwar unter Anleitung, jedoch praktisch eigenständig den Umgang mit dem Computer erlernen und Kompetenzen der Informationssuche im Internet ausbilden kann.

Mit der Internetrecherche und dem Einbezug von Online-Materialien in die gemeinsame Lernsituation erzeugen Réka und Levente einen dritten Raum, der auf spezifische Weise mit den Lokalitäten hier und dort zu einer gemeinsamen lebensweltlichen Umgebung verknüpft wird (vgl. auch Greschke 2009, S. 169 ff.). Auch das ist nach unseren Beobachtungen ein charakteristisches Merkmal für transstaatliches Familienleben der Gegenwart, das keineswegs ortlos ist oder sich im „inner workings of media environments" (Madianou 2014, S. 671) erschöpft, sondern auf die Emergenz dritter Räume angewiesen ist, die – verknüpft mit den physisch-lokalen Lebensorten hier und dort – eine gemeinsame lebensweltliche Umgebung bilden, in sich die Familienmitglieder gemeinsam kommunikativ bewegen und die überdies Themen generierender Gegenstand ihrer Kommunikation ist (vgl. Greschke 2009, S. 213 ff.). Im vorliegenden Beispiel tritt die translokale Struktur des transstaatlichen Alltags besonders prägnant hervor, da hier der Körper (das vermeintlich Ausgeschlossene in medial vermittelten Beziehungen) nicht nur zentraler Gegenstand der Kommunikation ist, sondern als Lernobjekt in verschiedenen medialen und materiellen Repräsentationsweisen thematisiert wird. Die Lernsequenz, die sich in dem Video abbildet, aus dem die transkribierte Sequenz entnommen ist, entspricht einer translokalen Artikulation zwischen medialen und materiellen Repräsentationen lokal situierter Körper. Bilder von anonymen Körpern werden im Internet gesucht, der eigene Körper des Vaters wird der Tochter als Anschauungsmaterial präsentiert, in dem er an sich selbst zeigt, wo sich die einzelnen Knochen befinden. Schließlich wird die Tochter aufgefordert, an ihrem eigenen Körper die materielle Struktur des Skeletts zu ertasten.

Das Transkript gibt einerseits einen exemplarischen Einblick in die Normalität transstaatlichen Familienlebens, in dem es zeigt, wie Medien dazu genutzt werden, um bereits etablierte Erziehungspraktiken unter transstaatlichen Bedingungen fortzusetzen. Es gibt andererseits Hinweise auf die spezifischen Probleme, die sich im mediatisierten Familienalltag unter transstaatlichen Bedingungen ergeben und die Lösungsstrategien, mit denen die Familien diesen begegnen. Vor allem zeigt es jedoch eine idealtypische Situation, insofern die Kommunikation zwischen Vater und Tochter relativ reibungslos und erfolgreich verläuft, weil eine relativ hohe Übereinstimmung zwischen kommunikativer Praxis und den Affordanzen (vgl. Hutchby 2001), also den Handlungsmöglichkeiten besteht, die das Kommunikationsformat nahelegt. Das ist in unseren Daten nicht immer der Fall und war auch in der hier vorgestellten Familie nicht von Anfang an gegeben. Vielmehr hat die Familie einige Zeit und Versuche gebraucht, um eine kommunikative Praxis zu finden, die sich im Format Videotelefonie mit Standcomputern gut realisieren lässt. In unseren Daten finden sich allerdings auch Beispiele, die zeigen, dass es selbst in der digitalen Migrationsdekade, die sich potenziell durch eine hohe technologische Sättigung und starke Ausdifferenzierung von Kommunikationsformaten auszeichnet, nicht ohne Weiteres möglich ist, für jeden Anlass bzw. jede Präsenzerwartung das passende Kommunikationsformat zu finden. Die Praktiken der Präsenzregulierung in Familien sind weitaus komplexer, als das soziologische Theorieangebot begreifbar werden lässt. Während der soziologische Begriff *Kopräsenz* diese idealtypisch mit Aufmerksamkeit gleichsetzt (vgl. Licoppe 2015), weisen Familien eine Vielzahl an Präsenzregistern auf. Diese reichen von potenzieller und situativ angemessen in Anspruch zu nehmender *Erreichbarkeit* über *beiläufiges,* sich wechselseitig im Wahrnehmungsbereich des Anderen wissendes *Zusammensein* bis hin zu Situationen fokussierter *Aufmerksamkeit,* in der sich die Beteiligten exklusiv einander zuwenden. Technologien zur synchronen Vermittlung interpersonaler Kommunikation orientieren sich indes vornehmlich an letztgenannter Präsenzform, die dem soziologischen Idealtypus entspricht, den Präsenzerfordernissen in Eltern-Kind-Beziehungen allerdings nur eingeschränkt gerecht werden kann. So wird die Herstellung und Sicherung von Aufmerksamkeit zu einer der wichtigsten und gleichzeitig schwierigsten Aufgaben im transstaatlichen Familienleben, wie wir im folgenden Abschnitt zeigen.

5 Präsenzprobleme und ihre techno-soziale Bewältigung

Probleme der Aufmerksamkeitssicherung sind nicht nur für medial vermittelte Eltern-Kind-Interaktionen im transstaatlichen Kontext typisch, jedoch nehmen sie dort eine zentrale Position ein. Schon die Etablierung der sozialen Situation gestaltet sich schwierig: zeitliche Missverständnisse, die der Zeitverschiebung geschuldet sind bzw. mit dieser begründet werden können, technische Störungen, die den Aufbau der Verbindung verzögern und schließlich konkurrierende soziale Situationen, die Konventionen der Priorisierung und Kompetenzen des Präsenzmanagements erfordern (vgl. Greschke 2015). Gerade die im letzten Punkt angesprochenen Probleme der Überlagerung von mehreren sozialen Situationen, in die ein Individuum gleichzeitig involviert ist, betrifft auch das Zusammenleben in Familien in einem Haushalt, wenn etwa die Kinder beim Abendessen körperlich mit ihren Eltern an einem Tisch sitzen, jedoch kaum ansprechbar sind, weil sie sozial qua Smartphone andernorts verpflichtet sind. Während in solchen Fällen die Eltern notfalls darauf bestehen können, das Smartphone aus dem Raum zu verbannen, um die Kontrolle über die Grenzen der sozialen Situation ‚Abendessen' zu sichern, bleibt migrierenden Elternteilen diese Möglichkeit verwehrt. Es ist ja derselbe Bildschirm, der eine Kommunikation von Angesicht zu Angesicht zwischen Elternteil und Kind ermöglicht, während sich in ihm konkurrierende Präsenzerwartungen eröffnen, beispielsweise durch die Teilnahme an Spielen oder *Social Network Sites*. In unseren Daten finden sich dafür zahlreiche Beispiele sowie Berichte von migrierten Elternteilen, die sich darüber beklagen, dass ihre Kinder ihnen nicht die gewünschte Aufmerksamkeit zuteilwerden lassen; die Eltern erleben mithin eine Diskrepanz zwischen dem Potenzial digitaler Technologien und seiner sozialen Realisierung. So klagt Elsa, eine peruanische Mutter, die seit acht Monaten getrennt von ihren drei- und sechsjährigen Töchtern lebt: „Weil, wenn ich zum Beispiel mit ihnen über das Handy [Videotelefonie via *facetime*[7]] rede, will ich mit ihnen reden, aber sie spielen, rennen, sind dort, gehen weg mit ihren Puppen. Ich rufe sie an, weil ich sie sehen will. Und ‚Ja, Mama' und schon sind sie verschwunden".

Die Aufmerksamkeit kleinerer Kinder im fokussierten Gespräch hält ohnehin meist nicht lang. Angesichts dieses Problems entwickeln die in der Studie untersuchten Eltern diverse Praktiken, um die Aufmerksamkeit der Kinder zu sichern. Dabei nehmen gerade bei jüngeren Kindern dritte Personen eine Schlüsselrolle ein, die immer wieder die Aufmerksamkeit des Kindes auf das medial vermittelte elterliche Gegenüber lenken. Meist handelt es sich bei diesen Präsenzvermittlungspersonen um ein Elternteil bzw. eine andere im Haushalt befindliche Fürsorgeperson. Die Gespräche beginnen und enden meistens mit den Kindern. Die Präsenzvermittelnden halten sich in der Kommunikation meist selbst zurück. Bei Videotelefonaten positionieren sie sich am Bildrand oder außerhalb des Bildes und kümmern sich um die technische Gewährleistung der Begegnung zwischen Kind und Elternteil. So sorgt zum Beispiel eine Mutter aus der Teilstudie Polen – westliches Europa dafür, dass die Kamera den Bewegungen der Kinder folgt, damit diese für den medial vermittelten Vater kommunikativ adressierbar bleiben.

---

[7]*Facetime* ist die Videotelefonieanwendung für Macintosh-Geräte.

Kommunikative Präsenz ist demgemäß erst dann gesichert, wenn sich Personen in Sicht- oder Hörweite befinden (vgl. Hirschauer 2014, S. 112).

Körperlich anwesende Elternteile (oder auch Großeltern) werden mithin zu menschlichen Medien, welche die mediatisierte Beziehung zwischen Kind(ern) und dem migrierenden Elternteil unterstützen. Das Repertoire ihrer Aufgaben beginnt mit dem Aufbau der technischen Verbindung sowie der sozialen Präsenz des körperlich abwesenden Elternteils. Dazu gehört die Installation der Technik, der Verbindungsaufbau, die Positionierung und Nachjustierung der Kamera bzw. des Kindes vor der Kamera, sowie die Fokussierung seiner Wahrnehmung auf das medial vermittelte Elternteil. Ist die Verbindung aufgebaut, der Vater oder die Mutter für das Kind erkennbar ‚da', endet die Vermittlungsarbeit des anwesenden Sorgenden jedoch noch nicht. Kleinere Kinder müssen auch bei der Themenfindung unterstützt werden, ihre Narrative müssen bei Bedarf für die abwesenden Eltern übersetzt bzw. ergänzt werden, sodass sie auch dann verständlich sind, wenn sie nicht miterlebt wurden. Für die Kinder sind solche Kommunikationssituationen häufig ermüdend. Es fällt ihnen schwer, Erlebtes abstrakt wiederzugeben, lange Gespräche zu führen oder längere Zeit vor dem Bildschirm still zu sitzen. Nicht selten entziehen sie sich der medialen Situation, etwa durch Antwortverweigerung oder dadurch, dass sie sich aus dem Sichtfeld der Kamera bewegen oder die maximale Distanz zum Bildschirm einnehmen. Aus elterlicher Perspektive werden solche Verhaltensweisen oft als negative Sanktionierung ihrer Migration und körperlichen Abwesenheit interpretiert. Der mögliche Einfluss einer mangelnden Passung zwischen Kommunikationsformaten und -bedürfnissen der Kinder bleibt hierbei unberücksichtigt.

Im Zuge seiner Domestizierung erfährt das Kommunikationsformat Videotelefonie in einigen Familien eine soziale Aneignung, die anstelle des Präsenzmodells ‚fokussierte Aufmerksamkeit' das Modell ‚beiläufiges Zusammensein' favorisiert. Man verzichtet darauf, durch wiederkehrendes Formulieren anregender Fragen mit prosodisch signalisierter Antworterwartung die Aufmerksamkeit des Kindes zu gewinnen und es ‚zum Sprechen zu bringen'. Stattdessen beschränkt man sich darauf, dem Kind beim Spielen zuzuschauen und durch Bezugnahme auf Objekte (z. B. Spielzeuge) oder die Spielhandlungen des Kindes situativ und ungezwungen Gesprächsthemen zu generieren. So etwa eine junge in Warschau arbeitende Mutter, deren Sohn mit seinen Großeltern in der Ukraine lebt: Während der Sohn spielt, beobachtet sie ihn mithilfe eines im Raum stehenden Notebooks und bleibt für ihn stets potenziell adressierbar. Im Verlauf des Spiels sucht der Junge mit ihr Kontakt auf. Er zeigt ihr Spielzeuge oder die Ergebnisse seiner kreativen Arbeit, in dem er die Objekte vor die Webcam hält und ein objektbezogenes Gespräch initiiert. Auch hier ist die Vermittlung durch eine dritte Person vonnöten: Die

Hardware wird zuvor von der Großmutter des Kindes aufgebaut und entsprechend eingestellt. Im Zuge dieser kreativen Aneignung wird die *Kommunikations*technologie zur *Partizipations*technologie, deren Bezugspunkt das Bedürfnis der Eltern nach kontinuierlicher (An)Teilnahme an Leben, Alltag und Entwicklung ihrer Kinder ist.

Auch wenn Technologien, die synchrone audiovisuelle Kommunikation ermöglichen, gerade in jenen Familien ein hoher Stellenwert zugemessen wird, die mit vergleichsweise langen Phasen des körperlichen Getrenntseins zurechtkommen müssen, lässt sich die familiale Praxis keinesfalls auf diese beschränken, noch lässt sich sagen, dass Videotelefonie das wichtigste Kommunikationsformat in transstaatlich organisierten Familien ist. Vielmehr beruht das mediatisierte Zusammenleben in Distanz auf der Etablierung *transmedialer Praktiken,* denn erst durch die Kombination und Verflechtung verschiedener Kommunikationsformate zu polymedialen Umgebungen (vgl. Madianou und Miller 2012) lässt sich ein technosoziales Gewebe erzeugen, in dem sich Nähe und Distanzverhältnisse zwischen Eltern und Kindern situativ regulieren, zwischen verschiedenen Präsenzregistern und -graden changieren und eine intersubjektiv geteilte lebensweltliche Sphäre im translokalen Raum erzeugen lassen. Aus der Perspektive des Alltags in transstaatlich organisierten Familien ist Mediatisierung mithin mit der ‚Einrichtung' und Gestaltung eines polymedialen und translokalen Zuhauses verbunden. Der nun folgende Abschnitt skizziert die bisherigen Befunde des Projekts im Hinblick auf die kommunikative Architektur des polymedial-translokalen Zuhauses und seiner Realisierungsgrenzen.

6 Mediatisierung von Familienleben unter der Bedingung von Transstaatlichkeit zwischen Potenzialität und Verwirklichung

> Als ich ankam gab es bereits *Orkut*. Ja, als erstes kam *Orkut* und da gingst du rein und es öffnete sich und alles Nachrichten. Danach kam der *Messenger* und da konnte man dich bereits sehen und nach dem kam schon *Facebook* und danach *Skype*. (…) Und jetzt *WhatsApp*. Wir nutzen alles und meine Kinder haben dort auch alles. (…) An der Arbeit haben sie mir einen eigenen Internetzugang eingerichtet. (…) Jetzt ist es leichter, weil alles im Telefon ist. Also mit meinem Körper bin ich zwar hier aber dort ist mein ganzer Geist, mein Herz, meine Gedanken, als ob ich dort wäre. Und das ist ein andauernder, konstanter Zustand [eine Verbindung], die nie zerbrochen ist (Alicia, Spanien, 29.11.2015).

Alicia beschreibt einen durch digitale Technologien ausgelösten Mediatisierungsschub, den sie im Kontext ihrer Migration in der Zeit zwischen den Jahren 2006 und 2015 mitvollzogen hat. Sie arbeitet zum Zeitpunkt des Interviews als Pflegerin in einem Privathaushalt in Spanien, in dem sie auch wohnt. In ihrer Erzählung werden einige Aspekte von Mediatisierung deutlich, die für transstaatlich organisierte Familien wesentlich sind. So wird deutlich, dass Mediatisierung erstens mit einer Ausdifferenzierung in eine wachsende Zahl an Kommunikationsformaten einhergeht, zweitens eine Zunahme an Multimodalität der medialen Kommunikation impliziert und drittens zu einer Hybridisierung zwischen technologischen und sozialen Elementen der menschlichen Lebensführung führt. So zählt sie zunächst eine Reihe von Softwareanwendungen und Online-Diensten auf, die nacheinander in ihr Leben traten und die sich in verschiedenen Hinsichten voneinander unterscheiden. Alicia verweist auf einen wesentlichen Unterschied zwischen *Orkut*[8] und dem *Messenger*[9]. Während *Orkut* noch auf den Austausch schriftlicher Nachrichten begrenzt war, konnte man mit dem *Messenger* bereits synchrone Kamerabilder übertragen. Mit *Facebook* und *Skype* hat sich die Medienökologie der Familie erweitert und mit dem Smartphone und *WhatsApp* schließlich mobilisiert. Auch wenn sie bereits über einen eigenen Internetzugang am Arbeitsplatz verfügte und die Familie in Paraguay ebenfalls mit dem von ihr verdienten Geld rasch technologisch ausgestattet wurde, hat das Smartphone aus ihrer Sicht einiges erleichtert. Hiermit wird nicht nur die Konvergenz und gleichzeitige Verfügbarkeit verschiedener medialer Formate in nur einem Gerät angesprochen, sondern auch die Möglichkeit nun in jeder Situation und an jedem Ort erreichbar zu sein. So muss Alicia nun nicht mehr erst in ihr Zimmer an ihren PC gehen, um zu wissen, ob ihre Kinder sie kontaktiert haben. Sie trägt die Kinder symbolisch ständig mit sich herum und kann in der Gewissheit arbeiten, dass sie von ihnen – wenn nötig – jederzeit erreicht werden kann. Durch die Möglichkeit zwischendurch kurze Text-, Bild- oder Sprachnachrichten zu schicken, die sowohl synchron als auch asynchron beantwortet werden können, lässt sich, trotz einer Zeitverschiebung von bis zu sechs Stunden, die gegenseitige (An) Teilnahme am Alltag intensivieren. Ihr Körper ist zwar in Spanien, jedoch fühlt sie sich so stark in den familialen Alltag eingebunden und so konstant in Verbindung mit ihren Kindern, dass es sich anfühlt, als sei sie dort. Wie sie hervorhebt („Wir nutzen alles"), führt schließlich die Einführung neuer Kommunikationsdienste nicht

---

[8]*Orkut* ist ein von *Google* entwickeltes Soziales-Netzwerk-Projekt, das etwa zeitgleich mit *Facebook* angeboten wurde und sich insbesondere in Brasilien und Indien schnell verbreitete. Es wurde im September 2014 wieder eingestellt und ist jetzt nur als Archiv zugänglich, vgl. https://orkut.google.com/en.html. Zugegriffen: 25. August 2016.

[9]Ein Messenger ist ein Sofort-Nachrichten-Programm zum Austausch synchroner schriftlicher Nachrichten, mit dem später auch audiovisuelle Synchronkommunikation möglich wurde.

zur Ablösung älterer Formate, sondern zur stetigen Erweiterung des kommunikativen Repertoires der Familie zu einer integrierten polymedialen Architektur des translokalen Zuhauses.

Alicias Erzählung gleicht einer idealtypischen Entsprechung des mediatisierungstheoretischen Beitrags, den Miller und Madianou (2012, S. 125 f.) im Begriff *Polymedia* zusammenfassen. Demnach bezeichnet Polymedialität einen Zustand technologischer Sättigung von Sozialbeziehungen, der durch das stetige Anwachsen von medialen Möglichkeiten und deren Konvergenz, bei gleichzeitiger Nivellierung der Kostenunterschiede zwischen den einzelnen medialen Formaten erreicht wird. Wenn eine wachsende Zahl von medialen Kommunikationsformaten, wie Telefonat, Kurznachricht, E-Mail, Videobotschaft, gleich möglich, d. h. zu gleichen ökonomischen Kosten und in gleicher Reichweite gegeben ist, so das Argument, muss die Wahl eines unter vielen gleichmöglichen Kommunikationsformaten sozial kontextualisiert und begründet werden (vgl. Miller und Madianou 2012). Die Unterschiede zwischen einzelnen Kommunikationsformaten könnten demnach genutzt werden, um Emotionen auszudrücken und Beziehungen zu gestalten. Dabei würde nicht nur die Wahl eines Mediums zum Teil der mit ihm vermittelten Botschaft, vielmehr würde das Medium selbst zum konstitutiven Element der Beziehung.

Gegen *Polymedia* lässt sich jedoch einwenden, was aus der digitalen Ungleichheitsforschung bereits bekannt ist: Ihre globale, flächendeckende Ausbreitung ist in absehbarer Zeit nicht zu erwarten. So räumt auch Madianou (2014, S. 672) ein, dass *Polymedia* einen Idealtypus beschreibt, der sich nur dann einstellen kann, wenn „users have access to a good range of media which are affordable and which they can confidently use". Die Verteilung der Teilhabemöglichkeiten am globalen Kommunikationsnetzwerk zeigt sich im Hinblick auf Kosten, Qualität und Literalität weltweit als asymmetrische. Dabei spiegelt die globale digitale Kluft (vgl. Pick und Sarkar 2015) bestehende Asymmetrien zwischen den Ländern des Nordens und des Südens wider und verstärkt diese noch. Auch innerhalb von Staaten sind die regionalen Unterschiede der Quantität und Qualität von Datennetzen teils drastisch. Die soziale Verteilung digitaler Literalität hängt, besonders in den Ländern des Südens, weitgehend vom sozio-ökonomischen Status ab. Grundsätzlich muss jedoch konstatiert werden, dass wir es im Kontext transstaatlicher Migration mit einem ungleichzeitigen, wenngleich dynamischen Mediatisierungsprozess zu tun haben. So kann Migration zu einer Umverteilung digitaler Teilhabemöglichkeiten führen, insofern Familien, mitunter sogar Gemeinden, sofern sie stark von elterlicher Migration betroffen sind, für eine vergleichsweise fortschrittliche technologische Ausstattung sorgen, sofern diese zum Erhalt der Familien als notwendig erachtet wird.

Gleichzeitig können migrierende Elternteile, je nach rechtlichem Status bzw. Arbeitsbedingungen, an der maximalen Ausschöpfung der potenziell vorhandenen technologischen Infrastruktur am Migrationszielort gehindert werden. Zu den relevanten Faktoren zählen nach unseren bisherigen Befunden unsichere Beschäftigungsbedingungen, prekäre Wohnverhältnisse und nicht zuletzt der Aufenthaltsstatus, der in vielen Fällen zumindest zeitweise irregulär ist; mit der Folge, dass Migrierenden die Möglichkeit verwehrt bleibt, einen Telekommunikationsvertrag abzuschließen und sie auf Prepaid-Handys angewiesen sind. Diese erschweren durch begrenzte bzw. teure Datenvolumen eine bedarfsorientierte polymediale Praxis, da hier die Kosten ein wesentlicher Faktor bei der Wahl des situativ angemessenen Kommunikationsformats bleiben. In diesen Fällen zeigt sich ein (relativer) Konservatismus in der Mediennutzung, der sich jedoch weniger auf die Trägheit tradierter Nutzungspraktiken zurückführen lässt, als auf die benannten sozialstrukturellen Restriktionen, die mit der Migration verbunden sind. Die meisten Eltern thematisieren in den Interviews den Wunsch, spontaner auf die Kommunikationsbedürfnisse ihrer Kinder reagieren zu können.

In den Familien unseres Samples, die kommunikationstechnisch vielfältig ausgestattet sind und ohne Rücksicht auf Kosten auf alle möglichen Kommunikationsformate zugreifen können, zielt die familiale Praxis längst nicht in allen Fällen auf die maximale Ausnutzung der zugrunde liegenden polymedialen Möglichkeiten. Vielmehr findet eine Kontingenzreduktion der polymedialen Interaktionsmöglichkeiten statt, die im familialen Rahmen auf der Basis alltagssituativer Erfahrungen und emotionaler Bedürfnisse ausgehandelt wird. Dabei bedarf es offenbar einer raumzeitlichen Mindestdistanz, um sich auf eine polymediale Lebensweise einzulassen, es scheint jedoch auch eine maximale Distanz zu geben, innerhalb derer eine solche Lebensweise gelingen kann.

Unklar ist zum jetzigen Zeitpunkt, auf welche Weise sich die im Migrationsprozess ungleich verteilten Nutzungsmöglichkeiten digitaler Technologien auf die Eltern-Kind-Beziehungen auswirken. Die bisherigen Beobachtungen lassen Vermutungen auf geschlechtsspezifische Unterschiede zu. So scheint es Müttern tendenziell leichter als Vätern möglich (gemacht zu werden), ihre Fürsorgepflichten gegenüber der Familie *dort* mit ihren Arbeitsverpflichtungen *hier* zu vereinbaren. Zudem könnte das Wissen um die Diskrepanz zwischen den potenziellen Erleichterungen, die digitalen Technologien in der Beziehungspflege auf Distanz zugerechnet werden, und den rechtlich, ökonomisch bzw. infrastrukturell bedingten Restriktionen ihrer tatsächlichen Nutzung ein weiterer Einflussfaktor sein, der die Polymedialitäts-Ordnungen in transstaatlicher Migration prägt. So wäre zu prüfen, ob gerade die nicht uneingeschränkte Verfügbarkeit aller potenziell möglichen Kommunikationsformate die Aufrechterhaltung der Beziehung nähren kann, wenn damit die Hoffnung verbunden ist, dass der Zustand des Mangels an erlebter Beziehungsintensität oder -qualität ein vorübergehender ist, der sich mit technologischer ‚Aufrüstung' beseitigen lässt.

Mediatisierung kann in transstaatlich organisierten Familien folglich nicht als eine bloße bzw. kontinuierliche Zunahme an Kommunikationskanälen verstanden werden. Vielmehr liegt ihr ein polymedialer Charakter zugrunde, der sich in der Spannung zwischen Kontingenzerfahrung und Nutzungsanspruch, Affordanz und Aneignung, sowie zwischen attribuierter Potenzialität und Verwirklichung bewegt und den Zustand permanenter Verhandlungsoffenheit aufrechterhält.

Literatur

Baldassar L, Merla L (2013) Transnational families, migration and the circulation of care: Understanding mobility and absence in family life. Routledge, London/New York

Bergmann JR (1985) Flüchtigkeit und methodische Fixierung sozialer Wirklichkeit: Aufzeichnungen als Daten der interpretativen Soziologie. In: Bonß W, Hartmann H (Hrsg) Entzauberte Wissenschaft: Zur Relativität und Geltung soziologischer Forschung. Soziale Welt, Sonderband 3. Schwartz, Göttingen, S 299–320

Bryceson DF, Vuorela U (2002) The transnational family: New European frontiers and global networks. Berg, New York

Cathcart R, Gumpert G (1986) The person-computer-interaction: A unique source. In: Gumpert G, Cathgart R (Hrsg) Inter/Media: Interpersonal communication in a media world. Oxford, New York, S 323–332

Faist T (2000) Grenzen überschreiten: Das Konzept Transstaatliche Räume und seine Anwendungen. In: Faist T (Hrsg) Transstaatliche Räume: Politik, Wirtschaft und Kultur in und zwischen Deutschland und der Türkei. transcript, Bielefeld, S 9–56

Greschke H (2009) Daheim in www.Cibervalle.de: Zusammenleben im medialen Alltag der Migration. Lucius&Lucius, Stuttgart

Greschke H (2014) „Mein Smartphone ist mein Schatz." Intimität in transnationalen Familien. In: Hahn K (Hrsg) E<3Motion: Intimität in digitalen Medienkulturen. Springer/VS, Wiesbaden, S 151–167

Greschke H (2015) „Mama, bist Du da?" – Zum prekären Status von Anwesenheit in mediatisierten familialen Lebenswelten. In: Lange A, Eggert S (Hrsg) Medienaneignung und Aufwachsen im ersten Lebensjahrzehnt. merzWissenschaft 2015:70–80

Greschke H (i. E.) Kommunikationsanalyse. In: Friese H, Nolden M, Rebane G, Schreiter M (Hrsg) Handbuch Soziale Praktiken und digitale Alltagswelten. Springer/VS, Wiesbaden

Hirschauer S (2014) Intersituativität: Teleinteraktionen und Koaktivität jenseits von Mikro und Makro. Zeitschrift für Soziologie, Sonderheft Interaktion, Organisation und Gesellschaft, S 109–133

Hutchby I (2001) Technologies, texts and affordances. Sociology 35:441–456

Jurczyk K, Lange A, Thiessen B (2014) Doing Family als neue Perspektive auf Familie. In: Jurczyk K, Lange A, Thissen B (Hrsg) Doing familiy: Warum Familienleben nicht mehr selbstverständlich ist. Beltz Verlag, Weinheim, S 7–48

Kofmann E (2008) Stratifikation und aktuelle Migrationsbewegungen. In: Weiß A, Berger PA (Hrsg) Transnationalisierung sozialer Ungleichheit. Springer/VS, Wiesbaden, S 107–135

Licoppe C (2015) Contested norms of presence. In: Hahn K, Martin S (Hrsg) Präsenzen 2.0: Körperinszenierung in Medienkulturen. Springer/VS, Wiesbaden, S 97–112

Madianou M (2014) Smartphone as polymedia. Journal of Computer-Mediated Communication 19:667–680. doi:10.1111/jcc4.12069

Madianou M, Miller D (2012) Migration and new media: Transnational families and polymedia. Routledge, London/New York

Matthes J (1992) The Operation Called „Vergleichen". In: Matthes J (Hrgs) Zwischen den Kulturen? Die Sozialwissenschaften vor dem Problem des Kulturvergleiches. Soziale Welt, Sonderband 8. Schwartz, Göttingen, S 75–99

Morgan HGD (1996) Family connections: An introduction to family studies. Polity Press, Cambridge

Pick JB, Sarkar A (2015) The global digital divides: Explaining change. Springer, Berlin/Heidelberg

Pries L (2011) Transnationalisierung der sozialen Welt als Herausforderung und Chance. In: Reutlinger C, Baghdadi N, Kniffki J (Hrsg) Die soziale Welt quer denken: Transnationalisierung und ihre Folgen für soziale Arbeit. Frank & Time, Leipzig, S 17–36

Schmidt U, Moritz M-T (2009) Familiensoziologie. transcript, Bielefeld

Vertovec S (2004) Cheap calls: The social glue of migrant transnationalism. Global networks 4:219–224. doi:10.1111/j.1471-0374.2004.00088.x

Über die Autoren

Heike Greschke, Dr. phil., ist Professorin für Soziologischen Kulturvergleich und qualitative Sozialforschung an der Technischen Universität Dresden. Zuvor war sie Juniorprofessorin für Soziologie mit dem Schwerpunkt Mediensoziologie am Institut für Soziologie der Justus-Liebig-Universität Gießen. Sie leitet das Projekt „Die Mediatisierung von Eltern-Kind-Beziehungen im Kontext transnationaler Migration" des DFG-Schwerpunktprogramms „Mediatisierte Welten". In Forschung und Lehre beschäftigt sie sich mit den Themen Migration, Medien, Familie, Globalisierung und Kultur, sowie mit method(olog) ischen Fragen der qualitativen Kultursoziologie. Veröffentlichungen u. a.: „Is There a Home in Cyberspace? The Internet in Migrants' Everyday Life and the Emergence of Globale Communities" (New York/London 2012), „'Mama, bist Du da?' – Zum prekären Status von Anwesenheit in mediatisierten familialen Lebenswelten" in „merzWissenschaft (2015/2016): Medienaneignung und Aufwachsen im ersten Lebensjahrzehnt" (hrsg. von A. Lange und S. Eggert), „Medien" in „Handbuch Migrationspädagogik" (hrsg. von P. Mecheril, Weinheim und Basel, 2016).

Diana Dreßler, M.A, ist wissenschaftliche Mitarbeiterin im Projekt „Die Mediatisierung von Eltern-Kind-Beziehungen im Kontext transnationaler Migration" des DFG-Schwerpunktprogramms „Mediatisierte Welten" an der Justus-Liebig-Universität Gießen. In ihrer Promotion wird sie sich mit der medialen (Fremd)-Repräsentation von migrantischen Müttern beschäftigen. Ihre Forschungsschwerpunkte sind Migration, Gender und Familiensoziologie, Mediennutzung in der Migration.

Konrad Hierasimowicz, M.A, ist wissenschaftlicher Mitarbeiter im Projekt „Die Mediatisierung von Eltern-Kind-Beziehungen im Kontext transnationaler Migration" des DFG-Schwerpunktprogramms „Mediatisierte Welten" an der Justus-Liebig-Universität Gießen. Der Titel seines Promotionsvorhaben lautet: „Belarus 2.0: Kollaborative Text- und Bildpraktiken der Diskursivierung und Historisierung des Nationalen in Onlinemedien". Sonstige Forschungsschwerpunkte: (Neue) Medien, Identität, Migration, Minderheiten, Erinnerungskultur in Ost- und Ostmitteleuropa; Wissens-, Technik-, Medien- und Emotionssoziologie.

Mediengeneration als Prozess: Zur Mediatisierung der Vergemeinschaftungshorizonte von jüngeren, mittelalten und älteren Menschen

Andreas Hepp, Matthias Berg und Cindy Roitsch

Zusammenfassung

Dieser Beitrag beschäftigt sich mit der kommunikativen Vernetzung und Gemeinschaftsbildung im Generationenvergleich. In einer qualitativen Studie wurden mittels einer kontextualisierten Kommunikationsnetzwerkanalyse junge, mittelalte und ältere Menschen hinsichtlich ihrer Medienaneignung, Vergemeinschaftung und generationellen Verortung untersucht. Die Forschungsergebnisse lassen sich pointiert in einem Konzept von *Mediengeneration als Prozess* zusammenfassen. Mediengeneration lässt sich dabei als Verdichtung einer oder mehrerer Altersgruppen von Menschen definieren, die in ihrer Medienaneignung einen spezifischen Erfahrungsraum von Mediatisierung sowie ein generationelles, sich auf die eigene Medienbiografie stützendes Selbstverständnis als eine Mediengeneration teilen. Dabei fokussiert dieser Beitrag insbesondere die generationelle Spezifik der kommunikativen Vernetzung und Vergemeinschaftung in der digitalen, sekundär digitalen und massenmedialen Mediengeneration.

A. Hepp (✉) · M. Berg · C. Roitsch
Universität Bremen, Bremen, Deutschland
E-Mail: andreas.hepp@uni-bremen.de

M. Berg
E-Mail: mberg@uni-bremen.de

C. Roitsch
E-Mail: cindy.roitsch@uni-bremen.de

> **Schlüsselwörter**
>
> Mediatisierung · Vergemeinschaftung · Mediengeneration · Medienaneignung · Qualitative Netzwerkanalyse · Medienbiografie · Netzwerkkarten · Generationenvergleich

1 Einleitung

Wenn es um den durch Medien vorangetriebenen Wandel von Kultur und Gesellschaft geht, fällt in der Presse immer wieder der Begriff der *Generation*. Es ist dann die Rede von der *Facebook*-Generation, der Generation der Digital Natives, der App-Generation oder noch konkreter der *WhatsApp*-Generation. Dies sind nur einige der Schlagworte der letzten Jahre. Sind medienbezogene Veränderungen im Alltag also etwas, das sich von Generation zu Generation vollzieht?

Ein erster Blick auf unsere eigene Alltagserfahrung zeigt, dass es so einfach nicht ist. So ist beispielsweise *WhatsApp* keine Plattform, die sich nur junge Menschen aneignen würden, die damit aufwachsen. *WhatsApp* findet über verschiedene Generationen hinweg Nutzung, ja ist als Kommunikationsplattform intergenerativ. Gleichzeitig aber hat es sich erst einmal bei jungen Menschen verbreitet und scheint dort in einem Repertoire anderer Medien zu stehen, als es bei vielen älteren Menschen der Fall ist. Und schließlich kennen wir für all dies Ausnahmen in unserem Bekanntenkreis.

Solche Eindrücke machen die Komplexität des Phänomens Mediengeneration deutlich: Wenn wir hierunter verstehen, dass medienbezogene Veränderungen im Alltag auf identische Weise von einer Generation von Menschen angeeignet werden würden, würden wir es uns zu leicht machen. Gleichzeitig sind Generationen allerdings ein gewisser Erklärungsfaktor im Prozess der Mediatisierung.

Vor diesem Hintergrund wollen wir uns in dem vorliegenden Beitrag näher mit dem Phänomen der Mediengeneration befassen. Dabei legen wir den Fokus auf den Zusammenhang der kommunikativen Vernetzung und Vergemeinschaftung von Menschen aus ihrer subjektiven Perspektive. Unsere Fragestellung lautet: Unterscheiden sich Mediengenerationen im Hinblick auf ihre kommunikative Vernetzung und Gesamtorientierung von Vergemeinschaftung? Um diese erst einmal einfache Frage beantworten zu können, werden wir in einem ersten Schritt unseren Begriff der Mediengeneration klären. Im Anschluss erläutern wir kurz unser empirisches Vorgehen. Dann stellen wir eine Unterscheidung von fünf typischen mediatisierten Vergemeinschaftungshorizonten vor, die ein für verschiedene Mediengenerationen übergreifendes Phänomen sind. Betrachtet man die

Mediengenerationen dann aber genauer, stellt man fest, dass bei diesen die Ausprägung dieser Vergemeinschaftungshorizonte unterschiedlich ist. Die Bedeutung dieser Ergebnisse für die Mediatisierungsforschung werden wir dann im Fazit unseres Beitrags diskutieren.

2 Mediengenerationsvergleich als Ansatz einer synchronen Mediatisierungsforschung

Im Fokus der Mediatisierungsforschung steht bekanntlich das Wechselverhältnis des Wandels von Medien und Kommunikation auf der einen Seite und von Kultur und Gesellschaft auf der anderen Seite. Hierbei werden Medien und Kommunikation nicht als außenstehend von Kultur und Gesellschaft begriffen, sondern als Teil derselben: Gerade *weil* wir Kultur und Gesellschaft mittels unserer Kommunikation konstruieren und sie in einem engen Bezug zu Kommunikation und Medien stehen, hat der Wandel der Kommunikationsmedien ein großes Veränderungspotenzial für Kultur und Gesellschaft (vgl. Knoblauch 2013). Die Herausforderung besteht an dieser Stelle darin, solche Zusammenhänge im Detail zu untersuchen.

An dieser Stelle sind wir mit der Frage konfrontiert, wie sich solche Transformationen einzelner Bereiche von Kultur und Gesellschaft empirisch erforschen lassen. Ein Stück weit typisierend lassen sich hierbei zwei prinzipielle Forschungsansätze unterscheiden, die wir diachrone und synchrone Mediatisierungsforschung nennen wollen (vgl. zu dieser Unterscheidung Hepp 2013b, S. 622–633).

Diachrone Mediatisierungsforschung ist eine Form des empirischen Vorgehens, bei dem wir medienbezogene Veränderungen beispielsweise in bestimmten Gruppen oder Organisationen über den Zeitverlauf hinweg beschreiben. Ein Zeitpunkt t_1 wird mit einem Zeitpunkt t_2 verglichen. Dabei ist die implizite Annahme, dass die Veränderung der Medien und damit der Kommunikation in dieser Gruppe oder Organisation etwas zu tun hat mit deren Transformation insgesamt. Über den Vergleich bezogen auf unterschiedliche Zeitpunkte soll die Forschungsfrage beantwortet werden, welchen Einfluss die Medien auf diese Veränderungsprozesse haben. Typischerweise wird eine solche Forschung durch Wiederholungsstudien realisiert (z. B. mit Paneldesigns, vgl. hierzu den Beitrag von Röser et al. in diesem Band), über die ein Vergleich in der Zeit möglich wird (vgl. Elliott et al. 2008). Solche Untersuchungen setzen zu einem bestimmten Zeitpunkt an und gehen dann in die Zukunft. Sie vollziehen Veränderungen *in situ* nach, indem sie im Veränderungsprozess selbst empirisches Material erheben.

Eine andere Möglichkeit der diachronen Mediatisierungsforschung sind historische Studien. Bei diesen erforscht man einen zurückliegenden Zeitverlauf, der bis in die aktuelle Gegenwart reichen kann. Es ist demnach eine *ex post* Forschung, die darauf angewiesen ist, dass entsprechendes historisches Material vorliegt. Möglich ist dies beispielsweise bei Inhaltsanalysen, die Mediatisierungsprozesse rückblickend zugänglich machen (vgl. u. a. Dohle et al. 2009). Eine andere Möglichkeit sind historische Studien, die in ihre Quellenarbeit verschiedenes Material einbeziehen (vgl. Bösch 2015; Marszolek und Robel 2014).

Hiervon können wir eine *synchrone Mediatisierungsforschung* unterscheiden. Diese untersucht Mediatisierung zu einem bestimmten Zeitpunkt, also nicht über einen Zeitverlauf hinweg. Das mag auf den ersten Blick ein Widerspruch sein: Der Mediatisierungsforschung geht es doch darum, medienbezogene Transformationen zu beschreiben. Es gibt aber verschiedene Argumente für eine solche synchrone Mediatisierungsforschung. Ein erstes Argument ist, dass Mediatisierung kein linearer Prozess ist, also nicht schrittweise geschieht (vgl. Hjarvard 2013, S. 17; Krotz und Hepp 2013, S. 126). Typischerweise haben wir es vielmehr mit „Mediatisierungsschübe[n]" zu tun (vgl. Hepp 2013a, S. 96; Krotz 2007, S. 48). Unter einem Mediatisierungsschub verstehen wir nicht einfach das Hinzukommen eines ‚neuen' Mediums im Prozess der Mediatisierung. Darüber hinausgehend bezeichnet der Begriff die Durchsetzung einer in ihrer Gesamtqualität neuen Medienumgebung. Beispiele hierfür sind die Mechanisierung, Elektrifizierung und Digitalisierung, die sich nach einer solchen Definition auf übergeordneter Ebene als Mediatisierungsschübe charakterisieren lassen (vgl. Couldry und Hepp 2016, S. 34–56). Betrachtet man einzelne Bereiche von Kultur und Gesellschaft wie beispielsweise Gruppen und Organisationen, kann man darüber hinaus einzelne disruptive Momente ausmachen, in denen sich – getrieben u. a. vom Medienwandel – deren Charakter nachhaltig ändert. Die Veränderung ganzer Geschäftsmodelle durch die Einführung von Onlineplattformen ist ein Beispiel dafür (vgl. hierzu den Beitrag von Grenz und Pfadenhauer in diesem Band). Solche Momente einer umfassenden Veränderung bzw. eines umfassenden Umbruchs lassen eine synchrone Mediatisierungsforschung notwendig erscheinen. Bei ihr geht es dann darum, einschneidende Veränderungen im Detail zu erfassen. Es gibt aber auch noch ein zweites Argument für eine synchrone Mediatisierungsforschung: Durch die detaillierte Untersuchung eines gegenwärtigen Phänomens können aufgrund der Trägheit bestimmter Veränderungsprozesse verschiedene historische Grade der Mediatisierung greifbar werden. Auch in der Gegenwart sind beispielsweise einzelne Gruppen oder Organisationen ‚weniger' mediatisiert als andere.

Aus einem solchen Blickwinkel ist die Erforschung von Mediengenerationen eine Form der synchronen Mediatisierungsforschung: Sie beschreibt unterschiedliche

Mediengenerationen in der Gegenwart und geht von der impliziten Annahme aus, dass die einzelnen Mediengenerationen historische Grade von Mediatisierung greifbar machen. Die damit verbundene Annahme ist nicht, dass ein einmal erlernter Mediengebrauch über den gesamten Lebenslauf hinweg konstant wäre. Die auf die empirische Forschung zu Medien und Generation (vgl. u. a. Bonfadelli 2009; Jäckel 2010; Schäffer 2009) gestützte Annahme ist vielmehr, dass sich einzelne generationsspezifische Erfahrungen mit Medien in Mustern des (sich verändernden) Umgangs mit ihnen konkretisieren: Ist beispielsweise die morgendliche Zeitungslektüre einmal habitualisiert, hält sich diese mit einer gewissen Stabilität bzw. werden neue Formen von Zeitungslektüre (z. B. via Tablet) eher in damit verbundene Routinen integriert.[1]

Auch wenn solche Annahmen erst einmal plausibel sind, bleibt die Entwicklung eines angemessenen Begriffs von Mediengeneration ein schwieriges Unterfangen. So sind Mediengenerationen nicht einfach Alterskohorten, also Menschen, die in einem bestimmten Jahr geboren worden sind (vgl. Bolin 2016, S. 30–34). Folgt man dem klassischen Generationenbegriff von Karl Mannheim (1964), gehört zu einer Generation mehr, nämlich dass bestimmte Erfahrungen geteilt werden. Auch sind Generationen vom Lebenslauf zu unterscheiden, d. h. der Abfolge von Lebensphasen und Übergängen, wie sie im Wechselverhältnis von politischen, sozialen und ökonomischen Bedingungen („historische Zeit"), staatlichen Regulationen und Möglichkeiten („institutionelle Zeit") und biografischen Entscheidungen und Lebensführung („individuelle Zeit") entstehen (Heinz et al. 2009, S. 15). Jedes Mitglied einer Generation hat einen Lebenslauf. Wir können umgekehrt aber eine Generationsmitgliedschaft nicht mit dem Vorhandensein eines einheitlichen Lebenslaufs gleichsetzen. Hinzu kommt, dass – sobald wir uns für Mediatisierung interessieren – es nicht um Generation an sich geht, sondern um einen bestimmten Aspekt von Generation: deren Aneignung von Medien.

Diese Diskussion im Blick wollen wir im Weiteren mit einem prozessorientierten Begriff von Mediengeneration arbeiten (vgl. im Detail Hepp et al. 2014, S. 22–31). Unser Ausgangspunkt ist der bereits genannte Generationenbegriff von Karl Mannheim, der mehrfach in der empirischen Kommunikations- und Medienforschung aufgegriffen wurde (vgl. z. B. Bohnsack und Schäffer 2002; Volkmer 2006; Schäffer 2009; Vittadini et al. 2013). Mannheim weist darauf hin, dass jede Generation durch eine charakteristische „Lagerung" (Mannheim 1964, S. 528) in einem historischen Kontext gekennzeichnet ist. Dieser „Lagerung" entsprechen – zumindest der Tendenz nach – generationsspezifische „Erfahrungen" und

---

[1] Siehe hier auch unsere Diskussion zu Beharrung und Veränderung (vgl. Hepp und Röser 2014).

„Erlebnisse" (Mannheim 1964, S. 536) in einer bestimmten Phase der je eigenen Biografie. Hierbei geht Mannheim davon aus, dass es insbesondere die Erfahrungen und Erlebnisse in jüngeren Jahren sind, die eine Generation prägen. Gleichzeitig sollte man aber die späteren Erfahrungen und Erlebnisse im Blick haben, wenn damit generationsspezifische Einschnitte in der je eigenen Biografie verbunden sind (vgl. Mannheim 1964, S. 516).

In einem solchen Sinne fokussiert der Begriff Mediengeneration die *medienbezogenen* Erfahrungen und Erlebnisse. Dabei gilt es, Medien in einem doppelten Sinne zu verstehen, nämlich einerseits im Hinblick auf die Erfahrungen und Erlebnisse mit bestimmten Medieninhalten, andererseits im Hinblick auf die Erfahrungen und Erlebnisse mit bestimmten Medientechnologien (vgl. Schäffer 2003, S. 116; vgl. auch Livingstone und Helsper 2007; Silverstone et al. 1991). In einer ersten Annäherung lässt sich damit sagen, dass der Begriff der Mediengeneration eine bestimmte „Lagerung" fasst, die sich über charakteristische medienbezogene Erfahrungen und Erlebnisse konstituiert. Aus subjektiver Sicht bezieht sich die Mediengeneration damit stets auf die eigene Medienbiografie.

Versteht man Mediengeneration im bisher umrissenen Sinne, können Mediengenerationen mehrere Alterskohorten im Sinne von Geburtsjahrgängen umfassen, wenn sie entsprechende medienbezogene Erfahrungen und Erlebnisse teilen. Es kann umgekehrt in Phasen eines beschleunigten Medienwandels aber auch sein, dass verschiedene Mediengenerationen in kurzen Abständen aufeinanderfolgen. Ob und wann man sinnvoll von einer Mediengeneration sprechen kann, gilt es entsprechend empirisch zu untersuchen.

Als Mediengeneration lässt sich damit *die Verdichtung einer Altersgruppe oder mehrerer Altersgruppen von Menschen definieren, die in ihrer Medienaneignung einen spezifischen Erfahrungsraum von Mediatisierung sowie ein generationelles, sich auf die eigene Medienbiografie stützendes Selbstverständnis als eine Mediengeneration teilen.* Dieser Begriff geht in einem doppelten Sinne vom Prozesscharakter einer Mediengeneration aus: Einerseits werden die medienbezogenen Erfahrungen und Erlebnisse in Relation zu bestimmten Lebensphasen *fortlaufend* im Lebenslauf gemacht. Sie „sedimentieren" (Schütz und Luckmann 1979, S. 35) im Lebenslauf, ‚lagern' sich also als ‚gemachte' Erfahrungen und ‚gehabte' Erlebnisse in der eigenen Medienbiografie ab. Andererseits wird ein mediengenerationelles Selbstverständnis – also das Selbstverständnis als generationeller Zusammenhang (vgl. Mannheim 1964, S. 524 f.) – in einem fortlaufenden „doing" hervorgebracht (vgl. Wachelder 2016). Hierbei ist es uns wichtig, drei Punkte unserer Definition zu betonen, nämlich die Medienbezogenheit von Mediengeneration, das mit ihr verbundene Verständnis mediengenerationeller Spezifik und die generationelle Positionierung.

Bezüglich der *Medienbezogenheit* gilt es festzuhalten, dass wir in der obigen Definition ganz bewusst nur von Mediengenerationen sprechen. Damit wollen wir verdeutlichen, dass die Aussagen, die wir treffen wollen, sich ausschließlich auf die für eine Generation charakteristischen Medienerfahrungen und darauf basierende Prozesse der kommunikativen Konstruktion beziehen. Aus dem Umstand, dass man eine bestimmte Mediengeneration ausmachen kann, lässt sich also nicht zwangsläufig folgern, dass dieser eine Generation im allgemeinen Sinne des Wortes – die ‚Nachkriegsgeneration', die ‚Generation der 68er' usw. – entspräche.

Empirisch gesehen hebt unser Konzept der Mediengeneration auf eine *mediengenerationelle Spezifik* der Erfahrung von Mediatisierung ab. Es geht also um eine generationell „spezifische Konstellation" (Paus-Hasebrink et al. 2009, S. 18) der Aneignung von Medien und den jeweilgen soziokulturellen Kontext verschiedener „kommunikativer Figurationen" (Hepp und Hasebrink 2014). Dem entsprechen „gemeinsame und spezifische Normalitätserfahrungen und Deutungsmuster in Bezug auf Medien" (Fromme 2002, S. 157; vgl. auch Paus-Hasebrink et al. 2009, S. 18). Wichtig an einem solchen Verständnis von generationeller Spezifik ist also, dass der Begriff von Mediengeneration nicht einfach damit gleichgesetzt wird, dass alle Angehörigen einer Mediengeneration identische Praktiken der Medienaneignung hätten. Vielmehr lässt sich argumentieren, dass ein generationsspezifischer Erfahrungsraum von Mediatisierung auf verschiedene Praktiken der Medienaneignung verweist, je nachdem, wie man in diesem Erfahrungsraum verortet ist. Betrachtet man die gesamte „Konstellation" einer Mediengeneration, heißt dies aber umgekehrt nicht, dass für diese eine beliebige Ansammlung verschiedener Praktiken kennzeichnend wäre. Spricht man von einem spezifischen, medienbezogenen Erfahrungsraum der Mediatisierung, ist vielmehr zu vermuten, dass man es ebenso mit einer bestimmten Konstellation verschiedener Praktiken zu tun hat. Diese ist dann allerdings im Verlauf der jeweiligen Biografien zu sehen, d. h. der Sedimentierung der Erlebnisse und Erfahrungen: So resultiert ein einmal ‚gelernter' Umgang mit einem Medium nicht in einer ‚konstanten Umgangsweise' mit diesem für den Gesamtverlauf der je eigenen Medienbiografie. Andere Medien kommen hinzu, bestimmte eigene Umgangsweisen verändern sich mit dem eigenen ‚Lebenslauf' (vgl. Beck et al. 2007; Bolin und Skogerbo 2013; Claessens 2013; Westlund und Weibull 2013; aus soziologischer Sicht: Green 2010; Heinz et al. 2009) und dessen typischen Übergängen (Schuleintritt, Berufseintritt, Elternschaft, Renteneintritt usw.). Wir können also – so die empirisch zu untersuchende Annahme – für den Biografieverlauf einer Mediengeneration je typische Muster der Veränderung dieser Gesamtkonstellation von Praktiken ausmachen, auf die wiederum typische Muster der generationsspezifischen Medienbiografie verweisen. Dies heißt aber nicht, dass *jedes* Muster des

Umgangs mit Medien als Ausdruck einer bestimmten Mediengeneration interpretierbar wäre. Im Gegenteil: Die mediengenerationsspezifischen Muster bilden stets nur einen Ausschnitt der Gesamtmuster der Aneignung von Medien.

Wenn wir von *mediengenerationeller Positionierung* sprechen, heben wir darauf ab, dass sich die Angehörigen einer bestimmten Mediengeneration selbst im Horizont ihrer medienbezogenen Erfahrungen positionieren. Dies untermauert nochmals, dass Mediengeneration mehr meint als Alterskohorte (vgl. Pietraß und Schäffer 2011). Es geht demnach zusätzlich um eine bestimmte, kollektiv geteilte Perspektive auf die je eigene Lage als Mediengeneration (vgl. Opermann 2013; Vittadini et al. 2013). Gemeint ist damit eine Selbstpositionierung beispielsweise als diejenigen, die ohne elektronische Medien aufgewachsen sind und für die deswegen bis heute das Fernsehen etwas Besonderes ist; als diejenigen, die mit Fernsehen, Radio und Schallplatte aufgewachsen und dann in das Computerzeitalter hineingewachsen sind; oder als diejenigen, die selbstverständlich mit dem Computer und digitalen Medien groß geworden sind. An solchen Formulierungen wird nochmals deutlich, warum es Sinn macht, Mediengenerationen als Verdichtungsphänomen zu begreifen: So kann es beispielsweise auch gegenwärtig junge Menschen geben, die eher mit Fernsehen, Radio und Schallplatte als mit digitalen Medien aufwachsen. Typisch für die aktuell aufwachsende Mediengeneration sind sie aber nicht.

Ausgehend von einem solchen Begriff der Mediengeneration liegt es nahe, dass für verschiedene Mediengenerationen herausragende Mediatisierungsschübe relevante Einschnitte bedeuten. Der letzte Mediatisierungsschub – verstanden als qualitative Veränderung der gesamten Medienumgebung –, den wir ausmachen können, ist der der Digitalisierung. Dieser beinhaltet nicht nur das Aufkommen eines ‚neuen' Mediums (z. B. des Mobiltelefons), sondern betrifft gleichsam eine Vielzahl von ‚alten' Medien (Fernsehen, Kino, Radio etc.). Ebenso wenig berührt die Digitalisierung einfach eine Mediengeneration, sondern verschiedene Mediengenerationen erfahren diesen Mediatisierungsschub, wenn auch in unterschiedlichen Phasen ihrer Medienbiografie und damit auch des Lebenslaufs.

Unser Prozessbegriff von Mediengeneration hebt also darauf ab, dass Mediengenerationen keine statischen Phänomene sind, sondern in einer jeweils medienbiografischen Dynamik als Teilaspekt der Biografie und des Lebenslaufs gefasst werden sollten. Im Sinne einer Untersuchungshypothese unterscheiden wir in Bezug auf den Mediatisierungsschub der Digitalisierung – mit dem sich der Erfahrungsraum der Mediatisierung grundlegend geändert hat – gegenwärtig drei Mediengenerationen. Dies ist erstens die *massenmediale Mediengeneration,* die mit Radio, Kino, Print und Brief aufgewachsen ist, später das Fernsehen kennenlernte und in fortgeschrittenem Alter mit dem Mediatisierungsschub der Digitalisierung konfrontiert ist. Dem steht als anderes Extrem die *digitale Mediengeneration* gegenüber, die nach der Etablierung der digitalen Medien aufgewachsen ist und für die die mit der Digitalisierung verbundene Veränderung selbstverständlicher Bestandteil ihrer Gesamtmedienumgebung ist. Schließlich haben wir zwischen beiden – gewissermaßen als ‚Sandwichgeneration' – die *sekundär digitale Mediengeneration,* die noch mit Fernsehen, Kino, Radio, Print, Brief und Festnetztelefon groß geworden ist, sich dann aber digitale Medien im Laufe ihres (Berufs-)Lebens mehr oder weniger umfassend angeeignet und zum festen Bestandteil des eigenen Medienrepertoires gemacht hat. Im Rahmen unserer Forschung interessieren uns deren Gemeinsamkeiten und Unterschiede bei der kommunikativen Vernetzung und Vergemeinschaftung.

3 Zum methodischen Vorgehen

Ausgehend von einem solchen Prozessbegriff von Mediengeneration haben wir in unserem Projekt im Rahmen des DFG-Schwerpunktprogramms 1505 „Mediatisierte Welten" die kommunikative Vernetzung und Gemeinschaftsbildung untersucht. Unserer Forschung lag dabei die Methode der *kontextualisierten Kommunikationsnetzwerkanalyse* zugrunde (vgl. Hepp et al. 2016). Diese zielt im Rahmen eines qualitativen, medienethnografischen Vorgehens (vgl. Bachmann und Wittel 2006) darauf, die Kommunikationsbeziehungen von Menschen zu erfassen, die damit verbundenen Praktiken bzw. Sinnzuschreibungen sowie die Prozesse ihrer kommunikativen Herstellung. Im Kern basiert die von uns angewandte Methode auf drei qualitativen Instrumenten der Materialerhebung. Um die *Sinn- bzw. Bedeutungsdimension* zu erfassen, wurden im Schnitt 125-minütige, qualitative Interviews geführt. Gegenstand der Interviews waren die Medienaneignung der Interviewten, die verschiedenen in ihrem Alltag relevanten Vergemeinschaftungen sowie die mit beiden verbundenen Praktiken. In Verlauf dieser Interviews wurden die Gesprächspartnerinnen und -partner gebeten, auf zwei unstrukturierten Karten aus ihrer je subjektiven Sicht ihre Kommunikationsnetzwerke zu zeichnen und diese zu erläutern (eine Karte für Medien der personalen Kommunikation, eine für Medien der produzierten Kommunikation, also dem, was klassischerweise als Massenkommunikation bezeichnet wird). Hierüber zielten wir darauf, die *Strukturdimension* ihrer kommunikativen Vernetzung zu erfassen. Zur Beschreibung der *Prozessdimension* ihrer Ego-zentrierten Kommunikationsnetzwerke und Vergemeinschaftung haben wir mit halb standardisierten Medientagebüchern zur Erfassung von Medienkommunikation und deren Kontexten (zeitlich, räumlich, inhaltlich, sozial) gearbeitet, die entweder als gedruckte Hefte oder in Form einer App für das Mobiltelefon erhoben wurden.[2]

Der *Auswahl* der Interviewpartnerinnen und -partner lag die Strategie des „theoretischen Sampling" (Glaser und Strauss 1998, S. 53–83) zugrunde. Kriterien für das theoretische Sampling waren – neben soziodemografischer Varianz – die jeweiligen kommunikativen Vernetzungen und die diesen zugrunde liegenden Medienrepertoires sowie die kommunikativ hergestellten Vergemeinschaftungen. Dabei sind in einer ersten Welle zwischen November 2010 und September 2011 60 Fälle von Jugendlichen und jungen Erwachsenen im Alter zwischen 16 und 30 Jahren interviewt worden. Eine zweite Datenerhebungswelle zwischen Mai 2013 und Juli 2014 beinhaltete 58 Fälle älterer Menschen im Alter zwischen 60 und 88 Jahren, die sich im Ruhestand befinden. In der derzeit laufenden dritten Welle haben wir seit April 2014 bisher insgesamt 40 Interviews mit Menschen mittleren Alters (31–59 Jahre) geführt. Alle drei Phasen der Datenerhebung wurden in Bremen und Leipzig sowie dem jeweiligen Umland durchgeführt.

Die *Auswertung* dieser Daten erfolgte mit einem an der „Grounded Theory" (vgl. Glaser und Strauss 1998) orientierten Codierverfahren. Im Codierprozess interessierten uns Muster der Vergemeinschaftung sowie Strukturen, Prozesse und Sinnzuschreibungen kommunikativer Vernetzung wie auch diesen zugrunde liegende Medienrepertoires und -aneignungspraktiken. Die so erfassten Muster unterzogen wir dann einem Mediengenerationenvergleich. Dieser bestand aus zwei Schritten: In einem ersten Schritt prüften wir, inwieweit die Mitglieder der drei von uns erforschten Altersgruppen im Hinblick auf ihre Erfahrung von Mediatisierung und ihr generationelles Selbstverständnis einer der drei Mediengenerationen zugehörig sind. Hierbei bestätigte sich unsere aus dem Forschungsstand hergeleitete Unterscheidung der drei Mediengenerationen, wobei gerade im Grenzbereich der drei Altersgruppen die Zugehörigkeit zu einer Kohorte nicht mit der mediengenerationellen Zugehörigkeit gleichgesetzt werden kann. Entscheidendes Kriterium ist wie gesagt nicht die Geburtskohorte, sondern das generationelle Selbstverständnis. In einem zweiten Schritt beschrieben wir dann im Hinblick auf die kommunikative Vernetzung und Vergemeinschaftung für die jeweiligen Mediengenerationen spezifische Muster. Grundlegend war für uns dabei das Konzept des mediatisierten Vergemeinschaftungshorizonts.

---

[2] Zu der von uns entwickelten App und Auswertungssoftware siehe http://www.zemki.uni-bremen.de/de/forschung/forschungs-app-medtag.html. Zugegriffen: 13. August 2016.

4 Typen mediatisierter Vergemeinschaftungshorizonte

Den Kern unserer empirischen Analyse bildet der *subjektive mediatisierte Vergemeinschaftungshorizont*. Damit bezeichnen wir die *Gesamtheit der verschiedenen direkt erlebten wie imaginierten Vergemeinschaftungen* einer Person. Aus einer Egozentrierten Perspektive ist das Gemeinschaftsleben durch eine Vielzahl von subjektiv empfundenen Zugehörigkeiten gekennzeichnet: Man kann sich zugleich als Bremer oder Deutscher fühlen, einer Szene angehören, Teil einer Familie sein usw.

In heutigen mediatisierten Welten ist dieser Vergemeinschaftungshorizont durch eine doppelte Mediatisierung gekennzeichnet, nämlich die lokaler und translokaler Vergemeinschaftung. Mediatisierte Gemeinschaften bezeichnen solche, für deren Bestand technische Kommunikationsmedien nicht konstitutiv sind, wie die Familie oder der Freundeskreis. Mediatisierungsgemeinschaften sind jene translokalen und damit vorgestellten Gemeinschaften, die technische Kommunikationsmedien voraussetzen, wie Gaming-Szenen, die Nation oder die Gemeinschaft von Europäern und Europäerinnen. In einem mediatisierten Vergemeinschaftungshorizont fügt sich die je eigene Positionierung in verschiedenen mediatisierten Gemeinschaften und Mediatisierungsgemeinschaften zu einem subjektiven sinnhaften Ganzen.

Auf Basis unserer Daten können wir mediatisierte Vergemeinschaftungshorizonte anhand der kommunikativen Vernetzung zu den jeweils relevanten Vergemeinschaftungen, ihrer thematischen Zentrierung und der Charakteristika der vorhandenen Vergemeinschaftungen typisieren (vgl. Tab. 1). Die *kommunikative Vernetzung* erfolgt neben dem direkten Austausch über Medien der wechselseitigen, virtualisierten und produzierten Kommunikation. Bei der Vernetzung unterscheiden wir zwischen lokal und translokal. Die *thematische Zentrierung* gibt darüber Auskunft, ob eine spezifische Vergemeinschaftung innerhalb des Vergemeinschaftungshorizonts dominiert. Als *Charakteristiken der Vergemeinschaftungen* bezeichnen wir die mediatisierten Vergemeinschaftungen und Mediatisierungsvergemeinschaftungen des jeweiligen Vergemeinschaftungshorizonts. Anhand dieser Aspekte lassen sich in unserem Datenmaterial fünf mediengenerationsübergreifende Typen mediatisierter Vergemeinschaftungshorizonte ausmachen; die der Lokalisten, der Zentristen, der Multilokalisten, der Pluralisten und der Isolationisten.

Im Kern zeichnen sich *Lokalisten* durch eine vorrangig lokale kommunikative Vernetzung aus. Geht es um Vergemeinschaftung, dominieren in diesem Horizont (lokale) mediatisierte Gemeinschaften. Insgesamt kristallisiert diese Ausrichtung auf das Lokale in der Bedeutung einer spezifischen Örtlichkeit, wie der Stadt,

Tab. 1 Typologie mediatisierter Vergemeinschaftungshorizonte. (Quelle: Eigene Darstellung)

Typus	Kommunikative Vernetzung	Thematischer Fokus	Vergemeinschaftung
Lokalist	Starke lokale kommunikative Vernetzung	Keine auffallende thematische Zentrierung oder Streuung	Dominanz mediatisierter Gemeinschaften
Zentrist	Starke lokale kommunikative Vernetzung, daneben ausgeprägte thematische Vernetzung	Dominante thematische Zentrierung	Nebeneinander von mediatisierten Gemeinschaften und Mediatisierungsgemeinschaften
Multilokalist	Lokale kommunikative Vernetzung, translokale kommunikative Vernetzung in Bezug auf bestimmte Personen und Themen	Keine auffallende thematische Zentrierung oder Streuung	Nebeneinander von mediatisierten Gemeinschaften und Mediatisierungsgemeinschaften
Pluralist	Stark ausgeprägte lokale und translokale kommunikative Vernetzung	Streuung verschiedener thematischer Ausrichtungen	Vielfalt von mediatisierten Gemeinschaften und Mediatisierungsgemeinschaften
Isolationist	Lokal wie translokal stark eingeschränkte kommunikative Vernetzung	Keine auffallende thematische Zentrierung oder Streuung	Reduziertes Maß an mediatisierten Gemeinschaften und Mediatisierungsgemeinschaften

dem Stadtteil oder dem Dorf, in dem man lebt. Konkret ist dies beispielsweise für die 28-jährige Leipziger Lehrerin Jana Jäger[3] einerseits in der „Liebe zu dieser Stadt" als lokale Vergemeinschaftung. Zum anderen sind es aber auch die dort angesiedelten Sozialkontakte z. B. in Form von familiären, freundschaftlichen oder beruflichen Vergemeinschaftungen, die Leipzig für sie zum „perfekte[n] Ort" und Jana zu einer Lokalistin machen. Dass in diesem Zusammenhang auch produzierte Medien für die kommunikative Vernetzung im Lokalen eine Relevanz haben, betont Hedwig Knebel (69, Rentnerin, Bremer Umland), für die die Kreiszeitung „deswegen schon wichtig [ist], weil wir ja nun mittlerweile auch schon ne Masse Freunde haben und der ein oder andere steht mal drin (...) auch wer

---

[3]Bei allen im Folgenden genannten Namen handelt es sich um Pseudonyme.

gestorben ist". Andere Formulierungen anhand derer die zentrale Bedeutung des unmittelbaren Lebensumfeldes im Vergemeinschaftungshorizont der Lokalisten deutlich wird, sind Bezeichnungen der Stadt als „Zuhause" (Almuth Severin, 37, Köchin, Bremen) oder die Bezugnahme auf die „Dorfgemeinschaft" (Markus Adler, 18, Azubi, Bremer Umland).

Die *Zentristen* zeichnen sich vor allem durch eine ausgeprägte thematische Vernetzung aus. Diese verweist auf die Dominanz einer bestimmten Gemeinschaft, beispielsweise einer bestimmten Szene oder religiösen Gemeinde. Diese herausgehobene Vergemeinschaftung überlagert ein Nebeneinander von weiteren mediatisierten Gemeinschaften und Mediatisierungsgemeinschaften. Für Jost Niederegger (16, Realschüler, Bremen) besteht der dominierende Referenzpunkt von Vergemeinschaftung etwa im Fußball. Er ist selbst aktiver Fußballer, Fan von *Werder Bremen* und „eigentlich immer im Stadion wenn Heimspiele sind". Die Dominanz wird daran deutlich, dass Jost dieses Gemeinschaftserleben auch mit Freunden, Vereinskameraden, Mitschülern und seinen Eltern teilt, die ebenfalls „große Fans sind". Für die Rentnerin Gabriele Dollinger (68, Bremen) hingegen ist eine christliche Freikirche Dreh- und Angelpunkt ihres Vergemeinschaftungshorizonts. Dabei ist es für sie vor allem „dieser Zusammenhalt, dieses Miteinander, dieses Helfen untereinander, auch dieses Ehrenamtliche was aus den Kirchen auch so kommt", was die religiöse Zentrierung ihres Vergemeinschaftungshorizonts ausmacht. Ähnlich zu verorten ist die Zentristin Brigitte Kleinen (55, arbeitssuchend, Bremen), bei der die buddhistische Gemeinde den thematischen Kern ihres Vergemeinschaftungshorizonts bildet. So berichtet sie u. a. von einem mehrjährigen Aufenthalt in einem buddhistischen Kloster, aus dem soziale Bindungen hervorgegangen sind, die „tiefer als [die] zur eigenen Familie" sind.

Den dritten Typus bezeichnen wir als *Multilokalisten*. Ausschlaggebend dafür ist das Vorhandensein einer translokalen kommunikativen Vernetzung in Bezug auf bestimmte Personen oder Themen an verschiedenen Orten. Ein Beispiel für eine thematisch orientierte Translokalität findet sich im Vergemeinschaftungshorizont von Mario Rudolf (26, Zahnarztassistent, Leipzig). Er empfindet u. a. eine starke Zugehörigkeit zur Fan-Community des West-Coast Hip-Hop. Diese weist neben der lokalen Vernetzung mit der Leipziger Hip-Hop-Community auch ortsübergreifende Momente auf. So informiert sich Mario beispielsweise vor Städtereisen im Internet über entsprechende Geschäfte und sucht diese dann gezielt auf, weshalb er mittlerweile Plattenläden „in den abgefahrensten Orten" kenne. Er sucht also unterschiedliche Lokalitäten auf, die mit seinem populärkulturellen Interesse in Verbindung stehen. Multilokalität kann aber auch beziehungsorientiert sein und z. B. aus der räumlichen Streuung persönlicher Sozialkontakte resultieren. Kamilla Schwingel (33, Schauspielerin, Leipzig) z. B. war im Alter von zwanzig Jahren bereits „elf Mal umgezogen". Aus dieser intensiven Mobilitätsbiografie resultieren multilokal verstreute Beziehungen, die auch mittels kommunikativer Vernetzung aufrechterhalten werden. Aber auch die biografische Mobilität anderer kann einen multilokal orientierten Vergemeinschaftungshorizont zur Folge haben, wie es u. a. bei dem Rentner Herbert Baumgarten (68, Bremer Umland) der Fall ist. Mit dem Umzug seiner Tochter nach New York sind *Skype* und Festnetztelefonate für die kommunikative Vernetzung in der familiären Vergemeinschaftung relevant geworden. Ferner hat New York als Stadt aufgrund persönlicher Besuche bei der Tochter eine gewisse Bedeutung für Herbert Baumgarten erlangt.

Die *Pluralisten* zeichnen sich durch eine sehr stark ausgeprägte lokale und translokale kommunikative Vernetzung aus. Dabei sind sie im Hinblick auf Vergemeinschaftung thematisch sehr breit interessiert, was sich in einer Streuung verschiedener thematischer Orientierungen und in einer Vielfalt von mediatisierten Gemeinschaften und Mediatisierungsgemeinschaften konkretisiert. Zwei Drittel seiner sozialen Kontakte, so schätzt beispielsweise Claas Kuhnert (29, Umschüler, Bremen), „sind (…) international", sodass er „von jedem Winkel der Erde irgendwelche Leute" kennt. Das Aufrechterhalten dieser Kontakte gelingt ihm vorrangig mittels internetbasierten Plattformen wie der Social Network Site *Facebook* und Chatprogrammen. Dass sich eine solche translokale Ausrichtung auch auf das Verhältnis zu nationalen bzw. supranationalen Vergemeinschaftungsformen niederschlägt, äußert sich bei Pluralisten wie der 33-jährigen Vanessa Rischard (Systemadministratorin, Bremen). Abstraktere Momente ihres Zugehörigkeitsempfindens beschreibt sie dahin gehend, „dass man sich in einer etwas vom Nationalen abgehobenen Gruppe halt sieht", in der es noch nicht mal „um's Europäische geht", sondern eher „um's Weltbürgertum". Ähnlich formuliert die 74-jährige Rentnerin Neela Basu aus dem Bremer Umland: „Ich weiß gar nicht, was heißt Europäerin (…) dann würde ich jetzt hier aber wirklich dann Welt beziehungsweise Menschen mit reinnehmen und das ist ja wichtig".

Für *Isolationisten* schließlich ist ein auf sehr wenige Menschen und Themen reduzierter Vergemeinschaftungshorizont typisch. Dementsprechend ist die vergemeinschaftungsbezogene kommunikative Vernetzung in lokaler wie translokaler Hinsicht stark eingeschränkt. Micha von Herbst (22, Konditor, Leipziger Umland) beispielsweise bezeichnet sich als ruhigen und zurückhaltenden Menschen, der „lieber eher alleine" ist. Micha verfügt zwar durchaus über Sozialkontakte (Arbeit, Familie, Gothik-Szene), die aber nur begrenzt vergemeinschaftungsrelevant sind. Auffällig ist vor allem, dass er im Interview an unterschiedlichen Stellen betont, keinen wirklichen Freundeskreis zu haben. Sinnbildlich für die kommunikative Vernetzung im Bereich freundschaftlicher

Vergemeinschaftung erklärt er, dass er bei *MeinVZ* und *ICQ* kurz vor dem Interview seine „Freundesliste auf Null gesetzt" hat. Im Gegensatz zu Micha verweist Waldemar Hebelmann (57, Beamter, Bremen) auf einen konkreten Grund einer zumindest im Ansatz isolierten Lebensphase. Nach der Trennung von seiner Ex-Frau habe sich ein großer Teil des gemeinsamen Freundeskreises von ihm „zurückgezogen". Insgesamt häufen sich Isolationserfahrungen aber vor allem mit zunehmendem Lebensalter, beispielsweise durch Krankheiten, Todesfälle oder die Pflege engster Angehöriger. Eindringlich beschreibt beispielsweise Hilde Dörr (64, Rentnerin, Bremen), wie sie ihren schwer kranken Mann bis zu dessen Tod gepflegt hat, „eigentlich vierundzwanzig Stunden [am Tag] nur auf ihn fixiert" war, mit der Konsequenz, dass sie „fünf Jahre kein eigenes Leben mehr hatte". Während dieser Zeit war Hilde Dörrs kommunikative Vernetzung stark auf die Familie beschränkt. Sie nutzte zwar das Internet, aber vorrangig für medizinische Recherchen und den Kontakt zu Spezialisten, u. a. in den USA.

Wie die obigen Beispiele verdeutlichen, haben sich diese fünf Typen von Vergemeinschaftungshorizonten in unserem Datenmaterial *über die von uns untersuchten Mediengenerationen hinweg als weitestgehend stabil* herausgestellt. Das bedeutet, dass die wesentlichen Charakteristiken der Horizont-Orientierungen generations- wie auch altersunabhängig Bestand haben. Vergemeinschaftungsbezogene Unterschiede hingegen ergeben sich vor allem hinsichtlich des *Stellenwerts von Medien bei der kommunikativen Vernetzung*. Hier kann durchaus von einer mediengenerationellen Spezifik gesprochen werden. Solche generationsspezifischen Besonderheiten sollen in den folgenden Kapiteln für die jungen, mittelalten und älteren Menschen herausgearbeitet werden.

5 Digitale Mediengeneration

Dass wir uns im vorausgegangenen Kapitel mit der Stabilität der von uns entwickelten Typologie mediatisierter Vergemeinschaftungshorizonte über die verschiedenen Mediengenerationen hinweg beschäftigt haben, soll nicht darüber hinwegtäuschen, dass sich in unserem Datenmaterial auch generationenbezogene Unterschiede ausmachen lassen. Diese lassen sich insbesondere an der Art der kommunikativen Vernetzung festmachen und durch einen Vergleich der Medienrepertoires – also des Gesamts der genutzten Medien (vgl. Hasebrink und Domeyer 2012, S. 759 f.) – verschiedener Mediengenerationen verdeutlichen. Hierbei ergibt sich die in Abschn. 2 erwähnte mediengenerationelle Spezifik in der vergemeinschaftungsbezogenen Medienaneignung deutlich: Während wir also diese fünf Typen in allen drei Mediengenerationen finden, konstituieren sich die mediatisierten Vergemeinschaftungshorizonte über unterschiedliche kommunikative Vernetzungsweisen mittels unterschiedlicher Medienrepertoires.[4]

Setzt man sich eingehender mit den Mitgliedern einer digitalen Mediengeneration in unserem Sample auseinander, so stößt man typischerweise (und wenig überraschend) auf sehr vielfältige Medienrepertoires. Aufschluss darüber geben u. a. die Netzwerkkarten, die unsere Interviewpartnerinnen und -partner während der Gespräche angefertigt haben. So beinhaltet beispielsweise die Netzwerkkarte, in der der 21-jährige Student Tim Lautermann aus Leipzig seine personale Kommunikation festhält, neben Mobiltelefonie und E-Mail auch *ICQ* und *Skype* sowie *Facebook*, *Twitter* und *StudiVZ* als Anwendungen des Social Web (Abb. 1). Ebenso reichhaltig fällt ein Blick auf die Netzwerkkarte zur produzierten Medienkommunikation aus, auf die wir an dieser Stelle nicht eingehen.

Im Gegensatz zu Tim macht ein Blick auf Juliane Brandts (21, Auszubildende, Bremen) Netzwerkkarte zur personalen Kommunikation (Abb. 2) deutlich, dass keinesfalls alle der von uns interviewten jungen Menschen medial so umfassend vernetzt sind. Ihr weniger vielfältiges Medienrepertoire der personalen Vernetzung beinhaltet neben Festnetz- und Mobiltelefon auch die Kommunikation per Brief. Im Bereich computervermittelter Kommunikation verweist Juliane auf E-Mails sowie die gelegentliche Nutzung von *Facebook* („Internet"), was aber beides selten genutzt wird, wie aus der Zeichnung hervorgeht.

Wie diese beiden Beispiele stellvertretend deutlich machen, weisen die Medienrepertoires der Angehörigen der digitalen Mediengeneration eine gewisse Bandbreite auf, bei der die Intensität, d. h. das Ausmaß und die Häufigkeit der Aneignung digitaler Medien zur kommunikativen Vernetzung, variiert. Insofern sind sie für diese Mediengeneration nicht homogen. Für den Großteil der digitalen Mediengeneration in unserem Sample haben digitale Medien aber einen herausgehobenen Stellenwert. Insgesamt können wir festhalten, dass sich die Mitglieder der digitalen Mediengeneration in unserem Datenmaterial *immer auch* mittels digitaler Medien kommunikativ vernetzen und vergemeinschaften.

Ein wesentlicher Erklärungsansatz hierfür besteht in ihren (Medien-)Biografien. Der Mediatisierungsschub der Digitalisierung setzte in der Kindheit oder bereits vor der Geburt dieses Teils unseres Samples ein. Dementsprechend sind digitale Medien für sie selbstverständlicher Bestandteil ihrer Medienumgebung und deren Aneignung eine sedimentierte Erfahrung über ihre gesamte Medienbiografie hinweg. Deutlich wird das anhand von Zitaten wie dem von Richard

---

[4]Aufgrund des beschränkten Platzes klammern wir in diesem Beitrag die Frage der genrationellen Selbstpositionierung aus, die sich für alle drei Mediengenerationen zeigen lässt. Vgl. dazu im Detail Hepp et al. (2015).

Mediengeneration als Prozess

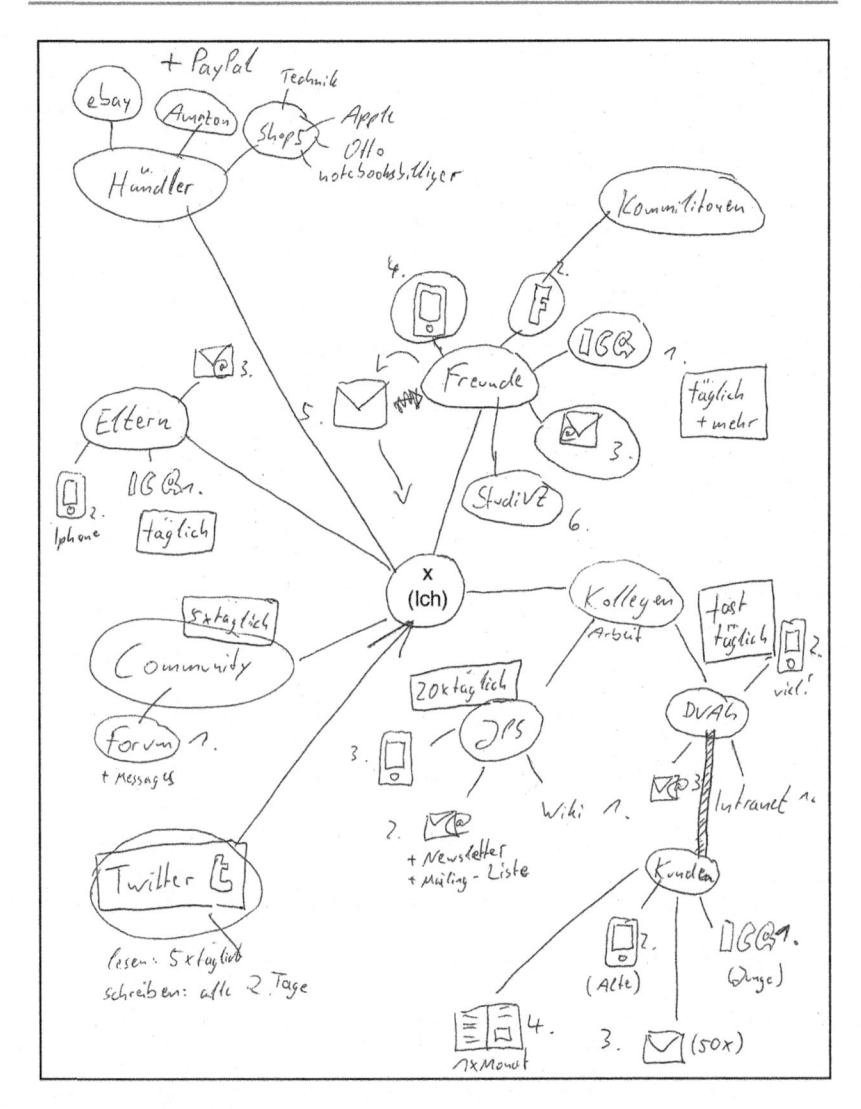

Abb. 1 Tim Lautermanns Netzwerkkarte personaler Kommunikation

Kosellek (Schüler, 16, Bremen). Auf die Frage, seit wann der Computer für ihn eine Rolle spielt, antwortet er: „Schon immer". Diese Selbstverständlichkeit des Digitalen begründet, weshalb wir hier, wie bereits angeführt, von der digitalen Mediengeneration sprechen.

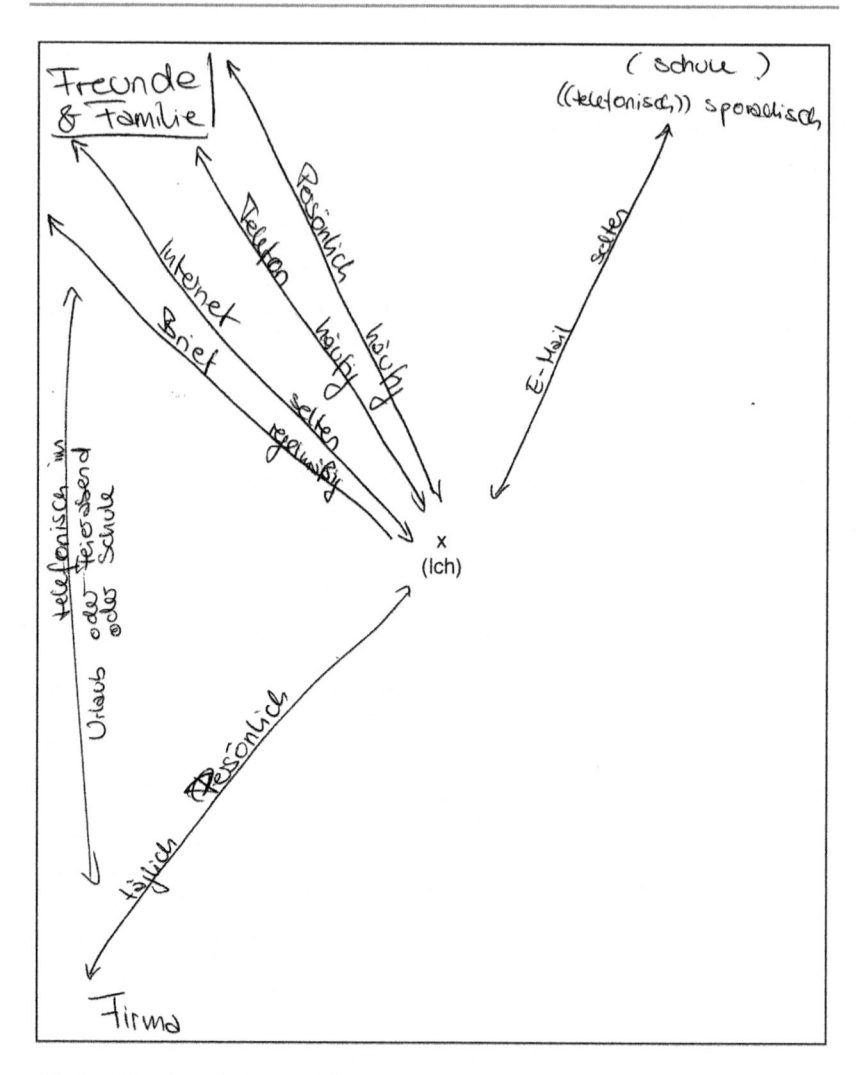

Abb. 2 Juliane Brandts Netzwerkkarte personaler Kommunikation

Vor diesem Hintergrund stellt sich die Frage, wie sich die gerade beschriebenen Heterogenitäten der Medienrepertoires in der digitalen Mediengeneration erklären lassen. Auch hier liefert eine Betrachtung von Biografie und Lebenslauf wertvolle Anhaltspunkte. So befinden sich die von uns interviewten Angehörigen der digitalen Mediengeneration überwiegend in einer bestimmten Lebensphase:

dem Ende der Schullaufbahn bzw. dem Ausbildungsbeginn oder Einstieg ins Berufsleben. Nicht selten sind damit Übergänge verbunden, die sich auch in der kommunikativen Vernetzung und im Vergemeinschaftungshorizont manifestieren. Ein typisches Beispiel hierfür findet sich bei der Bremer Studentin Wenke Hanke (23), die ihren *StudiVZ*-Account erst kurz vor dem Beginn ihres Studiums erstellte, als sie „fertig mit der Schule war". Dass solche biografischen Übergänge aber auch mit tief greifenderen Veränderungen verbunden sein können, wird bei Dirk Hermann (26, Leipzig) deutlich, der sich kurz vor unserem Interview mit einer Künstleragentur selbstständig gemacht hat. Für ihn hat die Selbstständigkeit zur Folge, dass „viele alte Freundschaften drunter leiden, weil man einfach nicht mehr die Zeit hat", sich regelmäßig zu sehen. Der Einstieg ins Berufsleben stellt für ihn einen Einschnitt dar, der seine Vernetzung im Vergemeinschaftungshorizont fundamental verändert, indem eine Umorientierung von privat-freundschaftlichen auf berufliche Kontakte erfolgt.

Neben individuellen Faktoren lassen sich Unterschiede in den Medienrepertoires der jungen Menschen also in Bezug sehen zu den Phasen des Lebenslaufs, in denen sie sich im aktuellen Moment ihrer Biografie befinden. Eine erhebliche Antriebskraft, sich auf bestimmte Medien ‚einzulassen', ist, sich mit bestimmten Gruppen vergemeinschaften zu *wollen*. Die Art dieser Gruppen hängt mit der biografischen Phase des Lebenslaufs zusammen.

6   Sekundär digitale Mediengeneration

Die Medienrepertoires der überwiegend mittelalten Angehörigen der sekundär digitalen Mediengeneration beinhalten ebenfalls immer digitale Medien. Mobiltelefon bzw. Smartphone und E-Mails sind in der personalen kommunikativen Vernetzung ebenso etabliert wie das WWW zur Informationsrecherche oder zu Unterhaltungszwecken. Es finden sich hierbei Medienrepertoires, die denen der digitalen Mediengeneration kaum nachstehen. In der Netzwerkkarte (Abb. 3) von Maureen Eder (49, Sozialpädagogin, Bremen) ist beispielsweise über „Telefon" (gemeint ist hiermit die Telefonie per Mobil- wie auch Festnetztelefon), „Brief" und „Mail" hinaus auch *Facebook* („FB") zu finden. Außerdem spielen die beiden mobilen Messengerdienste *WhatsApp* und *Threema* sowie ein Smartphone-Spiel, dessen Chat-Funktion sie täglich nutzt, eine zentrale Rolle.

Was die generationelle Spezifik kommunikativer Vernetzung angeht, erzeugen gerade Social Media eine Zweiteilung in unserem mittelalten Sample. So kann Jobst Kranach (37, Arzt, Bremen) als klassisches Beispiel für diejenigen betrachtet werden, die insbesondere neueren Entwicklungen im Rahmen der

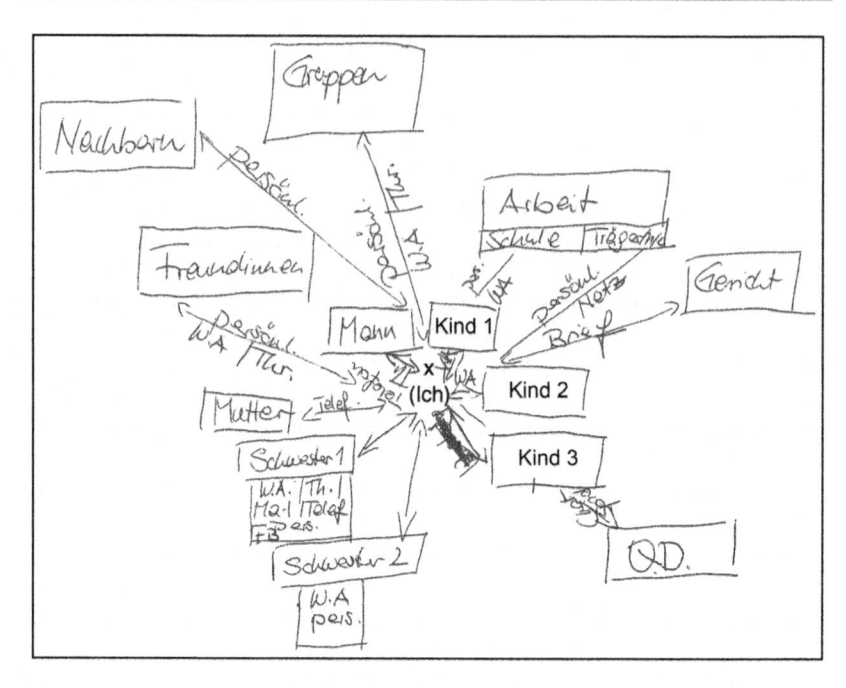

Abb. 3 Maureen Eders Netzwerkkarte personaler Kommunikation

Digitalisierung kritisch gegenüber stehen: „*Facebook* sind wir [er und seine Frau] nicht, whatsappen ham wir nicht". Diese Haltung manifestiert sich auch in seiner Netzwerkkarte zur personalen Kommunikation (Abb. 4), die lediglich Telefon, SMS und E-Mail enthält.

Teil der Medienrepertoires von Angehörigen der sekundär digitalen Mediengeneration in unserem Datenmaterial sind also ebenfalls immer auch digitale Medien. Häufiger als bei der digitalen Mediengeneration beschränken sich diese aber auf ältere Medien digitaler Kommunikation wie E-Mail, WWW und Mobiltelefon bzw. Smartphone. Jüngere Angebote wie Social Network Sites oder Microblogging-Dienste werden zwar von Teilen der Interviewpartnerinnen und -partner genutzt. Die Affinität zu ihnen ist aber insgesamt geringer als in der digitalen Mediengeneration.

Die generationelle Spezifik der Medienaneignung wird wiederum über die Medienbiografie und sedimentierte Erfahrungen von Mediatisierung nachvollziehbar. Aufgewachsen sind die entsprechenden Interviewten mit Fernsehen, Kino, Radio, Print, Brief und Festnetztelefon. Digitale Medien haben sich viele im Laufe

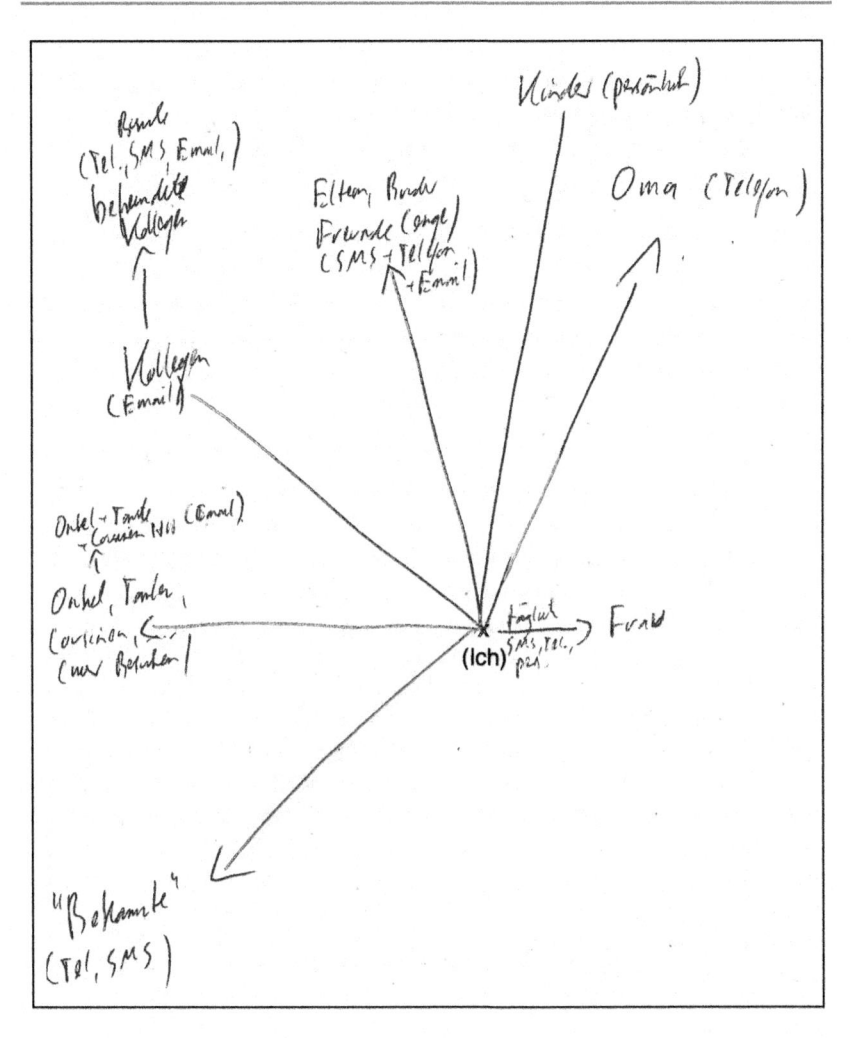

Abb. 4 Jobst Kranachs Netzwerkkarte personaler Kommunikation

ihrer Ausbildung oder im Berufsleben mehr oder weniger umfassend angeeignet, wodurch sie zum festen Bestandteil des eigenen Medienrepertoires geworden sind. Dies verdeutlichen Fallbeispiele wie Waldemar Hebelmann (57, Bremen), der bis zu seiner Ausbildung zum Verwaltungsbeamten in den achtziger Jahren keinerlei Kontakt zu Computern hatte, oder Annette Stein (40, Angestellte, Leipzig), die in den neunziger Jahren als Radioredakteurin den Umgang mit PC und Internet erlernte. Für sie ist die Annäherung an neue digitale Medien in dem Sinne sekundär, dass dies als Erweiterung eines bestehenden Medienrepertoires geschieht. Dabei ist der Übergang zwischen der digitalen und der sekundär digitalen Mediengeneration aber fließend. Das absolute Lebensalter ist hier kein verlässlicher Indikator dafür, ob eine Person nun der digitalen oder der sekundär digitalen Mediengeneration zuzurechnen ist. Entscheidend ist hier die medienbiografisch verankerte Selbstpositionierung (vgl. Hepp et al. 2015).

Wiederum hängen Heterogenitäten in der sekundär digitalen Mediengeneration mit der spezifischen Phase des Lebenslaufs zusammen. So hat bei Ada Hubertus (35, Logopädin, Bremen) die Elternschaft eine Veränderung von Medienrepertoire und Vergemeinschaftungshorizont zur Folge gehabt. Neben der veränderten Familienkonstellation sind Müttergruppen in ihrem Vergemeinschaftungshorizont relevant geworden und haben ihren Freundeskreis ergänzt. Mit *WhatsApp* wurde eine Erweiterung ihres Medienrepertoires notwendig, denn „wenn's um Gruppen geht, die sich verabreden, dann wird's schnell schwierig wenn alle *WhatsApp* nutzen und man selber nicht", man sei dann „ganz schnell (…) außen vor". Bei Aileen Südermann (35, Flugbegleiterin, Bremen) hat sich seit der Geburt ihres letzten Kindes die Lektüre von Nachrichten und Magazininhalten zusehends auf das Smartphone verlagert, da sie während des Stillens Zeit hat und das Endgerät „klein und handlich" ist. Und auch bei Männern mittleren Alters finden sich Hinweise darauf, dass mit der Familiengründung Veränderungen im Vergemeinschaftungshorizont, Medienrepertoire und der kommunikativen Vernetzung einhergehen. So berichtet Jobst Kranach, dass er und seine Frau „früher sehr politisch aktiv" gewesen sind. In der Zeit „vor den Kindern" waren die ökologische, die antirassistische oder die Anti-Atomkraft-Bewegung für ihn zentrale Momente politischer Vergemeinschaftung. Das Interesse und die Sympathie für diese Themen und politisch Gleichgesinnte hat er sich zwar erhalten, was aber die Vergemeinschaftungsrelevanz und aktive Partizipation angeht, bestehe heute „kein Vergleich zu vorher".

7 Massenmediale Mediengeneration

Bei den Medienrepertoires zur vergemeinschaftungsbezogenen kommunikativen Vernetzung zeigen die Netzwerkkarten der Angehörigen der massenmedialen Mediengeneration ein recht deutliches Bild. Hier lassen sich solche Repertoires, in denen digitale Medien einen festen Platz haben, von jenen unterscheiden, in denen neue digitale Medien nicht vorkommen. Beispielhaft für Erstere

Mediengeneration als Prozess

ist die Netzwerkkarte der 65-jährigen Hannelore Leischik (Rentnerin, Leipziger Umland) (Abb. 5). Für ihre personale Medienkommunikation spielen vor allem Festnetz und Mobiltelefon sowie der Austausch per E-Mail eine Rolle. Punktuell sind Briefe und elektronische Postkarten relevant, es finden sich aber auch mehrfach Verweise auf die beiden Plattformen *Xing* und *Facebook*.

Auf der anderen Seite stehen Medienrepertoires, wie das von Rita Sutter (76, Rentnerin, Leipzig). Aus ihrer Netzwerkkarte zur personalen Kommunikation (Abb. 6) geht hervor, dass für die wechselseitige Medienkommunikation lediglich „Festnetz" und „Handy" im familiären Vergemeinschaftungszusammenhang relevant sind. Im Interview führt sie weiter aus, dass sie gelegentlich auch mit Freunden und Bekannten telefoniert, im Zusammenhang mit dem Kleingartenverein, in dem sie aktiv ist, allerdings keinerlei Medienkommunikation stattfindet. Hier ist anzumerken, dass das Mobiltelefon im Allgemeinen zwar als eine wesentliche

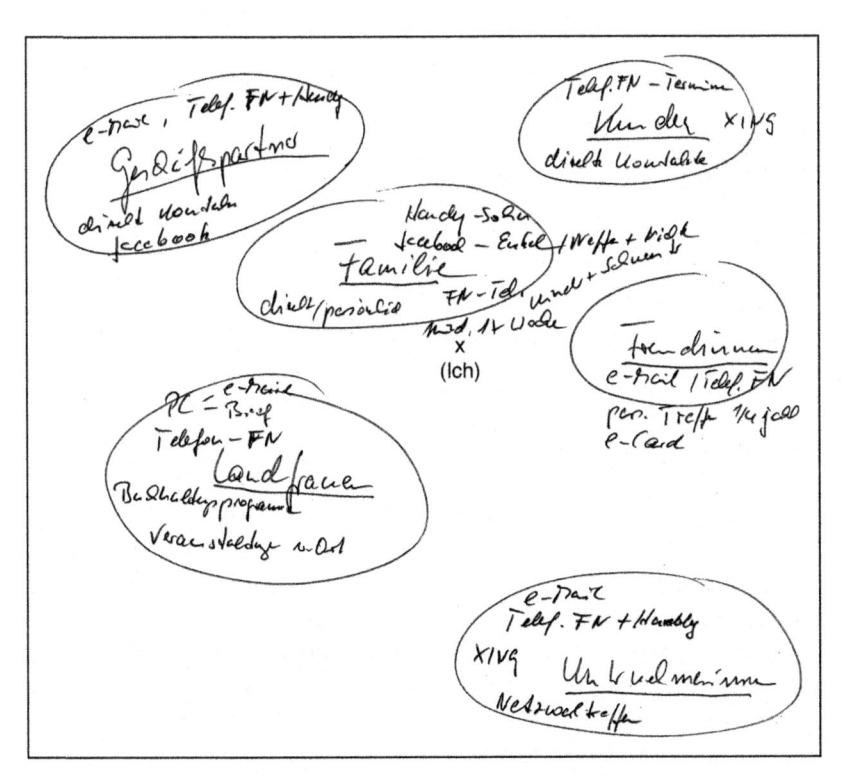

Abb. 5 Hannelore Leischiks Netzwerkkarte personaler Kommunikation

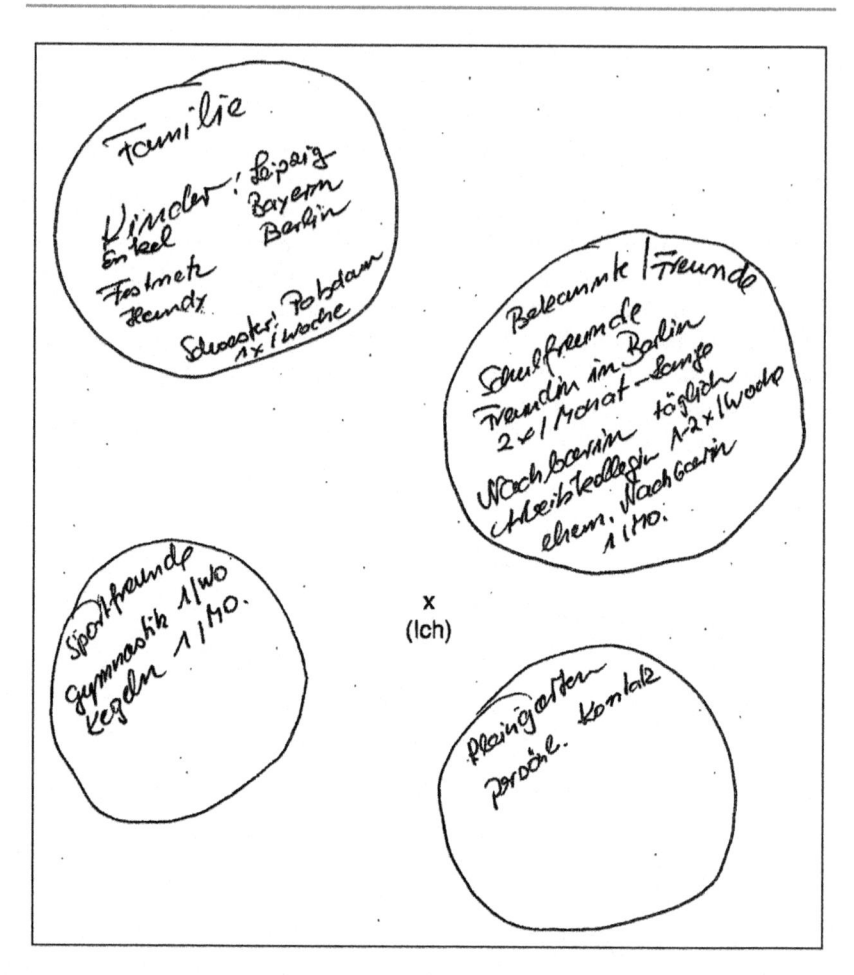

Abb. 6 Rita Sutters Netzwerkkarte personaler Kommunikation

Technologie des digitalen Zeitalters gilt. Für Rita Sutter erfüllt es aber lediglich die Funktion eines mobilen Telefonapparats. Darüber hinaus verfestigt sich auch mit ihrer Netzwerkkarte zur produzierten Medienkommunikation (die hier nicht abgebildet ist) der Eindruck eines Medienrepertoires, das auf klassische Massenmedien konzentriert ist. Dort zählt sie Fernsehen, Zeitungen und Zeitschriften, Radio, Bücher und Musik auf.

Wie diese beiden Fälle exemplarisch verdeutlichen, sind die Differenzen der Medienrepertoires bei Angehörigen der massenmedialen Mediengeneration sehr groß – weit größer als bei den beiden anderen Mediengenerationen. Die Bandbreite reicht von Personen, in deren Medienrepertoires verschiedene digitale Medien eine große Bedeutung für die Vernetzung haben, bis hin zu solchen, in deren Repertoires digitale Medien praktisch nicht vorkommen. Über Varianzen hinweg fällt allerdings auf, dass die Intensität der digitalen Vernetzung insgesamt über die von uns unterschiedenen drei Mediengenerationen hinweg abnimmt. Eine weitere Besonderheit, die wir bei der kommunikativen Vernetzung der massenmedialen Mediengeneration ausmachen können, sind Vergemeinschaftungen, die *ausschließlich* auf direkter Kommunikation beruhen. Ein Beispiel ist der oben genannte Kleingartenverein von Rita Sutter. Neben mediatisierten Gemeinschaften und Mediatisierungsgemeinschaften findet sich insbesondere in der massenmedialen Mediengeneration eine dritte Form – die der nicht mediatisierten Gemeinschaften.

Die verhältnismäßige Zurückhaltung gegenüber digitalen Medien liegt bei der massenmedialen Mediengeneration wiederum in der Medienbiografie begründet. Aufgewachsen ist die massenmediale Mediengeneration mit Radio, Kino, Print und Brief. Später lernte sie das Fernsehen kennen und erst in fortgeschrittenem Alter wurde bzw. wird sie mit dem Mediatisierungsschub der Digitalisierung konfrontiert. Die Erfahrung von zwei Mediatisierungsschüben (Elektrifizierung und Digitalisierung) ist ein generelles Moment dieser Mediengeneration. So fasst der 76-jährige Kurt Gerau (Rentner, Bremen) die Bedeutung der Medien in seiner Kindheit und Jugend wie folgt zusammen: „König war der, der 'n Rundfunk hatte". Damit meint er zunächst den Hörfunk. Das Fernsehen, so erinnert er sich, wurde dann erst „siebenundfünfzig achtundfünfzig" in der Form relevant, dass man sich bei einem Freund traf, um gemeinsam Karnevalsübertragungen zu schauen. Mobiltelefon und Computer spielten dann erst Ende der achtziger Jahre mit dem Einstieg in die späte Selbstständigkeit eine Rolle.

Wenige Jahre später, Anfang der neunziger Jahre, kam Uta Severin (60, Pensionärin, Bremen) über ihre Arbeit in Kontakt mit Computertechnologie. Zum Zeitpunkt ihres Wiedereinstiegs ins Berufsleben nach der Familiengründung wurde „der Arbeitsbereich (…) gerade umgestellt auf einen PC-Arbeitsplatz". Mithilfe von Kursen hat sie sich die dafür notwendigen Kompetenzen angeeignet. Sie berichtet aber, dass sie „aufgrund dieses PC-Arbeitsplatzes" und vor allem wegen der erhöhten Konnektivität im Zuge der Einführung der E-Mail-Kommunikation „sehr gestresst gewesen" sei. „Wenn ich aussteige", schwor sie sich damals, „werde ich nie wieder einen PC anfassen." Vergleichbar ist die Haltung von Wilfried Detlef (75, Rentner, Bremen), der die letzten fünf Jahre seines

Arbeitslebens berufsbedingt den Umgang mit dem Computer erlernen musste. Seit dem Renteneintritt macht er aber „gar nichts" mehr damit. Diese beiden Beispiele verdeutlichen, inwiefern der Renteneintritt für den älteren Teil unseres Samples eine tief greifende Veränderung sowohl des Vergemeinschaftungshorizonts (Bedeutungsverlagerung vom Beruflichen ins Private) als auch der damit verbundenen kommunikativen Vernetzung zur Folge hat. Die Veränderung kann allerdings sehr unterschiedlich sein. So finden sich auch Fälle, bei denen die Intensität der mediengestützten Vernetzung im Ruhestand zunimmt. Wilfried Detlefs Frau Marianne beispielsweise erklärt, dass sie kurze Zeit nach Renteneintritt dachte „das kann das nicht gewesen sein, dass du jetzt nicht mal mehr mitreden kannst wenn deine Enkelkinder sagen, sie haben jetzt da und da eine Mail hin[geschickt]". Daraufhin hat sie sich einen Computer samt Internetzugang angeschafft. Dieses Zitat führt uns nochmals vor Augen, dass das Bedürfnis nach Vergemeinschaftung eine herausgehobene Antriebskraft ist, sich auf bestimmte Medien einzulassen.

8   Fazit: Mediengeneration als Prozess

Fassen wir die hier vorgestellte Empirie zusammen, führt sie uns die Komplexität des Phänomens Mediengeneration vor Augen: Einerseits können wir mediengenerationsspezifische Muster ausmachen, andererseits bedeutet dies aber noch keine Homogenität von Mediengeneration. Dabei fällt auf, dass ein Blickwinkel, der eindimensional nach dem Einfluss von Medien auf Vergemeinschaftung fragt, zu kurz greift. Über alle Mediengenerationen hinweg ist vielmehr das *Bedürfnis nach Vergemeinschaftung* eine erhebliche Antriebskraft, sich diejenigen Medien anzueignen, die in der kommunikativen Vernetzung der betreffenden Gemeinschaften dominieren. Dies kann im Einzelfall auch heißen, sich auf solche Medien einzulassen, die man eigentlich ablehnt. Insgesamt können wir damit typische Grundorientierungen des Vergemeinschaftungshorizonts ausmachen, die mediengenerationsübergreifend sind und die wir als diejenigen der Lokalisten, Zentristen, Multilokalisten, Pluralisten und Isolationisten beschrieben haben.

Beziehen wir diesen Befund wiederum auf Mediengenerationen zurück, stellen wir fest, dass es Unterschiede in den Medienrepertoires und der kommunikativen Vernetzung gibt, die diesen Vergemeinschaftungshorizonten zugrunde liegen. Die von uns interviewten jungen Menschen als Repräsentantinnen und Repräsentanten der digitalen Mediengeneration sind diejenigen, bei denen digitale Medien selbstverständlicher Teil der Medienrepertoires sind und die in der Tendenz fortlaufend digital vernetzt sind. Bei den Menschen der sekundär digitalen

Mediengeneration haben digitale Medien ebenfalls ihren Stellenwert, neue Plattformen aber weniger und wenn, dann in einer partikularen Aneignung. Bei den älteren Menschen als massenmediale Mediengeneration sind die Unterschiede der Medienrepertoires und kommunikativen Vernetzung am größten. Wir haben hier beispielsweise Lokalisten, die sich in der Hauptsache mittels direkter Kommunikation vergemeinschaften. Auffallend bei *allen* Mediengenerationen ist, dass Veränderungen von Medienrepertoires und kommunikativer Vernetzung insbesondere mit Übergängen zwischen Lebensphasen zusammenfallen: dem Ausbildungseintritt, dem Berufsbeginn, der Elternschaft, dem Renteneintritt usw.

Was heißt dies nun für eine synchrone Mediatisierungsforschung? Pointiert formuliert wird deutlich, dass sich über Mediengenerationen eine *Sedimentierung von Mediatisierungserfahrung* erfassen lässt. Wie gesagt sind die Mediengenerationen in ihrer Medienaneignung nicht homogen und die Medienrepertoires und kommunikative Vernetzung über die Biografie ihrer Mitglieder nicht konstant. Wir können aber bei jeder Mediengeneration typische Sedimentierungen von Mediatisierungserfahrungen ausmachen: die Erfahrung einer bestimmten Medienumgebung und der Aneignung ihrer Medien in Relation zu Lebensphasen und Übergängen zwischen diesen. Diese Erfahrungen ‚lagern' sich in der eigenen Medienbiografie ab. Es sind solche geteilten sedimentierten Erfahrungen, über die auch das Selbstverständnis und die Selbstpositionierung von Mediengenerationen entstehen. Die geteilten Sedimentierungen helfen zu erklären, warum in einzelnen Altersgruppen bestimmte Umgangsweisen mit Medien dominieren.

Eine solche synchrone Mediatisierungsforschung zu Mediengenerationen ist über die engere Kommunikations- und Medienwissenschaft hinaus für soziologische Forschung zum Wandel von Vergemeinschaftung von Interesse. So führt sie vor Augen, dass die Mediatisierung nicht notwendigerweise mit vollkommen neuen Horizonten von Vergemeinschaftung verbunden ist. Die von uns ausgemachten Typen bestehen ja über die verschiedenen Mediengenerationen hinweg. Solche Ergebnisse widersprechen vorschnellen Annahmen zum mediengetriebenen Umbruch von gesellschaftlicher Gemeinschaftsbildung. Umgekehrt zeigt unsere Forschung aber auch, dass sich die Art und Weise der kommunikativen Konstruktion von Vergemeinschaftung von Mediengeneration zu Mediengeneration verändert. Dabei greifen medienbezogene Faktoren (Veränderung der Kommunikationsmöglichkeiten) und soziale Faktoren (Lebenslauf und dessen Individualisierung) ineinander. Das Ansetzen bei Mediengenerationen bietet dabei eine Möglichkeit, solche Wechselbezüge empirisch zu erforschen.

Literatur

Bachmann G, Wittel A (2006) Medienethnografie. In: Ayaß R, Bergmann J (Hrsg) Qualitative Methoden der Medienforschung. Rowohlt, Reinbek bei Hamburg, S 183–219

Beck K, Rosenstock R, Schubert C (2007) Medien im Lebenslauf. In: Beck K, Rosenstock R, Schubert C (Hrsg) Medien im Lebenslauf. Demographischer Wandel und Mediennutzung. Kopaed, München, S 7–16

Bohnsack R, Schäffer B (2002) Generationen als konjunktiver Erfahrungsraum. In: Burkart G, Wolf J (Hrsg) Lebenszeiten. Erkundungen zur Soziologie der Generationen. Westdeutscher Verlag, Opladen, S 249–273

Bolin G (2016) Media generations. Experience, identity and mediatised social change. Routledge, London/New York

Bolin G, Skogerbo E (2013) Age, generation and the media. Northern Lights: Film & Media Studies Yearbook 11:3–14

Bonfadelli H (2009) Medien und Alter: Generationen aus Sicht der Kommunikationswissenschaft. In: Künemund H, Szydlik M (Hrsg) Generationen – Multidisziplinäre Perspektiven. Martin Kohli zum 65. Geburtstag. Springer/VS, Wiesbaden, S 149–169

Bösch F (2015) Mass media and historical change. Berghahn, Oxford/New York

Claessens N (2013) Nursing home residents media use from a life course perspective. Northern Lights: Film & Media Studies Yearbook 11:35–50

Couldry N, Hepp A (2016) The mediated construction of reality. Polity Press, Cambridge

Dohle M, Vowe G, Wodtke C (2009) 2 Millimeter Unterschied. Eine Inhaltsanalyse von Regeländerungen zur Überprüfung von Mediatisierungstendenzen im Sport. In: Beck D, Kolb S (Hrsg) Sport & Medien. Aktuelle Befunde mit Blick auf die Schweiz. Rüegger Verlag, Zürich, S 159–178

Elliott J, Holland J, Thomson R (2008) Longitudinal and panel studies. In: Alasuutari P, Bickman L, Brannen J (Hrsg) The Sage handbook of social research methods. Sage, London u.a., S 228–248

Fromme J (2002) Mediensozialisation und Medienpädagogik. Zum Verhältnis von informationellem und organisierten Lernen mit Computern und Internet. In: Haase I, Lampert C, Süss D (Hrsg) Medienpädagogik in der Kommunikationswissenschaft. Positionen, Perspektiven, Potenziale. Westdeutscher Verlag, Wiesbaden, S 155–168

Glaser BG, Strauss AL (1998) Grounded Theory. Strategien qualitativer Forschung. Huber, Bern

Green L (2010) Understanding the life course. Sociological and psychological perspectives. Polity Press, Cambridge

Hasebrink U, Domeyer H (2012) Media repertoires as patterns of behaviour and as meaningful practices: A multimethod approach to media use in converging media environments. Participations: Journal of Audience & Reception Studies 9:757–783

Heinz WR, Huinink J, Swader CS, Weymann A (2009) General Introduction. In: Heinz WR, Huinink J, Weymann A (Hrsg) The life course reader. Individuals and societies across time. Campus, Frankfurt am Main, S 15–30

Hepp A (2013a) Cultures of mediatization. Polity Press, Cambridge

Hepp A (2013b) The communicative figurations of mediatized worlds: Mediatization research in times of the ‚mediation of everything'. European Journal of Communication 28:615–629

Hepp A, Hasebrink U (2014) Human interaction and communicative figurations: The transformation of mediatized cultures and societies. In: Lundby K (Hrsg) Mediatization of communication. De Gruyter, Berlin/Boston, S 249–272

Hepp A, Röser J (2014) Beharrung in Mediatisierungsprozessen: Das mediatisierte Zuhause und die mediatisierte Vergemeinschaftung. In: Krotz F, Despotović C, Kruse M-M (Hrsg) Die Mediatisierung sozialer Welten. Synergien empirischer Forschung. Springer/VS, Wiesbaden, S 165–187

Hepp A, Berg M, Roitsch C (2014) Mediatisierte Welten der Vergemeinschaftung: Kommunikative Vernetzung und das Gemeinschaftsleben junger Menschen. Springer/VS, Wiesbaden

Hepp A, Berg M, Roitsch C (2015) Mediengeneration als Prozess: Die mediengenerationelle Selbstpositionierung älterer Menschen. Medien & Altern 6:20–33

Hepp A, Roitsch C, Berg M (2016) Investigating communication networks contextually. Qualitative network analysis as cross-media research. MedieKultur 32:87–106

Hjarvard S (2013) The mediatization of culture and society. Routledge, London/New York

Jäckel M (2010) Was unterscheidet Mediengenerationen? Theoretische und methodische Herausforderungen der Medienentwicklung. Media Perspektiven 2010:247–257

Knoblauch H (2013) Communicative constructivism and mediatization. Communication Theory 23:297–315

Krotz F (2007) Mediatisierung: Fallstudien zum Wandel von Kommunikation. Springer/VS, Wiesbaden

Krotz F, Hepp A (2013) A concretization of mediatization: How mediatization works and why ‚mediatized worlds' are a helpful concept for empirical mediatization research. Empedocles European Journal for the Philosophy of Communication 3:119–134

Livingstone SM, Helsper E (2007) Gradations in digital inclusion: Children, young people and the digital divide. New Media & Society 9:671–696

Mannheim K (1964 [1928]) Das Problem der Generationen. In: Mannheim K (Hrsg) Wissenssoziologie. Soziologische Texte 28. Luchterhand, Berlin, S 509–565

Marszolek I, Robel Y (2014) Mediengeschichte als Geschichte kommunikativer Figurationen. Überlegungen zur Untersuchung von Identitätskonstruktionen im urbanen Raum. Communicative figurations working paper 4

Opermann S (2013) Understanding changing news media use: Generations and their media vocabulary. Northern Lights: Film & Media Studies Yearbook 11:123–146

Paus-Hasebrink I, Schmidt J-H, Hasebrink U (2009) Zur Erforschung der Rolle des Social Web im Alltag von Heranwachsenden. In: Schmidt J-H, Hasebrink U, Paus-Hasebrink I (Hrsg) Heranwachsen mit dem Social Web: Zur Rolle von Web 2.0-Angeboten im Alltag von Jugendlichen und jungen Erwachsenen. Vistas, Berlin, S 13–40

Pietraß M, Schäffer B (2011) Mediengenerationen – vom Kohortenvergleich zu generationsspezifischen Habitus. In: Eckert T, Hippel A, Pietraß M, Schmidt-Hertha B (Hrsg) Bildung der Generationen. Springer/VS, Wiesbaden, S 323–332

Schäffer B (2003) Generationen – Medien – Bildung. Medienpraxiskulturen im Generationenvergleich. Westdeutscher Verlag, Opladen

Schäffer B (2009) Mediengenerationen, Medienkohorten und generationsspezifische Medienpraxiskulturen. Zum Generationenansatz in der Medienforschung. In: Schorb B, Hartung A, Reißmann W (Hrsg) Medien und höheres Lebensalter. Theorie – Forschung – Praxis. Springer/VS, Wiesbaden, S 31–50

Schütz A, Luckmann T (1979) Strukturen der Lebenswelt. Band 1. Suhrkamp, Frankfurt am Main

Silverstone R, Hirsch E, Morley D (1991) Listening to a long conversation. An ethnographic approach to the study of information and communication technologies. Cultural Studies 5:204–227

Vittadini N, Siibak A, Carpentier Reifová I, Bilandzic H (2013) Generations and media: The social construction of generational identity and differences. In: Carpentier N, Schrøder K, Hallet L (Hrsg) Transforming Audiences. Routledge, London/New York, S 65–81

Volkmer I (2006) Globalization, generational entelechies, and the global public space. In: Volkmer I (Hrsg) News in public memory: An international study of media memories across generations. Peter Lang, New York, S 251–268

Wachelder J (2016) Regeneration: Generations remediated. Time & Society. Online First 5.12.2016, doi:10.1177/0961463X16678253

Westlund O, Weibull L (2013) Generation, life course and news media use in Sweden 1986–2011. Northern Lights: Film & Media Studies Yearbook 11:147–172

Über die Autoren

Andreas Hepp, Dr. phil. habil., ist Professor für Kommunikations- und Medienwissenschaft mit dem Schwerpunkt Medienkultur und Kommunikationstheorie am Zentrum für Medien-, Kommunikations- und Informationsforschung (ZeMKI) der Universität Bremen. Er ist Mitinitiator des DFG-Schwerpunktprogramms „Mediatisierte Welten" und leitet in diesem das Projekt „Die kommunikative Konstruktion von Vergemeinschaftung in mediatisierten Welten". Forschungsschwerpunkte: Medien- und Kommunikationstheorie, Mediensoziologie, Mediatisierungsforschung, transnationale und transkulturelle Kommunikation, Medienwandel, Methoden der empirischen Medienkulturforschung. Buchveröffentlichungen u. a.: *Cultures of Mediatization* (Cambridge 2013, dt. *Medienkultur. Die Kultur mediatisierter Welten*, 2. Auflage Wiesbaden 2013) und *Mediatized Worlds* (hrsg. mit Friedrich Krotz, Basingstoke 2014).

Matthias Berg, Dr. phil., ist wissenschaftlicher Mitarbeiter am Zentrum für Medien-, Kommunikations- und Informationsforschung (ZeMKI) der Universität Bremen. Von 2010 bis 2015 war er Mitarbeiter im Projekt „Die kommunikative Konstruktion von Vergemeinschaftung in mediatisierten Welten" des Schwerpunktprogramms „Mediatisierte Welten". Forschungsschwerpunkte: Medienaneignung, Mediatisierungsforschung, Medienkommunikation und Mobilität, kommunikative Vernetzung und Vergemeinschaftung, Medien und Populärkultur. Buchveröffentlichungen: *Mediatisierte Welten der Vergemeinschaftung. Kommunikative Vernetzung und das Gemeinschaftsleben junger Menschen* (Wiesbaden, 2014, zus. mit A. Hepp und C. Roitsch) und *Kommunikative Mobilität. Die mediale Vernetzung beruflich mobiler Menschen* (Wiesbaden, vrs. 2017).

Cindy Roitsch, M.A., ist wissenschaftliche Mitarbeiterin am Zentrum für Medien-, Kommunikations- und Informationsforschung (ZeMKI) der Universität Bremen. Von 2011 bis 2016 war sie Mitarbeiterin im Projekt „Die kommunikative Konstruktion von Vergemeinschaftung in mediatisierten Welten" des Schwerpunktprogramms „Mediatisierte Welten". Forschungsschwerpunkte: Medienaneignung, Mediatisierungs- und De-Mediatisierungsforschung, Nichtnutzung und kritischer Umgang mit Medien, Privatheit und Medienkommunikation, kommunikative Grenzziehung, kommunikative Vernetzung und Vergemeinschaftung. Buchveröffentlichungen: *Mediatisierte Welten der Vergemeinschaftung. Kommunikative Vernetzung und das Gemeinschaftsleben junger Menschen* (Wiesbaden, 2014, zus. mit A. Hepp und M. Berg).

Work-in-progress. Medien als Status-Marker in der Fertigung politischer Positionen

Stefan Laube, Jan Schank und Thomas Scheffer

Zusammenfassung

Der Beitrag präsentiert Ergebnisse unserer ethnografischen Parlamentsforschung zur Fertigung politischer Sachpositionen. Hier stehen die Teilnehmenden vor einer doppelten Herausforderung: Zum einen bedarf es einer Reihe von Vorarbeiten, bevor Positionen als kollektiv-abgestimmte Beiträge zum politischen Diskurs veröffentlicht werden können. Zum anderen beschleunigt die allgemeine (v. a. digitale) Mediatisierung die Kommunikation, schafft neue Transparenzen und überwindet sicher geglaubte Zirkulationsgrenzen der Vor- und Zwischenprodukte des Fertigungsprozesses. Dieser doppelten Anforderung begegnen die Teilnehmenden durch das Betreiben – selbst mediengestützter – Relevanzkarrieren ihrer Positionen. Indem wir diese Karrieren rekonstruieren, beleuchten wir die Möglichkeitsbedingungen von Positionen-Fertigungen angesichts der Mediatisierung und liefern einen Ausblick auf mögliche zukünftige Entwicklungen des politischen Diskurses.

Schlüsselwörter

Parlament · Fraktion · Politische Position · Politischer Diskurs · Karriere · Formatives Objekt

---

S. Laube (✉) · J. Schank · T. Scheffer
Goethe-Universität Frankfurt am Main, Frankfurt am Main, Deutschland
E-Mail: Laube@em.uni-frankfurt.de

J. Schank
E-Mail: j.schank@soz.uni-frankfurt.de

T. Scheffer
E-Mail: scheffer@soz.uni-frankfurt.de

1 Einleitung

Unsere ethnografische Forschung zur „Herstellung und Verwertung politischer Sachpositionen"[1] in Oppositionsfraktionen von Bundes- und Landesparlamenten ist vielfältig auf Fragen der Mediatisierung bezogen. So haben wir im Zuge unserer Analysen als eine zentrale praktische Herausforderung an die Abgeordneten- und Fraktionsbüros folgendes ausgemacht: Wie schöpfen die Bürokräfte heutzutage noch kollektiv abgestimmte und bindende Positionen? Heutzutage meint dabei in Zeiten, in denen – u. a. in den Internet basierten Medien und Arenen – Beiträge immer schneller und vielfältiger abverlangt und von den Öffentlichkeiten strikten Prüfungen unterzogen werden. Wie können Kollektive ihre Beiträge zum politischen Diskurs vorbereiten und abstimmen, wenn eine Vorbereitungszeit im Namen allseitiger Transparenz kaum mehr zugestanden wird? Der folgende Aufsatz nähert sich diesen Fragen und untersucht, wie der parlamentarische Betrieb mit vorläufigen Texten hantiert. In den Abgeordnetenbüros taxieren Mitarbeitende entsprechend den Stand ihrer Schreibprojekte. Eine wichtige Rolle bei der Bewertung spielen die Bezeichnungen selbst: ‚Erster Wurf', ‚2. Version', ‚internes Programmpapier'. Sie vermitteln legitime Erwartungen an den Text – und damit Möglichkeiten und Grenzen an diesen (affirmativ oder kritisch) anzuschließen. Mit den folgenden Analysen wollen wir skizzieren, wie sich entsprechend die *Relevanzkarriere* politischer Diskursbeiträge – also die Reichweite ihrer Zirkulation und Anerkennung – unter der Bedingung der Mediatisierung entfaltet. Der Begriff der *Relevanzkarriere* bezieht sich dabei auf Objekt-Karrieren, hier von politischen Sachpositionen, die anfangs noch von nur wenigen Mitgliedern geteilt und getragen sind. Solche Positionen fungieren schließlich als vollwertige Beiträge zum politischen Diskurs, wie er sich etwa in Debatten, Verfahren und Politikfeldern sowie quer zu diesen ereignet und formiert.

Mitglieder einer Parlamentsfraktion tragen nicht unmittelbar zu politischen Diskursen bei. Innerhalb einer Fraktion – auch einer Partei – bedarf es einer Reihe von Vorarbeiten und Abstimmungen, bevor ein Beitrag im Namen des Kollektivs veröffentlicht werden kann. Wie nun stellen die Mitglieder sicher, dass ein Beitrag nicht voreilig veröffentlicht und mit überbordenden Ansprüchen – etwa

---

[1]Das in Frankfurt lokalisierte Projekt wird ab der zweiten Phase im Rahmen des DFG-Schwerpunktprogramms (SPP) 1505 „Mediatisierte Welten" gefördert. Die Forschungsgruppe, identisch mit den drei Co-Autoren, bezieht in ihren Analysen der medienbasierten/-bezogenen Diskursarbeit in Abgeordnetenbüros ethnografische Feldforschung und Diskursanalyse mit ein.

als fertige Position der gesamten Fraktion – konfrontiert wird? Wie taxieren die Mitglieder den Stand des Beitrages? Eine vorläufige Antwort führt uns zu den Objekten der Bearbeitung: es wird an etwas gearbeitet, geschrieben, gefeilt; es wird etwas diskutiert, verworfen, beschlossen. Dieses ‚Etwas', so unsere Beobachtungen, beinhaltet jeweils Merkmale, die den ‚Stand der Dinge' für die Mitglieder beobachtbar machen – und so die hier/jetzt gültigen Ansprüche vermitteln.

Wie aber kann etwas Vorläufiges politisch behandelt werden – und zwar in Zeiten, wo Kommunikationen unter generalisiertem Veröffentlichungsdruck stehen? Es sind die verschiedenen Zirkulationen der Objekte sowie die Markierungen ihrer hier/jetzt autorisierten Nutzung und Rezeption, die immer auch ein Maß an Einschränkung und Schutz vermitteln. Solche Markierungen fungieren als *Statusmarker*. Sie erlauben es den Mitgliedern, den ‚Stand der Dinge' entlang einer Skala irgendwo zwischen noch unfertig und ganz fertig zu taxieren. Wir beziehen unsere Analyse v. a. auf den Einsatz und die Rezeption solcher Statusmarker, wie ‚First Draft' oder ‚Beschlussvorlage'. Die Markierungen schöpfen unter Bedingungen der Mediatisierung ein Differenzierungsvermögen und eröffnen Schutzräume für die sukzessive Erarbeitung von Diskursbeiträgen.

Wir zeigen im Folgenden, wie solche Marker im Zuge der Fertigung zum Einsatz kommen. Die Relevanzmarker erlauben Mitgliedern wie Analysten Rückschlüsse auf die je erreichte *Karrierestufe* des Objektes und vermitteln zugunsten der Autorinnen und Autoren (il)legitime Rezeptionen und Ansprüche vonseiten einer Leserinnen- und Leserschaft. Die Karrierestufen sind tradiert und ergeben in ihrer Gesamtheit eine Art Karriereleiter oder Normalkarriere bis hin zum Status eines anerkanntermaßen vollwertigen Diskursbeitrages. Sie erlauben es im Zuge der Erarbeitung nächste Schritte zu antizipieren und kommende Ansprüche anzupeilen bzw. zu vertagen. Derart wird anerkannt, dass nicht alles sofort abzuschließen ist. Die Karriereleiter ist ein mehr oder weniger taugliches Mittel, um den dominanten Transparenzgeboten der Internetöffentlichkeit zu begegnen.

Das analytische Vokabular mit den ethnografisch informierten Erläuterungen lässt erahnen, wie hier der Mediatisierung mit ihren allgemein beförderten Ansprüchen einer allseitigen Verfügbarkeit und Fertigkeit von Wissen und Information begegnet wird. Die Mitglieder schaffen es per Relevanzkarriere, sukzessive Verfertigungen mit Aufschüben, Zurückhaltungen und Hinterbühnen zu erwirken. Vom ‚First Draft' bis zur ‚intern abgestimmten Version' walten Verwertungsbeschränkungen, die erst eine von den Zumutungen einer Mediatisierung abgeschirmte Phase der Vorbereitung und Fertigung schöpfen. Diese Abschirmung ist allerdings selbst prekär und vermehrt durch Praktiken des ‚Leakings' bedroht. Wir kommen darauf im Ausblick zurück.

Unsere Analyse entstammt unserer vergleichenden Parlamentsethnografie. Sie bezieht sich auf die Fertigung und Verwertung von Sachpositionen als generelle, zusammengesetzte Beiträge bzw. Werte des politischen Diskurses. Die Sachpositionen der Fraktionen konkurrieren in diskursiven Arenen, wie parlamentarischen Verfahren, massenmedialen Debatten und/oder Politikfeldern. Die Mitglieder statten die Positionen daher mit Blick auf deren erwartbare feindliche Rezeption aus. Diese Arbeit erfolgt in internen, sukzessiven Abstimmungen: in Büros, Arbeitsgruppen, Fraktionskreisen, etc. Wir bezeichnen Positionen entsprechend als „formative Objekte" (Scheffer 2013a), als Objekte, die mit Aufwand formiert sind, die Kollektive/Teilnahmeschaft formen und die je nach Kontext bestimmten Formaten zu genügen haben.

Vor dem Einstieg in die Analyse (Abschn. 2) werden wir die zentralen Begriffe des *Mediums* (1.1) und der *Karriere* (Abschn. 1.2) entlang deren soziologischer Verwendungen konkretisieren sowie kurz die Methodik unserer Analyse darstellen (Abschn. 1.3). In einem dritten Kapitel fassen wir die Ergebnisse zusammen, bevor wir im vierten Kapitel einen Ausblick auf mögliche Konsequenzen aus den Ergebnissen unserer Forschung wagen.

1.1 Medienbegriffe in der Soziologie

Die Konkretisierung des Medienbegriffs in diesem Abschnitt erfolgt mit ersten Bezügen zu unserer Fragestellung nach den medienpraktischen Voraussetzungen für Positionen-Fertigungen – auch und gerade unter Bedingungen einer fortschreitenden Durchdringung gesellschaftlicher Bereiche mit digitalen Medien. Demnach haben politische Medien nicht nur die Funktion, Sachpositionen zu kommunizieren, sondern auch die aufwendige Diskursarbeit ihrer Verfertigung zu ermöglichen. Medienbegriffe, die diese praktische Ermöglichung betreffen, finden mindestens in diesen soziologischen Forschungsfeldern Gebrauch:

a) In der Organisationssoziologie und den Studies of Work fokussieren einschlägige Arbeiten auf die Funktionen und Nutzungen unterschiedlicher *Büromedien* (u. a. Akten, Dokumente, Archive, etc. – vgl. auch Weber 2002, S. 126; Riles 2006; Smith 2001; elektronische Textverarbeitung – vgl. auch Engert und Krey 2013). In der Relevanzkarriere von Positionen kommen verschiedene mediale Apparate zum Tragen. Die Büros verfügen über ein Know-how der vielfältigen Mediennutzung im Betrieb.

b) Nach wie vor wird der Begriff vielfach im Sinne von *Massenmedien* verwendet. Per Massen- oder Verbreitungsmedien werden Debatten anlässe und -ereignisse in Öffentlichkeiten zirkuliert. In demokratischen Gemeinwesen wird die Öffentlichkeit zunehmend als plural vorgestellt. Es finden sich Fragmentierungen ebenso wie Hierarchien: von Nachbarschaften, über Fachöffentlichkeiten bis hin zu Zentralorganen. Im Sinne von Habermas (1992) strickt eine Diskursgemeinschaft vermittels der so gestaffelten Arenen am Vorrat kollektiver Überzeugungen als Rezeptionsweisen für alles Weitere.

c) Hier setzen wir einen Medienbegriff ein, wie er in der soziologischen Systemtheorie mit der Unterscheidung zwischen ,Medium und Form' entwickelt wurde. Dabei geht es um eine Vorauswahl an Möglichem – etwa: Problem-Maßnahmen-Schemata –, die dann in eine Form gebracht wird. Fluchtpunkt der Analyse bei Luhmann sind binär codierte *symbolisch generalisierte Kommunikationsmedien* (Geld, Macht, Recht, ...; Luhmann 1987; mit Bezug auf das politische System insbes. 2000). Wir beschränken uns demgegenüber auf die Bestimmung ,tauglicher' Diskursbeiträge: etwa Sachpositionen als das Leitmedium politischer Diskurse. Relevanzkarrieren zielen auf die schrittweise Ausformung und Beförderung von konkurrierenden Positionen (vgl. Scheffer 2015) durch Medium/Form-Ketten (vgl. Luhmann 1987) hindurch.

Die folgenden Skizzen von Relevanzkarrieren politischer Positionen zeigen, dass und wie diese verschiedenen Medienbegriffe in der parlamentarischen Praxis ineinandergreifen. Mit den medialen Formen (,Thesenpapier', ,erster Wurf', ,Antrag mit Platzhaltern' usw.) gehen feldspezifische, lokal standardisierte Publika und Nutzungsweisen einher. So ist ein ,Thesenpapier' für ein deutlich engeres Publikum gedacht als ein ,Leitantrag' und bringt entsprechend andere Prüfungen mit sich, anhand derer über seinen Fertigungsgrad, und damit auch seine ,Beförderung', entschieden wird.

1.2 Karrierebegriffe in der Soziologie

Verschiedene Trägermedien zeigen an, welche Relevanzansprüche ein Beitrag erhebt: Schmierzettel und durchformatierte Endversion sind nicht nur praktische Hervorbringungen, sondern auch symbolische Markierungen, um was es sich hier handelt und wie daran anzuknüpfen sei. Sie vermitteln in Diskursgemeinschaften qua systematischer Verwendung eine Relevanzkarriere. Letztere gilt dann für Diskursbeiträge oder Objekte, wie z. B. mehr oder weniger abgestimmte Sachpositionen. Unser Karrierebegriff schließt dabei wiederum an Verwendungen innerhalb der Soziologie an. Hier finden sich mindestens zwei grundlegende Orientierungen.

Statuskarrieren von Individuen: Im Gefolge des symbolischen Interaktionismus wurde der Karrierebegriff auf Sozialisationsprozesse in Bereichen abweichenden Verhaltens übertragen. Mittlerweile klassische Anwendungen des Begriffs finden sich in Goffmans (1959) Beschreibung der moralischen Karriere des Patienten in der Psychiatrie, generell zur *status passage* (vgl. Glaser und Strauss 1971) sowie zur Devianz-Karriere von Marihuana-Konsumenten (vgl. Becker 1953). Im „Labelling Approach" (vgl. Sack 1972) der Soziologie sozialer Probleme rückten die institutionellen Status-Vermittlungen ins Zentrum. Andere Ansätze fokussieren auf die Karriere-Konkurrenzen. Demnach korrelieren Karrierechancen mit der Ressourcenausstattung (vgl. Bourdieu 2010). Letztere erhöht die Durchsetzungsmöglichkeiten gegen konkurrierende ‚Karrieristen'.

Relevanzkarrieren von Objekten: Auch Objekte durchlaufen Statuspassagen. Diese werden über Prüfungen an *obligatory passage points* (vgl. Callon 1986) vermittelt. Gesellschaftliche Objekte wären etwa „Themen" (vgl. Deacon et al. 1999; vgl. auch Scheffer 2013b) oder „Skandale" (vgl. Burkhardt 2006)[2], die sich ihrerseits als Karrieren rekonstruieren lassen. Andere Rekonstruktionen befassen sich mit den Passagen hin zum naturwissenschaftlichen „Fakt" (Latour 2000, S. 36–95) oder zum juristischen Sachverhalt, etwa eines „Alibis" (vgl. Scheffer 2003). Die Objekte implizieren unwahrscheinliche soziale Anerkennungen – zumal unter Konkurrenzbedingungen und gegenüber skeptischen Rezeptionen.

Der Stand der Karriere lässt sich für die Mitglieder anhand von Objekt-Markern, anhand der Publikationsreichweite des Objekts sowie anhand der unterstützenden Zirkel ablesen. Zum Zuge kommen bestimmte Medienformate (vom Schmierzettel, zur internen E-Mail, zum TOP der Sitzungseinladung) ebenso wie Objekt-Titel (‚First Draft', ‚Beschlusspapier', etc.), die das Objekt in seiner Relevanz bestimmen und mit hier angebrachten Erwartungen bzw. Maßstäben belegen. Über die jeweils erreichte Karrierestufe wird für Rezipienten wie Absender

---

[2]Dass Skandale anderen internen Karrierelogiken folgen als Nachrichten, ändert grundsätzlich nichts daran, dass in beiden Fällen Themen sukzessive Relevanzsteigerungen erfahren – der Unterschied besteht lediglich darin, ‚wofür' die Relevanz eines Themas gesteigert wird (z. B. Informationsgehalt vs. Empörung und Vergewisserung geteilter Werte).

Rechenschaft abgelegt. Relevanz wird offensichtlich bzw. „accountable" (Garfinkel 1967, insbes. S. 35–55). Unsere Analyse bestimmt Mittel und Methoden, mit denen Teilnehmende im parlamentarischen Betrieb feststellen, wie weit eine Sachpositionen hier und jetzt gediehen ist.

1.3 Methodisch-analytische Implikationen des Objektkarriere-Betriebs

In der trans-sequenziellen Analyse (vgl. Scheffer 2008), die in sozialen Situationen Arbeitsepisoden zu Produktionsprozessen verbunden sieht, spielen die jeweiligen Arbeitsgegenstände eine zentrale Rolle. Die Teilnehmenden arbeiten an ‚etwas', das sie entlang der vollzogenen/ausstehenden Bearbeitungen taxieren. Gegenstandsbezogene Praxisanalysen erlauben Nachvollzüge jenseits des methodologischen Situationismus: es geht nicht mehr nur um spezifische Interaktionen, sondern um ihren Status im weiteren (Diskurs-)Zusammenhang. Die sachliche Dimension rückt in der trans-sequenziellen Rekonstruktion von Episoden-Serien in den Fokus, ohne dabei die jeweilige Situiertheit einer Praxis aus dem Blick zu verlieren.

Unsere Analyse des politischen Feldes bewegt sich zwischen Praxis und Diskurs, wo wir die Anfertigung von (voll-)wertigen Diskursbeiträgen fokussieren. Wir beobachten die methodische Diskursarbeit im Parlamentsbetrieb und die Vor-, Zwischen- und Endprodukte, an denen diese Arbeit vollzogen und in kollektiv verfügbaren Objekten ‚entäußert' wird. Im Verlauf der jeweiligen Objektkarriere, inklusive der darin zum Ausdruck kommenden ‚Normalkarriere', zeigt sich, wie sukzessive Relevanz entwickelt wird, um Dinge zu verfestigen bzw. eine kollektive Anerkennung zu erwirken. Diese Stoßrichtungen und Horizonte schließen ein, dass Karrieren scheitern beziehungsweise vorzeitig enden können.

2 Karrieren von Positionen über Medienwechsel hinweg

Im Folgenden skizzieren wir Positionen-Karrieren in drei verschiedenen Parlamenten. Dort haben wir jeweils beobachtet, wie Oppositionsfraktionen an ihren Positionen arbeiten:

1. Thomas Scheffer (TS) hat seine Feldforschung in vier verschiedenen Abgeordnetenbüros eines nationalen Parlaments jeweils über einen Monat durchgeführt. Er hat die Teams aus Abgeordneten und ihren Mitarbeitenden bei ihrer

tagtäglichen Arbeit beobachtet. Im hier skizzierten Fall geht es um ein Dossier, das ein Mitarbeiter des federführenden Büros mit einer Fraktionsmitarbeiterin gegenüber einem wachsenden Autorenkollektiv koordiniert.
2. Jan Schank (JS) hat je zwei Referentinnen bzw. Referenten und Abgeordnete eines Landesparlaments über jeweils zwei Wochen in ihren tagtäglichen Arbeiten begleitet. Seine Feldnotizen stellen verschiedene Episoden aus der Büroarbeit und fraktionsinternen Gremien dar. Sie präsentieren eine ‚Collage' aus verschiedenen Positionsfertigungen.
3. Stefan Laube (SL) begleitete über einen Zeitraum von insgesamt neun Monaten eine innerparteiliche Arbeitsgruppe aus zwei Abgeordneten, den ihnen zugeordneten Fachreferenten und einem externen Politikberater. Im Folgenden geht es um einen ‚Leitantrag' für einen Parteitag, mit dessen Ausarbeitung die Gruppe von der Parteileitung beauftragt wurde.

Die drei Felder schöpfen eigene Un/Vergleichbarkeiten. Zwar handelt es sich durchgängig um Sachpositionen, jedoch werden diese für verschiedene Erstverwertungen angefertigt: für einen (antizipierten) Wahlkampf (Fall SL), für parlamentarische Verfahren (Fall JS), für ein Politikfeld übergreifendes Sachgebiet (Fall TS). In jeder dieser angepeilten Erstverwertungen orientieren sich die Büros an mehr oder weniger etablierten Normalkarrieren. Wir skizzieren die Positionen-Fertigungen entlang der jeweiligen Anbahnungen (Abschn. 2.1), Einstiege (Abschn. 2.2), Beförderungen (Abschn. 2.3) und (vorläufigen) Abschlüsse (Abschn. 2.4). Auf jeder dieser Stufen liegen die Positionen, abhängig vom angepeilten Diskurskontext (Wahlkampf, Verfahren, Policy), in unterschiedlichen *Formaten* vor, die jeweils unterschiedliche *Publika* anpeilen und verschiedene *Prüfkriterien* nach sich ziehen, anhand derer die Teilnehmenden den Fertigungsgrad des formativen Objekts einschätzen und entsprechend über dessen Beförderung entscheiden. Wir rekonstruieren die Relevanzkarrieren entsprechend pro Diskurskontext und Karrierestufe anhand dieser drei Dimensionen.

2.1 Anbahnungen

Die Mitarbeitenden identifizieren Bedarfe der Neubestimmung von Positionen entlang neuer Sachstände, gesellschaftlicher Debatten oder parlamentarischer Initiativen von Konkurrenten und Konkurrentinnen. Im Fall einer kleinen Programmkommission (SL) besteht ein Ziel der Anbahnung z. B. darin, die Fraktion ‚regierungsfit' zu machen. So findet sich in einem Entwurf einer internen E-Mail der Arbeitsgruppe, die mit der Erstellung eines Leitantrags befasst ist, an die Landesgruppen der Partei der explizite Hinweis auf bevorstehende Wahlkämpfe:

> Liebe Mitglieder des [Kurzbezeichnung der Parteigremien],
> Vor wenigen Wochen haben die Vorstandsgremien beschlossen, die kommenden rund 1,5 Jahre zu nutzen, um in mehreren inhaltlichen Bereichen Positionen und leitende Projekte weiter zu entwickeln. Damit sollen wesentliche inhaltliche Weichenstellungen für die Parlamentswahl 2018 erfolgen, die in diesen Bereichen ein geschärftes Profil und die Sichtbarkeit der [Name der Partei] ermöglichen sollen.
> (…)

Bemerkenswert ist, dass hier sowohl die Schärfung des inhaltlichen Profils als auch die Erhöhung der Sichtbarkeit als Ziel der Anbahnung neuer Positionen genannt wird. Die Teilnehmenden zielen im diskursiven Kontext des Wahlkampfes von Anfang an auf die Unterscheidbarkeit ihrer Positionen von denen der anderen.

Eine andere Form der Anbahnung findet sich im Erstellen von ‚schriftlichen Anfragen'. Mit diesem parlamentarischen Instrument können Abgeordnete die Regierung dazu bringen, sich zu positionieren:

> (JS) Die Anfrage bezieht sich auf einen Regierungsbeschluss von vor etwa zwei Wochen. Während ich dem Abgeordneten über die Schulter schaue, geht er am PC-Bildschirm den Beschluss auf der Website der Regierung durch. Seine Fragen tippt er in eine Textvorlage ein, die bereits entsprechend dem offiziellen Layout für „Schriftliche Anfragen" formatiert ist. Auf meine Nachfrage hin erläutert er, er suche nach Stellen, an denen „sie selbst nicht so genau wissen, was sie meinen". Die Fragen formuliert er häufig in der Form „Was meint die Regierung …" oder „Wie ist der Beschluss in Punkt x mit Blick auf y zu verstehen?". Formulierungen wie „Bitte um konkrete Beispiele" oder „Bitte um einzelne Auflistung" sollen „ausweichende Antworten" sichtbar machen.

Die „schriftliche Anfrage" soll die Angriffsfläche von Positionen erhöhen. Sie zwingt die Gegenseite zu einer eindeutig(er)en Positionierung – vor allem gegenüber einer „overhearing audience" (Clayman und Heritage 2002, S. 120–126). Als Quelle für die Position der Gegenseite dient deren eigener Webauftritt. Die Übersetzung in das Format der parlamentarischen Anfrage geht dabei unvermittelt vonstatten. Der Abgeordnete vermutet Angriffspunkte und peilt sie vergleichsweise direkt an. Bei aller Sicherheit im Einfädeln der Anfrage: der Abgeordnete weiß damit nicht, ob sein Kalkül aufgeht. Zeigen die eingehenden Antworten tatsächlich Schwächen der Gegenseite?

Ein dritter Fall (TS) zeigt einen nochmals anderen Einstieg in die Fertigung einer Position:

(TS) Wie ging das mit dem Dossier eigentlich los? Mit einer strategischen Analyse zum ‚lohnenden' Feld der „ländlichen Entwicklung"? Wusste das federführende Büro, dass hier absehbar Programme in Konkurrenz zueinander treten? Die Initiatoren selbst verweisen auf „Wählerpotenziale", auf den „unterschätzten" ländlichen Raum, auf bereits vorhandene „programmatische Stärken". „Wir haben hier viel zu bieten!" ist ihr Mantra. Da liege es nahe, vorhandene Positionen unter einem Stichwort („ländliche Entwicklung") zusammenzuführen. All dies geschieht anfangs ohne Verweis auf einen Stichtag. „Sowas braucht vier Monate", meint der federführende Mitarbeiter und wird Recht behalten. Er bezieht sich auf die vielen Beteiligten, die Gremien, den Schreibaufwand, die Koordinationsanforderungen. Schließlich sollen viele Büros liefern und so die Unterstützung des Dossiers sichern.

Eine Beobachtung der Wettbewerber, eine Analyse der Positionenlage im Politikfeld, all dies findet hier nicht statt. Stattdessen wird das Papier ‚eigenständig' vorangetrieben, so als sei man sich sicher, dass das Bündel an Maßnahmen selbst schon überzeugt. Es erscheint wichtig, in diesem Politikfeld überhaupt vertreten zu sein und womöglich eine Vorreiterrolle einzunehmen.

Was lernen wir über die Anbahnung von Positionenfertigungen? Das Feld der Politik funktioniert nicht gleichförmig. Vielmehr finden sich verschiedene relevante Bezüge und Kalkulationen: auf einen Wahlkampf hin, auf ein Verfahren hin oder für ein sich entfaltendes Politikfeld. Im letzten Fall ist die Arbeit mit einem nimmer endenden Zirkel des Veraltens und Erneuerns konfrontiert. Die beständige Arbeit an den Positionen erscheint notwendig, um die Fraktion in den Stand der ‚Debattierfähigkeit' zu versetzen – und zu halten. Je nach Verwertungskontext stellen sich eigene Anforderungen: zwischen Dringlichkeit und Sorgfalt, zwischen Relevanz und erwartbaren Kritiken, zwischen Breite der Sachdarstellung und Abstimmungsbedarf.

2.2 Einstiege

Die Einstiege in die Fertigung liefern ‚erste Würfe', ‚Vorversionen' und ähnlich benannte Provisorien. Hier liefern Mitarbeitende oft einen bruchstückhaften Erst-Text. Diesem soll einerseits die Vorläufigkeit anhaften, um die Dinge nicht als vorgefasst erscheinen zu lassen; er soll andererseits aber eine taugliche Vorlage darstellen, die fortgeschrieben werden kann. Ein ‚erster Wurf' ist dabei kein voraussetzungsloser Anfang. Die ‚Werfenden' mobilisieren allerlei Ressourcen: alte

Programmtexte, Sitzungsprotokolle und -notizen, interne Diskussionspapiere, Lobby-Blätter, etc. Je nach diskurspraktischem Kontext manifestieren sich diese ersten Textversionen in spezifischen Teilnehmerkategorien, sind für spezifische Publika zugeschnitten und bemühen je eigene Formate.

Auffallend ist, dass erste Versionen nicht immer gleich anzeigen, was sie werden sollen. Statt etwa eine erste Version des ‚Leitantrags' für den Parteitag zu verfassen, produziert die Arbeitsgruppe zuerst ein ‚Thesenpapier'. Die folgende Feldnotiz (SL) beschreibt die Arbeitssitzung, in der der externe Berater der Gruppe eine erste Version vorlegt. Deutlich wird dabei die Funktion der gewählten Kategorie:

> (SL) Das etwa zehnseitige Papier ist betitelt als „Arbeitsunterlage für Thesenentwicklung Bundesländertour. Stand 22.4.2014". G., der externe Berater, erklärt, dass er und seine Mitarbeiterin in diesem Papier Vorschläge für Thesen erarbeitet haben. Die Abgeordneten D. und J. sollen auf einer „Ländertour" diese Thesen in den Gremien der Landesgruppen der Partei zur Diskussion stellen. Als Beispiel paraphrasiert G. die These 1: „[Name der Partei] ist beim Thema Soziales im Vergleich zu den anderen Parteien zu wenig präsent in den Medien". Dabei blättert er zu der entsprechenden Seite in der Arbeitsunterlage. Sie zeigt ein Balkendiagramm zur Medienpräsenz aller Parlamentsfraktionen zum Thema Sozialpolitik.

Die erste Version ist nur ‚Arbeitsunterlage', die Inhalte nur ‚Vorschläge'. Zugleich ist das Papier bereits für ein Publikum jenseits der Arbeitsgruppe konzipiert: die Gremien der Landesgruppen der Partei. Von dem gewählten Format (‚Thesenpapier') versprechen sich Fraktionsleitung und Arbeitsgruppe, die Stimmungslage der Parteibasis zu erheben und deren „Commitment" (Teilnehmerausdruck) für den bevorstehenden Leitantrag zu sichern. Der Basis soll vermittelt werden, dass ihre Expertise wertgeschätzt wird. Die Mitglieder werden hier als Prosumenten, als Konsumenten und Produzenten der Positionsfertigung adressiert.

Eine andere Praktik der Markierung von Vorläufigkeit zeigt sich im Kontext der Erstellung von parlamentarischen Entschließungsanträgen:

> (JS) Am Tag vor der Sitzung des Arbeitskreises zeigt mir die Referentin den Entschließungsantrag, den sie in Abwesenheit der fachpolitisch zuständigen Abgeordneten ‚fertig' geschrieben hatte. Der Text ist im offiziellen Standard für parlamentarische Drucksachen formatiert und in der Überschrift als „Antrag" ausgewiesen; allerdings fehlen in der Kopfzeile noch die Eintragungen für das „Datum" und die „Drucksachennummer". Später zeigt sie mir eine neue Version, die durch Emailkorrespondenz mit der Abgeordneten zustande gekommen ist, und macht mich auf einen komplett neuen Absatz aufmerksam, der „von der Abgeordneten eingeschoben" wurde.

Der Text wird hier durch die Platzhalter für ‚Datum' und ‚Drucksachennummer' und nicht durch seinen Titel als vorläufig markiert. Wieso genügt das? Der Entwurf zirkuliert noch eng im Tandem zwischen der Referentin und der Abgeordneten. Absicherungen beziehungsweise Erklärungen bezüglich der Vorläufigkeit des Textes müssen insofern nicht so stark kommuniziert werden wie im Fall der ‚Arbeitsunterlage'. Auch die angepeilte folgende Karrierestufe verbleibt ‚intern': der Text soll zunächst nur in einem der fraktionsinternen Arbeitskreise zirkuliert werden. Entsprechend der engen Zirkulation sind weniger Absicherungen nötig. Dennoch gibt es sie auch hier: die Platzhalter markieren die Unfertigkeit.

Wie steigen die Mitglieder der Arbeitsgemeinschaft „ländliche Entwicklung" in die Fertigung ein? Die Schwierigkeit des Einstiegs besteht hier gerade darin, Dinge vorweg zu nehmen, die in die Kompetenz anderer Büros fallen. Das Papier soll ja gerade Politikfeld-übergreifend angelegt sein. Wie startet man einen derartigen Prozess ohne Bündnispartner zu verprellen?

(TS) Der MA des federführenden Büros wird mit der Erstellung beauftragt. Was er jetzt tut ist allerdings überraschend. Er lässt die anderen Büros der AG Kurztexte zum Thema schicken, die er nun in seinem „ersten Wurf" sortiert. Zentral ist: er markiert die Lücken, das Provisorische des Textes, und zeigt gleichzeitig, dass die Aufgabe kollektiv machbar ist. Es entsteht eine Art Lückentext, der erahnen lässt, „wohin die Reise geht". Er sieht Abschnitte zur Infrastruktur, zur Energiepolitik und zum Arbeitsmarkt vor, die allesamt noch fehlen. Enthalten sind dagegen bereits die Kernfelder: Agrar, Tourismus, Vermarktung. Auch die programmatische Rahmung per Grundsätze und Problemstellung steht noch aus, vielleicht auch, um Grundsatzdiskussionen zu Beginn aus dem Weg zu gehen. Erstmal sollen möglichst viele Büros mit ihren Textvorschlägen versammelt werden.

Diese Verfahrensweise generiert ‚unser Papier', noch bevor dieses einen festen Rahmen hat. Die Büros fabrizieren erste Selbstbindungen noch *vor* dem Grundsatzstreit. Dieser Einstieg favorisiert provisorische, unfertige Beiträge und markiert sie entsprechend. Die Textarbeit wird angetrieben durch eine diffus avisierte Idee, etwas Neues, Radikales zu schaffen. Im Lichte dieser Idee macht sich das Autorinnenkollektiv an die Auswahl und den Zuschnitt der Inhalte. Das Papier trägt den Titel ‚erste Version'.

2.3 Beförderungen

Während (Entwürfe für) Anträge und Positionspapiere zunächst nur in einem recht engen Zirkel zwischen wenigen Fachreferenten und Fachreferentinnen und

Abgeordneten zirkulieren, erfahren sie durch die Ausweitung der Zirkulation auf den fachlich zuständigen fraktionsinternen Arbeitskreis eine erste symbolische Aufwertung. Sie werden nunmehr (legitimerweise) anderen Ansprüchen ausgesetzt. Die Status-Beförderung erfolgt dabei sukzessive. Es greifen Stoppregeln, die der Beförderung wie den Ansprüchen der anstehenden Prüfung Einhalt gebieten.

Dass auch die internen Beförderungsschritte riskant sein können, zeigt sich im Ringen darum, ob ein Papier schon ‚reif' genug ist, um in die innerparteiliche Öffentlichkeit entlassen zu werden. Die folgende Feldnotiz (SL) beschreibt die Reaktionen der mit dem Leitantrag beauftragten Arbeitsgruppe, die aus Sicht der Parteispitze den Reifegrad der Positionsfertigung viel zu optimistisch eingeschätzt hat.

(SL) Nachdem die Arbeitsgruppe das „Thesenpapier" produziert und mit den Landesgremien der Partei diskutiert hat, erstellt sie ein thematisches „Gesamtprotokoll". Dieses sammelt die in der Diskussion mit der Basis am häufigsten genannten Punkte. J. berichtet nun, der Geschäftsführer der Partei sei mit dieser Darstellung unzufrieden; mit einem Protokoll könne man nicht in die anstehende Fraktionsklausur gehen. Es ist unübersehbar, dass diese Nachricht für die Teilnehmenden ein Dämpfer ist, vielleicht auch ein Alarmzeichen. G., der externe Berater, schlägt vor, das „Gesamtprotokoll" nun nicht wie ursprünglich geplant über den Emailverteiler der Fraktion zu versenden: „Na ja, da ist ja jetzt noch nichts danebengegangen. Anstatt es zu zirkulieren, verwenden wir es als interne Arbeitsunterlage für den weiteren Prozess". Die weitere Diskussion dreht sich nun darum, in welchem Format man den Stand der Positionsfertigung in der schon in wenigen Tagen stattfindenden Fraktionsklausur präsentieren soll. Schließlich hat G. die zündende Idee: eine Präambel für den späteren Leitantrag!

Hier zeigt sich ein wichtiges Instrument des Managements einer Positionen-Karriere: Beförderungen von einer internen Öffentlichkeit in die nächste, hierarchisch höhere, verlangen nach geeigneten symbolischen Kategorien und materiellen Formaten zur Markierung des Arbeitsstands. Der Fraktion ein stichwortartiges ‚Gesamtprotokoll' vorzulegen wird als zu riskant eingeschätzt: es markiert die Fertigung noch als zu vielstimmig und damit als unreif. Eine Zurückweisung der Positionen-in-Arbeit könnte die Folge sein. Die Lösung besteht hier im gezielten Selektieren einzelner Vorschläge und ihrer Amalgamierung in einem anderen Format: einer Präambel. Dieser Formatwechsel unterdrückt die Darstellung umstrittener Punkte, rückt aber den innerparteilichen Grundkonsens bezüglich der zuvor geführten Debatte in den Mittelpunkt.

Auch im folgenden Beispiel (JS) wird deutlich, dass ein Antrag als „(noch) nicht reif für die Fraktionssitzung" beurteilt wird. Es handelt sich um denselben

Entschließungsantrag aus Abschn. 2.2, der nun dem Arbeitskreis zur Diskussion und Abstimmung vorgelegt wird. Ihm wird aber (bei dieser Gelegenheit noch) die Beförderung versagt.

(JS) In der heutigen Sitzung des Arbeitskreises diskutieren wir den Entschließungsantrag, den ich bereits gestern gesehen habe. Wie üblich, wurde er vorab zusammen mit der Tagesordnung per Email an die AK-Mitglieder zirkuliert. Zusätzlich zu den Platzhaltern in der Kopfzeile ist diese noch interne Version mit einem standardisierten, fraktionsinternen „Deckblatt für Anträge" versehen, das neben weiteren Informationen auf einen Blick anzeigt, wie etwaige bisherige Abstimmungen ausgegangen waren und welche weiteren Stationen noch zu durchlaufen sind. In der Diskussion zeigt sich rasch, dass die Kategorisierung als „fertig" etwas zu optimistisch war: So moniert eine Abgeordnete, bestimmte Themen und Begriffe seien „nicht klar definiert". Auch in einem möglichen ‚highjacking' der Position wird eine gewisse Gefahr gesehen: Je nach der haushaltstechnischen Einordnung der Maßnahme könnte eine besondere Beobachtung „uns nahestehender Gruppen" zu befürchten sein. Angesichts der massiven Kritik und der Tatsache, dass die zuständige Abgeordnete verhindert ist, einigt man sich, den Antrag noch nicht abzustimmen, sondern bis nach deren Rückkehr zu vertagen.

Hier greift die interne Öffentlichkeit als ein Frühwarnsystem und als Puffer gegenüber einer allgemeinen Öffentlichkeit. Demgegenüber scheint eine andere Relevanzkarriere eher mit Blick auf die Mobilisierung und Partizipation aller thematisch autorisierten Abgeordnetenbüros betrieben zu werden.

(TS) W. weiß um den Aufwand. Erwartbar ist der große Abstimmungsbedarf zwischen den Büros. Hinzu treten die Gremien von gleich zwei Arbeitskreisen. Außerdem werden zusätzliche Fachbüros angeworben, um die thematische Breite des Papiers abzudecken. Unter diesen befänden sich eher sperrige Sachwalterinnen, die an ihren inhaltlichen Festlegungen festhalten. Sie fungieren als wichtige Kontrolleure. Sie bilden jede Einzelforderung haushaltspolitisch ab. Sie ziehen Forderungen in die Positionen-Lage des maßgeblichen Politikfeldes zurück.

Entsprechend schleppend geht es voran: das Papier wird zu „unserem Papier" in der AG, die erst intern Zweifel ausräumt, bevor sie den nächsten, weiteren Kreis konsultiert. Als Brücke fungieren Schlüsselbüros des jeweiligen weiteren Kreises, die als Revisoren und Co-Autoren hinzugebeten werden. Mit diesen ‚Garantien' wagt das Autorenkollektiv dann den nächsten Schritt: die Einbringung in die zwei Arbeitskreise, bis schließlich der Fraktionsvorstand ein Papier erhält, das von Zustimmungen durchzogen ist, die nunmehr kaum noch zurückgezogen werden können.

Es fällt auf, dass die internen Publika heterogen sind und unterschiedlich starke Bindungen und Zugkräfte geltend machen. Hier werden Finanz- und Haushaltspolitiken maßgeblich, weil sie starke beobachtbare Bindungen erzeugen: Anhand der Zahlen ist leicht erkennbar, ob hier eine Forderung Bestand hat oder davon abgewichen wird. Es werden so mögliche Kritiken feindlicher Öffentlichkeiten antizipiert: dass etwas lediglich ein unverbindliches Sammelsurium sei; dass etwas gar nicht machbar, konkretisierbar (d. h. ‚durchgerechnet') sei; dass die Zahlen nicht zu dem passen, was anderweitig von der Fraktion vertreten wird und/oder wurde.

Die Episoden verdeutlichen allgemein, wie leicht bei der Beförderung von Positionen etwas daneben gehen kann. Geht eine Version ‚voreilig' in eine Sitzung der Fraktion oder des Parteivorstands, besteht die Gefahr, dass sie an falschen Maßstäben geprüft (und verworfen) wird. Sind Positionen-in-Fertigung erst einmal über den engen Kreis hinaus veröffentlicht, lässt sich ihr Status als inhaltlich noch nicht festgelegter ‚Entwurf' kaum mehr einmahnen. Dies wird durch das Überführen der Position in ‚Drucksachen' symbolisch markiert: Vom arbeitskreisinternen ‚Thesenpapier' in das Medium des ‚Leitantrags' für den Parteitag oder der ‚Parlamentsdrucksache'. Diese ‚Drucksachen' fungieren als *immutable mobiles* (vgl. Latour 1986): die hier materialisierten Positionen zirkulieren in fester und (fortan) nur unter erhöhtem Aufwand (z. B. durch ‚Änderungsanträge') veränderlicher Form durch den innerparteilichen oder parlamentarischen Geschäftsgang.

2.4 (Vorläufige) Karrierehöhepunkte

Insbesondere für die Positionen von Oppositionsfraktionen, die kaum mit einer parlamentarischen Mehrheit rechnen können, gilt ihr Erscheinen in den Nachrichtenmedien als wesentliches Erfolgskriterium. Die Mitglieder sind also angehalten, die Karriere ihrer Positionen auch in der ‚weiteren Öffentlichkeit' zu befördern. Gerade Parteitage bieten günstige Anlässe dazu. Deshalb werden neue Positionen schon im Vorfeld dieser Anlässe „medial angeteasert", wie man uns erklärte:

> SL: Übrigens bin ich über dieses Interview [link] von [Name der Fraktionsvorsitzenden] in der Zeitung gestolpert. Habe mich etwas gewundert: ich dachte, die Inhalte des Leitantrages werden erst nach der Präsentation/Abstimmung am Parteitag an die Medienöffentlichkeit kommuniziert? Hab ich da was verpasst?
> G: Da der Leitantrag ja fristgerecht an den Bundesvorstand-Verteiler ausgeschickt wurde, ist es durchaus sinnvoll, das medial anzuteasern. Der Parteitag ist selbst ja eine öffentliche Veranstaltung, wo auch Journalisten vor Ort sind. Da jene ohnehin im Vorfeld schon nachfragen, ist es richtig, pro-aktiv über die Schwerpunkte zu kommunizieren.

Bevor auf dem Parteitag formal über die neue Position abgestimmt wird, wird das Endprodukt (‚Leitantrag') schon an Journalisten und Journalistinnen geschickt, und die Köpfe der Fraktion verhelfen der neuen Position zu medienöffentlicher Aufmerksamkeit. Das „Anteasern" bearbeitet das Risiko der innerparteilichen Unsicherheit der noch nicht abgesegneten Position: es macht ihre interne Ablehnung unwahrscheinlicher und hält die Zahl der sie prüfenden Abänderungsanträge beim Parteitag gering.

Nicht nur gezielt vorab kommunizierte Positionen, sondern (besonders?) auch solche, die im Nachgang zufällig in der Presse auftauchen, gelten den Teilnehmenden als Erfolgskriterien ihrer Arbeit:

> (JS) Am Rande der Vorbereitung einer Ausschusssitzung beglückwünscht die Referentin den Abgeordneten mit den Worten: „Die [Zeitung] vom Sonntag kannste dir dick ins Büro hängen – da sind deine ganzen Dinger drin!" Es handelt sich um ein ausführliches Interview mit dem Datenschutzbeauftragten. Dieser lobt die Gesetzesinitiative der Fraktion und teilt die damit zum Ausdruck gebrachte Position.

Hier wird deutlich, dass die öffentliche Erwähnung der Position – als ‚Gesetzentwurf der [Name der Partei]' – ein wichtiges Erfolgskriterium darstellt. Gemeinsam mit dem eigentlichen Interview wird noch ein weiterer Erfolgsfaktor deutlich: Die Position wird durch einen unabhängigen Dritten angeeignet und zugleich die Urheberschaft der Partei betont. Pressezitate von den Abgeordneten selbst gelten zwar ebenfalls als ‚Erfolg'. Dieser Fall scheint aber besonders erfolgreich, da der Abgeordnete den Gesetzesentwurf hier nicht einmal selbst bewerben musste. Die Episode zeigt auch, dass (zumindest fraktionsintern) Positionen an Individuen gebunden werden – und die Karriere von Politikern und Politikerinnen so durchaus von der Karriere ‚ihrer' Positionen abhängen kann.

Woran sehen wir, dass es eine Position geschafft hat? Sie wird öffentlich als ‚unsere Position' kategorisiert und mit entsprechenden Trägermedien angepriesen. Die folgende Szene zeigt, wie die fertige Position als Eintrittskarte in qualifizierte Fachkreise und zur Schöpfung schlagkräftiger Bündnisse eingesetzt wird:

> (TS) Auf einem Tisch neben der Anmeldung zur Fachtagung liegen mehrere Broschüren, Handzettel und Programmpapiere aus. Unter dem Stichwort der „Ländlichen Entwicklung" kommen hier verschiedenste Gruppen zusammen: der Alternative Bauernverband, Tierschutzvereine, kommunale Energieversorger, etc. Die Broschüre zur „ländlichen Entwicklung" ist mir gleich ins Auge gefallen. Ich kenne sie aus dem Netz – und ich bin immer noch überrascht, was aus dem ehemals fast akademischen Papier geworden ist. Eine bunte, leichtgängige, sehr einladende Sammlung von Handlungsempfehlungen. In der Eröffnungsrunde weist eine Sprecherin der Tagungsorganisation auf die Broschüre hin: nicht als Ende, sondern als

Anfang eines „auf die Zukunft und auf die großen Herausforderungen gerichteten Dialogs mit euch".

Die fertige Position wird durchaus stolz, aber in Bescheidenheit ausgestellt. „Wir haben da was!" markiert einen kollektiven Endpunkt. Gleichzeitig dient die Broschüre als Engagement- und Kompetenzausweis zur Anbahnung erweiterter Bündnisse und inhaltlicher Initiativen: hier mit NGOs und Verbänden über die eigene Diskursgemeinschaft hinaus. Das Endprodukt lässt sich so in Co-Produktionen (re-)investieren, die weitere politische Relevanzen versprechen.

3 Normalkarrieren von Positionen und ihre Varianten

Positionskarrieren haben mindestens diese zwei Seiten: 1) ein real vollzogener, praktisch betriebener und von Abbrüchen bedrohter Diskursprozess, der mehrere Publika, Formate und Prüfungen umfasst; 2) eine eingespielte Normalkarriere, die Erwartungen und Antizipationen sowie die Vermessung nötiger Investitionen und die Dosierung von Kritik vermittelt. Beide Seiten, das eigentliche Work-in-progress und das Entwicklungsmuster, sind notwendig, um die Karrieren formativer Objekte zu betreiben und ihre je aktuelle Relevanz richtig einzuschätzen. Die Produktion folgt dabei Mustern, die abhängig sind vom angepeilten Kontext der Erstverwertung eines Beitrags: für die Fertigung von Positionen zum Wahlkampf (Fall SL) gelten andere Prüfkriterien, sind andere Öffentlichkeiten zu bedienen und kommen entsprechend andere Formate zum Einsatz als im Fall der Produktion auf parlamentarische Verfahren (Fall JS) oder ein sich neu entwickelndes Politikfeld (Fall TS) hin. Diese Formate, Öffentlichkeiten und Prüfkriterien haben wir hier anhand von Schlaglichtern einiger von uns begleiteter Relevanzkarrieren rekonstruiert. Sicherlich wird nicht jegliche konkret betriebene Karriere exakt diesen Mustern folgen; dennoch zeigen unsere ethnografischen Erfahrungen, dass die hier rekonstruierten Dimensionen (Formate, Publika, Prüfkriterien) routinemäßig eingesetzt werden.

In der verkürzten Gesamtschau unserer drei Fertigungskontexte und den primär angepeilten Verwertungen – für einen Wahlkampf, für parlamentarische Verfahren und für ein spezialistisches Politikfeld – stellen sich Karrierestufen für Sachpositionen folgendermaßen dar (vgl. Tab. 1).

Die Tabelle zeigt Varianten einer Relevanzkarriere politischer Positionen als Beiträge zu verschiedenen diskursiven Kontexten. Deutlich wird der Rhythmus aus Arbeitsphasen, Prüfungen und Titelvergabe (oder -versagung). Dieser Rhythmus

Tab. 1 Übersicht der drei Fertigungskontexte und Verwertungen einer Relevanzkarriere politischer Positionen. (Quelle: Eigene Darstellung)

		Publikum	Titel/Format	(Zwischen-)Prüfungen
Anbahnung	**Wahlkampf**	AG, Fraktionsvorstand, Landesvorstände	‚Positionen weiter entwickeln', ‚Prozess' (=Auftrag Erstellung Leitantrag)	Wählbarkeit; Konsistenzgebote; Unterscheidbarkeit
	Verfahren	‚Overhearing Audience'	‚Schriftliche Anfrage'-im-Entstehen offene Fragen, Beispiele/Listen	Hinreichend konkret? >Angriffsfläche, Unklarheiten sichtbar?
	Policy	AG & Fraktionsvorstand	Projekt für AK-übergreifendes Positionspapier	Erstinteresse & Investitionsentscheidung
Einstieg	**Wahlkampf**	Basis-kompatibel/Prosumenten	‚Thesenpapier'	Allgemeine Stimmungslage
	Verfahren	Tandem aus Referentin und Abgeordneter	„Antrag" mit Platzhalter für Datum und Nummer	Offizielles Standardformat; Problem – Maßnahme – Haltung angemessen integriert?
	Policy	Choreografie für Co-Autoren	‚Erster Wurf'	AG: Alles drin? Zuviel Drin?
Beförderung	**Wahlkampf**	Tournee > AK > Fraktion > Vorstand	‚Gesamtprotokoll' > ‚Präambel für den Leitantrag' >	Backing > Debatte > Abstimmung >
	Verfahren	interne Vorprüfung/Fachleute	‚Antrag' mit internem ‚Deckblatt'; Platzhalter für Datum und Nummer	AK: Begrifflichkeiten sauber? Risiken?
	Policy	AG > AG > AK1/AK2 > Vorstand >	‚AG-Papier' > ‚AK-Papier' > ‚Vorstandspapier' >‚Fraktionsbeschluss'	Festlegungen durch federführende Büros > Fraktionsreferenten Wirtschaft/Finanzen/Recht > Gremien

(Fortsetzung)

Tab. 1 (Fortsetzung)

Peak		Publikum	Titel/Format	(Zwischen-)Prüfungen
	Wahlkampf	PK für allgemeine Medienöffentlichkeit	Markierung eines Endprodukts (,Leitantrag')	Starkes Prüfgremium (,Abänderungsanträge')
	Verfahren	Allgemeine (Medien-)Öffentlichkeit	Zeitungsartikel/Interview	Sichtbarkeit und Zurechenbarkeit; Aneignung der Position durch Dritte
	Policy	Orts- und Landesverbände NGOs, Verbände	Fraktionsbeschluss & Broschüre	Bündnisfähigkeit & Maßnahmenpaket > Einstieg in Kooperationen

gewinnt eine gewisse Verfahrensförmigkeit: die Protagonisten vermögen abzuschätzen, wie weit der Weg (noch) ist, bis ein Papier geschrieben und anerkannt und damit öffentlich verwertbar ist. Für unsere Analyse sind zunächst v. a. die Varianten von Belang, denn wir haben nicht nur verschiedene Parlamente, Fraktionen und Büros beforscht, sondern auch deren Diskursarbeit im Rahmen verschiedener politischer Diskurskontexte. Die Varianten bezogen auf die Karriere(muster) lassen sich als Tendenzen wie folgt fassen: eine breite Prosumenten-orientierte Beteiligung ohne dezidierte Prüf- und Beförderungsbefugnis (Wahlkampf); eine enge, fachlich spezialisierte Beteiligung mit definitiver Prüf- und Beförderungsbefugnis (Verfahren); eine Co-Produzenten dominierte Beteiligung mit einer sich sukzessive verengenden Gestaltungsfreiheit (Policy).

4 Schluss: Zum Betrieb von (Relevanz-)Karrieren politischer Positionen

Parlamentarische Arbeit ist heute von den Zumutungen und Risiken der Mediatisierung besonders betroffen. Mediatisierung beschleunigt, schafft Transparenzen, überwindet Zirkulationsgrenzen, verknüpft Öffentlichkeiten. Wie lassen sich unter solchen Bedingungen noch sorgfältige interne Vorbereitungen bewerkstelligen? Wie können Beiträge zum politischen Diskurs zurückgehalten, abgewogen und abgestimmt werden?

Den Anforderungen des politischen Diskurses begegnen die Teilnehmenden im Betreiben von Relevanzkarrieren politischer Positionen. Hier gestalten sie Hinterbühnen, Arbeitsteilungen und Erwartungsniveaus. Sie vermögen all dies, insofern nicht jede Schrift zugleich den Anforderungen an den vollwertigen, abgestimmten und integrierten Beitrag ausgesetzt wird und Arbeitsschritte im Rahmen etablierter Normalkarrieren zeitlich, sachlich und personell verteilt werden. Die Diskursarbeitenden können mit Verweis auf den aktuellen Stand der Dinge und den versprochenen Anschlussarbeiten Kredit erwirken. Sie gewähren sich Schonräume.

All dies widerspricht den Ansprüchen allseitiger Verfügbarkeit, Transparenz und Unmittelbarkeit, wie sie im Zuge der Mediatisierung um sich greifen: etwa wenn Unfertiges vorzeitig veröffentlicht wird (,Leaks'). Es widerspricht aber auch den digitalen Formaten selbst, die mit ihrer Ästhetik die Unterscheidung von fertig/unfertig unterlaufen. Es wird schwieriger, den Stand einer Fertigung an deren Zwischenprodukten abzulesen. Die Diskursarbeitenden schöpfen entsprechend zusätzliche Absicherungen und Sichtbarkeiten – Titel, Platzhalter, Deckblätter, interne E-Mail-Verteiler, etc. – im Rahmen der digitalen Medien selbst. Gebannt ist damit das Risiko der Bloßstellung nicht.

Der politische Diskurs heute ist getrieben von Perfektionsansprüchen, verschärfter Konkurrenz und entsprechend hohem Vorbereitungs- und Investitionsaufwand einerseits und den mediatisierten Ansprüchen allumfassender Transparenz und zeitnaher Lieferung von Diskursbeiträgen andererseits. Was bedeutet diese Spannung für zukünftige Entwicklungen des politischen Diskurses und seiner zuarbeitenden Apparate der politischen Gruppierungen? Womöglich sind der erstarkte Populismus und der Personenkult Ausdrücke dieser widersprüchlichen Anforderungen. Der aufwendigen Vorbereitung und Abstimmung und ihrem Hang zum Perfektionismus stellt der Populismus die Wucht des Unmittelbaren und der Personenkult das sachfremde Vertrauen entgegen. In jedem Fall verliert damit die Leitwährung der Sachposition an Wert. Positionen müssen nun nicht mehr schlüssig und kohärent, nicht mehr problemadäquat und programmatisch sein. Der politische Diskurs mag sich dann im leeren Versprechen und dem gelegentlichen Aufweis seiner Enttäuschung genügen.

Literatur

Becker H (1953) Becoming a marihuana user. American Journal for Sociology 59: 235–242. doi:10.1086/221326

Bourdieu P (2010) Distinction. A social critique of the judgement of taste. Routledge, London/New York

Burkhardt S (2006) Medienskandale. Zur moralischen Sprengkraft öffentlicher Diskurse. Halem, Köln

Clayman S, Heritage J (2002) The news interview. Journalists and public figures on the air. Cambridge University Press, Cambridge

Callon M (1986) Some elements of a sociology of translation: domestication of the scallops and the fishermen of St. Brieuc Bay. In: Law J (Hrsg) Power, action and belief: a new sociology of knowledge? Routledge, London/New York, S 196–223

Deacon D, Fenton N, Bryman A (1999) From inception to reception: the natural history of a news item. Media Cult Soc 21:5–31. doi:10.1177/016344399021001001

Engert K, Krey B (2013) Das lesende Schreiben und das schreibende Lesen. Z für Soziol 42:366–384. http://www.zfs-online.org/index.php/zfs/article/view/3141. Zugegriffen: 20. September 2016

Garfinkel H (1967) Studies in ethnomethodology. Prentice Hall, Englewood Cliffs

Glaser B, Strauss A (1971) Status passage. Routledge & Kegan Paul, London

Goffman E (1959) The moral career of the mental patient. Psychiatry: Interpers and Biological Processes 22:123–142

Habermas J (1992) Faktizität und Geltung. Beiträge zur Diskurstheorie des Rechts und des demokratischen Rechtsstaats. Suhrkamp, Frankfurt am Main

Latour B (1986) Visualisation and cognition: Drawing things together. In: Kuklick H (Hrsg) Knowledge and society. Jai Press, Greenwich, CT, S 1–32

Latour B (2000) Die Hoffnung der Pandora. Untersuchungen zur Wirklichkeit der Wissenschaft. Suhrkamp, Frankfurt am Main

Luhmann N (1987) Soziale Systeme. Grundriss einer allgemeinen Theorie. Suhrkamp, Frankfurt am Main

Luhmann N (2000) Die Politik der Gesellschaft. Suhrkamp, Frankfurt am Main

Riles A (Hrsg) (2006) Documents. Artefacts of modern knowledge. University of Michigan Press, Ann Arbor

Sack F (1972) Definition von Kriminalität als politisches Handeln: Der labeling approach. Krim J 1:3–31

Scheffer T (2003) The duality of mobilisation – Following the rise and fall of an alibi-story on its way to court. J for the Theory of Soc Behav 33:313–346. http://www.law-inaction.de/include/texte/mobilisation2publishedarticle.pdf. Zugegriffen: 20. September 2016

Scheffer T (2008) Zug um Zug und Schritt für Schritt. Annäherungen an eine transsequentielle Analytik. In: Kalthoff H, Hirschauer S, Lindemann G (Hrsg) Theoretische Empirie. Zur Relevanz qualitativer Forschung. Suhrkamp, Frankfurt am Main, S 368–398

Scheffer T (2013a) Die trans-sequentielle Analyse – und ihre formativen Objekte. In: Hörster R, Köngeter S, Müller B (Hrsg) Grenzobjekte. Soziale Welten und ihre Übergänge. Springer, Wiesbaden, S 89–114

Scheffer T (2013b) Ethnomethodologie mit Durkheim – Sequenz- und Kulturanalysen zum ‚Fall Köhler'. In: Bogusz T, Delitz H (Hrsg) Émile Durkheim: Soziologie – Ethnologie – Philosophie. Campus, Frankfurt am Main, S 179–209

Scheffer T (2015) Die Arbeit an den Positionen – Zur Mikrofundierung von Politik in Abgeordnetenbüros des Deutschen Bundestages. In: Heintz B, Tyrell H (Hrsg) Interaktion – Organisation – Gesellschaft revisited. Anwendungen, Erweiterungen, Alternativen (Sonderheft Z für Soziol). Lucius & Lucius, Stuttgart, S 368–389

Smith D (2001) Texts and the ontology of organizations and institutions. Stud in Cult, Organ and Soc 7:159–198. http://www.plantcell.org/content/25/7/2444.full.pdf+html. Zugegriffen: 20. September 2016

Weber M (2002) Wirtschaft und Gesellschaft. Grundriss der verstehenden Soziologie. 5. Aufl. Mohr-Siebeck, Tübingen

Über die Autoren

Stefan Laube, Dr. rer. soc., ist wissenschaftlicher Mitarbeiter am Institut für Soziologie der Goethe Universität Frankfurt und Mitarbeiter im Projekt „Politische Positionen" des DFG-Schwerpunktprogramms „Mediatisierte Welten". Zuvor war er wissenschaftlicher Mitarbeiter in der Fachgruppe Soziologie an der Universität Konstanz, Fellow am Internationalen Forschungszentrum Kulturwissenschaften, Wien sowie Scholar am Institut für Höhere Studien, Wien. Seine Arbeitsschwerpunkte sind Theorien sozialer Praktiken, Finanzsoziologie, Science and Technology Studies, Politische Soziologie, ethnografische und qualitative Forschungsmethoden. Aktuelle Veröffentlichungen: „Nervöse Märkte. Materielle und leibliche Praktiken im virtuellen Finanzhandel" (Berlin 2016) und „Goffman mediatisieren. Zum Zusammenspiel von Vorder- und Hinterbühne in digitalisierten Praktiken" in „Praxistheorie. Ein soziologisches Forschungsprogramm" (hrsg. von H. Schäfer, Bielefeld 2016).

Jan Schank, Dr. des., ist wissenschaftlicher Mitarbeiter am Institut für Soziologie der Goethe-Universität Frankfurt am Main und Mitarbeiter im Projekt „Politische Positionen" des Schwerpunktprogramms „Mediatisierte Welten". Seine Dissertation verfasste er an der Ruhr-Universität Bochum zur Alterskennzeichnung von Computerspielen. Forschungsinteressen sind Ethnomethodologie, Science and Technology Studies/Actor-Network Theory sowie praxeographische Text- und Dokumentenanalyse. Aktuelle Veröffentlichung: „Gute praktische Gründe für ‚aussichtslose' Anträge", in „Wissensforschung – Forschungswissen" (hrsg. von R. Keller und J. Raab, Weinheim/Basel 2016).

Thomas Scheffer, Dr. phil., ist Professor für Soziologie mit dem Schwerpunkt Interpretative Sozialforschung an der Goethe Universität Frankfurt. Seine wichtigsten Monografien befassen sich mit staatlichen Apparaten, etwa dem Asylverfahren in „Asylgewährung" (Lucius 2000) oder der Arbeit der Justiz in „Adversarial Case-Making" (Brill 2010) oder „Criminal Defense and Procedure" (Palgrave 2010, mit Kati Hannken-Illjes und Alexander Kozin). Er ist Sprecher der Sektion Qualitative Methoden der Deutschen Gesellschaft für Soziologie.

Teil III
Diskontinuitäten

Häusliches Medienhandeln zwischen Dynamik und Beharrung: Die Domestizierung des Internets und die Mediatisierung des Zuhauses 2008–2016

Jutta Röser, Kathrin Friederike Müller, Stephan Niemand und Ulrike Roth

Zusammenfassung

Der Beitrag untersucht Mediatisierung in Bezug auf das häusliche Medienhandeln und die Domestizierung des Internets. Er stellt die Prozesshaftigkeit von Mediatisierung sowie die Begriffe *Dynamik* und *Beharrung*, die als konstitutive Elemente von Mediatisierung diskutiert werden, in den Mittelpunkt der Betrachtung. Theoretisch wird der Domestizierungsansatz als passgenaue Konkretisierung von Mediatisierung vorgestellt, indem die Verbindungslinien beider Konzepte erörtert werden. Empirisch basiert der Beitrag auf einer ethnografisch orientierten Langzeitstudie mit 25 heterosexuellen Paaren. Diese wurden zwischen 2008 und 2016 zu ihrem häuslichen Umgang mit dem Internet und anderen Medien mehrfach interviewt. Ausgehend von dieser Studie wird das Zusammenspiel von Dynamik und Beharrung anhand von drei Feldern veranschaulicht: der Entwicklung häuslicher Medienrepertoires, der Bedeutung von lebensweltlichen Zäsuren für das häusliche Medienhandeln und des Wandels von Geschlechterverhältnissen mit dem Internet. Es wird

---

J. Röser (✉) · K.F. Müller · S. Niemand · U. Roth
Westfälische Wilhelms-Universität Münster, Münster, Deutschland
E-Mail: jutta.roeser@uni-muenster.de

K.F. Müller
E-Mail: kathrin.mueller@uni-muenster.de

S. Niemand
E-Mail: stephan.niemand@uni-muenster.de

U. Roth
E-Mail: ulrike.roth@uni-muenster.de

deutlich, dass Dynamik und Beharrung bei der Domestizierung neuer Medien interagieren und damit Mediatisierung entscheidend prägen.

Schlüsselwörter
Mediatisierung · Domestizierung · Paare · Ethnografie · Panelstudie · Qualitatives Interview · Medienrepertoire · Internet · Gender · Dynamik · Beharrung

1 Einleitung

Wie hat sich das häusliche Medienhandeln zwischen 2008 und 2016 vor dem Hintergrund der Domestizierung des Internets, also der Anschaffung von Online-Medien und ihrer Integration in den Alltag, entwickelt? Diese Frage stand im Mittelpunkt unserer Projektreihe zum mediatisierten Zuhause innerhalb des DFG-Schwerpunktprogramms.[1] Aus einer aneignungsorientierten Perspektive haben wir über einen Zeitraum von acht Jahren die Sichtweisen von 25 heterosexuellen Paaren auf ihren Umgang mit dem Internet und anderen Medien erhoben und deren Veränderungen im Rahmen einer Langzeitstudie verfolgt. Wir haben ihre häusliche Mediennutzung prozessorientiert untersucht, indem wir sie zu drei Untersuchungszeitpunkten zu Hause interviewten. So konnten wir die Veränderungen des häuslichen Medienhandelns und die Intensivierung der häuslichen Mediatisierung konkret nachvollziehen. In diesem Zusammenhang wurde zugleich auffällig, dass sich im mediatisierten Zuhause keineswegs ‚alles' radikal verändert, sondern viele über Jahrzehnte etablierte Mediennutzungsweisen von den Menschen auch in Zeiten von Digitalisierung und Mobilisierung beibehalten wurden.

Leitend für unsere folgenden Ausführungen ist dieses Wechselspiel zwischen *Dynamik* und *Beharrung* in der Mediatisierung, das unsere Studien gezeigt haben. Unter *Dynamik* verstehen wir fortlaufende, zeitweise auch schubhafte Veränderungen im häuslichen Medienhandeln, durch die sich die Mediatisierung der häuslichen Sphäre intensiviert. *Beharrung* meint im Kontrast dazu das Festhalten

---

[1]Konkret handelt es sich um die drei Projekte „Das mediatisierte Zuhause I-III" (2010–2016) innerhalb des DFG-Schwerpunktprogramms „Mediatisierte Welten" sowie ein ebenfalls DFG-gefördertes Vorgängerprojekt „Die Domestizierung des Internets 1997–2007" (2008–2010). Ausgangspunkt dieses ersten Projekts war die Domestizierung des Internets seit Ende der 1990er Jahre, die in der ersten Erhebung 2008 retrospektiv bezüglich ihres Verlaufs in den befragten Haushalten rekonstruiert wurde. Außer den Autorinnen und dem Autor dieses Beitrags hat maßgeblich auch Corinna Peil von 2008 bis 2012 am Projekt mitgearbeitet.

an bewährten Medienpraktiken, zum Beispiel durch das Im-Spiel-Halten der alten (analogen) Medien. Diese Begriffe werden wir im folgenden Kapitel zunächst weiter erläutern, um sodann den Domestizierungsansatz in der Mediatisierungsforschung zu positionieren. Nach einer genaueren Erläuterung unseres Erkenntnisinteresses und methodischen Vorgehens werden wir schließlich ausgewählte empirische Befunde zu drei Themenfeldern skizzieren: 1. zur Internetdomestizierung und zu den Medienrepertoires der Haushalte, 2. zu lebensweltlichen Zäsuren als Dynamisierung häuslichen Medienhandelns sowie 3. zum Wandel von häuslichen Geschlechterverhältnissen mit dem Internet. Dabei werden wir jeweils das Zusammenspiel von Dynamik und Beharrung im häuslichen Medienhandeln, das je nach Themenfeld unterschiedlich erfolgt, herausstellen.

2 Das Zusammenspiel von Dynamik und Beharrung in der Mediatisierung

Blickt man zurück auf den Beginn unseres Projekts über „Das mediatisierte Zuhause", kann sicherlich konstatiert werden, dass der Fokus vor allem auf ‚Wandel' im Sinne tief greifender Veränderungen des häuslichen Medienhandelns gerichtet war. Dies wurde gedacht als ein fortschreitender Prozess der Etablierung vielfältiger neuer Medien(dienste) und einer immer intensiveren Durchdringung des Häuslichen mit mediatisierter Kommunikation (vgl. Röser und Peil 2010, 2012). Tatsächlich haben wir solche Wandlungsprozesse im Zuge der Domestizierung des Internets in vielerlei Hinsicht gefunden. Hier zeigt sich somit die vermutete Dynamik der Mediatisierung. Mit dem Fortgang der Untersuchung rückte aber gleichzeitig in den Blick, dass etablierte Medien deshalb nicht unbedeutend oder gar abgeschafft werden. Auch erfolgten Wandlungsprozesse nicht so allumfassend, wie es viele Medien- und Wissenschaftsdiskurse nahelegen. Solche Narrative gehen von den medientechnologischen Potenzialen aus und kündigen entsprechende ‚Umwälzungen' an (vgl. Hepp und Röser 2014). So wurde beispielsweise die Frage nach dem „Auslaufmodell Fernsehen?" (Kaumanns et al. 2008) gestellt, während sich in unseren Studien gerade die Fernsehrezeption als instruktives Beispiel für Beharrungsmomente im häuslichen Medienhandeln erweist, denn die meisten der von uns untersuchten Paare führen die Praxis des gemeinsamen Fernsehabends fort und bevorzugen dabei das klassische Programmfernsehen.

Wie kann dieses Phänomen, das wir als Beharrung bezeichnen (vgl. Hepp und Röser 2014), genauer gefasst werden? Wenn „das Verbindungsstück zwischen Medienwandel und dem Wandel von Alltag und Identität, Kultur und Gesellschaft

(…) das kommunikative Handeln der Menschen [ist], das sich ändert" (Krotz 2012, S. 13), dann bezeichnet *Beharrung* in der Mediatisierung die Tatsache, dass Menschen ihr kommunikatives Handeln in Teilbereichen nicht oder nur wenig verändern, obwohl entsprechende medientechnologische und inhaltliche Potenziale dies erlauben würden. Unsere Analysen zeigen, dass die Paare an bestimmten medienbezogenen Praktiken festhalten, weil sie im Alltagskontext Sinn ergeben. Diese Sinnhaftigkeit entsteht in Beziehung zu Institutionalisierungen aus anderen sozialen Welten bzw. kleinen Lebenswelten (vgl. Hepp und Röser 2014; Krotz 2014), wie zum Beispiel der externen Sphäre der Berufsarbeit, die Zeitrhythmen und Erholungsbedürfnisse im Häuslichen konstituiert. Sie entsteht ebenso in Beziehung zu sozialen Subwelten und deren Institutionalisierungen innerhalb des häuslichen Alltags selbst, wie etwa der Vergemeinschaftung als Paar. Paargemeinschaft zu ermöglichen und zu synchronisieren, ist zum Beispiel eine wesentliche Funktion des oben erwähnten regelmäßigen Fernsehabends (vgl. Müller und Röser 2017b; Abschn. 5.1 des vorliegenden Beitrags). Im Rahmen solcher Institutionalisierungen in unterschiedlichen häuslichen Bereichen kann es also geboten sein, trotz aller verfügbaren neuen Medien an bisherigen Praktiken festzuhalten. Entsprechend kann es aber auch geboten sein, dabei neue technologische Möglichkeiten einzusetzen – etwa den Festplattenrekorder, um den Fernsehbeginn mit den Schlafenszeiten der Kleinkinder in Übereinstimmung zu bringen (vgl. Röser und Hüsig 2012).

Unsere Analysen führen zu zwei Präzisierungen: Erstens ist Beharrung in der Mediatisierung nicht gleichzusetzen mit ‚Nicht-Mediatisierung' oder ‚De-Mediatisierung'. Denn vielfach handelt es sich bei den beharrenden Handlungsmustern, die wir gefunden haben, um ebenfalls mediatisierte Praktiken, nur eben mit einem ‚älteren' Medium. Da sich dieses Medium auf einer tieferen Ebene aber doch auch wandelt (wie zum Beispiel das Fernsehen durch digitale Programmvermehrung, Pay-TV) und durch verschiedene Zusatzgeräte neue Anwendungspotenziale hinzutreten (zum Beispiel Festplatten), „sind auch solche anhaltenden Praktiken zugleich mit dem Medienwandel verbunden" (Hepp und Röser 2014, S. 179). Daraus folgt zweitens, dass solche Beharrungsmomente im Medienhandeln keinesfalls Unveränderlichkeit oder gar Stillstand bedeuten. Vielmehr konkretisiert sich Beharrung „in einer Beibehaltung bestimmter Institutionalisierungen der kommunikativen Konstruktion von Zuhause (…), die sich mit dem Hinzukommen ‚neuer' Medien nicht einfach auflösen" (ebd., S. 183), gleichwohl werden sie immer öfter mit anderen Medien ergänzt und dadurch nach und nach verändert. Ein Beispiel hierfür ist die Etablierung der Second-Screen-Nutzung parallel zum klassischen Fernsehen (vgl. Müller und Röser 2017b; Abschn. 5.1 dieses Beitrags).

Insgesamt herrschte im Zuhause der 2010er Jahre somit ein vielfältiges Neben- und Miteinander von ‚alten' und ‚neuen' Praktiken des Medienhandelns. Dies führt zu der Einsicht, dass Beharrungsmomente nicht Gegensatz, sondern Teil von Wandel sind, Mediatisierung also – auf konkreten Feldern betrachtet – immer von Momenten der Dynamik und der Beharrung geprägt ist, die zusammen Wandel konstituieren. Es geht dann darum, in empirischen Analysen zum häuslichen Medienhandeln beide Momente, Dynamik und Beharrung, und ihr Zusammenspiel konkret zu beschreiben sowie deren Hintergründe und Antriebskräfte jeweils genauer herauszuarbeiten. Diese dialektische Konzeption hat sich als hilfreiche Fundierung unserer Auswertungen zur Mediatisierung des Zuhauses erwiesen.

3 Der Domestizierungsansatz in der Mediatisierungsforschung

Die theoretische Verortung unserer Projektreihe erfolgt im Mediatisierungsansatz sowie im Domestizierungskonzept, das als passgenaue Konkretisierung von Mediatisierung verstanden werden kann. Unter Mediatisierung verstehen wir mit Krotz (2007) die zunehmende Durchdringung verschiedener gesellschaftlicher Bereiche mit Formen der Medienkommunikation und die daraus resultierenden Folgen für Alltag und soziale Beziehungen, Gesellschaft und Kultur (vgl. auch Hepp 2010; Krotz 2014, 2015; Lundby 2009a). Mediatisierung wird als „Metaprozess" (Krotz 2007, S. 11) nicht leicht fassbar, denn entgegen der Vorstellung einer universellen „Medienlogik" (Lundby 2009b) gehen wir davon aus, dass sich Mediatisierungsprozesse innerhalb verschiedener Handlungsfelder auf je spezifische Weise entfalten. Ein solches Handlungsfeld, auf dem die sich wandelnden Medien und das kommunikative Handeln der Menschen auf spezifische Weise aufeinandertreffen, stellt das Zuhause dar, das wir hier als eine von vielen, sich teils überschneidenden *mediatisierten Welten* ins Zentrum unseres Interesses stellen.

Wir fassen das Zuhause somit als einen Ort, an dem sich Mediatisierungsprozesse konkretisieren. Bei der Konstruktion und Ausgestaltung des Zuhauses haben Medien schon immer eine zentrale Rolle gespielt. Mithilfe von Medien werden im Häuslichen Interaktionen gestaltet, Nähe und Distanz geregelt, Routinen und Kommunikationskulturen erzeugt. Dies hat sich auch mit der Verbreitung der digitalen Medien und der Mobilkommunikation nicht grundsätzlich geändert: Die Grenzen des Zuhauses sind zwar poröser und gestaltbarer geworden, sie sind aber nach wie vor durch eine Dialektik von innen und außen (vgl. Silverstone 2007, S. 174) bestimmt, die maßgeblich über den Gebrauch von Medien gesteuert wird (vgl. Morley 2006; Peil und Röser 2014). Das Zuhause ist ein besonderer Ort geblieben: einerseits für die Identität und die sozialen Beziehungen der Menschen, andererseits für die Durchsetzung und Aneignung neuer Medien und Kommunikationstechnologien. Schon Radio und Fernsehen, aber eben auch Computer und Internet sowie deren zahlreiche End- und Peripheriegeräte haben sich erst im Zuge der Integration in den häuslichen Kontext massenhaft verbreitet (vgl. Röser 2007; Röser und Peil 2010). Sogar mobile Technologien wie das Smartphone werden zu einem ganz wesentlichen Teil innerhalb des Zuhauses angeeignet (vgl. Eimeren und Frees 2014, S. 383), wodurch sich seit einigen Jahren abermals häusliche Kommunikationskulturen tief greifend verändern (vgl. Peil und Röser 2014).

Solche Prozesse lassen sich mithilfe des Domestizierungsansatzes, der die häusliche Sphäre als Kontext des Medienhandelns aneignungsorientiert in den Blick nimmt,[2] theoretisch durchdringen (vgl. für Überblicke: Berker et al. 2006; Hartmann 2013; Röser 2007; Silverstone 2006; Silverstone und Haddon 1996). Die Domestizierungsperspektive mit ihrem Blick auf den Alltag macht auch nachvollziehbar, warum für die häusliche Medienaneignung Momente der Beharrung relevant sind. Das Domestizierungskonzept geht davon aus, dass neue Medien in den häuslichen Alltag ‚hineindomestiziert' werden, d. h. Medien werden von den Menschen in bestehende Routinen, Interaktionsweisen und Strukturen integriert. Von hier führt der Weg zur Beharrung, denn es leuchtet ein, dass diese Integration in bereits *Bestehendes* immer ein Prozess ist, der nicht als radikaler Umbruch, sondern eher in Form von Transformation und Aushandlung vollzogen wird. Es treten somit im Prozess des Wandels einerseits das Beharren auf Bewährtes und andererseits die Dynamik hin zu veränderten Handlungsweisen in Wechselbeziehung. Der Hintergrund für beharrende Momente besteht dabei unserer Meinung nach nicht in einer Art von grundsätzlichem ‚Konservatismus' des

---

[2]Unsere Projekte konnten ferner zeigen, dass sich Domestizierung als Ansatz zur Beschreibung und Theoretisierung von Verbreitungsprozessen neuer Medien aus der Perspektive der Nutzenden eignet. Im Zentrum steht hier die Frage, inwieweit die Diffusion neuer Medientechnologien entscheidende quantitative und qualitative Impulse durch die Integration in die häusliche Sphäre bekommt und Domestizierung so zu mehr Teilhabe an einem neuen Medium führt, weil sich Nutzendenkreise verbreitern (vgl. Röser und Peil 2010; Peil und Röser 2014; Röser und Roth 2015).

häuslichen Alltags, der in den Debatten um Domestizierung diskutiert wurde (vgl. Silverstone und Haddon 1996; Hartmann 2013, S. 29, 106–109), sondern in seiner sinnhaften und eigensinnigen Gestaltung durch die Menschen, wie wir anhand unserer Befunde verdeutlichen möchten.

Wesentliche Konzepte des Domestizierungs- und Mediatisierungsansatzes sind direkt aneinander anschlussfähig (vgl. zum Folgenden: Röser 2007; Krotz 2015): So entsprechen sich die Perspektive auf die *Aneignung* von Medien(technologien) im Domestizierungskonzept und der Fokus der Mediatisierungstheorie auf das kommunikative Handeln der Menschen, das den Wandel vorantreibt. Damit geht die strikte Zurückweisung von Institutionen- oder Technikdeterminismus einher. Auch das Interesse für die *Wechselbeziehungen von medialem und nicht-medialem Handeln,* den Blick auf das gesamte *Medienrepertoire* statt auf Einzelmedien (vgl. Hasebrink und Domeyer 2012) sowie die *historisierende Perspektive* teilen beide Ansätze.

Gemeinsamkeit stiftet schließlich die *Prozessorientierung,* die besonders relevant für die hier verfolgte Frage nach dem Zusammenspiel von Dynamik und Beharrung im häuslichen Medienhandeln ist. Als offener, prinzipiell endloser Prozess ist die Domestizierung von Medien(technologien) zu keinem Zeitpunkt abgeschlossen. Vielmehr handelt es sich um eine Entwicklung, die von ständiger Bewegung geprägt ist und durch Impulse von innen und außen auch unvorhergesehene Wege einschlagen kann. „In one sense, people often acquire ICTs, go through an initial period of experimentation and fall into a routine usage pattern. Despite this routinization, consumption patterns also change as a result of social and technological change" (Haddon 2003, S. 46). Der Domestizierungsprozess kann durchaus ‚Sättigungsphasen' erreichen, in denen der Gebrauch eines Mediums oder auch das gesamte Medienrepertoire recht stabil geworden sind. Der Prozess kann aber – angestoßen durch technologische, lebensweltliche oder gesellschaftliche Veränderungen – jederzeit wieder Fahrt aufnehmen, „if new circumstances, in whatever sense, mean that the role of an ICT has to be re-assessed" (ebd.; vgl. zu solchen Prozessen in Bezug auf das Fernsehen: Peil und Röser 2007). Solche neuen Umstände können zu einer Intensivierung, aber ebenso zu einer Abmilderung von Domestizierungs- und Mediatisierungsgraden führen.[3] Domestizierung ist deshalb ein potenziell non-linearer, diskontinuierlicher Prozess, der Phasen von „Re- and de-domestication" (Berker et al. 2006, S. 3) enthalten kann – ebenso wie

---

[3]Haddon (2003, S. 46) weist darauf hin, dass die Alltagsintegration eines Mediums nicht dauerhaft ‚erfolgreich' verlaufen muss. Ein aktuelles Beispiel: Menschen können sich entschließen, ihre *Facebook-* oder Smartphone-Nutzung zu begrenzen oder gar einzustellen und somit eine Art von „de-domestication" (Berker et al. 2006, S. 3) einzuleiten.

Mediatisierung non-linear, ungleichzeitig, teils in unterschiedliche Richtungen sowie jeweils historisch und kulturell konkret verläuft, wie Krotz (2015, S. 440 f.) ausführt. Mit Re-Domestizierung möchten wir konkretisierend eine veränderungsintensive Phase bezeichnen, in der die Art und Weise der häuslichen Alltagsintegration eines oder mehrerer Medien neu verhandelt und gestaltet wird.

Mit dieser Konzeption bietet der Domestizierungsansatz einen Rahmen, um die Mediatisierung des Zuhauses als einen offenen, teils diskontinuierlichen Prozess zu fassen. Dabei erzeugt die Wechselbeziehung zwischen Dynamik und Beharrung in der häuslichen Medienaneignung Bewegung. *Dynamik* und *Beharrung* verstehen wir als theoretische Konkretisierung, um präziser (auch empirisch) zu ergründen, was genau von wem aus welchen Gründen in solchen Prozessen ‚verhandelt' wird und Mediatisierung vorantreibt – oder auch bremst.[4]

4 Erkenntnisinteressen und methodisches Vorgehen: Panel und ethnografische Haushaltsstudien

Weil Mediatisierung und Domestizierung Prozesse sind, ist eine langfristige Beobachtung ihrer Entwicklung notwendig, um diese umfassend zu verstehen. Empirisch ist es deshalb sinnvoll, eine Verlaufsperspektive einzunehmen. Aus diesem Grund wurde die Untersuchung des mediatisierten Zuhauses als qualitative Panelstudie mit vier Erhebungszeitpunkten in den Jahren 2008, 2011, 2013 und 2016 angelegt.

Zu allen Erhebungszeitpunkten haben wir auf das Zuhause als bedeutungsstiftenden Kontext medialer Aneignungsprozesse fokussiert und stets dieselben Erkenntnisinteressen verfolgt, um ihre Entwicklung im Untersuchungszeitraum nachzeichnen und Faktoren für ihren Wandel benennen zu können. Im Zentrum stand die Frage, wie sich im Mediatisierungsprozess die häusliche Mediennutzung und infolgedessen das Häusliche selbst verändert. Um sie zu beantworten, haben wir die Entwicklung der Medienrepertoires (vgl. Hasebrink und Domeyer 2012) vor dem Hintergrund der Domestizierung des Internets und der Ausstattung der Haushalte mit klassischen und Online-Medien untersucht. Wir haben analysiert, wie Alltag und Medienhandeln zusammenhängen, etwa hinsichtlich der Frage, welchen Einfluss lebensweltliche Zäsuren für das Medienhandeln haben,

---

[4]Wir verorten hier den Schwerpunkt unseres Textes, damit soll jedoch nicht gesagt werden, dass die Frage nach Dynamik und Beharrung sämtliche Faktoren der häuslichen Mediatisierung integriert.

und fragten, wie übergreifende gesellschaftliche Diskurse im Häuslichen Relevanz entfalten (vgl. Peil und Röser 2014), darunter insbesondere *Doing-gender*-Prozesse bei der Aneignung und alltäglichen Nutzung von Medien (vgl. Röser und Roth 2015). Der Fokus lag dabei zunächst auf der Analyse dynamischer Veränderungen und nicht auf Beharrungsmomenten. Nachdem wir Beharrungsmomente induktiv im empirischen Material gefunden hatten, bezogen wir deren systematische Erhebung mit in die Analyse ein.

Wir haben ethnografisch orientierte Haushaltsstudien durchgeführt, weil uns diese Perspektive ermöglichte, über einen „primär verstehenden Zugang" (Bachmann und Wittel 2006, S. 186) die Mediatisierung des Häuslichen ganzheitlich in seiner Vielschichtigkeit zu erfassen und so das Ineinanderwirken von technologischer Entwicklung, Medienhandeln und multiplen Kontextfaktoren zu untersuchen. Weil uns Medienhandeln als soziales Handeln interessiert, haben wir soziale Konstellationen (und nicht das Individuum) ins Zentrum unserer Haushaltsstudien gestellt. Ausgewählt haben wir die (heterosexuelle) Paarkonstellation, d. h. unsere Haushaltsstudien und Interviews nahmen die Kommunikationskulturen, Aushandlungsprozesse und Konflikte von zusammenlebenden Paaren in den Blick.[5] Es wurden 25 Paare, die das Internet zuhause nutzen, zu jedem Erhebungszeitpunkt interviwt. Dabei handelte es sich stets um dieselben Haushalte.[6] Die Zusammenstellung des Samples erfolgte systematisch quotiert. Es wurde zwischen drei Altersgruppen in der Spanne 25 bis 64 Jahre (2008) bzw. 30 bis 69 Jahre (2013)[7] und zwei Schulbildungsgruppen unterschieden. Wir haben ein breites Spektrum unterschiedlicher Altersgruppen, Lebensphasen und Berufe erfasst, von kinderlosen Berufstätigen über junge Eltern bis zu Rentnern, vom Anwalt über die Lehrerin und Buchhalterin bis zum Müllwerker. Darüber hinaus berücksichtigten wir eine Streuung weiterer Merkmale, etwa Kinder im Haushalt. Insgesamt bildet das Sample Onlinerinnen und Onliner der breiten Mittelschicht ab und ermöglicht somit Einblicke in das Medienhandeln durchschnittlicher deutscher Paare (vgl. Peil und Röser 2014; vgl. zu Einzelheiten des Samples: Röser und Peil 2010).

---

[5]Es handelt sich also nicht um Familien-Fallstudien: Kinder im Haushalt und Familienfragen wurden ggf. als relevante Kontextbedingung einbezogen. Die Sichtweisen und Handlungen der Kinder wurden aber nicht eigenständig untersucht.

[6]Zunächst bestand das Sample aus 25 Haushalten in 2008. Bis 2013 hatten sich drei Paare getrennt, weshalb wir Partner und Partnerin einzeln befragten, sodass wir insgesamt 28 Haushalte besuchten. Das Sample konnte über den gesamten Zeitraum vollständig erhalten werden. 2016 gab es eine weitere Trennung, so dass 29 Haushalte befragt wurden.

[7]Durch die zwangsläufige Alterung des Panels war in den späten Befragungen die Altersgruppe 20 bis 29 Jahre, die besonders experimentierfreudig bzgl. neuer Medienanwendungen ist, nicht mehr vertreten; dies muss bei Befunden mitbedacht werden.

Das Herzstück der Erhebungen in den Jahren 2008 bis 2013 bildet jeweils ein qualitatives ethnografisches Interview. Die Partnerin und der Partner wurden gemeinsam befragt, weil uns das Paar als soziale Konstellation interessierte. Dieses Setting ermöglichte uns soziale Situationen, kommunikative Praktiken und geschlechtsbezogene Aushandlungsprozesse im Sinne unseres ethnografischen Interesses zu rekonstruieren und damit die Sichtweisen der Paare auf ihren mediatisierten häuslichen Alltag zu erfassen. Das Vorgehen erwies sich als vorteilhaft, weil sich Partnerin und Partner gegenseitig ergänzten und korrigierten. Das Interview wurde im Haushalt der Paare durchgeführt. Zusätzlich fand in allen Jahren eine Wohnungsbegehung statt, um zu erkunden, an welchen Orten klassische und digitale Medien genutzt werden und um diese fotografisch zu dokumentieren. Das beschriebene Setting löste den Anspruch ein, ethnografisch zu forschen und so „dicht an ‚echte' Nutzungsweisen in Alltagskontexten heranzukommen" (Röser 2016, S. 492). Ergänzend wurde den Interviews in den Jahren 2008 und 2013 eine schriftliche Befragung vorangestellt, um deskriptive Informationen zur Medienausstattung und Mediennutzung zu sammeln. Im Jahr 2016 wurde das Sample ein weiteres Mal befragt, diesmal nur schriftlich, um die Entwicklungen relevanter Forschungsaspekte, etwa die Zusammensetzung des Medienrepertoires und die konvergente Nutzung von Medien im Haushalt mit einem Abstand von drei Jahren erneut zu erfassen.

Die Interviews wurden mit medienethnografischen Haushaltsporträts ausgewertet. Zum Wandel der Medienrepertoires, zur Bedeutung biografisch-lebensweltlicher Einschnitte und der Geschlechterbeziehungen der Paare (vgl. Abschn. 5) wurden jeweils themenspezifische Porträts erstellt, um die zentralen Forschungsfragen zu beantworten. Anhand eines systematischen Leitfragenkatalogs stellten wir Fragen an das Material, die als Fallbetrachtung in einem Fließtext verschriftlicht wurden (vgl. Röser et al. 2017). Im Anschluss haben wir alle Fälle verglichen und Gemeinsamkeiten ebenso wie Differenzen herausgearbeitet. So konnte eine holistische Betrachtung einzelner Paare sowie eine übergreifende Analyse aller Fälle gewährleistet werden. Dabei wurden für alle drei Teilbereiche die Befunde im Längsschnitt betrachtet.

5 Befunde: Dynamik und Beharrung in der Mediatisierung des Zuhauses

Wir veranschaulichen nun auf drei Themenfeldern, wie sich innerhalb des mediatisierten Zuhauses das Wechselspiel von *Dynamik* und *Beharrung* zeigte.

5.1 Häusliche Medienrepertoires zwischen Dynamik und Beharrung

Dynamik haben wir in den häuslichen Medienrepertoires durch die Domestizierung des Internets in vielerlei Hinsicht festgestellt. Die ‚Integration' des neuen Mediums in zeitliche und alltägliche Routinen (vgl. Röser 2007, S. 21) wurde im Untersuchungszeitraum im gesamten Sample verwirklicht. Zeigten sich die Paare des Panels 2008 noch deutlich differenziert im Hinblick auf den Grad der Alltagsintegration des Internets – beispielsweise waren einige Späteingestiegene (vgl. Rogers 2003) noch primär mit dem Kennenlernen des Internets beschäftigt und nutzten es sehr eingeschränkt –, haben im Verlauf der Panelstudie alle Haushalte eine alltagsintegrierte und routinierte Praxis der Internetnutzung entwickelt und das Sample ist insgesamt näher zusammengerückt. Das Internet wurde und wird im Häuslichen übergreifend als Alltagshelfer genutzt: Diese Funktion kann als zentraler Treiber der Domestizierung über alle Haushalte hinweg resümiert werden. Online wird eingekauft, mit Behörden kommuniziert, Banking erledigt und die Zugverbindung recherchiert. Deshalb können sich die Befragten nicht mehr vorstellen, zu Hause auf das Internet zu verzichten. Das Internet hat sich innerhalb des häuslichen Medienrepertoires also etabliert, weil es Dienste und Inhalte anbietet, die im Alltag sinnvoll sind und die Angebote der klassischen Massenmedien zunächst kaum tangiert haben.

Eine Phase der Re-Domestizierung des Internets und damit erneute Dynamik setzte ab 2011 und verstärkt ab 2013 ein, als mobile Endgeräte wie Smartphone und Tablets zunehmend in das Zuhause integriert wurden. Zwar verfügte bereits 2008 ein Teil der Haushalte über mobile Geräte wie Laptops, diese wurden aber meist stationär genutzt und kaum bewegt. Durch die dann einsetzende innerhäusliche Mobilisierung der Onlinenutzung hat sich eine Omnipräsenz des Internets in nahezu allen Räumen entwickelt, die zu einer noch intensiveren Mediatisierung der häuslichen Sphäre geführt hat (vgl. Peil und Röser 2014). Die Integration mobiler Endgeräte verändert darüber hinaus dynamisch das Verhältnis der Haushalte zu externen Sphären. So ist zum Beispiel für Berufsgruppen, die früher nicht zu Hause gearbeitet haben, die Erledigung von Berufsarbeit mit dem Smartphone zur Normalität geworden.[8] Auch andere externe Sphären rücken durch die mobilen Geräte näher an das Zuhause, weil via Smartphone Chatprogramme,

---

[8] Zum Thema „Digitale Kommunikation und Berufsarbeit zu Hause: Mediennutzung im Spannungsfeld von Entgrenzung und Begrenzung" ist eine Publikation von Kathrin Friederike Müller in Vorbereitung, die diese Befunde im Einzelnen vorstellt.

E-Mails und soziale Netzwerke schnell verfügbar sind und die Konnektivität nach außen intensivieren. Soweit einige Schlaglichter auf dynamische Entwicklungen.

Beharrung war und ist jedoch ebenfalls charakteristisch für die häuslichen Medienrepertoires. Sie drückt sich insbesondere in der ungebrochenen Präsenz klassischer Medien aus, die weiterhin routiniert genutzt werden. Die meisten Haushalte verwenden das inzwischen umfassend domestizierte Internet gleichwertig neben den schon zuvor genutzten Medien Fernsehen, Radio oder Zeitung. Jedem Medium kommt dabei eine spezifische Bedeutung mit je eigenen Funktionen im Medienrepertoire zu. Das Internet dominiert die häusliche Mediennutzung nicht, sondern erfüllt – wie oben erläutert – spezifische Funktionen als Alltagshelfer. Demgegenüber hat sich die Nutzung des „medialen Internets" (Engel und Breunig 2015, S. 316), also die Online-Rezeption von Multimedia, im Untersuchungszeitraum erst später und nur sehr langsam in der Breite etabliert. Sie stellt eine Ergänzung zur Rezeption von Inhalten aus Fernsehen, Radio oder Zeitungen, jedoch keine grundsätzliche Alternative zu ihnen dar. Zwar sind Teilfunktionen und Anwendungsbereiche der alten Medien ins Internet abgewandert, jedoch sind die bereits etablierten Medien, insbesondere das Fernsehen, bei der großen Mehrheit unserer Haushalte nicht durch das Internet ersetzt worden (vgl. Müller und Röser 2017a). Über das Internet wird also primär auf zuvor nicht-mediale Inhalte zugegriffen (vgl. ebd., S. 315–317). Innerhalb des Untersuchungszeitraums ist es somit zu einer Veränderung der Medienumgebungen in den Haushalten gekommen, nicht jedoch zu einer radikalen Umwälzung der häuslichen Medienrepertoires oder einer Dominanz von Online-Medien über klassische Distributionswege.

Alte und neue Medien koexistieren somit innerhalb der Haushalte. Warum dies so ist, verdeutlicht eine vertiefende Betrachtung der inhaltlichen und symbolischen Bedeutung der drei klassischen Medien Fernsehen, Radio und Zeitung. Die Befunde zeigen, dass ihre Rezeption stark an Alltagsrhythmen gekoppelt und oft in der Paarkonstellation verankert ist. Aus diesem Grund ‚beharren' die Paare auf etablierten Nutzungspraktiken und das Nebeneinander der vier Medien bleibt in der großen Mehrheit der Haushalte bestehen. Viele Paare sehen, wie schon erwähnt, weiterhin regelmäßig abends gemeinsam fern – das haben unsere Interviews und Befragungen in den Jahren 2013 und 2016 deutlich gemacht. Fernsehen zeigt sich darin überwiegend als Feierabendmedium, welches Paare zur Herstellung von Gemeinschaft und zur Synchronisation des Zusammenlebens verwenden. Dabei behält das klassische Programmfernsehen unter anderem wegen seiner einfachen Zugänglichkeit und rekreativen Funktion eine recht konstante Bedeutung (vgl. Hepp und Röser 2014; Müller und Röser 2017b; Röser und Hüsig 2012).

Betrachtet man die Veränderung häuslicher Medienrepertoires nun *gleichermaßen vor dem Hintergrund von Dynamik und Beharrung*, so wird deutlich, dass beide im Alltag miteinander interagieren. Sie haben Berührungspunkte und stehen in einem Wechselverhältnis, das Einfluss auf das Medienrepertoire nimmt. So ‚beharren' zum Beispiel eingespielte kommunikative Arrangements in ihren Grundzügen, sind aber im Detail dynamisch. Dies veranschaulicht geradezu exemplarisch die Praktik des Second Screening. Unsere Analysen zeigen ab 2011 als Trend die zunehmende Verbindung von abendlichem Fernsehen mit Internetnutzung via Second Screen auf mobilen Geräten, die von vielen Paaren hin und wieder parallel zum Fernsehen genutzt werden. Der Vorteil aus der Sicht der befragten Paare: Partnerin und Partner verbringen Zeit zusammen, gehen jedoch zeitweise eigenen Medieninteressen nach oder erledigen Tätigkeiten, die sie im Verlauf des Tages noch nicht bewältigen konnten (vgl. Müller und Röser 2017b). Damit wird die Internetnutzung in den häuslichen Fernsehabend dynamisch integriert, ohne dessen Institutionalisierung als Paar-Vergemeinschafter grundsätzlich infrage zu stellen. Hier ist also etwas Neues entstanden, basierend auf der Dialektik von Dynamik und Beharrung im häuslichen Medienhandeln der Paare. Ein Wandel der Medienrepertoires äußert sich in der Erweiterung und (leisen) Umgestaltung lange etablierter kommunikativer Arrangements, die die Paare so an ihre alltäglichen Bedürfnisse anpassen.

5.2 Lebensweltliche Zäsuren als Dynamisierung häuslichen Medienhandelns

Im Kontrast zu der eher schrittweisen Veränderung der Medienrepertoires und den genannten Beharrungsmomenten konnten wir bei einigen Paaren auch schubhafte und tief greifende Veränderungen ihres Medienhandelns feststellen. Diese führten oft zu einer intensiveren Mediatisierung der häuslichen Sphäre. Eine erste Analyse zeigte, dass sich das Medienhandeln der Paare immer dann sprunghaft veränderte, wenn es in ihrem Leben zu einschneidenden Veränderungen kam. Die Dynamik ihres Medienhandelns war also eng verknüpft mit Umbrüchen in ihrem Alltag und ließ sich auf Veränderungen in ihrem lebensweltlichen Kontext zurückführen (vgl. bezogen auf Fernsehen Gauntlett und Hill 1999). Ausgehend von dieser Einsicht richteten wir unser Erkenntnisinteresse auf die folgende Fragestellung: Wie verändern Alltagsumbrüche das häusliche Medienhandeln und inwiefern fungieren diese als Treiber von Mediatisierung?

Zur theoretischen Fundierung des Zusammenhangs zwischen häuslichem Medienhandeln und Alltagsumbrüchen, die wir als biografisch-lebensweltliche

Zäsuren bezeichnen, haben wir neben den o. g. Ansätzen das soziologische Konzept der alltäglichen Lebensführung herangezogen (vgl. Voß 1995)[9] und Dimensionen der alltäglichen Lebensführung differenziert (u. a. räumlich, zeitlich, sozial, sachlich-inhaltlich). Auf diese Weise konnten wir die Auswirkung einer Zäsur auf den Alltag interdimensional herausarbeiten und mit den Veränderungen des Medienhandelns in Verbindung setzen.

Im Untersuchungszeitraum gab es verschiedene Formen biografisch-lebensweltlicher Zäsuren in den Haushalten.[10] Als Ereignisse mit besonders umfassenden Folgen, auch für das Medienhandeln, erwiesen sich die Trennung des Paares, der Tod eines Partners sowie die Geburt eines Kindes. Aber auch kleinere Einschnitte durch Umzüge oder berufliche Veränderungen zeitigten vielfältige und teils überraschende Folgen, die das Medienhandeln betreffen. Allgemein lässt sich festhalten, dass diese Zäsuren vielschichtige Auswirkungen auf das häusliche Medienhandeln haben: Wir konnten Veränderungen bei den Nutzungszeitpunkten und der Nutzungsintensität, den Nutzungsorten, den sozialen Kontexten, den Inhalten, dem emotionalen Rezeptionserleben, dem Nutzungsmotiv sowie der Medienausstattung feststellen.

Die Gründe für die Dynamik im Medienhandeln der Paare sind ebenfalls vielschichtig. Nach einer Trennung kann beispielsweise eine emotionale Krise, der Wegfall der geschlechtsspezifischen Arbeitsteilung oder das nicht mehr notwendige Synchronisieren der Medieninteressen das Medienhandeln dynamisieren. Nach einem Umzug kann die Dynamik u. a. in der gestiegenen ökonomischen Belastung oder der veränderten technischen Infrastruktur begründet liegen. Und nach dem Rentenbeginn lassen sich Veränderungen der Mediennutzung zum Beispiel auf erhöhte Zeitressourcen oder eine fehlende Notwendigkeit, das Internet für berufliche Zwecke zu nutzen, zurückführen.

---

[9]Alltägliche Lebensführung kann als eine Art und Weise des Handelns verstanden werden, die aktiv von einer Person in Auseinandersetzung mit ihrer Lebenssituation konstruiert wird. Sie bildet demnach einen strukturierenden und koordinierenden Rahmen für alle regelmäßig ausgeübten Handlungen in den für sie im Alltag bedeutsamen Lebensbereichen. An veränderte Lebensbedingungen muss dieses Handlungssystem aktiv angepasst werden (vgl. Voß 1995, S. 30 ff.).

[10]Dabei handelte es sich um folgende Zäsuren: Elternschaft, Trennung, neue Partnerschaft, Renteneintritt, berufliche Veränderung, Auszug des Kindes, Tod des Ehepartners und Umzug (vgl. Niemand 2013). Eine ausführliche Analyse dieses Themenfeldes ist im Rahmen des Dissertationsprojekts von Stephan Niemand in Vorbereitung.

An dem konkreten Beispiel der Elternschaft möchten wir nun vertiefend veranschaulichen, wie lebensweltliche Zäsuren das häusliche Medienhandeln der Paare verändern. Allgemein führt die Geburt eines Kindes für die Eltern zu einem „Bruch mit dem vorher etablierten Tagesablauf" (Lenz 2014, S. 124). Dieser Umbruch erfordert zahlreiche Aushandlungsprozesse über die Ausgestaltung der familiären Lebensführung (vgl. Gloger-Tippelt 2007): Da nicht-mediales und mediales Handeln eng miteinander verwoben sind, stehen diese Alltagsveränderungen auch mit zahlreichen Veränderungen des Medienhandelns in Verbindung. Mit der Elternschaft entsteht beispielsweise ein neues Themeninteresse. Aus diesem Grund intensivierte sich die Onlinenutzung der Paare, da sie im Netz zu Themen rund um kindliche Erziehung und Gesundheit recherchierten. Die Internetnutzung ermöglichte ihnen so ein Hineinwachsen in die Rolle als Eltern. Außerdem erhöhte sich ihre Nutzung von Onlineshopping, da sie auf diese Weise Zeit gewinnen und der Immobilität durch die häuslichen Betreuungsaufgaben entgegenwirken konnten. Des Weiteren zeigte sich, dass zeitsouveräne Kommunikationsdienste wie E-Mail oder *WhatsApp* an Bedeutung gewannen. Weil Telefonieren mit einem unruhigen Kleinkind, das permanent Aufmerksamkeit fordert, nur erschwert möglich ist, wurden diese als gelungene Alternative empfunden. Bei fast allen Paaren konnte zudem ein Rückgang des freizeitorientierten Medienkonsums ausgemacht werden, da die kindlichen Bedürfnisse nun den Freiraum für die eigene Mediennutzung bestimmten. Je nach Vorliebe war davon die Fernsehnutzung, die Nutzung von PC-Spielen oder aber auch das Lesen der Tageszeitung betroffen. Um den zeitlichen Einschränkungen durch die Geburt des Kindes entgegenzuwirken, nutzten die Paare Second Screen sowie nicht-lineares Fernsehen und verbanden mithilfe mobiler Medien Fürsorgepraktiken mit ihren subjektiven Bedürfnissen und Interessen (beispielsweise durch die Nutzung des Smartphones während des Stillens).

Das Anpassen an die neue Lebenssituation nach der Geburt des Kindes löst also eine hohe Dynamik im Medienhandeln der Paare aus, von dem in unserem Sample die Mütter noch stärker betroffen waren. Das Beispiel der Elternschaft macht daher auch deutlich, auf welche Weise gesellschaftliche Strukturen ins Häusliche hineinwirken: Bei unseren Paaren setzten sich traditionelle geschlechtsgebundene Arbeitsteilungen als vorteilhaft durch. Demzufolge waren es (mit einer Ausnahme) die Frauen, die in Elternzeit gingen und deren Alltagsstruktur besonders stark umgebrochen wurde; die daraus resultierenden Veränderungen des Medienhandelns erfolgten entsprechend geschlechtsgebunden (vgl. Abschn. 5.3).

Bezogen auf das Konzept Dynamik und Beharrung zeigt sich in unserem Material deutlich, dass Zäsuren auf der Mikroebene vor allem als dynamisierende

Treiber von Mediatisierung angesehen werden können.[11] Denn durch den Alltagsumbruch verändert sich der Kontext des Medienhandelns: Einerseits müssen die bisherigen Nutzungsmuster ihre Sinnhaftigkeit in der neuen Lebenssituation erst einmal unter Beweis stellen, andererseits können veränderte Nutzungsmuster und neue Onlinedienste in der neuen Lebenssituation sinnvoll sein, beispielsweise wenn nach einer Trennung eine Online-Partnerbörse oder nach dem Auszug der Kinder *Skype* genutzt wird. Nichts hat in unseren Studien so viel Wandel erzeugt und die Mediatisierung des Zuhauses so dynamisch vorangetrieben wie eine Veränderung des Alltagskontextes, der durch eine lebensweltliche Zäsur ausgelöst wurde.

5.3 Gender als Faktor von Dynamik und Beharrung im mediatisierten Zuhause

Ein weiteres Erkenntnisinteresse unserer Forschung bezieht sich auf die Frage nach digitaler Teilhabe und dem Wandel von Geschlechterverhältnissen mit dem Internet. Auch auf diesem Themenfeld zeigte sich im häuslichen Medienhandeln der untersuchten Paare ein Wechselspiel von Dynamik und Beharrung.

Die Einführung des Internets war begleitet von einem *Gendering* des Mediums[12], das sich in geschlechtsgebundenen Ungleichheiten beim Zugang zum Internet zeigte. Diese Ungleichheiten lassen sich in quantitativen Zahlen genauso wie in unserem Sample belegen (vgl. Röser und Peil 2010). Sie sind im Wesentlichen das Resultat einer technischen Rahmung des Internets, die sich bereits bei anderen Medientechnologien, wie etwa dem Radio, in der Frühphase ihrer Verbreitung beobachten ließen (vgl. ebd; Moores 2007; Röser 2007). Durch die diskursive Verknüpfung von Technik mit Männlichkeit erschwerte diese technische Rahmung insbesondere Frauen den Zugang zum Internet und führte zu einer verzögerten Aneignung bzw. zu einem Festhalten an ‚alten' Medienpraktiken (vgl. Ahrens 2009, S. 63; Röser und Peil 2012).

---

[11]Aber auch auf diesem Themenfeld ließen sich teilweise Beharrungsmomente beobachten, weil zum Beispiel tradierte Medienpraktiken in Umbruchphasen Stabilität geben können.

[12]*Gendering* meint den fortlaufenden Prozess der geschlechtlichen Codierung als männlich oder weiblich, der in Bezug auf Medientechnologien im Wesentlichen durch die Codierung als technisch (und damit männlich) stattfindet. Zur Verwobenheit von Medientechnologien und ihrer Entwicklung, Produktion und Aneignung mit Geschlecht siehe zum Beispiel die von Klaus (2005, S. 67 ff.) dargestellte Diskussion um „gendered technologies".

Im Zuge der Integration des Internets in den häuslichen Alltag entstand allerdings eine „Partizipationsdynamik" (ebd., S. 156). Das Medium wandelte sich immer mehr zum Alltagshelfer und verlor so zunehmend seine technische Rahmung.[13] Über Alltagstätigkeiten sowie Impulse aus dem sozialen Nahbereich fanden vorher wenig nutzende Frauen (sowie Männer) den Zugang zum Internet (vgl. ausführlich: Röser und Peil 2010, 2012).[14] Insbesondere zaghaft nutzende ältere Frauen in unserem Sample, die in den Interviews eine explizite Technikscheu geäußert hatten, stiegen in die Nutzung ein und steigerten ihre Nutzungsintensität zwischen 2011 und 2013 teils sprunghaft.

Dieser Prozess des *De-Gendering* geht allerdings auch mit Momenten der Beharrung einher. So beschränkt sich der Relevanzverlust geschlechtlicher Codierungen auf die Anwendungsebene. Die Nutzung des Mediums an sich wird zwar nicht mehr geschlechtlich codiert, doch die Ebene der Hardware, Rechnerpflege sowie der computer- und softwarebezogenen Problemlösung wird innerhalb der Paarbeziehung in der Regel weiterhin dem technischen und in der Folge männlichen Aufgabenbereich zugeschrieben. Interessanterweise findet sich auf dieser Ebene in unserem Sample keine eindeutige Expertin. Stattdessen werden diese Aufgaben entweder von den Männern in der Paarbeziehung übernommen oder durch meist männliche Hilfe von außen gelöst.[15] Hier verhandeln die Paare ihre Tätigkeiten ganz im Sinne einer geschlechtsgebundenen häuslichen Aufgabenteilung, die im Alltag heterosexueller Paarhaushalte bis heute wirkmächtig bleibt (vgl. Peukert 2015; Koppetsch und Speck 2015).

Bei genauerem Blick auf die Online-Tätigkeiten der Paare zeigt sich, dass Zuständigkeiten rund um das Internet auch auf inhaltlicher Ebene weiterhin geschlechtlich gerahmt bleiben und ebenfalls in geschlechtsgebundene Arbeitsteilungen eingebettet werden (vgl. Ahrens 2009). Sobald Partner und Partnerin das

---

[13]Ob (Medien-)Technologien technisch gerahmt werden, hängt dabei „von deren instrumenteller und sozialer Funktion ab" (Klaus 2005, S. 72) und davon, ob diese Funktion als männlich oder weiblich gilt.

[14]Auch die aktuellen Zahlen der ARD/ZDF-Onlinestudie bestätigen, dass Männer und Frauen heute fast gleichermaßen Zugang zum Internet haben (vgl. Frees und Koch 2015, S. 367).

[15]Allerdings zeichnet sich in diesem Bereich ein erneutes *De-Gendering* ab, da die Hardwareebene durch die Verbreitung mobiler Geräte einen zunehmenden Bedeutungsverlust erfährt und gerade bereits routiniert nutzende Frauen sich an mobilen Geräten zu Expertinnen auszubilden scheinen.

Internet routiniert nutzen, wandern die haushaltsbezogenen Tätigkeiten mit dem Internet größtenteils in den Aufgabenbereich der Frauen (vgl. Röser und Roth 2015). Dies sticht besonders bei den jüngeren, studierten und internetaffinen Paaren im Sample hervor: Wenn diese Kinder bekommen und in Elternzeit gehen, setzt sich ganz im Sinne einer Retraditionalisierung (vgl. Peukert 2015) eine durch und durch traditionelle Aufgabenverteilung des Paares durch. Hier zeigt sich Beharrung weniger im Sinne eines Festhaltens an ‚alten' Mediennutzungsweisen, als vielmehr im Sinne einer Beständigkeit geschlechtsgebundener Praktiken, die in der Aneignung auf das neue Medium Internet übertragen werden. Auch in Bezug auf analoge Medien wie etwa Zeitschriften zeigen sich diese Zusammenhänge (vgl. Müller 2012). Obwohl die Mediatisierung der häuslichen Sphäre eine Neuaushandlung der digitalen Zuständigkeiten erfordert und ermöglicht, werden diese (einvernehmlich) in ‚altbewährte' geschlechterdifferente Praktiken integriert (vgl. Röser und Roth 2015).[16]

Hier wird ebenso wie in den beiden vorherigen Abschnitten deutlich, dass die Aneignung des Internets vor dem Hintergrund des sozialen Alltags und der in ihm enthaltenen Regeln, Routinen und Institutionalisierungen stattfindet. Der Blick auf Geschlechterverhältnisse zeigt, dass der Alltag der untersuchten heterosexuellen Paarhaushalte von geschlechtsgebundenen Ordnungen geprägt ist, die von den Paaren in der Internetaneignung aktualisiert werden und die sich so in die Mediatisierung einschreiben. Das heißt, die Dynamik hin zur Partizipation internetferner Frauen (und Männer) am Onlinemedium ist direkt verknüpft mit dem Beharren geschlechterdifferenter häuslicher Praktiken, die nun mediatisiert via Internet umgesetzt werden.

6 Fazit

Auf allen drei betrachteten Themenfeldern hat es sich für uns als ertragreich erwiesen, die Auswertung unter die Leitlinie zu stellen, Momente der Dynamik und der Beharrung sowie deren Wechselspiel zu identifizieren. Auf diese Weise konnten auch diskontinuierliche Entwicklungen in Beziehung zueinander gesetzt werden. Die Art dieser Beziehungen unterscheidet sich dabei je nach Themenfeld.

---

[16]Eine ausführliche Analyse dieses Themenfeldes ist im Rahmen des Dissertationsprojekts von Ulrike Roth in Vorbereitung.

Bezogen auf die Medienrepertoires zeigt sich besonders deutlich ein Nebeneinander von Momenten der Dynamik (durch die Integration des Internets) und der Beharrung (durch die Beibehaltung eingespielter Nutzungsweisen mit klassischen Medien). Daraus können neue Medienpraktiken erwachsen, wie am Beispiel Second Screening verdeutlicht wurde, die beide Momente integrieren und letztlich die Mediatisierung des Zuhauses weiter vorantreiben. Diese Prozesse spielen sich in Form schrittweiser Transformationen des häuslichen Medienhandelns ab: Das mediatisierte Zuhause bleibt bislang von der Koexistenz ‚alter' und ‚neuer' Medien geprägt. Im Kontrast dazu gibt es einen einzigen Faktor, der – mehr als irgendeine technologische Neuerung – schubhafte und tiefe Veränderungen im mediatisierten Zuhauses bewirken kann: eine lebensweltliche Zäsur, die den Alltag der betroffenen Menschen dynamisch verändert und in der Folge auch deren Medienhandeln. Ob Trennung, Elternschaft oder Umzug: Bei jeder dieser Veränderungen des Alltagskontextes wird auch das Medienhandeln angepasst und dies häufig (jedoch nicht immer) in Richtung einer tieferen Mediatisierung, weil neue Technologien oder Onlinedienste in die Medienrepertoires integriert werden, die im Rahmen der neuen Lebenssituation Sinn ergeben. In Bezug auf das dritte Feld, den Wandel der Geschlechterverhältnisse rund um die häusliche Internetnutzung, wird dann deutlich, wie gesellschaftliche Ordnungen ‚beharrend' in die häusliche Sphäre hineinwirken und von den Menschen in Mediatisierung eingeschrieben werden können. Im Ergebnis entsteht eine ambivalente Verbindung zwischen dynamischen und beharrenden Momenten: Die Domestizierung des Internets begünstigte eine verstärkte Teilhabe am neuen Medium bei zuvor wenig onlineaffinen Frauen. Diese dynamische (gleichwohl schrittweise) Eroberung des Internets hat zugleich die Voraussetzung geschaffen, tradierte geschlechtsgebundene Alltagspraktiken nun auch auf das neue Medium zu übertragen.

Die sinnvolle Gestaltung ihres Alltags ist die handlungsleitende Maxime der Menschen, in die die Art und Weise des häuslichen Medienhandelns eingefügt wird. In diesem Rahmen entsteht Beharrung nicht aufgrund eines grundsätzlichen ‚Konservatismus' des Alltags (vgl. Abschn. 3), der aus Prinzip etablierte Praktiken mit und ohne Medien bewahren will. Vielmehr werden Regeln, Routinen und Institutionalisierungen des häuslichen Alltags insoweit erhalten, wie sie Sinn ergeben und subjektiv gesehen ‚funktionieren'. Ändert sich diese Sinnhaftigkeit, kann auch das Medienhandeln plötzlich und tief greifend verändert werden, wie unsere Analysen zeigen. Der häusliche Alltag ist also weder konservativ noch fortschrittlich, sondern mehr oder weniger stabil bzw. mehr oder weniger in Bewegung. Ist er stark in Bewegung, werden neue Potenziale der Medien aktiv geprüft und genutzt, um veränderte Lebensaufgaben oder Rahmenbedingungen mediatisiert besser zu bewältigen, was mit Mediatisierungsschüben einher gehen kann.

Gestaltet sich der häusliche Alltag dagegen eher stabil, werden Medienrepertoires und Medienpraktiken nur schrittweise und in Teilen verändert.[17] So oder so müssen sich neue Medientechnologien oder neue Onlinedienste im Alltagsrahmen ‚bewähren'. Vor diesem Hintergrund muss das Narrativ vom ‚revolutionären Umbruch' durch digitale Medien abermals zurückgewiesen werden zugunsten der Betonung einer allmählichen Transformation des mediatisierten Zuhauses unter der ebenso alltagsbezogenen wie eigensinnigen Handlungshoheit der Mediennutzerinnen und -nutzer.

Literatur

Ahrens J (2009) Going online, doing gender. Alltagspraktiken rund um das Internet in Deutschland und Australien. transcript, Bielefeld

Bachmann G, Wittel A (2006) Medienethnographie. In: Ayaß R, Bergmann J (Hrsg) Qualitative Methoden der Medienforschung. Rowohlt, Reinbek, S 183–219

Berker T, Hartmann M, Punie Y, Ward K (2006) Introduction. In: Berker T, Hartmann M, Punie Y, Ward K (Hrsg): Domestication of media and technology. Open University Press, Berkshire, S 1–17

Eimeren van B, Frees B (2014) 79 Prozent der Deutschen online – Zuwachs bei mobiler Internetnutzung und Bewegtbild. Media Perspektiven 7/8:378–396

Engel B, Breunig C (2015) Massenkommunikation 2015: Mediennutzung im Intermediavergleich. Media Perspektiven 7/8:310–322

Frees B, Koch W (2015) Internetnutzung: Frequenz und Vielfalt nehmen in allen Altersgruppen zu. Media Perspektiven 9:366–377

Gauntlett D, Hill A (1999) TV Living. Television, culture and everyday life. Routledge, London/New York

Gloger-Tippelt, G (2007) Familiengründung und Übergang zur Elternschaft. In: Hasselhorn M, Schneider W (Hrsg) Handbuch der Entwicklungspsychologie. Hogrefe, Göttingen, S 511–521

Haddon L (2003) Domestication and mobile telephony. In: Katz E (Hrsg) Machines that become us. The social context of personal communication technology. Transaction, New Brunswick, S 43–55

Hartmann M (2013) Domestizierung. Nomos, Baden-Baden

Hasebrink U, Domeyer H (2012) Media repertoires as patterns of behaviour and as meaningful practices. A multimethod approach to media use in converging media environments. Participations. Journal of Audience & Reception Studies 9:757–779

---

[17]Bei jungen Menschen in Ausbildung oder Studium stoßen neue Medienangebote auch deshalb auf überdurchschnittliche Resonanz, weil ihr Alltag oft (noch) wenig festgelegt ist – deren Praktiken sollten deshalb nicht umstandslos verallgemeinert werden. In unserem Sample mit Paaren im Alter von 25plus bzw. 30plus, berufstätig und teils mit Kindern dominieren dagegen eher stabile Rhythmen.

Hepp A (2010) Medienkultur. Die Kultur mediatisierter Welten. Springer/VS, Wiesbaden

Hepp A, Röser J (2014) Beharrung in Mediatisierungsprozessen: Das mediatisierte Zuhause und die mediatisierte Vergemeinschaftung. In: Krotz F, Despotović C, Kruse M-M (Hrsg) Die Mediatisierung sozialer Welten. Synergien empirischer Forschung. Springer/VS, Wiesbaden, S 165–188

Kaumanns R, Siegenheim V, Sjurts I (Hrsg) (2008) Auslaufmodell Fernsehen? Perspektiven des TV in der digitalen Medienwelt. Gabler Verlag, Wiesbaden

Klaus E (2005) Kommunikationswissenschaftliche Geschlechterforschung. Zur Bedeutung der Frauen in den Massenmedien und im Journalismus. Aktualisierte und korrigierte Neuauflage. LIT, Münster

Koppetsch C, Speck A (2015) Wenn der Mann kein Ernährer mehr ist. Geschlechterkonflikte in Krisenzeiten. Suhrkamp, Berlin

Krotz F (2007) Mediatisierung: Fallstudien zum Wandel von Kommunikation. Springer/VS, Wiesbaden

Krotz F (2012) Kommunikatives Handeln in ökonomisierten und mediatisierten Welten. merz wissenschaft 56:7–16

Krotz F (2014) Einleitung: Projektübergreifende Konzepte und theoretische Bezüge der Untersuchung mediatisierter Welten. In: Krotz F, Despotović C, Kruse M-M (Hrsg) Die Mediatisierung sozialer Welten. Synergien empirischer Forschung. Springer/VS, Wiesbaden, S 7–32

Krotz F (2015) Mediatisierung. In: Hepp A, Krotz F, Lingenberg S, Wimmer J (Hrsg) Handbuch Cultural Studies und Medienanalyse. Springer/VS, Wiesbaden, S 439–451

Lenz K (2014) Zeit(en) in der alltäglichen Lebensführung von Paaren. In: Jurczyk K, Lange A, Thiessen B (Hrsg) Doing Family. Warum Familienleben heute nicht mehr selbstverständlich ist. Beltz Juventa, Weinheim, S 113–127

Lundby K (Hrsg) (2009a) Mediatization. Concept, changes, consequences. Peter Lang, New York

Lundby K (2009b) Media logic: Looking for social interaction. In: Lundby K (Hrsg) Mediatization. Concept, changes, consequences. Peter Lang, New York, S 85–100

Moores S (2007) Early Radio. Die Domestizierung einer neuen Medientechnologie in Großbritannien. In: Röser J (Hrsg) MedienAlltag. Domestizierungsprozesse alter und neuer Medien. Springer/VS, Wiesbaden, S 117–128

Morley D (2006) What's ‚home' got to do with it? Contradictory dynamics in the domestication of technology and the dislocation of domesticity. In: Berker T, Hartmann M, Punie Y, Ward K (Hrsg) Domestication of media and technology. Open University Press, Berkshire, S 21–39

Müller KF (2012) Geschlechtsgebundene Erfahrungen aushandeln – Freiräume schaffen: Die Rezeption von Frauenzeitschriften als Reaktion auf mediale und lebensweltliche Ungleichheiten. In: Stegbauer C (Hrsg) Ungleichheit. Medien- und kommunikationssoziologische Überlegungen. Springer/VS, Wiesbaden, S 261–277

Müller KF, Röser J (2017a) Convergence in domestic media use? The interplay of old and new media at home. In: Balbi G, Peil C, Spaviero S (Hrsg) Deconstructing Media (De-) Convergence. Palgrave Macmillan, London, (im Druck)

Müller KF, Röser J (2017b) Wie Paare Second Screen beim Fernsehen nutzen: Eine ethnografische Studie zur Mediatisierung des Zuhauses. In: Göttlich U, Heinz L, Herbers MR (Hrsg) Ko-Orientierung in der Medienrezeption. Praktiken der Second-Screen-Nutzung. Springer/VS, Wiesbaden, S 137–155

Niemand S (2013) Der mediale Alltag im Umbruch – biografisch-lebensweltliche Einschnitte und ihr Einfluss auf das häusliche Medienhandeln. Unveröffentlichte Masterarbeit, Universität Münster

Peil C, Röser J (2007) Vollendete Veralltäglichung: Die Re-Domestizierung des Fernsehens im dualen Rundfunksystem Deutschlands. In: Röser J (Hrsg) MedienAlltag. Domestizierungsprozesse alter und neuer Medien. Springer/VS, Wiesbaden, S 89–101

Peil C, Röser J (2014) The meaning of home in the context of digitization, mobilization and mediatization. In: Hepp A, Krotz F (Hrsg) Mediatized Worlds: Culture and society in a media age. Palgrave Macmillan, London, S 233–249

Peukert A (2015) Aushandlungen von Paaren zur Elternzeit. Arbeitsteilung unter neuen Vorzeichen? Springer/VS, Wiesbaden

Rogers EM (2003) Diffusion of innovations. Free Press, New York

Röser J (2007) Der Domestizierungsansatz und seine Potenziale zur Analyse alltäglichen Medienhandelns. In: Röser J (Hrsg) MedienAlltag. Domestizierungsprozesse alter und neuer Medien. Springer/VS, Wiesbaden, S 15–30

Röser J (2016) Nichtstandardisierte Methoden in der Medienrezeptionsforschung. In: Averbeck-Lietz S, Meyen M (Hrsg) Handbuch nichtstandardisierte Methoden in der Kommunikationswissenschaft. Springer/VS, Wiesbaden, S 481–497

Röser J, Hüsig, U (2012) Fernsehzeit reloaded: Medienalltag und Zeithandeln zwischen Konstanz und Wandel. medien & zeit 27:35–43

Röser J, Peil C (2010) Diffusion und Teilhabe durch Domestizierung. Zugänge zum Internet im Wandel 1997–2007. Medien und Kommunikationswissenschaft 58:481–502

Röser J, Peil C (2012) Das Zuhause als mediatisierte Welt im Wandel. Fallstudien und Befunde zur Domestizierung des Internets als Mediatisierungsprozess. In: Krotz F, Hepp A (Hrsg) Mediatisierte Welten: Beschreibungsansätze und Forschungsfelder. Springer/VS, Wiesbaden, S 137–163

Röser J, Roth U (2015) Häusliche Aneignungsweisen des Internets: „Revolutioniert Multimedia die Geschlechterbeziehungen?" revisited. In: Drüeke R, Kirchhoff S, Steinmaurer T, Thiele M (Hrsg) Zwischen Gegebenem und Möglichem. Kritische Perspektiven auf Medien und Kommunikation. transcript, Bielefeld, S 301–314

Röser J, Müller KF, Niemand S, Peil C, Roth U (2017) Medienethnografische Porträts als Auswertungsinstrument: Techniken der kontextsensiblen Rezeptionsanalyse. In: Scheu A (Hrsg) Auswertung qualitativer Daten in der Kommunikationswissenschaft. Springer/VS, Wiesbaden (im Druck)

Silverstone R (2006) Domesticating domestication. Reflections on the life of a concept. In: Berker T, Hartmann M, Punie Y, Ward K (Hrsg) Domestication of media and technology. Open University Press, Berkshire, S 229–248

Silverstone R (2007) Anatomie der Massenmedien. Ein Manifest. Suhrkamp, Frankfurt am Main

Silverstone R, Haddon L (1996) Design and the domestication of information and communication technologies: Technical change and everyday life. In: Silverstone R, Mansell R (Hrsg) Communication by Design. The politics of information and communication technologies. Oxford University Press, Oxford, S 44–74

Voß GG (1995) Entwicklung und Eckpunkte des theoretischen Konzepts. In: Projektgruppe Alltägliche Lebensführung (Hrsg) Alltägliche Lebensführung. Arrangements zwischen Traditionalität und Modernisierung. Leske und Budrich, Opladen, S 23–43

Über die Autoren

Jutta Röser, Dr. phil. habil., ist Professorin für Kommunikationswissenschaft mit dem Schwerpunkt Mediensoziologie am Institut für Kommunikationswissenschaft der Universität Münster. Sie leitet innerhalb des DFG-Schwerpunktprogramms „Mediatisierte Welten" die Projektreihe „Das mediatisierte Zuhause I-III. Eine qualitative Panelstudie zum Wandel häuslicher Kommunikationskulturen".
Forschungsschwerpunkte: Rezeptionsforschung und Ethnografie, Mediatisierung von Alltag und Gesellschaft, Neue Medien in Geschichte und Gegenwart, Cultural Media Studies und Gender Studies. Buchveröffentlichungen u. a.: Internetnutzung im häuslichen Alltag: Räumliche Arrangements zwischen Fragmentierung und Gemeinschaft (mit Corinna Peil, Wiesbaden 2014), Ungleich mächtig (hrsg. mit Margret Lünenborg, Wiesbaden 2012), MedienAlltag. Domestizierungsprozesse alter und neuer Medien (hrsg., Wiesbaden 2007).

Kathrin Friederike Müller, Dr., ist wissenschaftliche Mitarbeiterin am Institut für Kommunikationswissenschaft der Westfälischen Wilhelms-Universität Münster. Im Schwerpunktprogramm „Mediatisierte Welten" ist sie im Projekt „Das Mediatisierte Zuhause I-III. Eine qualitative Panelstudie zum Wandel häuslicher Kommunikationskulturen" tätig. Ihre Forschungsschwerpunkte sind: Mediatisierung und Konvergenz aus Nutzerperspektive, Cultural Media Studies, Gender Studies, Werte und Normen in der Kommunikationswissenschaft sowie Methoden der qualitativen Sozialforschung. Publikationen (u. a.): Frauenzeitschriften aus der Sicht ihrer Leserinnen. Die Rezeption von Brigitte im Kontext von Biografie, Alltag und Doing Gender (Bielefeld 2010), Kommunikationswissenschaftliche Perspektiven auf Werte in Zeiten des Medien- und Gesellschaftswandels. In: Bewegungskulturen im Wandel. Der Sport der Medialen Moderne – Gesellschaftstheoretische Verortungen (hrsg. von Volker Schürmann et al., Bielefeld 2016), Convergence as an addition: The interplay of old and new media in German households (mit Jutta Röser) In: Deconstructing Media (De-)Convergence (hrsg. von Gabriele Balbi et al., Basingstoke 2017).

Stephan Niemand, M.A., ist wissenschaftlicher Mitarbeiter mit dem Schwerpunkt Mediensoziologie am Institut für Kommunikationswissenschaft der Universität Münster. In seinem Dissertationsvorhaben beschäftigt er sich aus einer lebensweltbezogenen Perspektive mit Medienaneignungsprozessen. Forschungsschwerpunkte: Lebensweltbezogene Rezeptionsforschung, Mediatisierung von Alltag und Gesellschaft, qualitative Methoden und Ethnografie. Aktuelle Veröffentlichung: „Medienethnografische Porträts als Auswertungsinstrument: Techniken der kontextsensiblen Rezeptionsanalyse" (zusammen mit J. Röser, K. Müller, U. Roth) in: „Auswertung qualitativer Daten in der Kommunikationswissenschaft" (hrsg von A. Scheu, Wiesbaden 2016).

Ulrike Roth, M.A., ist wissenschaftliche Mitarbeiterin am Institut für Kommunikationswissenschaft an der Westfälischen Wilhelms-Universität Münster. In ihrem Dissertationsvorhaben beschäftigt sie sich mit Prozessen des Gendering in der Aneignung digitaler Medien im mediatisierten Alltag. Forschungsschwerpunkte: Mediensoziologie, digitale Medien und Alltag, qualitative Rezeptionsforschung, Gender/Queer Media Studies,

Cultural Studies. Publikationen: „Coming Out im Netz!? Zur Bedeutung des Internets im Coming Out von queer-lesbischen Frauen" (Essen/Düsseldorf 2015), „Häusliche Aneignungsweisen des Internets: ‚Revolutioniert Multimedia die Geschlechterbeziehungen?' revisited." (zus. mit J. Röser) in „Zwischen Gegebenem und Möglichem. Kritische Perspektiven auf Medien und Kommunikation" (hrsg. von R. Drüeke et al., Bielefeld 2015).

Mediatisierte Medienrezeption: Neue Integrationswege der Ko-Orientierung?

Udo Göttlich, Luise Heinz und Martin R. Herbers

Zusammenfassung

Das Projekt „Mediatisierte Medienrezeption am Beispiel fiktionaler Unterhaltungssendungen des deutschen Fernsehens" analysiert den Wandel der Rezeptions- und Nutzungsweisen des Fernsehens. Dieser vollzieht sich gegenwärtig durch das Hinzukommen des sog. Second Screen, also von mobilen, digitalen Endgeräten, wie Laptops, Smartphones oder Tablet Computern, auf denen Anwendungen parallel oder verschränkt zum Fernsehprogramm genutzt werden. Im Kontext der häuslichen, aber auch mobilen Mediennutzung ergeben sich neue Nutzungs- und Rezeptionsweisen, die, unterstützt durch Kommunikation in sozialen Netzwerken, zu veränderten Formen der Ko-Orientierung in der Medienrezeption führen. Im Fokus der Forschung stehen die von diesen Wandelphänomenen betroffenen Akteure verschiedener Mediengenerationen und -sozialisationen. Auf der Basis qualitativer Leitfadeninterviews wurden deren Nutzungs- und Rezeptionsweisen erhoben und in einem mehrstufigen Codierverfahren bis hin zur Typenbildung analysiert. Der Beitrag schließt mit

---

U. Göttlich (✉) · M.R. Herbers
Zeppelin Universität Friedrichshafen, Friedrichshafen, Deutschland
E-Mail: udo.goettlich@zu.de

M.R. Herbers
E-Mail: martin.herbers@zu.de

L. Heinz
Universität Hamburg, Hamburg, Deutschland
E-Mail: luise.heinz@wiso.uni-hamburg.de

© Springer Fachmedien Wiesbaden GmbH 2017
F. Krotz et al. (Hrsg.), *Mediatisierung als Metaprozess*,
Medien • Kultur • Kommunikation, DOI 10.1007/978-3-658-16084-5_8

einer Diskussion der Prozesse der Ko-Orientierung vor dem Hintergrund erster empirischer Befunde.

Schlüsselwörter

Wandel der Fernsehnutzung · Second Screen · Medienverträge · Mediennutzung · Medienaneignung

1 Der Wandel der Fernsehnutzung

Mit dem Forschungsprojekt „Mediatisierte Medienrezeption am Beispiel fiktionaler Unterhaltungssendungen des deutschen Fernsehens"[1] greifen wir unterschiedliche Überlegungen zum Medien- und Publikumswandel auf, die sich im Rahmen der Analyse von Mediatisierungsprozessen stellen.[2] Zur genauen Erfassung des gegenwärtigen Wandels der Fernsehnutzung gehen wir insbesondere Fragen der Veränderung bestehender, aber auch der Ausbildung neuer Routinen und Praktiken in der Fernsehrezeption und -aneignung nach, die sich im Zusammenhang mit der Digitalisierung der Medien ergeben. Im Mittelpunkt unseres Interesses stehen insbesondere jene Nutzungs- und Rezeptionsweisen, die sich mit dem Vordringen sogenannter Second-Screen-Nutzungen, also der Verwendung eines digitalen Endgeräts wie Laptop, Smartphone oder Tablet Computer parallel oder verschränkt zum Fernsehprogramm, herausbilden. Während sich das Konzept des

---

[1]Das Projekt ist Teil des Forschungsfeldes „Handlungs- und Interaktionsformen" im DFG-Schwerpunktprogramm (SPP) 1505 „Mediatisierte Welten" und erforscht den Wandel der Fernsehnutzung unter dem Aspekt der Ko-Orientierung am Beispiel der Second Screen-Nutzung beim Fernsehen.

[2]Der Wandel von Zuschauendenkonzepten und Rezeptionsweisen spielt in unterschiedlichen Projekten des SPPs eine entscheidende Rolle, sodass in verschiedenen Workshops über den Einfluss und die Bedeutung neuer Mediennutzungsweisen Ergebnisse und Befunde, vor allem hinsichtlich der auch in diesem Beitrag behandelten Frage der Diskontinuität von Praktiken, ausgetauscht werden konnten. Bezugspunkte der Analyse bildeten dabei insbesondere die Projekte zu Mediengenerationen („Die kommunikative Konstruktion von Vergemeinschaftung in mediatisierten Welten: Horizonte und Herausforderungen medienvermittelter Gemeinschaftsbildung von Menschen mittleren Alters im Mediengenerationenvergleich"; Leitung: Andreas Hepp), zur Domestizierung („Das mediatisierte Zuhause: Wandel häuslicher Kommunikationskulturen"; Leitung: Jutta Röser) und zu neuen Partizipationsweisen („Deliberation im Netz: Formen und Funktionen des digitalen Diskurses am Beispiel des Microbloggingsystems Twitter"; Leitung: Caja Thimm).

aktiven Zuschauers seit den 1980er Jahren überwiegend auf die klassische Rezeptionssituation des Fernsehens bezieht und das Wohnzimmer als Ort des Aushandelns von Bedeutungen thematisiert hat, stellt sich mit dem immer stärkeren Vordringen von Second- sowie Multiscreen-Anwendungen die Frage, mit welcher Art von *Zuschaueraktivität* bzw. mit welchen neuen Rezeptionsweisen die Forschung zu rechnen hat, da die veränderten Rezeptionsweisen auch Einfluss auf zukünftige technische wie soziale Entwicklungen nehmen.

Das entscheidende Moment der sich im Umfeld von Second- und Multiscreen-Nutzungen herausbildenden neuen Praktiken des Fernsehens sehen wir in der Möglichkeit, dass Medienrezeption und -aneignung auf sozialer Ebene nicht mehr länger nur im häuslichen Kontext individuell oder in der Kleingruppe geschieht und zwischen Peers in der Freizeit oder am Arbeitsplatz und vergleichbaren Kontexten besprochen und bewertet wird. Vielmehr können sich, vermittelt über Internetplattformen, Mitglieder sozialer Gruppen, die ansonsten im Alltag keinen unmittelbaren Kontakt miteinander haben, nun miteinander zeitlich entbunden und de-lokalisiert austauschen.

In den Online-Foren und sozialen Netzwerkseiten findet nicht nur Anschlusskommunikation über das Programm statt. Vielmehr wird die Form des Fernsehens mit den Erwartungshaltungen von Zuschauenden in ihren spontanen Bewertungen, Kritiken oder Einschätzungen selbst thematisch. Die spezifischen neuen Nutzungsmöglichkeiten bilden also nicht nur den Hintergrund für die Rezeption, sondern werden nun zu deren Thema und Gegenstand. Eine zentrale Annahme ist, dass sich das Rezeptionshandeln Einzelner dadurch verstärkt an dem tatsächlichen oder unterstellten Handeln anderer, vor allem nun auch nicht bekannter Mit-Rezipierenden orientiert. Professionelle Stimmen, die sich zum Fernsehen etwa im Feuilleton oder in der Medienkritik äußern, werden weniger relevant. Die Hypothese lautet somit, dass durch die Möglichkeiten einer scheinbar entgrenzten Vernetzung und die quasi-voraussetzungslosen neuen Kommunikationsmöglichkeiten, Diskurse zwischen Nutzenden über das Gesehene nicht nur möglich, sondern vielmehr erwartbar sind. Das Konzept der *mediatisierten Medienrezeption* hebt auf den Umstand ab, dass digitale Endgeräte zum Teil der Nutzung und Rezeption werden und sich Praktiken der Fernsehrezeption dahin gehend wandeln, dass Online-Kommunikation zu einem ihrer festen Bestandteile wird.

Diese von uns in rezeptionstheoretischer Hinsicht verfolgte Entwicklung der mediatisierten Medienrezeption beinhaltet mehrere Dimensionen, da wir für die Erfassung der daraus resultierenden Formen der *Ko-Orientierung,* also der wechselseitigen Orientierung von Akteuren am erwarteten, unterstellten und tatsächlichem Handeln Anderer, auch nach der Veränderung der Programmauswahl der

Zuschauenden fragen müssen, die sich nicht zuletzt auch durch die neuen Möglichkeiten des zeitversetzten Fernsehens sowie durch die Second-Screen-Nutzung ergeben. Hierbei liegt die Annahme zugrunde, dass sich die beobachtbaren Veränderungen wechselseitig beeinflussen und zugleich nicht losgelöst vom Wandel des Fernsehens selbst betrachtet und analysiert werden können.[3] Mit in den Blick genommen werden müssen daher auch die neuen Angebotsformen der Sender, die mit Apps und weiteren Angeboten die Second-Screen-Nutzung mit anstoßen und auch zu moderieren suchen.

In unseren nachfolgenden Überlegungen zur mediatisierten Medienrezeption sollen die Veränderungen aus einer handlungstheoretischen Perspektive behandelt werden, die neben den zentralen Orientierungs- und Identitätsfragen zugleich auch den sich öffnenden, neuen Handlungsraum der Rezeption untersucht. Zunächst wird dazu das Konzept der Ko-Orientierung näher betrachtet und die Frage nach dessen neuen Ausprägungen als Folge des Medienwandels thematisiert (Abschn. 2). Eine entscheidende Rolle für die Erklärung der Herausbildung neuer Formen der Ko-Orientierung sehen wir im Wandel des von Elizéo Veron (1985) beschriebenen Medien- bzw. Kommunikationsvertrags des Fernsehens, also der Veränderung einer institutionalisierten Verbindung von Produzierenden, Nutzenden und Inhalt, die in einem bestimmten kulturhistorischen Setting zu veränderten Nutzungs- und Rezeptionsweisen beiträgt (Abschn. 3). Den Wandel zum ko-orientierten Fernsehen werden wir anhand zentraler Merkmale durch eigene Untersuchungen gestützt illustrieren (Abschn. 4) und zum Abschluss in den Rahmen des Mediatisierungskonzepts und seiner Bedeutung für die sozial- und medienwissenschaftliche Forschung einordnen (Abschn. 5).

2 Ko-Orientierung in der Massenkommunikation

Das Konzept der *Ko-Orientierung* ist für unsere Fragestellung von besonderem Interesse, da die einleitend beschriebene Entwicklung zunächst einmal das stillschweigende Einverständnis der Kommunikationswissenschaft über die scheinbar immer schon koordinierende Rolle von Formen der Massenkommunikation aufbricht. Die neuen Nutzungsformen lassen sich nicht problemlos in das bestehende

---

[3]Mit der Konzentration auf die sogenannte Second-Screen-Nutzung grenzen wir uns bewusst von der Benennung „Social TV" für scheinbar vergleichbare Phänomene ab (vgl. Goldhammer et al. 2015, S. 29; Buschow und Schneider 2015, S. 12), weil die Verbindung von *Social Media* und *TV* gerade einmal an ihrem Anfang steht und somit abschließend noch gar nicht gesagt werden kann, was die zukünftige kulturelle Form des Fernsehens einmal ausmacht oder mitbestimmt.

Konzept der Ko-Orientierung eingliedern, das bislang für die meisten Spielarten der Wirkungs-, Nutzungs- und Rezeptionstheorien mittlerer Reichweite als gültige Hintergrundannahme gesetzt wird. Durch die Möglichkeiten der Vernetzung der Nutzenden und Rezipierenden untereinander ergeben sich nicht nur neue Formen des Austauschs, die die bisherigen Nutzungs- und Rezeptionsweisen unmittelbar betreffen, sondern auch veränderte Partizipationsweisen, die mit zu einer veränderten Form der Massenkommunikation beitragen. Hieraus folgt die Frage, ob nicht die Rezeption selbst mediatisiert wird. Wie eingangs formuliert, folgen wir der Hypothese, dass Rezeption sich offenbar zunehmend auf sich selbst bezieht, nämlich dergestalt, dass Nutzende sich verstärkt an Rezeptionsweisen von anderen Nutzenden orientieren und die Nutzung selbst zum Thema wird. Traditionelle Orientierungsweisen über Sendungen, Sendungsinhalte und das Programm treten hierbei in den Hintergrund. Ob dieser Prozess die Fragmentierung von Öffentlichkeit befördert, muss an dieser Stelle zunächst unbehandelt bleiben; deutlich wird aber, dass die Reproduktionsform von öffentlicher Meinung sich nicht mehr überwiegend mit der Nutzung klassischer Massenmedien erklären lässt, sondern zunehmend über kommunikative Netzwerke von Person zu Person vermittelt wird.[4]

Von besonderem Interesse hinsichtlich der Analyse von Mediatisierungsprozessen und deren Einfluss auf die öffentliche Kommunikation ist nicht von ungefähr der Blick auf den diskursiven Austausch zwischen den Rezipierenden. Das Konzept der Ko-Orientierung steht hierbei bereits seit den 1950er Jahren implizit im Hintergrund von Diskussionen über die Ausbildung der audiovisuellen Massenkommunikation. Im Fokus steht dabei vor allem die Rolle von Medienorganisationen für die Herstellung von öffentlicher Meinung bzw. des gesellschaftlichen Common Sense.[5] Diese als koordinierend verstandene Rolle von Kommunikationsangeboten betrifft im Grunde die klassischen Modelle der Wirkungs- und Nutzungsforschung. Gerade die vorwiegend psychologisch argumentierenden Modelle mittlerer Reichweite zur Medienrezeption gehen von einem intentionalen Akt des Verstehens und situationsadäquaten Handelns aus. Dessen vorgelagerte Voraussetzungen bzw. Kontexte werden in diesen Theorien nur dann thematisiert, wenn die Erwartungen situational nicht eintreffen und somit die Abweichung als

---

[4]Diese Entwicklung erscheint uns als die zentrale Herausforderung der Partizipationsdebatten und -konzepte, die den handlungstheoretischen Rahmen, den die Frage der Ko-Orientierung für diese Zusammenhänge aufwirft, vor allem öffentlichkeitstheoretisch rückzubinden suchen.

[5]Immer noch maßgeblich ist an dieser Stelle die von König (1967, S. 190) getroffene Aussage, nach der „bestimmte Durchschnittsbilder des Lebensstandards" von den Massenmedien entnommen werden und dadurch für „vertikale Mobilität" sorgen.

Sonderfall des immer schon als problemlos unterstellten Common Sense gesehen oder behandelt wird.

Prominent liegt dieses Modell der Ko-Orientierung der Theorie der Schweigespirale von Elisabeth Noelle-Neumann (2001) zugrunde, die sich mit wechselseitigen Erwartungshaltungen und deren Bedeutung für das Verhältnis von Medienmeinung und Publikumsmeinung in der öffentlichen Kommunikation befasst.[6] Öffentliche Meinung wird in diesem Konzept als das Ergebnis wechselseitiger Wahrnehmungen oder Einschätzungen relevanter Themen durch dritte Personen oder Massenmedien verstanden. Mit dem Vordringen von Second-Screen-Anwendungen und deren Rolle für den Austausch von Nutzendenmeinungen werden die Schwächen dieses Ansatzes offenbar, da sich das Problem der Ko-Orientierung auf neue Art stellt. Wie einleitend bereits ausgeführt, können nun Nutzenden(gruppen) anderen Nutzenden(gruppen) bei der Orientierung Pate stehen, wobei die Deutungsmuster der Massenkommunikation nicht mehr den generellen Bezugspunkt der Kommunikation liefern noch deren Anlass darstellen müssen.

Aus soziologischer Perspektive leitet sich die Frage der Ko-Orientierung aus den im Hintergrund des Thomas-Theorems (vgl. Thomas 1928) stehenden Fragen zu den Selektionslogiken für die Herstellung gemeinsamer Situationsdefinitionen und den sich daraus ableitenden Erklärungen für die Ausbildung von Common-Sense-Prozessen ab. Dabei gilt, dass Akteure „[e]rst über bestimmte Formen der Ko-Orientierung, der symbolischen *Interaktion* oder der *Kommunikation* (…) zu einem stabilen Bild ihrer sozialen Umgebung – und ihres Selbst – kommen" (Esser 1999, S. 167, Hervorhebungen im Original). Esser fasst die Problematik dahin gehend zusammen, dass „Koorientierung [sic] (…) die *gemeinsame* und ‚koordinierte' *gedankliche Orientierung* an dem *gleichen* vorgestellten Modell des Handelns – *ohne* jede weitere Kontaktaufnahme in der Situation" ist (Esser 2000, S. 229, Hervorhebungen im Original).

Wir wollen uns dieser Überlegung anschließen, zumal die Frage nach den Kriterien für die Selektion zunächst noch offen gelassen wird. So wird angenommen, dass ein (mehr oder minder) stabiles Bild der Meinung anderer Zuschauender existiert. Dieser Ansatz eröffnet für unsere Fragestellung die Möglichkeit, auch abseits der ‚klassischen' Massenmedien nach den Praktiken von Abstimmung zu fragen, indem wir von einer „tacit coordination" (Esser 2000, S. 231) ausgehen. Analog heißt es dazu bei Esser:

---

[6]Vgl. hierzu auch Schulz (1989, S. 144), nach der der Medienrealität die Rolle einer „‚virtuellen' Bezugsgruppe" für Rezipierende zugesprochen wird, die dem „Individuum als Indikator für die vorherrschende und allgemein akzeptierte ‚öffentliche' Meinung gilt". Nach Scheff (1967, S. 39) ist die öffentliche Meinung das Produkt „of both individual perceptions on an issue and their perception of what significant others think about the same issue".

Die wichtigste soziale Folge der Koorientierung [sic] ist die *Koordination* des Handelns der Akteure, ohne daß [sic] es dazu weiterer Absprachen, Normen oder einer Führung bedarf. Die Koordination durch Koorientierung [sic] ist das Ergebnis von – im *Moment* des Handelns jedenfalls – *einsamen* gedanklichen Aktivitäten der Akteure, die sich wechselseitig vorstellen, was jetzt wohl der andere sich vorstellen mag, wobei sie sich an gemeinsamen Erlebnissen und geteilten Vorstellungen orientieren. Es ist eine Verständigung ohne ‚Verständigung' (Esser 2000, S. 231, Hervorhebungen im Original).

Dies gilt auch und gerade mit Blick auf die individuelle wie gesellschaftliche Einstellungen durchdringende Rolle der Massenkommunikation. Dass Aneignungsprozesse dabei durchaus Mehrdeutigkeiten zulassen und Botschaften nicht ‚unmittelbar' auf Zuschauende wirken, haben v. a. die in der Tradition des Active Audience Approach (vgl. u. a. Ang 1996; Morley 1992, 1996) stehenden Forschungen umfassend aufgezeigt.

Im Prinzip wird im Active Audience Approach das, was etwa im Modell der Schweigespirale mit Blick auf individuelles Verhalten in seiner Orientierung an öffentlicher Kommunikation erklärt wird, nun entlang der Frage nach der Reproduktion von Ideologien und deren Rolle für die soziale Integration ausgerichtet. Weiterhin wird ein differenzierter Blick auf Aushandlungsprozesse, die sich in verschiedenen Lesarten von Rezipierenden(gruppen) niederschlagen, geworfen. Bezogen auf die hinter dem Encoding/Decoding-Modell (Hall 1979) stehenden Vorstellungen zur Herstellung von Common-Sense-Prozessen – nach Gramsci (1991) Hegemonie – stellt die Aushandlungsperspektive von Bedeutungen eine Annäherung an gesellschaftliche Situationen dar, in denen Konflikte und konträre Positionen in der öffentlichen Kommunikation zutage liegen. Die Leistung Morleys (1992) und Fiskes (1999) besteht darin, diese enger an der Herstellung von gesellschaftlicher Hegemonie im politischen Sinne bezogene Fragestellung auf die Aushandlungsprozesse von TV-Unterhaltungsangeboten zu übertragen. Die Problematik der situationssoziologischen, aber auch öffentlichkeitstheoretisch relevanten Frage der Ko-Orientierung steht hierbei gleichfalls mit im Hintergrund.

Der Moment, in dem die Nutzung von Second- oder Multi-Screens zu einer erneuten Reflexion der in diesen Modellen immer schon mitlaufenden Ko-Orientierungsfrage auffordert, liegt in den frühen 2000er Jahren und verbirgt sich in den in diesem Zeitraum anbrechenden Debatten über neue Partizipationsweisen am politischen Prozess durch digitale Medien und Netzwerke. Gesellschaftliche Kommunikation wird dabei grundlegend als plural, fragmentiert und als der andauernden Aushandlung für notwendig erachtet, sodass der Common Sense selbst als Prozess verstanden wird, für den die neuen Partizipationswege digitaler Medien unabdingbare Nahtstellen sind. Dass sich nun auch in der Fernsehnutzung die aus der Netzkommunikation bekannten Nutzungsweisen zeigen, geht auf den Wandel des klassischen Fernsehens durch die Digitalisierung zurück. Dieser Prozess führt aber nicht nur zu neuen Nutzungs- und Rezeptionsweisen, denen wir am Beispiel der Second-Screen-Nutzung auf der Spur sind. Vielmehr stellt die in diesem Prozess beobachtbare Veränderung von Nutzungs- und Rezeptionsweisen auch eine Reaktion auf die mit Mediatisierungsprozessen einhergehende Herausbildung neuer Kommunikationsverträge dar. Letztere sind ein grundlegendes, immanentes Moment kommunikativer Verständigung im Kontext massenkommunikativer Prozesse. Ein neues Medium vermag bestehende Kommunikationsverträge zunächst infrage zu stellen. Daher werden wir im Folgenden ausführlicher auf diesen Zusammenhang eingehen, um die Herausbildung der Second-Screen-Nutzung mit ihren Konsequenzen für die Ko-Orientierung medienhistorisch einzuordnen.

3 Der Medien- und Kommunikationsvertrag des Fernsehens und dessen Wandel

Typisierungen zum Kommunikationsvertrag[7] von Medien wie dem Fernsehen, der Presse oder dem Rundfunk sind vielfach leistungsspezifisch. Die Dualisierung des öffentlich-rechtlichen Rundfunks seit Mitte der 1980er Jahre hat in der europäischen Fernsehlandschaft zu einer nochmaligen Ausdifferenzierung einer zuvor

---

[7]Elizéo Veron (1985) hat diesen Begriff für die Analyse des aus dem triadischen Zusammenhang von Medienproduktion, Inhalten und Publikum entstehenden wechselseitigen Erwartungszusammenhangs in der Massenkommunikation verwendet. Er spricht vom „contrat de lecture" (Lesevertrag bzw. Kommunikationsvertrag), wobei er diese Konstellation mit Blick auf journalistische Medien angewandt hat. Aufgrund des stillschweigend geschlossenen Abkommens oder Vertrags – der für Veron bei Printmedien vor allem aus der Machtkonstellation des linearen Kommunikationsmodells hervorgeht – verpflichtet sich das Publikum zu bestimmten Handlungen: Sie denken über bestimmte Ereignisse nach oder strukturieren etwa ihren Tag auf Basis der Informationen und Angebote. Im Sinne des Lesevertrags sind dies akzeptable Handlungen und Reaktionen auf die journalistischen Kommunikationen. Obwohl dieser theoretische Ansatz eher aus der linguistischen bzw. semiotischen Analyse von Kommunikation stammt, lässt er sich auf unsere Fragestellung des Fernsehwandels und der Entstehung von Typen des Fernsehens, die jeweils eine spezifische Vertragskonstellation zwischen Medienorganisation und Publikum bedeuten, anwenden und auf die Frage des Kommunikationsvertrags in der Second-Screen-Nutzung und der Bedeutung für die Ko-Orientierung erstrecken. Andere Autorinnen und Autoren haben die Idee erweitert und sprechen u. a. von ‚Medienvertrag', etwa Chauvel (1997). Auch Couldry (2012) bezieht sich in seiner Unterscheidung von Typen medienbezogenen Handelns implizit auf die Idee oder Vorstellung eines zugrunde liegenden Vertrages.

bereits vielfältigen Medien- und Rundfunklandschaft geführt, deren jeweilige nationalkulturelle Besonderheiten in unterschiedlichen Mediensystemvergleichen herausgearbeitet wurden. Interessant ist für unsere Diskussion die von Casetti und Odin (2002) vorgeschlagene Typisierung der Entwicklung des Fernsehens anhand der Begriffe des *Paläo- und Neo-Fernsehens,* da die Autoren in ihrer Diskussion zum Wandel des Fernsehens die Veränderung des jeweiligen Kommunikationsvertrags und die damit verbundenen Herausforderungen herausarbeiten. Die ursprünglich mit Blick auf das französische und italienische Fernsehsystem entwickelte Typisierung stellt darauf ab, die Einführung eines in Grundzügen bereits interaktiven und publikumsorientierten Eventfernsehens ab den 1990er Jahren als Veränderung des ‚traditionellen' öffentlich-rechtlichen Fernsehens zu betonen, woran mit dem aktuellen Veränderungsschritt eines von uns so genannten ‚ko-orientierten Fernsehens' – der sich in der Second-Screen-Nutzung zeigt –, angeschlossen werden kann.

Das Modell der beiden Autoren ist deutlich anders gelagert als die in Deutschland geführte Auseinandersetzung um die Dualisierung des Rundfunks (vgl. etwa Jarren 1998), indem es stärker als diese den Wandel der Sender- und Produktionsseite fokussierende (private und öffentliche Sendeanstalten) Perspektive, bereits die Nutzungs- und Rezeptionsseite mit in den Blick nimmt. Durch die semiopragmatische Perspektive erscheint das Modell von Casetti und Odin (2002) als geeignet, die Doppelnatur der Textproduktion durch Produzierende und Rezipierende, insbesondere im Hinblick auf die sogenannten neuen Medien von seiner Genese her offenzulegen und die Herausforderung für die Ko-Orientierung zu plausibilisieren.

3.1 Paläo-Fernsehen

Anders als z. B. die deutschsprachige Kommunikationswissenschaft entwickeln Casetti und Odin (2002) die Typen des Fernsehens von dessen Einführung an als institutionelle, indem sie diese auf den Kommunikationsvertrag beziehen. Es handelt sich also um Felder mit je eigenen Kommunikationsverträgen. Dies hat den analytischen Vorteil für das Verständnis von Mediatisierungsprozessen, dass das Verhältnis von Sender- und Rezeptionstypen nicht zwingend als Substitutionsbeziehung betrachtet werden muss, sondern vielmehr die Entwicklung beider Institutionen wechselseitig miteinander in Beziehung gesetzt werden kann.

Als historischen Startpunkt setzen sie das Konzept des Paläo-Fernsehens, dessen zentrales Charakteristikum sein öffentlich-rechtlicher Zuschnitt in der Trias von Information, Bildung und Unterhaltung ist. Die Kommunikationsform der

Sendeformate folgt drei zentralen Direktiven: Sie gestalten sich gerichtet mit dem Ziel, Wissen zu vermitteln, und sind infolge dessen auf einen aktiv rezipierenden Akteur angewiesen. Entsprechend handelt es sich um eine „auf der Trennung und Hierarchisierung der Rollen basierende Kommunikation: Es gibt diejenigen, die über das Wissen verfügen und diejenigen, denen man es zu vermitteln sucht" (Casetti und Odin 2002, S. 312). Diesen gewissermaßen paternalistischen Kommunikationsstrukturen folgt die konsequente ‚Verspartung' des Programmablaufs: Genres lassen sich problemlos identifizieren und der Zuschnitt der Sendungen ist zielgruppenorientiert. Es lässt sich dadurch eine Zuordnung des Ausgestrahlten als Sendung für Senioren oder Kinder, für Familien sowie in der Folge für Spielfilm- oder Serienliebhaberinnen und -liebhaber sowie für Nachrichten- oder Unterhaltungsformate vornehmen. Die entlang von potenziellen Zielgruppen kategorisierten Sendungen unterliegen einer entsprechenden wöchentlichen Periodizität und Rhythmik, welche sich auch im heutigen TV-Programm mit aktuellen Inhalten weiterhin finden lässt: Der Krimi-Montag, der Super-Seriendienstag, der Film-Mittwoch oder der Blockbuster am Sonntag spiegeln per Benennung das Prinzip, dass je einem Tag ein bestimmter Komplex mit langfristiger Erwartbarkeit zugeordnet werden kann: „Kurz gesagt ist der Programmfluss im Paläo-Fernsehen einer Programmübersicht unterworfen, deren strukturierende Funktion außerordentlich bedeutend ist" (Casetti und Odin 2002, S. 314) und welche den Zuschauenden eine Vorbereitung und Orientierung durch die exakte Vorschau – einen ‚Stundenplan' – verstärkt noch durch Programmankündigungen in den Printmedien erlaubt.

3.2 Neo-Fernsehen

Das Neo-Fernsehen bricht, ausgelöst durch die Zulassung privatkommerzieller Sender in der zweiten Hälfte der 1980er Jahre, mit diesem etablierten Kommunikationsvertrag. Es bleibt zu betonen, dass es sich bei dieser idealtypischen Nachzeichnung einer Fernsehhistorie keineswegs um eine bruchlose Ablösung des einen durch ein anderes Modell handelt, sondern vielmehr um eine Ablösung einzelner ‚Paragrafen' der Erwartungserwartungen von beteiligten Akteursgruppen, die in den jeweiligen europäischen Nationen einen unterschiedlichen Verlauf zeigen.

Für das Neo-Fernsehen zeigt sich diese Verschiebung insbesondere in der Ablösung und Ablehnung des paternalistischen und pädagogischen Modells durch die Einführung interaktiver Prozesse: „[D]er Zuschauer wird zu Rate gezogen, es werden Anfragen an ihn gerichtet, er wird dazu aufgefordert sich einzumischen und seine Meinung zu äußern" (Casetti und Odin 2002, S. 314). Das spezifisch Neue dieser Form äußert sich in der nun tatsächlichen Funktion der Zuschauenden: Sie sind Auftraggebende, Begutachtende und Teilnehmende gleichermaßen. Die Verschmelzung dieser Ebenen gipfelte in den Talkshows der 1990er Jahre (vgl. Casetti und Odin 2002, S. 315) und zeigte sich noch an den Sendeinnovationen der 2000er: Es finden sich extrem inkludierende Formate à la *Deutschland sucht den Superstar*, welches die angesprochenen Punkte gewissermaßen performativ im Titel führt, und *Germany's Next Topmodel*, welches den belehrend-pädagogischen Anspruch durch das Vorführen von ‚Experten' als zentrales Element mitführt.

Die Reihe an Beispielen für mehr oder minder idealtypische Varianten dieses Konzepts lässt sich beliebig fortführen: Quizshows, Talkshows, *Wetten, dass...?*, Reality-TV und *Nur die Liebe zählt*, *Glücksrad* oder *Geh aufs Ganze!*, Teleshopping-Kanäle und Chartshows. Auch entkommen, wie Casetti und Odin anmerken, im Neo-Fernsehen die fiktionalen Formate nicht der Darstellung von Alltäglichkeit – die Konjunktur der vorabendlichen Soap-Operas der späten 1990er Jahre erzählt davon. Zuschauende sind in diesen Formaten nicht nur mehr Zuschauende vor dem Bildschirm, sondern Gäste auf der ‚anderen Seite'. Dabei – und dieser Punkt stellt sich für die von uns verfolgte Erweiterung des Modells als entscheidend heraus – sind sie in den seltensten Fällen tatsächlich leibliche Teilnehmende, sondern sie erscheinen immer nur durch ihre Stellvertretenden, die Repräsentanzen ihrer Affekte. Als Konsequenz dieser Teilhabe ist „[d]as Neo-Fernsehen (…) kein Bildungsraum mehr, sondern ein Raum des sozialen Zusammenseins" (Casetti und Odin 2002, S. 315), wir sind wortwörtlich ‚Unter uns'. Dabei ist dieses spezifisch Soziale nicht nur der Form sondern auch seinen Inhalten nach zentral, denn der Inklusionscharakter erreicht die maximale Öffnung, indem nicht gewusst, sondern durchgehend geplaudert wird. Dieser ‚Klatsch'-Charakter der Teilhabe spiegelt sich insbesondere in den spezifischen Themengebieten, denn die bestimmenden Motive sind Intimität, Expressivität und das höchst Persönliche (vgl. Casetti und Odin 2002, S. 317).

Gerade dies führt zu einem „Image einer an Unverschämtheit grenzenden Zwanglosigkeit" (Casetti und Odin 2002, S. 318) und ermöglicht nicht zuletzt den ständigen Einbezug des Subjektes ‚vor dem Schirm'. Folglich lässt sich die Ablösung einer unilinearen Struktur der Narration zugunsten der Kreation eines fiktiven Raumes der Teilhabe beobachten. Das heißt, den Zuschauenden präsentiert sich nicht länger nur eine Simulation von Realität, sondern vielmehr eine zweite Realität sui generis: ein virtueller Raum (vgl. Esposito 1998, S. 272) – ein Raum, der, wie im Fall von *Big Brother*, sogar ein materielles Äquivalent besitzen kann.

## 4	Ko-Orientiertes Fernsehen?[8]

Das von uns so genannte *ko-orientierte Fernsehen* – mit diesem Begriff sind wir der Rolle der Second-Screen-Nutzung auf der Spur –, setzt diesen Prozess fort, wobei sich manche Verbindungsfäden der alten Entwicklung sogar noch zu verstärken scheinen. Zentral ist uns, dass das neue Fernsehen – das in der Terminologie des französischen Medienwissenschaftlers Jean-Louis Missikas (2007) auch als Post-Fernsehen bezeichnet wird – Produkt seiner aus der Hypersegmentation hervorgehenden Veränderung ist. Diese wird in einen neuen Mediatisierungsschritt übersetzt, der nicht ohne Folgen für den Kommunikationsvertrag und die mit ihm verbundenen Formen der Ko-Orientierung bleibt.

Das Neo-Fernsehen in seiner uns bislang bekannten Form scheint in der Hypersegmentation seines Programms gewissermaßen auszulaufen und eine neue Form anzunehmen, die ihrerseits mit der Nutzung neuer Techniken an Bedeutung zunimmt. Durch diesen Prozess verliert es nach Missika im Wesentlichen seine traditionelle intermediäre Rolle, weshalb sich die Frage der Ko-Orientierung neu stellt. Er macht diesen Verlust der intermediären Rolle des Mediums TV vor allem daran fest, dass wir auf dem Weg in eine omnipräsente Bilderwelt sind, in der sich das technische Übertragungsmedium nicht mehr weiter aufdrängt. Im Umkehrschluss bedeutet dies mit Blick auf neue Formen der Ko-Orientierung, etwa durch die Nutzung des Second Screen, aber nicht, dass ‚traditionelle' Massenmedien keine Rolle mehr spielen. Im Gegenteil: Jede der bis zu diesem Punkt in diesem Beitrag genannten Phasen ist Ergebnis eines Veränderungsschritts des Fernsehens, der zunächst dazu beiträgt, dass die bisherige dominante kommunikative Form in den Hintergrund getreten ist und durch neue Kommunikationsweisen überlagert wird, die zum Aushandeln neuer Kommunikationsverträge führen.

Mit der Nutzung des Second Screens kann sich das Publikum somit neue Wege der Verständigung über die gesendeten Inhalte suchen, gerade auch, weil das Fernsehen nun wirklich ubiquitär geworden ist, was für seine Form erhebliche Konsequenzen hat: „[e]lle est partout et nulle part" (Missika 2007, S. 7). Die daraus erwachsenden Herausforderungen für das Publikum zeigen sich insbesondere an folgenden drei Haupttendenzen der Second-Screen-Nutzung, die wir auf der

---

[8]Vgl. zu diesem Unterkapitel auch Göttlich et al. (2017).

Basis unserer aktuellen Untersuchung aus Interviews mit unterschiedlichen Nutzendengruppen herausarbeiten konnten.[9]

1. Mit dem immer weiteren Vordringen von Streamingdiensten und Plattformen (gerade auch im öffentlich-rechtlichen Bereich) wird eine Unordnung des bisherigen „flow of television" (Williams 1974, S. 89), d. h. der sequenziellen Programmstruktur erzeugt, die für Zuschauende bislang einen wichtigen Orientierungspunkt lieferte. Als eine Folge kommt es u. a. zu einer Rebellion gegen die Rhythmik des Seriellen, das in seinem Erwartungscharakter (‚Was kommt nächste Woche?') ein zentrales Element des TV-Erlebens darstellte. Diese Veränderung gewinnt Gewicht im Hinblick auf das vielfach noch beobachtbare Ausbleiben der nun möglichen Kommentierung von Inhalten des Fernsehprogramms durch die verschiedenen Nutzendengruppen. Dies ist deswegen auffällig, da die Nutzerinnen und Nutzer überwiegend über die notwendige Medientechnik verfügen und so zur Beteiligung imstande wären. Aus dieser Beharrung in hergebrachten Rezeptionsweisen lässt sich als These für weitere Untersuchungen formulieren, dass nur dann kommentiert wird, wenn von Publikumsseite eine Erwartbarkeit hinsichtlich des Verhaltens der ‚Anderen' besteht – sich also die Erwartungserwartung in neuen Formen der Ko-Orientierung aufgrund institutioneller Vorgaben stabilisiert haben. Pointiert gesagt scheint es gegenwärtig so, als ob die Revolution ihre Kinder fräße: Gerade das Ausbleiben des nun möglichen wechselseitigen Miteinanders begründet eine Desynchronisation des Erlebens, welches sich möglicherweise erst allmählich auch in einer neuen ko-orientierten Bezugnahme auf das hypersegmentierte Angebot gegenüber dem tatsächlich sozialen oder gar interaktiven Erleben des virtuellen Raums wieder stabilisieren wird. Bislang spielen Second-Screen-Medien und -Dienste beim Austausch über

---

[9]Das Projekt befindet sich gegenwärtig in der Auswertungsphase der 58 strukturierten Leitfadeninterviews und weiterer Materialien, wie einer *Twitter*-Analyse zu den Tweets unter dem Hashtag #tatort für die erste Jahreshälfte 2016. Da das Manuskript dieses Beitrags bereits mit einem gewissen zeitlichen Vorlauf vor dem Projektende erstellt wurde und die Auswertung aller Materialen noch nicht abgeschlossen ist, handelt es sich an dieser Stelle um die resümierende Darlegung von ersten Zwischenergebnissen unserer qualitativen Analysen.

Fernsehinhalte mit abwesenden Familienmitgliedern – wie beispielsweise Kindern, die bereits ausgezogen sind – eine dominantere Rolle:[10]

> Also ich hab vor kurzem einen ganz tollen, mhm, Krimi geguckt, ich weiß gar nicht richtig wie der hieß? Equalizer glaube und den fand ich, also den fand ich einfach gigantisch. Mhm, das hab ich dann gleich meinem Sohn über *WhatsApp,* also ich bin jetzt nicht bei *Facebook* (Interviewpartnerin 26, w: 94–96, Ältere Nutzerin).

> Da ist es fast schon wichtiger auf Komm... oder ... also auf Empfehlung von Freunden eher was zu gucken. Vielleicht aus der Sicht dann. Dass man sich eigentlich dessen gar nicht mehr entziehen kann, wenn man guckt und, mhm, es läuft nur Blödsinn, da wird's ja vielleicht sogar wichtiger, mhm, auf andere, mhm, zu hören und den, und den und den Empfehlungen vielleicht so zu folgen (Interviewpartner 3 & 4, m: 223–226, In-Betweener).

> L.H.: Aber so Informationen darüber, was für ne Serien grade neu kommen oder was das für'n Inhalt überhaupt hat, sind das so Hörensagen von Freunden oder recherchierst du da im Internet oder... I: ...ne, ne. Also das sind dann immer Geheimtipps, Empfehlungen von Freunden: Du musst dir unbedingt das ansehen! irgendwie so was dann halt, aber ohne Fernseh, ohne ääh Zeitung oder so wo so was angepriesen wird, äh kriege ich das ansonsten nicht mit was neu auf'n Markt kommt. L.H.: Ok. Also du hast keine Fernsehzeitung abonniert und deine WG auch nicht? I: Um Gottes Willen, nee (Interviewpartner 5 (Schule), m: 47–53, Digital Native).

2. Aufgrund der formalen Zergliederung vormals weitgehend einheitlicher zeitlicher Anordnungen von Genres und Inhalten, zeigt sich die Programmgestaltung aktuell noch stärker partikularistisch. Im Hinblick auf die Zuschnitte individualisierter zielgruppengerechter Inhalte werden auf diese Weise nicht nur einzelne Sendungen, sondern ganze Kanäle oder (*YouTube-*)Channels einem bestimmten Mikro-Publikum gewidmet. Das soziale Erleben der Familienshow wird ersetzt durch ein TV-Customizing individuellen Zuschnitts. Diese Entwicklung scheint eng geknüpft an die von Nick Couldry (2012) formulierte Medienpraxis des *Präsenz Zeigens*. Auch wenn nur ein Bruchteil der vormalig der Fernseh-Zuschauendenschaft zuzurechnenden Personen die

---

[10]Die hier aufgeführten Zitate dienen gleichermaßen als Belegstelle und Illustration für die getroffenen Ausführungen. Sie wurden gemäß des natürlichen Sprachverlaufs transkribiert. Einzelne Abkürzungen beziehen sich auf den Interviewpartner oder die Interviewpartnerin (I), bzw. die Interviewerin Luise Heinz (L.H.). In den Klammern finden sich die laufende Nummer des Interviews, das angegebene Geschlecht der Interviewten, die Belegstelle des jeweiligen Zitats mit Angabe der Zeilenzahl und die Altersgruppenzugehörigkeit. In der Transkription geben drei Punkte (...) eine längere Pause wieder.

Möglichkeit wahrnimmt, gleichsam Inhalte zu rezipieren und zu produzieren, ist die Vielzahl des Seh- und Verfügbaren so unerschöpflich, dass nicht einmal mehr ein Überblick möglich ist. In der Regel wird der Second Screen zur Überbrückung der neuen Anforderung noch als Informationsmedium zum First Screen genutzt, wobei es sich aber nicht immer auch um Parallelnutzung handeln muss. Die Bedeutung des Second Screens findet exemplarisch in den beiden folgenden Aussagen ihren Ausdruck:

> Also Tablet liegt eigentlich immer daneben, [lacht] beim Fernsehgucken und das Smartphone sowieso (Interviewpartnerin 26, w: 108–109, Ältere Nutzerin).

> Ich mach eigentlich alles gleichzeitig, ich guck Fernsehen, bin am Laptop und am Handy so [lacht] ja L.H.: Aber das hat weniger Fernsehbezug? I: Ja, eigentlich nicht, das dann nur so nebenbei noch ein bisschen (Interviewpartnerin 2 (Schule), w: 147–150, Digital Native).

3. Tilmann Sutter (2010, S. 89) hat mit Blick auf die jüngere Entwicklung der Netzkommunikation die Frage gestellt, ob diese „es nicht nahelegt, die mediale Form selbst und nicht nur den Umgang mit ihr als interaktiv zu beschreiben". Anhand unserer bisherigen Forschungsergebnisse kehrt sich diese für den Prozess der Mediatisierung relevante Frage für uns um, da die meisten unserer Interviewpartnerinnen und -partner zwar über eine interaktionsermöglichende medientechnische Infrastrukturanbindung verfügen, jedoch die Interaktion nicht oder nur sehr punktuell vollziehen. Dabei ist der zugrunde liegende Interaktivitätsbegriff kein soziologisch ‚konservativer', welcher einzig auf die Face-to-face-Kommunikation und deren mittelbare Kompensation durch die neuen Medien abzielt. Auch unter Einbezug der potenziellen Möglichkeit von Mensch-Maschine-Interaktion lässt sich eine *Inter*-Aktivität in der Fernsehnutzung in unserem Sample bislang kaum feststellen. Die von uns Befragten reflektieren zwar immer wieder die Möglichkeiten der Interaktivität, im Sinne der technischen Eigenschaft einer „Rückkanalfähigkeit" (Leggewie und Bieber 2004, S. 7), nutzen diese in ihrer eigenen fernsehbezogenen Praxis jedoch nicht, sondern beobachten als ‚Lurker' vielmehr andere Nutzende, die sich beteiligen. Aufgrund dieses Phänomens sprechen wir von einer derzeit vorherrschenden Interpassivität (vgl. Pfaller 2000).
Mit diesem Begriff verfolgen wir Situationen, in denen die eigene Teilnahme auf andere, äußere Objekte delegiert wird. Ein klassisches Beispiel dieses Prozesses ist die ‚Lachkonserve', das eingespielte Lachen in Sitcoms. Zuschauenden wird das richtige Lachen erspart, es wird an ihrer statt gelacht. Ähnliches können wir bei den *Twitter*-Usern beobachten:

Also wie beim letzten mal Bodensee Tatort, mhm, da wurde dann getwittert, mhm, also ich hab's nicht live getwittert oder angeschaut sondern diesen Thread bei *Spiegel Online,* dass, mhm, jetzt fangen die an 'nen Schnaps zu trinken jedes mal wenn Droste Hülsdorf [sic] erwähnt wird und jetzt twittert dann einer, jetzt hab ich schon meinen elften Schnaps getrunken oder so. Das find ich halt lustig (Interviewpartner 1, m, Älterer Nutzer).

Es ist bei dieser Situationsbeschreibung nicht von Bedeutung, ob der Interviewpartner an diesem virtuellen Gelage teilgenommen hat. Die Teilnahme wird ihm durch dessen Darstellung abgenommen. Die Beobachtung von Kommentaren Dritter bietet Bestätigung der eigenen Einschätzung und Meinung und da diese Bestätigung parallel mitläuft, ist die Bezugnahme beiläufig und nicht interaktiv, im Sinne einer Erweiterung der Face-to-face-Kommunikation durch die Teilhabe am unmittelbaren schriftlichen Austausch mit anderen. Unsere Interviewpartnerinnen und -partner verweisen darauf, dass die Anonymität im Umgang miteinander, die manche auf Foren beobachtet haben, nicht als attraktiv erscheint. Insbesondere die Plattform *Twitter* wird von den Teilnehmenden an unserem Sample nicht zum Versenden von eigenen Statements genutzt. Vielmehr finden wir die Beschreibung von *Twitter* als ‚Nachrichtendienst', der über gegenwärtige Ereignisse und Stimmungen informiert.

5 Mediatisierung und der Wandel von Medienpraktiken

Ein bedeutender Aspekt des Mediatisierungsansatzes gilt Fragen und Problemen der Mediatisierung des kommunikativen Handelns. Im Rahmen der internationalen Diskussion finden sich dazu unterschiedliche Problematisierungen, die sich dahin gehend zusammenfassen lassen, dass es zu verstehen gilt, wie kommunikatives Handeln in der Aneignung neuer Medien oder Medientechnologien einen Wandel sozialer Beziehungsmuster oder -formen mit sich bringt. Diese schlagen sich zunächst in einem Wandel oder einer Veränderung kommunikativer Praktiken nieder (vgl. auch Adolf 2011, S. 158). Die Frage der Ko-Orientierung und ihres Wandels entspringt unmittelbar dieser Problematik. Handlungs- und rezeptionstheoretisch geht es um die Formen der wechselseitigen Orientierung, die immer stärker in Abhängigkeit von den Ermöglichungsbedingungen der Medientechnik zu behandeln sind und sich in der hier beschriebenen Entwicklung niederschlagen, dass Rezeption vermehrt im Kontext von begleitender Kommunikation erfolgt. In unserem Sample zeigt sich zu dieser Entwicklung noch ein Bild, das eine frühe Phase dieses Prozesses mit der Diskontinuität von Praktiken spiegelt. Anstatt über die Nutzung des technischen Potenzials aktiv Relationen zu anderen Nutzenden auszubilden, wird eher ‚passiv' das Handeln anderer Protagonistinnen und Protagonisten beobachtet. Eine Bezugnahme zu den anderen Nutzenden zeigt sich dann aber doch, wenngleich vielmehr als eine besondere Ausprägung der Ko-Orientierung. Dabei wird die subjektive Qualität des eigenen Medienerlebens durch die Beobachtung des Handelns fremder Akteure gesteigert, wobei das eigene Medienhandeln durchaus selbstbezüglich bleibt. Gegenwärtig haben wir es daher noch mit der Form einer Interpassivität in der Nutzung und Teilhabe zu tun. Als ein Grund für die daraus resultierende Form der Beobachtung Anderer lässt sich in unserem Fall vermuten, dass die technische Vernetzung zwar eine notwendige, aber alleine noch keine hinreichende Bedingung dafür erfüllt, eingespielte kommunikative Praktiken zu ändern. Anstatt über die Nutzung des technischen Potenzials aktiv Relationen zu anderen Nutzenden auszubilden, wird eher noch das Handeln weniger Protagonistinnen und Protagonisten beobachtet. Was diese Form der Teilhabe an möglichen Folgen für die bislang über Massenmedien geleistete Ko-Orientierung über gesellschaftlich relevante Themen hat, wäre in einer öffentlichkeitstheoretischen Erweiterung unserer Fragestellung erst zu vertiefen.

Nimmt man die durch Kommunikationsverträge gerahmten und ermöglichten Handlungsweisen als Ausgangspunkt für die Betrachtung des Wandels kommunikativen Handelns, dann stellt sich die Frage, wie die emergenten Handlungsweisen an die neuen Herausforderungen angepasst werden. Geht man davon aus, dass zum gegenwärtigen Zeitpunkt die These eines grundlegenden Wandels des Fernsehens durch Second-Screen-Angebote und -Anwendungen nicht aufrecht erhalten werden kann, dann kann einer der Gründe darin gesehen werden, dass sich die Praktiken des Fernsehens weitaus langsamer ändern, als die technischen Voraussetzungen und Möglichkeiten. Im Hintergrund dieser Fragen steht erneut die auch im Rahmen unseres Projektes behandelte Frage nach der Orientierungsleistung massenmedialer Kommunikation im digitalen Wandel, die, und das legen unsere Analysen nahe, zur Ausbildung neuer Formen der Ko-Orientierung beitragen, die nach Stig Hjarvard (2013, S. 137) auf „weak social ties" verweisen bzw. darin gründen: „The social character proliferating in mediatized and highly modernized societies is neither characterized by a strong, self-dependent individualism nor by strong collectivism in the shape of obedience to powerful organizations, or a close-knit family unit" (Hjarvard 2013). Vielmehr sei dieser Charakter durch das Abschmelzen ehemals starker sozialer Beziehungen so geschwächt, dass sich der Medieneinfluss unmittelbar auf den individuellen Habitus, mit dem sich das Individuum soziale Orientierung verschaffe, auswirke.

Der Mediensoziologe Nick Couldry (2012) verweist im Zusammenhang mit dem Wandel von Nutzungsweisen auf verschiedene Ausprägungen von medienbezogenen

Handlungen, die zum einen etablierte Routinen und deren Beharrung betreffen, aber auch Reaktionen auf soziale und mediale Transformationsprozesse beinhalten. Couldry hat sich in seiner Analyse vor allem drei Nutzungs- und Handlungsweisen gewidmet. Es handelt sich um Nutzungsweisen „(…) that are *directly oriented toward the media, actions that involve media without necessarily having media as their aim or object; and actions whose possibilities is conditioned by the prior existence, presence or functioning of media*" (Couldry 2012, S. 35, Hervorhebungen im Original). Grundsätzlich beginnt er in der Diskussion der möglichen Handlungsformen zu diesen drei Typen mit der Unterscheidung von einfachen und komplexen Medienpraktiken, die unter dem Eindruck der Mediatisierung einen Wandel erfahren. Die wechselseitigen Abhängigkeiten, die in den jeweiligen Medienverträgen eingeschrieben sind, schlagen sich nach Couldry in routinisierten, habitualisierten, aber auch konditionierten Handlungen des Publikums nieder, die je nach Medientechnik oder Nutzungspraxis variieren.

Die komplexen Medienpraktiken beruhen auf den einfachen Formen, gehen aber über diese hinaus und besitzen eine andere Qualität. Zentral für die Wahrnehmung von Öffentlichkeit durch Rezipierende ist die Praxis des *Verfolgens von Nachrichten* (vgl. Couldry 2012, S. 53–54). Ist diese in der klassischen Konstellation des Medienvertrags eher produzierendenseitig getrieben, etwa durch die Auswahl und Präsentation des Weltgeschehens in Nachrichtensendungen des Fernsehens oder Tageszeitungen, so ist dies in der digitalen Welt nicht mehr ausschließlich der Fall. Nutzerinnen und Nutzer können einem personalisierten Nachrichtenstrom auf *Twitter* folgen, der nicht mehr journalistischen Selektions- und Darstellungsregeln folgen muss, was entsprechende öffentlichkeitstheoretische Konsequenzen haben kann. Zugleich aber wird die Praxis des *Kommentierens* relevant. Das Publikum hat online in der Regel die Möglichkeit, auf veröffentlichte Inhalte zu reagieren und die jeweilige Position darzulegen (vgl. Couldry 2012, S. 54–55). Dies kann als nutzendenseitig getriebene Erweiterung des eigentlichen Inhalts gesehen werden, die in der klassischen Medienwelt durch einen produzierendenseitig getriebenen Medienvertrag leichter beschränkt werden kann.

Diese Einschätzungen Couldrys erlauben es abschließend auch, den Stellenwert des Mediatisierungskonzepts für die Analyse des kulturellen und gesellschaftlichen Wandels in den Blick zu nehmen. Unsere Überlegungen zur mediatisierten Medienrezeption veranschaulichen dazu, dass neue Medientechnologien neue Medien- und Kommunikationsverträge mit sich bringen, die ihrerseits neue Machtkonstellationen hervorrufen. Die Entwicklung ist dabei von Ungleichzeitigkeiten bestimmt und durchzogen. Etablierte Praktiken verschwinden nicht einfach oder werden von Medientechniken überformt. Im Gegenteil, sie ko-existieren zu den neuen Medienformen, was eine Parallelität verschiedener Medientechnologien, Vertragsformen und Machtstrukturen zur Folge hat, deren Bedeutung erst in den Alltagspraktiken zum Ausdruck kommt. Die Beobachtungen zur allmählichen Durchsetzung neuer Praktiken, die sich als Interpassivität deuten lassen, entspringen keiner Verweigerungshaltung oder -handlung aufseiten der Nutzenden, sondern sie sind Ergebnis eines komplexen Wechselspiels von Technologien, Kulturformen, Praktiken und nicht zuletzt Produktionsstrukturen und Inhalten. Diese bedürfen neben der empirischen Analyse einer umfassenden theoretischen Betrachtungsweise, um die verschiedenen Phänomen- und Problembereiche der Mediatisierung des kommunikativen Handelns weiter zu durchdringen.

Literatur

Adolf M (2011) Clarifying mediatization: Sorting through a current debate. Empedocles 3:153–175.
Ang I (1996) Living room wars. Rethinking media audiences for a postmodern world. Routledge, London/New York.
Buschow CH, Schneiter B (Hrsg) (2015) Social TV in Deutschland. Vistas, Berlin.
Casetti F, Odin, R (2002) Vom Paläo- zum Neo-Fernsehen. Ein semio-pragmatischer Ansatz. In: Adelmann R, Hesse JO, Keilbach M, Stauff M, Thiele M (Hrsg) Grundlagentexte zur Fernsehwissenschaft. Theorie – Geschichte – Analyse. UVK, Konstanz, S 311–334.
Chauvel LE, (1997) The media contract. In: Nöth W (Hrsg) Semiotics of the media. State of the art, projects, and perspectives. De Gruyter, Berlin/New York, S 99–108.
Couldry N (2012) Media, society, world. Social theory and digital media practice. Polity Press, Cambridge.
Esposito E (1998) Fiktion und Realität. In: Krämer S (Hrsg) Medien Computer Realität. Wirklichkeitsvorstellungen und Neue Medien. Suhrkamp, Frankfurt am Main, S 269–296.
Esser H (1999) Soziologie. Spezielle Grundlagen, Bd 1: Situationslogik und Handeln. Campus, Frankfurt am Main.
Esser H (2000) Soziologie. Spezielle Grundlagen, Bd 3: Soziales Handeln. Campus, Frankfurt am Main.
Fiske J (1999) Wie ein Publikum entsteht. Kulturelle Praxis und Cultural Studies. In: Hörning KH, Winter R (Hrsg) Widerspenstige Kulturen. Suhrkamp, Frankfurt am Main, S 238–263.
Goldhammer K, Kerkau F, Matejka M, Schlüter J (Hrsg) (2015) Social TV. Aktuelle Nutzung, Prognosen, Konsequenzen. Vistas, Berlin.
Göttlich U, Heinz L, Herbers MR (Hrsg) (2017) Ko-Orientierung in der Medienrezeption. Praktiken der Second Screen-Nutzung. Springer/VS, Wiesbaden.
Gramsci A (1991) Gefängnishefte 1–10. Argument, Hamburg.
Hall S (1979) Encoding/decoding. In: Hall S, Hobson D, Lowe A, Willis P (Hrsg) Culture, media, language. Working papers in cultural studies (1972–1979). Routledge, London/New York, S 128–138; 294.

Hjarvard S (2013) The mediatization of culture and society. Routledge, London/New York.
Jarren O (1998) Medien, Mediensystem und politische Öffentlichkeit im Wandel. In: Sarcinelli U (Hrsg) Politikvermittlung und Demokratie in der Mediengesellschaft. Beiträge zur politischen Kommunikationskultur. Bundeszentrale für politische Bildung, Bonn, S 74–94.
König R (1967) Massenkommunikation. In: König R (Hrsg) Das Fischer Lexikon Soziologie. S. Fischer, Frankfurt am Main, S 181–190.
Leggewie C, Bieber C (2004) Interaktivität – Soziale Emergenzen im Cyberspace? In: Leggewie C, Bieber C (Hrsg) Interaktivität. Ein transdisziplinärer Schlüsselbegriff. Campus, Frankfurt am Main, S 7–14.
Missika JL (2007) La fin de la télévision. Seuil, Paris.
Morley D (1992) Television audiences & cultural studies. Routledge, London/New York.
Morley D (1996) Medienpublika aus der Sicht der Cultural Studies. In: Hasebrink U, Krotz F (Hrsg) Die Zuschauer als Fernsehregisseure. Nomos, Baden-Baden, S 37–51.
Noelle-Neumann E (2001) Die Schweigespirale. Öffentliche Meinung – unsere soziale Haut (6. Aufl). Langen Müller, München.
Pfaller R (Hrsg) (2000) Interpassivität. Studien über delegiertes Genießen. Springer, Berlin.
Scheff TJ (1967) Towards a sociological model of consensus. American Sociological Review 32:32–46.
Schulz W (1989) Massenmedien und Realität. Die „ptolemäische" und die „kopernikanische" Auffassung In: Kaase M, Schulz W (Hrsg) Massenkommunikation. Theorien, Methoden, Befunde. Westdeutscher Verlag, Opladen, S 135–149.
Sutter T (2010) Der Wandel von der Massenkommunikation zur Interaktivität neuer Medien. In: Sutter T, Mehler A (Hrsg) Medienwandel als Wandel von Interaktionsformen. Springer/VS, Wiesbaden, S 83–106.
Thomas WI (1928) The child in America. Behavior problems and programs. Knopf, New York.
Veron E (1985) L'analyse du „contrat de lecture". Une nouvelle methode pour les etudes de positionnement des supports presse. In: IREP (Hrsg) Les médias. Expériences – recherches actuelles – application. Institut de recherches d'etudes publicitaires, Paris, S 203–229.
Williams R (1974) Television. Technology and cultural form. Fontana, London.

Über die Autoren

Udo Göttlich, Dr. phil. habil., ist Professor für Allgemeine Medien- und Kommunikationswissenschaft an der Zeppelin Universität. Forschungsschwerpunkte: Medien-, Kommunikations- und Kultursoziologie, Cultural Studies Approach und Soziologische Theorien. Buchveröffentlichungen u. a.: (2012) (Hrsg.), Kreativität und Improvisation. Wiesbaden: VS. (mit R. Kurt).

Luise Heinz, Dipl.-Soz., arbeitet als wissenschaftliche Mitarbeiterin am Lehrstuhl für Allgemeine Soziologie an der Universität Hamburg. Sie war zuvor an der Zeppelin Universität am Lehrstuhl für Allgemeine Medien- und Kommunikationswissenschaft Mitarbeiterin im DFG Projekt „Mediatisierte Medienrezeption". Forschungsschwerpunkte: Aspekte der Intimkommunikation und ihrer Mediatisierung sowie (klassische) soziologische Theorie.

Martin R. Herbers, Dr. phil., arbeitet als Postdoc am Lehrstuhl für Allgemeine Medien- und Kommunikationswissenschaft der Zeppelin Universität. Forschungsschwerpunkte: Öffentlichkeitstheorie, Unterhaltungsforschung, Medienproduktionsforschung. Zuletzt erschienen: (2016), Verantworten Fernsehproduzenten soziale Ungleichheit? Zur Kritischen Theorie der Fernsehproduktion. In: A. Machin & N. Stehr (Hrsg.), Understanding inequality. Social costs and benefits. Wiesbaden: Springer VS, S. 347–366.

Teil IV
Reflexive Entwicklungen

Kulturen im Wandel: Zur nonlinearen Brüchigkeit von Mediatisierungsprozessen

Tilo Grenz und Michaela Pfadenhauer

Zusammenfassung
Dieser Beitrag stellt einen wissenssoziologischen Zugang zu Mediatisierung vor. Diese wird sowohl als gemeinsamer geschichtlicher Rahmen verschiedener kommunikationstechnischer Entwicklungen definiert als auch als Forschungslogik, die für Wandlungsphänomene solcher Entwicklungen sensibilisiert. Das Teilprojekt „Mediatisierung als Geschäftsmodell" im Rahmen des Schwerpunktprogramms 1505 „Mediatisierte Welten" wird im Überblick mit einer Akzentuierung der dritten Forschungsphase dargestellt, in der Kommerzialisierungsstrategien der Anbieter von De-Mediatisierungsangeboten analysiert wurden. Mediatisierung wird vor diesem Hintergrund als multidirektional, non-linear und kulturspezifisch erkennbar. Non-Linearität beschreibt hier zum einen die Sprünge und Schübe des medieninduzierten Handelns; zum anderen erlaubt ein Verständnis von Mediatisierung als nonlinearer Prozess den Vergleich mit anderen Teilprozessen von Modernisierung. Mit „Blocking Apps", „Ephemeral Messaging", „Digital Detox" und „Digitalem Arbeitsschutz" wurden vier Geschäftsfelder im De-Mediatisierungsbereich untersucht. Aufgrund ihrer medialen Präsenz finden sich Anbieter dieser Angebote in ebenso *paradoxen* wie *ambivalenten Lagen* wieder: über

---

Unter Mithilfe von Maria Schlechter und Heiko Kirschner

T. Grenz (✉) · M. Pfadenhauer
Universität Wien, Wien, Österreich
E-Mail: tilo.grenz@univie.ac.at

M. Pfadenhauer
E-Mail: michaela.pfadenhauer@univie.ac.at

© Springer Fachmedien Wiesbaden GmbH 2017
F. Krotz et al. (Hrsg.), *Mediatisierung als Metaprozess*,
Medien • Kultur • Kommunikation, DOI 10.1007/978-3-658-16084-5_9

Rückkoppelungsschleifen mit Nutzern sind diese Anbieter einem permanenten Anpassungsdruck ausgesetzt, da sich ihnen dergestalt eröffnet, dass sich Abnehmer dieser Dienste durch reflektierte Nicht-Nutzung von Medien auch von diesem Angebot abwenden. Die simultane Beobachtung von Medienaktivität und Medienverzicht birgt das Potenzial, De-Mediatisierung empirisch zu fassen, womit sich eine Perspektive auf *zeitweilige* Gegenentwürfe eröffnet, die als ‚zeitgeistig' verstanden werden müssen. Insofern die Aktivitäten der Anbieter als „Handeln unter Unsicherheit" in der Logik Reflexiver Modernisierung betrachtet werden, unterstützen die aus der Untersuchung der Begrenzung medialer Entgrenzung gewonnenen Erkenntnisse, wonach sich Menschen bestimmten Ausprägungen des jüngsten Medienwandels widersetzen, die These „Reflexiver Mediatisierung".

Schlüsselwörter

(De-)Mediatisierung · Mediatisierung · Kommerzialisierung · Digital Detox · Non-Linearität · Reflexive Mediatisierung · Medienwandel · Wissenssoziologie

1   Fragen an den medieninduzierten Wandel

Trotz, oder vielleicht wegen der erfolgreichen Etablierung des „Denkmotiv[s]" Mediatisierung ist ‚die' Mediatisierungsforschung keineswegs festgelegt und homogen, sondern in theoretischer und disziplinärer Hinsicht heterogen aufgestellt (Averbeck-Lietz 2015, S. 213; vgl. Linares 2016, S. 96).[1] Doch hält die Forderung nach einer einheitlichen definitorischen Grundlegung dessen, was unter Mediatisierung zu verstehen ist, an, vermischt mit der voreiligen Kritik, dass es womöglich überzogen sein könnte, überall mediengetriebene Veränderungen zu ‚attestieren'.[2] Diesen Einsprüchen wird im vorliegenden Beitrag mit einem doppelten Potenzial der Mediatisierungsforschung begegnet: Mediatisierung bietet *zum einen* eine Verbindungs- und Austauschplattform für eine ausdrücklich interdisziplinär angelegte Forschung, die sensibel für Erscheinungen informations- und kommunikationstechnischer Entwicklungen ist, dieses schnelllebige Feld also nicht nur den informations-, computer- und wirtschaftswissenschaftlichen Domänen überlässt und mithin dazu angetan ist, die Ergebnisse früherer Studien

---

[1]Vgl. auch die Systematisierungsvorschläge bei Hepp (2013a, S. 2), Lundby (2014, S. 10 ff.), Bolin (2014).
[2]Vgl. dazu die Debatte zwischen Deacon und Stanyer (2014, 2015), Hepp et al. (2015), Lunt und Livingstone (2015).

zu Formen medialer Vermittlung („mediation") in einen gemeinsamen geschichtlichen Rahmen zu setzen (vgl. Lunt und Livingstone 2014, S. 719; Linares 2016, S. 97). Und *zum anderen* vermag Mediatisierung dabei für Wandlungsphänomene zu sensibilisieren, womit sich unmittelbar die Arbeit an auf diese gerichtete adäquate Betrachtungs- und Beschreibungsmöglichkeiten verbindet (vgl. Lunt und Livingstone 2015). Ganz ausdrücklich erfolgt dies, ohne dabei auf zeitgeistige, spekulative und ‚kurzatmige' Epochenbezeichnungen, Diagnostiken oder auch ‚solutionistische' (Zukunfts-)Euphemismen zu setzen (vgl. Krotz 2015, S. 440; vgl. Grenz und Pfadenhauer 2017).

Wandel ist integrales und gleichermaßen generatives Prinzip der Mediatisierungsforschung, oder pointierter: „Mediatization is change" (Lundby 2014, S. 7; vgl. auch Krotz 2015, S. 440). Zunächst allgemeiner formuliert lässt sich feststellen, dass Fragen nach dem Ausmaß, der Richtung, den Mustern, den Gemeinsamkeiten und Unterschieden des Einflusses von medienbasiertem Handeln auf die ‚Ordnungen' alltäglicher Handlungsfelder, die dann als „mediatisierte Welten" erscheinen, zum Kernbestand der Mediatisierungsforschung im deutschsprachigen Raum gehören (vgl. Hepp und Krotz 2012). Eine wissenssoziologische, dezidiert gegenstandsorientierte Forschung (vgl. dazu Grenz und Möll 2014) folgt der Maßgabe, Indizien auf einen medientechnisch induzierten Wandel von Kultur(en) nicht vorschnell auf einer Metaebene bzw. mit etwaigen Großtheorien und verallgemeinernden Entwicklungsannahmen – etwa einer durchgesetzten ‚Medienlogik' (vgl. Altheide und Snow 1988) – zu diskutieren, sondern bei der Frage nach „der Transformation des Kulturellen" (Hepp 2013b, S. 179) empirisch *bestimmte* kulturelle Handlungsfelder in den Blick zu nehmen und zu rekonstruieren, ob, wenn, inwiefern und welches (vormals) typische Wissen und Handeln im Zuge der Normalisierung medienkommunikativen Handelns sich wandelt (vgl. Pfadenhauer und Grenz 2012a, b). Die Arbeiten im Teilprojekt „Mediatisierung als Geschäftsmodell" im Rahmen des Schwerpunktprogramms 1505 „Mediatisierte Welten" akzentuieren ein Verständnis von Mediatisierung, das von der *Einflechtung von Technologie in Handeln* ausgeht, ein notwendig zu berücksichtigender Vorgang, der darin resultiert, dass körperlich bewirkte Anzeichen in zunehmendem Maße durch Medien (bzw. deren ‚Features' im Sinne affordanter Eigenschaften) als Ausdrucksträger ‚verlängert' werden. Denn Handeln, im Verstande der neueren Wissenssoziologie, ist prinzipiell objektivierungsbedürftig, und dies nicht nur in körperlicher, sondern gleichermaßen in (dinglich-)materialer Hinsicht (vgl. Berger und Luckmann 1969; Pfadenhauer 2014a). Als materiale Ausdrucksträger für Handeln verweisen Medientechniken einerseits auf eine Bedeutungsebene, andererseits *immer* auch auf eine Gestalt und Gestaltetsein, die einer – kulturalistischen – Deutungsoffenheit Grenzen setzt. Digitale Medien sind also nicht nur einfach am Handeln beteiligt und ebenso wenig neutrale Übermittler von Inhalten. Gerade weil sie als materiale Objektivationen in typisches Handeln eingelassen sind, prägen sie Handlungsformen in bestimmter und bestimmbarer Weise (vgl. grundlegend z. B. Pfadenhauer und Grenz 2014, S. 2 ff.; Pfadenhauer 2014a; Grenz 2014, S. 20).

Empirisch dominierte in der Mediatisierungsforschung zum Zeitpunkt, als das Schwerpunktprogramm seine Tätigkeiten aufnahm, die Blickrichtung auf das „everyday life" (Lundby 2014, S. 29 ff.), auf Alltagsakteure, die hineingestellt sind in eine mediensaturierte Welt. Damit einher, insbesondere in Abgrenzung zu klassischen kommunikationswissenschaftlichen Perspektiven auf Medien und Medieninstitutionen (vgl. Krotz 2015, S. 443), geht eine Ausrichtung, nach der (digitale) Medien und ihre Hervorbringung als bereits existierend vorausgesetzt werden. Diese Vorannahme trifft besonders für theoretische Sichtweisen zu, die in den Cultural Studies gründen und mit entsprechenden Vorannahmen und Kernkonzepten operieren: Zu denken ist dabei insbesondere an die Aneignung kommerziell erzeugter Güter und Inhalte und an die auf Machtasymmetrien zielende Aushandlung (vgl. grundlegend Hall 1999). Mit dieser Perspektive ist es nur folgerichtig, davon auszugehen, dass Medien und kultureller Wandel erst im Zuge der ihrer technischen Entwicklung und Gestaltgebung *nachgelagerten* Nutzung und Aneignung entstehen.

Mit dieser Blickrichtung drohen jedoch wesentliche Dimensionen von Mediatisierung aus dem Blick zu geraten, denen die Forschung im SPP-Teilprojekt „Mediatisierung als Geschäftsmodell" gilt und galt: Dies betrifft die Akte der Hervorbringung, d. h. der Entwicklung und des Angebots digitaler Medien, insofern auch (Medien-)Techniken keineswegs kulturell abgekoppelt, sondern vielmehr anhand kultureller Modelle in die Welt gesetzt und, wie zu zeigen sein wird, eingespannt in ununterbrochene Rückkopplungsketten heutzutage permanent angepasst werden. Setzten wir zu Beginn der Arbeit im Teilprojekt an einem kontextuellen Verständnis von Kommerzialisierung als bis dato auffällig unberücksichtigtem Kontext von Mediatisierung an, so stellte sich mit voranschreitender Tätigkeit heraus, dass es notwendig war, Kommerzialisierung nicht ‚nur' als wesentliche „Basisentwicklung" ‚hinter' Mediatisierung zu würdigen (Krotz 2007, S. 29). Wissensbasierte Akte der Konzeption, der Ausgestaltung und des Angebots von digitalen Medien ebenso wie die damit verbundene mediale Ausdifferenzierung von Handlungsfeldern stellen *integrale* Bestandteile von Mediatisierungsprozessen dar, freilich ohne als alleinige ‚driving forces' aufzutreten. Im Verstande der neueren Wissenssoziologie gerät auch Kommerzialisierung – wie Mediatisierung – zunächst einmal *nicht* als abstrakter, ‚abgehobener' Vorgang ‚über den Köpfen' der Menschen, sondern über die Frage in den Blick, für welche latenten oder manifesten Probleme Wissen, Handeln und Handlungskonsequenzen typische – und damit keinesfalls willkürliche – Lösungen darstellen.

Neben die Bestimmungen, was und wie – statt lediglich: dass – sich ‚Soziales' und ‚Kulturelles' wandeln, tritt schließlich die Frage danach, wie Wandel und Transformationen analytisch zu charakterisieren sind und welche Gemeinsamkeiten und Besonderheiten im Vergleich zu anderen Wandlungs- und Transformationsphänomenen Berücksichtigung finden müssen. Es herrscht allerdings keineswegs Einigkeit darüber, ob Mediatisierung als universalhistorischer „Metaprozess" (Krotz 2007, S. 37 ff.) oder aber als zeitlich eingegrenzt einsetzender Vorgang begriffen werden sollte, der also z. B. erst in medial bzw. medientechnisch ausdifferenzierten Gesellschaften zum Ende des 20. Jahrhunderts durchgreift (vgl. Hjarvard 2008, S. 115 ff.; Lundby 2014, S. 15). Ein Konsens besteht jedoch darin, Mediatisierung als prinzipiell zeitlichen Vorgang zu rekonstruieren *und* diesen als nicht monodirektional, linear und gesellschaftsumspannend, sondern als multidirektional, non-linear und kulturspezifisch zu begreifen:

> It follows that the transformations of social space that are associated with media's continuous and cumulative flows must be understood in a non-linear fashion (…). Only very rarely would we expect such transformations to simplify into something usefully approximated via a linear causal account, that is, an account of how one factor changes social life from one state of affairs over time to another, distinct state of affairs. The principle of non-linear explanation is probably now an agreed starting-point among mediatization scholars. At issue however is *how we grasp that non-linear complexity* (Couldry 2014, S. 229, Herv. i. O.).

Im Teilprojekt arbeiten wir seit sechs Jahren an einer empirisch sowie theoretisch ausdrücklich prozessorientierten und damit diachronen Mediatisierungsperspektive, die sich als Beitrag zur Frage versteht, wie sich die „non-lineare Komplexität" begreifen und beschreiben lässt. Im Folgenden werden zwei Erkenntnisse aus dem Teilprojekt hervorgehoben, die in besonderer Weise zur anhaltenden Arbeit zur Mediatisierungstheorie beitragen: *Zum einen* sind dies Antworten darauf, wie etwaige Sprünge und Schübe des medieninduzierten Wandels von Kultur entstehen und sich entwickeln (vgl. Hepp 2012, S. 13; Hepp und Pfadenhauer 2014, S. 236), wobei wir zeigen, dass sie weder lediglich als externe Momente noch nur auf die Aktivitäten ‚findiger' Geschäftstreibender noch lediglich auf angeeignete Medien zurückgehen. *Zum anderen* können Theorie-Fragen bezüglich abstrakterer Prozesscharakteristika von Mediatisierung diskutiert werden, was es, so unser Argument, hilfreich wie auch notwendig erscheinen lässt, Mediatisierung mit Erkenntnissen zu (anderen) Modernisierungsteilprozessen in Relation zu setzen.

Vorgehen möchten wir dabei in folgenden Schritten: Im Anschluss an diese Vorbetrachtung (Abschn. 1) wird zunächst ein ausführlicherer Einblick in die aktuelle dritte und abschließende Phase des Teilprojektes gegeben (Abschn. 2), woraufhin Erkenntnisse, die von besonderer Relevanz für Fragen nach Mediatisierungsschüben und allgemeineren Prozesscharakteristika sind, pointiert zusammengetragen, zu abstrakteren Aussagen verdichtet und diskutiert werden (Abschn. 3). Daraufhin erfolgt ein kurzer Rückblick auf die erste und zweite Forschungsphase (Abschn. 4), um daran Weichenstellungen nachvollziehen zu können, die zu den hier präsentierten und diskutierten Schlüssen führen. Schließlich stellen wir anhand zweier ausgewählter Schwerpunkte – der (wissens-)soziologischen Konzeption von ‚Geschäftsmodellen' und der aufgenommenen Theoriearbeit zur ‚Reflexiven Mediatisierung' – dar (Abschn. 5), welche fachinternen Potenziale im Teilprojekt entwickelt und weitergeführt wurden und werden, um an dieser Stelle auch Erkenntnisse auszuweisen, die im Interesse einer breiteren Öffentlichkeit liegen dürften.

2 De-Mediatisierung (Phase 3)

Wenn wir in der aktuellen, dritten Phase des Teilprojekts (2015–2017) auf Praktiken und Tendenzen der von uns so bezeichneten *De-Mediatisierung* blicken, dann folgt dies zunächst dem Anspruch, für die bislang selten systematisch befragten ‚Kehrseiten' bzw. „Problematisierungen" (Poferl 2017, i. E.) mehr oder weniger abstrakter Mediatisierungstendenzen, wie sie mit dem jüngsten Medienwandel assoziiert werden – Vernetzung, Beschleunigung, De-Lokalisierung, Verdatung etc. – zu sensibilisieren. Konkreter meinen wir mit De-Mediatisierung ein Sich-gegen-den-jüngsten-Medienwandel-Widersetzen bzw. ein Sichwidersetzen gegen soziale und kulturelle Konsequenzen des informations- und kommunikationstechnischen Fortschritts. Dieses kann sich darin ausdrücken, dass alte Handlungsprogramme und Settings wiedereingeführt oder als überkommen geltende Routinen gezielt beibehalten werden. Es können aber auch neue Wege des (Selbst-)Schutzes gefunden oder ein Rückzug bis hin zum weitgehenden Verzicht auf Medien-Handeln angetreten werden (vgl. Grenz und Pfadenhauer 2017; vgl. auch die dortigen Beiträge).

Sozialwissenschaftliche Untersuchungen zur gezielten Begrenzung medialer Entgrenzungen sind bislang rar. Dies ist sicher nicht nur darauf zurückzuführen, dass wir es mit einem „relatively recent phenomenon" zu tun haben (Morrison und Gomez 2014, S. 2). Jedenfalls ist bis dato zu konstatieren, dass wenig bekannt ist über die „resistance to digital media in general and to social media in particular" (Foot 2014, S. 1313). Allerdings deuten verschiedene Hinweise aus diversen Studien und aktuellen Debatten auf die Bedeutung des Themas hin, wie z. B. die Arbeiten zur alltäglichen Mediennutzung in Bezug auf „Non-Users" und „Rejectors" (Wyatt 2003, S. 76; vgl. Oudshoorn und Pinch 2008, S. 555 f.). Dies zeigt sich auch an den keineswegs mehr nur juristischen, sondern öffentlichen Diskursen zum „Recht auf Vergessenwerden" (vgl. Martini 2015) oder an den öffentlichkeitswirksamen Aktivitäten organisierter Gegenbewegungen, deren Anhänger sich gezielt gegen digitale Dienste wie Twitter und der mit diesen beschleunigten Verbreitung – z. B. von News – richten (vgl. Köhler et al. 2010).

2.1 De-Mediatisierung als Geschäftsmodell

Negativ gedeutete Folgen medialer Entwicklungen (z. B. die verschwimmenden Grenzen von Privatheit und Öffentlichkeit, die Vervielfachung von Informationen, die Beschleunigung alltäglichen Handelns) und private wie öffentliche Antworten (z. B. Formen des Rückzugs, der Privatisierung oder der Anonymisierung) werden zunehmend auch in der Gestaltung, Vermarktung und Verbreitung von Medien(-technologien), also in gegenwärtigen Geschäftsmodellen, Entwicklungs- und Produktstrategien aufgegriffen.[3] Vier Geschäftsfelder und entsprechende (Kern-)Produkte, in denen Geschäftstreibende unliebsame Konsequenzen eines mediatisierten Alltags hervorheben, in die Angebotsbeschreibung und -gestaltung einziehen und je spezifische Problemlösungen offerieren, stehen im Fokus der laufenden Forschung im Teilprojekt:[4] *Blocking Apps, Ephemeral Messaging, Digital Detox* und *Digitaler Arbeitsschutz* (bzw. Coaching).

Bei *Blocking Apps* handelt es sich um sog. Website- und Ad-Blocker, deren Basisfunktion darin besteht, bestimmte Websites unerreichbar zu machen, sowie um Apps, die Kommunikationskanäle ‚kappen'. Bei diesem Geschäftsmodell besteht die dominierende Problemsicht der Anbietenden darin, digitale Medien und Medieninhalte als Auslöser von Ablenkungen bzw., ganz im Sinne der seit einigen Jahren bestehenden Debatte, als „digital distraction" (vgl. journalistisch

---

[3]Unser Interesse an diesen folgt der grundsätzlichen Annahme, dass gesellschaftliche Probleme nicht ‚objektiv' bestehen, sondern nur dergestalt existieren, wie sie definiert und gefasst werden, wobei in den Prozess der Legitimierung etwaiger Probleme nie lediglich einzelne Akteure, sondern stets mehrere, divergente und mithin konfligierende Interessen und Ziele eingespannt sind (vgl. bereits Blumer 1971, S. 300 ff.).

[4]Der dritten Phase des Teilprojekts, in der wir weiterhin einem konsequent prozessorientierten Zugang folgen, liegt ein methodenplurales, explorativ-interpretatives Vorgehen zugrunde, bei dem wissenssoziologisch-hermeneutische Interpretationen von Interviews mit Geschäftstreibenden, feldrelevanter Dokumente und Web-Auftritten mit teilnehmenden Beobachtungen (in Unternehmen, von Firmen-Veranstaltungen und Workshops) sowie der Rekonstruktion der fortwährend veränderten Medienarchitekturen (u. a. Apps) kombiniert werden.

Ritchel 2010) zu beschreiben. Derzeitige Blocking-Apps zielen auch darauf, Nutzerinnen und Nutzern das Ausmaß ihrer Mediennutzung anzuzeigen, womit eine Problemlösungsorientierung erreicht werden soll.

Geschäftsmodelle, die als Kernprodukt *Ephemeral Messenger* ausweisen, basieren auf der Problematisierung einer omnipräsenten Datenspeicherung. Im Kern wird hier zur Bedeutungsaufladung des Angebotes die viel diskutierte Feststellung aufgegriffen, dass jegliches Handeln mit und durch digitale Medien Spuren hinterlässt, die Analysen ermöglichen, die wiederum anderen zum Vorteil gereichen (vgl. Freelon 2014). Ephemere Messenger lassen es zu, dass Nutzende selbst über den Zeitraum bestimmen, über den die versendeten Kommunikationsinhalte für das Gegenüber wahrnehmbar sind und, damit verbunden, die von ihnen erzeugten Datenspuren (z. B. versendete Fotos) archiviert werden. Um der Speicherung durch Dritte vorzubeugen, wird der Datenverkehr bei diesen Angeboten typischerweise mittels einer Endgerät-zu-Endgerät-Verbindung realisiert, bei der also keine zwischengeschalteten IT-Systeme (Server) zum Einsatz kommen.

Digital-Detox-Camps sind mit Blick auf die Ausrichtung des Produkts im Vergleich zu den vorherigen Geschäftsmodellen als umfangreichere Dienstleistungspakete zu verstehen. Sie basieren auf einer – typischerweise – mehrtägigen Mediennutzungsauszeit, die durch umfassende Erlebnis- und Beratungsangebote während dieser Zeit gerahmt ist. Während in Deutschland angebotene „Retreats" dieser Art vermehrt auf die Beratungsleistungen ausgerichtet sind, wird dagegen in Sommercamps in den USA die Erlebnisorientierung in den Vordergrund gerückt. Als gemeinsames Moment erweist sich die gezielte Inszenierung einer Gegensätzlichkeit von ‚Natur' und ‚Technik', insofern Natur romantisiert und (digitale) Technik als Störfaktor problematisiert wird. Innerhalb dieses Gegensatz-Narrativs ist das Moment der ‚Gesundheitsgefährdung' durch Medien als gewichtiger Einflussfaktor ausgewiesen, dem durch eine Aufmerksamkeitssteigerung („awareness") der Mediennutzung begegnet werden soll. Ein zweites Moment der Problemdefinition, das in diese Geschäftsmodelle eingezogen ist, besteht darin, die ‚Qualität' jeglichen medial vermittelten Erlebens im Vergleich zu als unmittelbar verstandenem, infrage zu stellen. Die angebotene Lösung besteht darin, durch präzise geplante und eingesetzte Erlebnisangebote (z. B. unter der Bezeichnung „Achtsamkeitstraining") Momente des dezidiert leiblichen Erlebens zu evozieren.

Bei Beratungs- und Coaching-Angeboten unter der Sammelbezeichnung *Digitaler Arbeitsschutz* handelt es sich (ebenfalls) um komplexe Dienstleistungspakete, hier: in der Consulting-Branche. Die Angebote rekurrieren auf (sozial-)wissenschaftliche Beobachtungen, nach denen die Sphären ‚Arbeit' und ‚Freizeit' mit der Verbreitung digitaler Informations- und Kommunikationstechnologien sukzessive verschmelzen (vgl. z. B. Flecker et al. 2016). Die Anbietenden der Leistungen konstatieren, dass diese Verschmelzung über kurz oder lang in einem Produktivitätsabfall des Personals, mithin im sog. „Burnout", resultiere. Aufeinander abgestimmte Kurse, Schulungen und Materialien vermitteln Vorständen und den Verantwortlichen auf Team- und Abteilungsebene komplexe Strategiebündel, die ein temporäres Abschalten oder Blockieren von Medien bzw. spezifischen Informations- und Kommunikationskanälen auf unterschiedliche Arten beschreiben. Mithilfe dieser Strategien sollen sowohl im Arbeitsalltag als auch in der Freizeit Zeitfenster des ‚Abschaltens' (z. B. im Sinne eines gezielt begrenzten Lesens von E-Mails) normalisiert werden. Nicht der komplette Verzicht, sondern ein regulierter Umgang ist das Konzept, das Angeboten in diesem Bereich zugrunde liegt (vgl. Kirschner und Schlechter 2016).[5]

2.2 De-Mediatisierung unter Mediatisierungsbedingungen

Unsere konsequent prozessorientierte Perspektive, aus der wir Geschäftsmodelle, wie die vier aufgeführten, als Trajektorien bzw. komplexe Ereignisverläufe rekonstruieren, fördert zutage, dass sich die Anbietenden in allen diesen Geschäftsfeldern in ebenso *ambivalente* wie *paradoxe Lagen* manövrieren: Im Falle der *Ephemeralen Messenger* haben Anbietende in das Angebotsspektrum nach einiger Zeit die kostenpflichtige Zusatzoption eingezogen, Datenspuren (wieder)herzustellen. Eine ambivalente Weiterentwicklung des Angebots lässt sich auch im Forschungsfeld *Digital Detox* nachzeichnen und am offiziellen „Claim" der Camps illustrieren, insofern „disconnect to reconnect" (Feldzitat) schließlich das (Wieder-)Verbindungspotenzial der Teilnehmenden aktivieren soll. Eine Interviewpartnerin, die *Digital Detox Deutschland* ins Leben gerufen hat, pointiert schließlich: „Ich möchte die Menschen mit diesen Camps nicht von der Technik wegbringen. Ich liebe Technik". Der *Digitale Arbeitsschutz,* der sich mittlerweile sowohl an Arbeitnehmerinnen bzw. Arbeitnehmer als auch an Arbeitgeberinnen bzw. Arbeitgeber richtet, soll sich zu einem stringenten Ansatz entwickeln, der es ermöglicht,

---

[5]Die Rekonstruktion der Trajektorien der Geschäftsmodelle (vgl. Grenz 2016) förderte zutage, dass die hier idealtypisch dargestellten Geschäftsmodelle über die Zeit hinweg zu komplexen Angeboten verschmelzen: z. B. bietet *Digital Detox Deutschland* mittlerweile auch Beratungsangebote für Unternehmen an und integriert Blocking-Apps. Auch finden sich App-basierte Geschäftsmodelle, die mittlerweile auch Retreats umfassen.

durch gezielt regulierten Medieneinsatz effizienter zu arbeiten, um in den dadurch ausgeweiteten Auszeiten (Freizeit) effektiver zu regenerieren, was wiederum als Voraussetzung für konzentriertes Arbeiten gilt.

An der Trajektorie eines konkreten Geschäftsmodells[6] aus dem heute etablierten und (angebots-)breiten Feld der *Blocking-Apps* lässt sich aufzeigen, dass und inwiefern diese ambivalenten und paradoxen (Zwischen-)Lösungen erheblich aus *dynamischen Fortentwicklungssprüngen* hervorgehen, die sich über einen Zeitraum hinweg entfalten:[7] Die hier betrachtete Blocking-App, die über eine kostenpflichtige Premium-Funktion und durch Datenaggregation und -auswertung finanziert wird, war in ihrer ersten vermarkteten und verbreiteten Produktversion so konzipiert, dass Userinnen und User über einen Sperrbildschirm die Informationen und Signale (z. B. Anrufe und E-Mails) konkreter Kontakte blockieren konnten. Dieses zunächst recht einfache Funktionsdesign fungierte als Lösung auf ein Problem, das durch die Anbietenden medienwirksam mittels eines Dualismus' von (digitaler) „Technik" als omnipräsentem „Störfaktor" und regenerativer „Natur" inszeniert wurde (Feldzitate). ,Inszenieren' hebt dabei auf (Marketing-)Maßnahmen der Anbietenden ab, die an einer massenmedialen Darstellung orientiert sind, insofern der beschriebene Dualismus v. a. in Gestalt von visuellen und textsprachlichen Inhalten auf der Angebots-Website zu finden ist. Die bedeutungsdichte Darstellung erschöpft sich allerdings nicht in diesen sozusagen einmaligen Darstellungen, sondern greift gezielt – und damit: selektiv – von unterschiedlichen Journalistinnen und Journalisten verfasste Berichterstattungen über das *eigene* oder ähnliche Geschäftsmodell(e) auf, die sich in Magazinen, Zeitschriften, Zeitungen und Online-Medien finden. So erweiterte sich die massenmedial inszenierte Problemdefinition um ein weiteres Wissenselement: die „Verschmelzung von Arbeit und Freizeit" (Feldzitat).

Ein Update des ursprünglichen Funktionsumfangs, das u. a. auf die Empfehlung eines Investors zurückging, fügte der App Features hinzu, die Anwenderinnen und Anwendern ihr eigenes Mediennutzungsverhalten statistisch detailliert aufschlüsselten und in Gestalt visueller Abbildungen darstellten. Damit war gleichzeitig impliziert, dass Userinnen und User eingehende Informationen und Signale und Datenpakete spezifischer Anwendungen – und damit auch ihre eigenen Alltagsgewohnheiten – gezielt *regulieren*. Ein erheblicher Teil der Nutzenden orientierte sich an diesen Abbildungen und griff die Informationen als Ressource auf, um das eigene Medienhandeln in den Blick zu nehmen und – auf Basis der Informationen

---

[6]Aus Gründen der Anonymisierung wird hier auf die Nennung des Unternehmensnamens verzichtet.
[7]Vgl. zu diesem Fallbeispiel auch Kirschner (2017).

der App – anzupassen. Ein Teil der Inanspruchnahme der neuen Produktversion korrespondierte mit der Problemkonstruktion und der angebotenen Lösung, das eigene Medienhandeln informationsbasiert anzupassen (statt lediglich automatisch zu ‚blockieren' und zu ‚filtern'). Der Kommerzialisierungsstrategie zuwider lief allerdings, dass die Zahl derjenigen zunahm, die im Zuge ihrer reflektierten und modifizierten Mediennutzung sukzessive auf die ‚Dienste' der App verzichteten. Denn gesammelte Nutzungsdaten, die wiederum an Dritte (Investoren) übermittelt wurden (und werden), stellten eine wesentliche Einnahmequelle der App-Anbietenden dar, die nun durch die massenweise Nicht-Nutzung erheblich gefährdet wurde.

In Reaktion auf die zunehmende Nicht-Nutzung hat der Funktionsumfang der App unlängst eine erneute Erweiterung erfahren. Mittels sogenannter „Gamification-Maßnahmen" (Feldzitat) sollen Userinnen und User an die stetige Nutzung der App gebunden werden, um zu verhindern, dass der Erfolg der ursprünglichen Produktidee weiterhin das Geschäftsmodell unterminiert. Weitere „Gamification-Maßnahmen" finden sich mittlerweile auch in anderen Bereichen des Angebots, z. B. dadurch, dass ausgewählte „Erfolgsstories" (Feldzitat) eingebunden werden. Mit der Aussicht auf einen Gewinn werden Nutzende angeregt, ihren durch die Nutzung dieser Blocking-App ausgelösten (Regulierungs-)Erfolg an die Geschäftstreibenden schriftlich in Gestalt kleinerer ‚Stories' zurückzumelden, um diese wiederum auf der Webseite platzieren und über andere Social-Media-Kanäle wie *Twitter* oder *Facebook* gezielt verteilen zu können. Pointiert lässt sich damit zusammenfassen: *Bestand das ursprünglich erklärte Ziel der Anbietenden und der Zweck der App darin, die Nutzenden vom Bildschirm zu lösen, resultierte die fortlaufende Kommerzialisierung des Produktes im Verein mit der unvorhergesehenen Nutzung zwischenzeitig dahin, Nutzende gezielt an den Bildschirm zu binden.*

Die betrachteten und – wie im Fall der Blocking-App – über die Zeit z. T. erheblich modifizierten Geschäftsmodelle verweisen auf Momente der Unabgeschlossenheit, die aus der engen Verwobenheit von (De-)Mediatisierungsmaßnahmen und der Tragfähigkeit von Geschäftsmodellen resultieren: Sind erfolgsversprechende Maßnahmen der Monetarisierung und Wettbewerbsstrategien in den letzten Jahren unmittelbar an medientechnologische Bedingungen geknüpft worden, so erhoffen sich Geschäftstreibende gleichzeitig Gewinn daraus, dass sie die Entwicklungen, die mit diesen avancierten Medientechnologien verbunden sind, kritisieren und in Gestalt von Produkten und Diensten Gegenentwürfe installieren. In den vier aufgegriffenen Feldern stellen Formen eines vollständigen Mediennutzungsverzichts oder reaktionistische Maßnahmen (im Verstande ‚guter alter Zeiten') *keine* dominanten Strategien dar, wie dies ein flüchtiger Blick auf Gegenbewegungen – abseits ökonomischer Akteure – vermuten ließe. Ebenso wenig handelt es sich bei De-Mediatisierung jedoch um eine reine

Marketingstrategie, bei der bestehende Dienste und Produkte lediglich durch zeitgeistige Erzählungen kulturell aufgeladen werden.[8]

3 Rückkopplungseffekte, Nebenfolgen und Ambivalenzen: Zur Brüchigkeit von Mediatisierungsprozessen

Die Einsichten aus der aktuellen Projektphase geben Anlass dazu, „Mediatisierungsschübe" (Hepp und Pfadenhauer 2014, S. 236) bzw. „pushes" und „jumps" (Hepp 2012, S. 13 f.) nicht als (exogene) Kontextfaktoren, sondern als generative (endogene) Momente von Mediatisierungsprozessen, die in beschriebener Weise sozioökonomisch verfasst sind, zu verstehen, da sie auf komplexe *Wechselwirkungsprozesse* verweisen, die nicht erst nach dem offiziellen Angebot eines (technischen) Produktes bzw. eines digitalen Mediums einsetzen. Ohne Frage ist es notwendig, Mediatisierung als etwas zu begreifen, „was primär in der Perspektive der Menschen in der Gesellschaft theoretisch gefasst und empirisch untersucht werden muss, und nicht als etwas, das – wie bisher in der Kommunikationswissenschaft üblich – von den Medien und den Medieninstitutionen her gedacht und verstanden werden kann" (Krotz 2015, S. 442). Dennoch, dies ist bereits einleitend diskutiert worden, stellen auch Relevanzen, Erwartungen und Erzeugungsaktivitäten von Anbietenden und Entwickelnden nicht nur eine – wenngleich wichtige – Randbedingung für Prozesse der Mediatisierung dar. Sie sind nicht nur „Zaungäste, die der außerorganisationalen Konstruktion ihrer Erzeugnisse (…) nach getaner Arbeit schlicht beiwohnen (müssen)" (Grenz 2017, S. 179), sondern sie beobachten vermittels durchgesetzter, neuer betrieblicher Vergewisserungspraktiken (z. B. qua Nutzungsdaten) Mediatisierungsindizien und greifen sie rekursiv in digitalen Netzmedien auf, die in ihrer permanenten Unabgeschlossenheit auf eine neuartige Qualität von Materialität verweisen (vgl. Grenz 2017; Pfadenhauer et al. 2016).

Die Wechselwirkungen, die sich durch die und an den digitalen Medien der alltäglichen Lebensverrichtung manifestieren, ereignen sich in deren laufendem Betrieb, und dies mit gleichsam ‚reflexartiger' Geschwindigkeit (siehe unten). Hierbei greifen unterschiedliche Konstruktionsmomente zeitlich ineinander: Prozesse der organisationalen Konstruktion von Medien, der außerorganisationalen

---

[8]Dies trifft auf eine Reihe gegenwärtiger Angebote wie etwa den sogenannten ‚offline Tourismus' zu, bei denen das bestehende Angebotsspektrum durch ‚dis-connection'-Narrationen aufgewertet werden soll.

Konstruktion und schließlich der organisationalen Re-Konstruktion. Die 1) *organisationale Konstruktion* umfasst unterschiedliche Elemente der Kommodifizierung des neuen Mediums (vgl. Silverstone und Haddon 1996, S. 63), worunter die technische Entwicklung, das konkrete Design und die Festlegung bestimmter Regulative fallen. Sie sind Ausdruck der von Anbietenden vorgesehenen Verwendungsweisen. Bestimmte Aneignungsweisen und Deutungen Dritter können allerdings davon abweichen, und dies gar in einer Weise, dass sie damit potenziell auch die zugrunde gelegte Logik von Wertschöpfungsmodellen beeinflussen. Nur insofern verlieren diese Medien(-technologien) gewissermaßen ihre Verbindung zu denjenigen, die diese ursprünglich konstruierten (vgl. bereits Orlikowksi 1992, S. 406) und geraten in einen Prozess der 2) *außerorganisationalen Konstruktion* (vgl. auch Russel und Williams 2002). Als entscheidend dafür, dass Anbietende Anpassungs- und Gegenmaßnahmen im Verstande 3) *organisationaler Re-Konstruktionen* ergreifen, erweist sich die zugeschriebene Eingriffstiefe (vgl. Dolata 2007) unvorhergesehener Aneignungen in die vorgesehenen Verwendungsweisen bereitgestellter Medien und in Modelle der Gewinnschöpfung. Im Zentrum dieser generativen Dynamik stehen Feedbackschleifen zwischen Gestaltung und Nutzung, die immer enger getaktet sind und einen in ökonomischer Hinsicht schwer zu ignorierenden Aufforderungscharakter entwickeln, dem Entwickelnde durch permanente Modifikation der Inszenierung *und* der Features ihrer Produkte (d. h. digitaler Medien) beizukommen versuchen (vgl. hierzu auch Seal et al. 2004, S. 77).

Wie schon erwähnt, müssen unsere Beobachtungen, wie die im herangezogenen Fallbeispiel der Blocking-App, mit Eigenschaften heutiger Digitaltechnologien verbunden werden (vgl. Schäfer 2009). Unsere Einsichten schließen an die seinerzeit noch eher abstrakten Überlegungen von Scott Lash (2003) an, der reflexivmoderne Gegenwartsgesellschaften durch ein Dis-Equilibrium einstmals stabiler Zusammenhänge bzw. eine konstante Destabilisierung ebenjener gekennzeichnet sieht. Im Zentrum seiner Überlegungen stehen informationstechnologisch erzeugte „feedback loops" (Lash 2003, S. 50), wie die an unseren Fällen aufgewiesenen Rückkopplungseffekte, die eine permanente Veränderungsaufforderung mitführen, die im Zuge der umfassenden Technisierung des Alltags letztlich alle heutigen Lebensbereiche betrifft. Lash nimmt hierbei begrifflich Anleihe bei Manuel Castells (2010, S. 31), der konstatiert: „The feedback loop between introducing new technology, using it, and developing it into new realms becomes much faster and the new technological paradigm". Die ‚Non-Linearität', wie wir sie damit u. a. im Anschluss an Lash konstatieren und als wesentliches Charakteristikum von Mediatisierungsprozessen ausgewiesen haben, legt den Schluss einer „chronische[n] Nebenfolgenanfälligkeit" mediatisierter Handlungsfelder nahe (Grenz et al. 2014,

S. 89; Grenz und Eisewicht 2015). Als Nebenfolgen erscheinen dabei weniger gesamtgesellschaftliche Kollateraleffekte, sondern der Umstand, dass Akteure (hier: Anbietende und Dienstleisterinnen bzw. Dienstleister) in erheblicher Weise und permanent mit der Bearbeitung nicht-intendierter Nebenfolgen ihres erfolgreichen Handelns beschäftigt sind, sodass „die Bearbeitung der Nebenfolgen mehr Aufmerksamkeit und Aufwand erfordert als das ursprüngliche Handlungsprogramm" (SFB 536, zit. n. Schimank 2009, S. 80).[9] So konstatiert Holzer (2006, S. 64): „Nicht Zielerreichung, aber auch nicht Partizipation, sondern vor allem Reversibilität [ist das] Kriterium gesellschaftlich-rationalen Entscheidens".

In den unvorhersehbaren, ‚verästelten' Verläufen, die also der medieninduzierte Wandel von Kultur einschlägt, schwingt ein kontinuierliches Moment mit (vgl. dazu und im Folgenden Grenz und Pfadenhauer 2017): Mediatisierung entfaltet sich als verschränkte (Fort-)Entwicklung menschlicher Fähigkeiten und Wissensbestände, sozialer Strukturen und Technologien und damit im Verstande eines „cultural progress" (Rusch 2008, S. 99). Oder anders formuliert: Kommerzialisierung, Medientechnologieentwicklung und -verbreitung sowie die alltägliche Aneignung erweisen sich als zusammenhängende Elemente eines Mediatisierungsprozesses, der zwar nicht linear verläuft, sich aber als ungebrochen bzw. fortlaufend darstellt. So verwundert es nicht, dass Studien, die den Zusammenhang von Medien-, Kultur- und Gesellschaftswandel thematisieren, in der Regel der modernisierungstheoretischen Figur der Entgrenzung folgen, insofern sie vielfältige, empirisch wohl fundierte Einsichten dazu liefern, dass und wie sich Handeln und Entscheiden sukzessive altbekannter sozialer, räumlicher und zeitlicher Strukturierungsdimensionen verweigern (vgl. u. a. Schulz 2004, S. 89; Kaun und Fast 2014).

Es lässt sich fragen, ob, und wenn ja, inwiefern, größere Brüche oder Wendepunkte im nebenfolgenanfälligen Prozess einer dergestalt kontinuierlichen „Weiter-So-Mediatisierung" zu berücksichtigen sind (vgl. Pfadenhauer und Grenz 2014, S. 13; Grenz und Pfadenhauer 2017). Neben der gegenstandsbezogenen Fragestellung besteht hierin das weiterführende, (modernisierungs-)theoretische Interesse der dritten Phase des Teilprojekts. Unsere Einsichten legen es derzeit nahe, ‚zeitgeistige' Problembearbeitungen und -lösungen als *zeitweilige*

---

[9]Ein solcher Modus der dauerhaften ‚Selbstkonfrontation' stellt in der Diskussion um *Reflexive Modernisierung* das zentrale Movens für gegenwärtige Erscheinungsweisen nonlinearen, gesellschaftlichen Wandels dar (vgl. Beck in Voß und Kemp 2006), das seinen Ausdruck in fortwährenden (Entscheidungs-, Strategie-, Produkt-)Revisionen findet und in unterschiedlichen gesellschaftlichen Feldern auszumachen ist (vgl. Holzer 2006, S. 64).

Gegenentwürfe in einem prinzipiell voranschreitenden Prozess zu gewärtigen. Sie scheinen zunächst nicht markant aus dem Zirkel aus Problemerzeugung, Problemlösung, Problemerzeugung usw. auszubrechen (vgl. zu diesem „cycle" Voß und Kemp 2006).

Zusammenfassend lässt sich festhalten, dass der mit Mediatisierung gemeinte Wandel nicht adäquat als einmalige historische Transition beschrieben ist, auch nicht etwa als ein Übergang von nicht-medienbasiertem zu medienbasiertem Handeln sich ereignet (vgl. Schulz 2004). Aber es erscheint mittlerweile, vor dem Hintergrund unserer Projekteinsichten, als ebenso fraglich, ob es durchweg hilfreich ist, von etwaigen Richtungen des Wandels, von Stufen oder Phasen (oder gar epochalen Brüchen) auszugehen. Herausforderungen ergeben sich vielmehr dahin gehend, die *prinzipielle Brüchigkeit* mediatisierter Welten im Verstande einer limitierten Halbwertszeit von Wissen, Routinen und Materialität zum Gegenstand zu machen (vgl. Pfadenhauer et al. 2016; Grenz 2017; vgl. auch Kirschner 2017). *Eine* mögliche Spur finden wir in unserer laufenden Forschung zu Praktiken und Tendenzen der De-Mediatisierung: Angebotene Lösungen auf je definierte Mediatisierungsprobleme, wie z. B. die Gleichzeitigkeit von Medienverzicht und Medienaktivität, verweisen darauf, dass es notwendig wird, die Simultanität bislang als einander ausschließend gedachter Vorgänge analytisch zu berücksichtigen.[10]

4 Von der Technikeinflechtung zur spannungsgeladenen Wechselwirkung (Phase 1 und Phase 2)

Gegenstand der ersten Phase des Teilprojektes (2010–2013) war die Frage, wie Anbietende durch die gezielte Verschränkung von Handlungsräumen mit Medien(-technologien) nicht-medienbasiertes Handeln in medienbasiertes Handeln verändern. Die ethnografisch-prozessbegleitende Forschung in Unternehmen förderte einen Modus der *sukzessiven* Technikeinflechtung (vgl. Pfadenhauer

---

[10]Mit solchen Überlegungen, die z. B. dazu angetan sind, diese wie auch andere Einsichten unserer aktuellen Forschung als Hinweise auf einen „bereichsspezifische[n] Pluralismus" (Beck et al. 2004, S. 33) zu deuten, schließen wir an Feststellungen zur „Verflechtung von Kontinuität und Bruch" an (Beck et al. 2004, S. 20 f.). Es sind diese Schritte der Theoriearbeit, mit denen wir derzeit und in der kommenden Zeit Mediatisierung auf ihre Qualität als Teilprozess in der „ambivaloxe[n] Dialektik der Modernisierung" hin befragen (Degele und Dries 2005, S. 23 ff.).

und Grenz 2014) zutage, bei der Medien keineswegs nur den Vorstellungen der Betreibenden und Entwicklerinnen bzw. Entwickler folgend (aus-)gestaltet werden. Digitale Medien des Web 2.0, wie Online-Plattformen, digitale Dienste und deren affordante Features, erwiesen sich im empirischen Zugriff als permanent ‚unabgeschlossen', und dies deswegen, weil sie fortwährend mittels Nutzungsdaten hinterfragt und im laufenden Betrieb justiert wurden. Als Grundlage dafür identifizierten wir einen Doppelcharakter digitaler Medien für Anbietende: Sie sind einerseits flexible kommerzielle Angebote und dienen andererseits als differenzierte Beobachtungsinstrumentarien. Der durch den ständigen Informationsfluss evozierte „Anpassungsdruck" (Pfadenhauer und Grenz 2014, S. 12; Grenz 2014, S. 42) erwies sich im Rahmen dieser Forschungsphase als eine Konsequenz der auf Dauer gestellten und medientechnologisch ermöglichten Selbst- und Fremdbeobachtung unternehmerischen Handelns (vgl. auch Grenz et al. 2014). Der Schwerpunkt der Erkenntnisse der ersten Teilprojektphase findet sich darin, dass, inwiefern und bezogen worauf Anbietende die Konsequenzen medienbezogener Maßnahmen nur bedingt antizipieren können. Dass sich also der Funktionsumfang der betrachteten digitalen Medien sowie geschäftsmodellbezogene Konzepte permanent ändern, das ist nicht in erster Linie darauf zurückzuführen, dass es sich bei den Unternehmen um ‚innovation driven companies' handelt, sondern darauf, dass hier Akteure fortwährend damit beschäftigt sind, unvorhergesehene Mediatisierungskonsequenzen zu bearbeiten, wie sie u. a. mit der gezielten Einbindung aktiver Nutzender in Wertschöpfungsprozesse einhergehen (vgl. Pfadenhauer und Grenz 2012a; Pfadenhauer 2014b; Hepp und Pfadenhauer 2014).

Die zweite Phase des Teilprojekts (2013–2015) schloss an die Ergebnisse zur Dynamik von Geschäftsmodellen und Medienumgebungen an. Insbesondere richtete sich das Interesse darauf, nicht-vorhergesehene und nicht-intendierte Mediatisierungskonsequenzen, die schon in der ersten Forschungsphase durch die Feldakteure relevant gemacht wurden, empirisch sowie theoretisch zu vertiefen. In den Feldern *Online Poker* und *Application Stores* folgten wir der Spur, dass medieninduzierte Sprünge in sozialen Welten in erheblicher Weise auf nicht-intendierten Effekten basieren, die Anbietende unvorhergesehen in Gang setzen, wenn sie digitale Medientechniken in Handlungsfelder einflechten. Uns interessierte, wie Medientechniken angeeignet wurden, ob, wann und wie seitens der Firmen, die sie entwickelten und angeboten haben, auf problematische Aneignungen reagiert wird, wie also diese Aneignungen auf Unternehmens- und Produktstrategien zurückwirken. Im Zentrum des Interesses dieser Forschungsphase befand sich somit das dynamische Ineinandergreifen von Konzeption, Angebot, Nutzung, Aneignung und Anpassung, das wir schließlich als *Wechselwirkung* einer Vielzahl unterscheidbarer, unterschiedlich motivierter Akteure verstanden (vgl. Pfadenhauer und Grenz 2014). Weil Aneignungen weder losgelöst von den bereitgestellten Medienumgebungen, ihren Eigenschaften und Regulativen (vgl. dazu auch Schäfer 2009) noch anbieterseitige Interventionen losgelöst von den konkreten Weisen der inoffiziellen Nutzung erfolgen, galt Strukturvarianten der Wechselwirkung aus Angebot, Aneignung und Reaktionsweisen besonderes Interesse. Es zeigte sich, dass die Entwicklungsverläufe des Online-Pokers als auch der App-Stores bis hin zu ihrer heute verbreiteten Gestalt durch verschiedene Strukturvarianten gekennzeichnet sind (vgl. Grenz 2013). Diese Ergebnisse weisen darauf hin, dass materiale Aneignungen nicht (mehr) nur (teilkulturelle) Randphänomene darstellen, sondern dass diese Aktivitäten in die sozio-ökonomische und sozio-technische „fabric of culture" (Hepp et al. 2010, S. 223), d. h. in die Mediatisierung sozialer Welten eingelassen sind.

5 Ausgewählte Anknüpfungspunkte: Geschäftsmodelle und Reflexivität

Das Teilprojekt knüpft an Theorien, (offene) Fragen und Themen der Soziologie an, von denen hier lediglich schlaglichtartig auf die Eckpfeiler geblickt werden kann. Einen bedeutsamen Ausgangspunkt stellt der Rückgriff auf die Konzepte der *Institutionalisierung, Objektivierung* und *Objektivation* dar, mit denen wir die Fruchtbarkeit unserer wissenssoziologischen Perspektive für Mediatisierung aufgezeigt und weiterentwickelt haben. Da im Beitrag bereits die Grundzüge der Perspektive der neueren Wissenssoziologie und innerfachliche Anschlüsse dargelegt wurden,[11] sollen an dieser Stelle nunmehr *zwei soziologische Themenfelder und Weiterentwicklungen* gesondert herausgestellt werden:

Im Teilprojekt war eine frühe konzeptionelle und ebenso empirische Bestimmung von *Geschäftsmodellen* notwendig. Die Notwendigkeit einer Klärung ergab sich nicht nur aus ganz praktischen Fragen der zumindest sensibilisierenden Gegenstandsbestimmung heraus, sondern war auch deshalb erforderlich, weil eine (wissens-)soziologische Konzeption von Geschäftsmodellen – neben einer fruchtbaren Debatte zum Entstehen von Strategie (vgl. von Arx 2008) – bis dato keine nennenswerte Beschäftigung erfahren hatte. Gleichermaßen legten bereits erste Feldaufenthalte im Sinne des prozessorientierten Zugangs die Limitierungen konventioneller Definitionen aus der (Betriebs-)Wirtschaftslehre nahe, insofern

---

[11]Neben der wissenssoziologischen Grundlegung betrifft dies u. a. die Dienstleistungssoziologie und dort insbesondere die ‚Social Science Service Research', die sozialwissenschaftliche Innovationsforschung und die sozialkonstruktivistische Technikforschung.

Geschäfts*modelle* keineswegs als statische Momente betrachtet werden können, wie dies der Modell-Begriff nahelegt. Es ist das Ziel der prinzipiellen Vergleichbarkeit, weshalb einschlägige Definitionen aus der wirtschaftswissenschaftlichen Literatur auf diese statischen Momente abheben: Den Kern dieser Modelle, die hinsichtlich der in die Zukunft gerichteten Annahme über Umsatz, Gewinn und Marktentwicklung grundsätzlich unter Bewährungsdruck (d. h. sogenannter Tragfähigkeit) stehen, stellt demnach ein Konzept dar zum Zusammenhang von Wert, d. h. welcher Nutzen in ein Produkt oder eine Leistung eingeschrieben und angeboten wird, und der Entstehung dieses Wertes, d. h. wie, in welchen Prozessen und Abfolgen von Aktivitäten, unter Einbeziehung welcher Akteure dieser entsteht, also Wertschöpfung geschieht (vgl. u. a. Haasis 2008, S. 6 f.).

Auf der Grundlage erster empirischer (insbesondere ethnografischer) Einsichten und ausgehend von organisationssoziologischen Arbeiten und solchen, die auf unternehmerisches Handeln blicken (vgl. u. a. Brosziewski 1996; vgl. detailliert Grenz 2017, S. 79 ff.), ist schließlich zunächst eine empirische Heuristik bestimmt worden, nach der Geschäftsmodelle in Form eines Konzepts niedergelegte oder in einer Grafik dargestellte oder auch nur diskursiv wiederholte Annahmen darüber bezeichnen, wie eine Unternehmung in einem bestimmten Zeitraum Umsatz erwirtschaften und Gewinn erzielen soll (vgl. dazu Pfadenhauer und Grenz 2012a, S. 103). Ein handlungstheoretisches Verständnis von Geschäftsmodellen kann schließlich auf folgende Definition gebracht werden: *Geschäftsmodelle sind Kombinationen aus einem Deutungsrahmen und einem typischerweise nur auf eine gewisse Zeitspanne hin angelegten und kollektiv verbindlichen Handlungsplan für strategisches unternehmerisches Handeln*. Eine solche Perspektive ist damit weniger in der herkömmlicherweise mit dem Begriff assoziierten ‚Abgeschlossenheit' verhaftet, sondern setzt vielmehr am (permanenten) kommunikativen Entstehen und Hervorbringen an, womit nicht in erster Linie die wissenssoziologisch eher betonten Repetitionen, Gewohnheiten und Routinen, sondern Anlässe und Formen des „Wissenserwerbs" in den Blick geraten (vgl. Brosziewski 1999). Von diesem Fokus auf ‚Ereignisse' des Wissenserwerbs, die wesentlich durch „wechselseitiges Wirkhandeln" an und mit digitalen Medien evoziert werden (Pfadenhauer und Grenz 2014, S. 14), geht schließlich auch das in diesem Beitrag präsentierte und diskutierte Verständnis von Mediatisierungsschüben aus (vgl. Abschn. 3 und 4).

Mit einem solcherart empirisch fundierten und konzeptionell eingefassten Verständnis der Entscheidungen und Maßnahmen von Anbietenden als ein „Handeln unter Unsicherheit" schließen wir an die – nicht nur innerfachliche thematisierte – „Theorie der reflexiven Modernisierung" an (Böhle und Weihrich 2009; vgl. Berger und Hitzler 2010; Böschen et al. 2006). Eine Diskussion von Mediatisierung im Rahmen der Theorie *Reflexiver Modernisierung* ist erst seit unlängst mit der

Identifikation und Beschreibung möglicher Charakteristika der *Reflexiven Mediatisierung* aufgenommen worden (vgl. u. a. Grenz et al. 2014; Möll und Hitzler in diesem Band).

Eine Kerneinsicht innerhalb des Teilprojektes ist es, dass Anbietende, wie in Abschn. 2 und 3 dargelegt, in erheblicher Weise damit befasst sind, die unvorhergesehenen, zuweilen nicht-intendierten Folgen ihres ökonomischen Handelns zu bearbeiten; sie sehen sich zu permanenten Revisionen veranlasst. In der Theorie Reflexiver Modernisierung wird ebenjener ‚Modus' der dauerhaften Selbstkonfrontation als Movens für einen non-linearen gesellschaftlichen Wandel angesehen (vgl. Böschen et al. 2006, S. 24 ff.). Reflexivität, im Verstande der Theorie Reflexiver Modernisierung, zeigt sich aber auch darin, dass nicht-intendierte Konsequenzen erfolgreicher kultureller, politischer, ökonomischer Maßnahmen erprobte Entscheidungs- und Handlungslogiken infrage stellen, insofern die Konsequenzen – einem Reflex gleich – zurückgeworfen werden. Dies lässt „quick decisions", die im Hinblick auf ihre Antwortgeschwindigkeit geradezu reflexartig erfolgen, zur Symptomatik für ein Handeln werden, das keine, oder noch keine neuen Lösungen für neue Probleme in Anschlag bringen kann (Lash 2003, S. 51).

Schließlich haben sich über die Teilprojektphasen hinweg die Hinweise darauf gemehrt, dass – erkannte und insofern als solche definierte – Nebenfolgen medientechnologischen Fortschritts und normalisierten Medienhandelns in mediatisierten Welten zum Gegenstand veränderungsorientierten Alltagshandelns und unternehmerischer Strategien werden. So kann also abschließend pointiert werden: Mediatisierung in ihren wahrnehmbaren Konsequenzen bzw. Begleiterscheinungen wird dergestalt offenbar von einem latenten Hintergrundprozess zu einem manifesten und problematisierten Thema – und dies sowohl für Menschen, die tagtäglich medienbezogen handeln (d. h. etwa Nutzende sogenannter Social Media) als auch für solche, die Optionen für dieses Handeln bereitstellen (d. h. Anbietende in Gestalt von Betreibenden und Entwickelnden). Mediatisierung wird damit in einem doppelten Sinne ‚reflexiv': mit Blick auf nicht-intendierte Nebenfolgen, die Handlungsfelder infolge eigentlich erfolgreichen (wirtschaftlichen) Handelns prägen. Als Effekte können sie evident und zum Gegenstand der Konstruktion von alternativen „Mediatisierungspfaden" werden (vgl. Krotz 2017). Mediatisierung und, damit in beschriebener Weise verzahnt, informations- und kommunikationstechnischer Fortschritt, sind keineswegs unaufhaltsame und ‚logische' Prozesse, die wie eine „Fortschrittsautomatik" (Beck 1988, S. 259) schlichtweg voranschreiten. Vielmehr beobachten wir vielfache Weichenstellungen, die keineswegs nur juristisch-politischer Art sind und sich nicht selten an der Schnittstelle von Meso-Akteuren (wie Unternehmen) und Endnutzerinnen bzw. -nutzern ereignen.

Literatur

Altheide DL, Snow RP (1988) Toward a theory of mediation. In: Anderson JA (Hrsg) Communication yearbook, 11. Sage, London u. a., S 194–223

Averbeck-Lietz S (2015) Soziologie der Kommunikation. Die Mediatisierung der Gesellschaft und Theoriebildung der Klassiker. De Gruyter, Berlin/Boston

Beck U (1988) Gegengifte. Die organisierte Unverantwortlichkeit. Suhrkamp, Frankfurt am Main

Beck U, Bonß W, Lau C (2004) Entgrenzung erzwingt Entscheidung: Was ist neu an der Theorie reflexiver Modernisierung? In: Beck U, Lau C (Hrsg): Entgrenzung und Entscheidung. Was ist neu an der Theorie reflexiver Modernisierung? Suhrkamp, Frankfurt am Main, S 13–62

Berger PA, Hitzler R (2010) Individualisierungen. Ein Vierteljahrhundert „jenseits von Stand und Klasse"? Springer/VS, Wiesbaden

Berger PL, Luckmann T (1969) Die gesellschaftliche Konstruktion der Wirklichkeit. Fischer, Frankfurt am Main

Blumer H (1971) Social problems as collective behavior. Social Problems 18:289–306

Böhle F, Weihrich M (2009) Ungewissheit, Uneindeutigkeit, Unsicherheit – Braucht die Theorie reflexiver Modernisierung eine neue Handlungstheorie? In: Böhle F, Weihrich M (Hrsg) Handeln unter Unsicherheit. Springer/VS, Wiesbaden, S 9–21

Böschen S, Kratzer N, May S (2006) Einleitung: Die Renaissance des Nebenfolgentheorems in der Analyse moderner Gesellschaften. In: Böschen S, Kratzer N, May S (Hrsg) Nebenfolgen. Analysen zur Konstruktion und Transformation moderner Gesellschaften. Velbrück, Weilerswist, S 7–38

Bolin G (2014) Institution, technology, world: Relationships between the media, culture, and society. In: Lundby K (Hrsg): Mediatization of communication. De Gruyter, Berlin, S 175–189

Brosziewski A (1996) Unternehmerisches Handeln in moderner Gesellschaft – Persönliche Interessen am wirtschaftlichen Risiko aus wissenssoziologischer Perspektive. Universitätsdissertation, St. Gallen. Difo-Druck, Bamberg

Brosziewski A (1999) Wissen über Wissen – Zusammenhänge zwischen Wissensökonomie und Wissenssoziologie. In: Schwaninger M (Hrsg) Intelligente Organisationen. Duncker & Humblot, Berlin, S 327–338

Castells M (2010) The rise of the network society. Wiley-Blackwell, Malden MA

Couldry N (2014) Mediatization and the future of field theory. In: Lundby K (Hrsg) Mediatization of communication. De Gruyter, Berlin/Boston, S 227–245

Deacon D, Stanyer J (2014) Mediatization: key concept or conceptual bandwagon. Media, Culture & Society 36:1032–1044

Deacon D, Stanyer J (2015) ‚Mediatization and' or ‚Mediatization of'? A response to Hepp et al. Media, Culture & Society 37:655–657

Degele N, Dries C (2005) Modernisierungstheorie. Eine Einführung. Fink, München

Dolata U (2007) Technik und sektoraler Wandel. Technologische Eingriffstiefe, sektorale Adaptionsfähigkeit und soziotechnische Transformationsmuster. MPIfG Discussion Paper 07/03. http://www.econstor.eu/obitstream/10419/19940/1/dp07-3.pdf. Zugegriffen: Juli 2016

Flecker J, Pfadenhauer M, Grenz T, Schörpf P (2016) Gesellschaftlicher Wandel im Zeitalter des Internet: Digitalisierung der Arbeit und Mediatisierung sozialer Welten. In: Tomaschek N, Fritz J (Hrsg) Gesellschaft im Wandel. Bd. 5 der Reihe: University – Society – Industry. Beiträge zum lebensbegleitenden Lernen und Wissenstransfer. Waxmann, Münster, S 60–79

Foot K (2014) The online emergence of pushback on social media in the United States: A historical discourse analysis. International Journal of Communication 8:1313–1342

Freelon D (2014) On the interpretation of digital trace data in communication and social computing research. Journal of Broadcasting & Electronic Media 58:59–75

Grenz T (2013) Reflexive mediatization? Insights into the frictional interplay between customers and providers. Working Paper, Karlsruher Institut für Technologie

Grenz T (2014) Digitale Medien und ihre Macher: Mediatisierung als dynamischer Wechselwirkungsprozess. In: Grenz T, Möll G (Hrsg) Unter Mediatisierungsdruck. Änderungen und Neuerungen in heterogenen Handlungsfeldern. Springer/VS, Wiesbaden, S 19–50

Grenz T (2016) Trajektorien rekonstruieren – am Beispiel „In-App-Purchase-Hack" In: Burzan N, Hitzler R, Kirschner H (Hrsg) Materiale Analysen. Methodenfragen in Projekten. Springer/VS, Wiesbaden, S 289–304

Grenz T (2017) Mediatisierung als Handlungsproblem: Eine wissenssoziologische Studie zum Wandel materialer Kultur. Springer/VS, Wiesbaden

Grenz T, Eisewicht P (2015) Outlaws in App Stores: Die Nebenfolgenanfälligkeit digitaler Dienste als blinder Fleck der Service Science. AIS Studien 8, Schwerpunktheft „Tertiarisierung der Gesellschaft", S 76–94

Grenz T, Möll G (2014) Zur Einleitung: Mediatisierung von Handlungsfeldern. In: Grenz T, Möll G (Hrsg) Unter Mediatisierungsdruck. Änderungen und Neuerungen in heterogenen Handlungsfeldern. Springer/VS, Wiesbaden, S 1–16

Grenz T, Pfadenhauer M (2017) De-Mediatisierung. Diskontinuitäten, Non-Linearitäten und Ambivalenzen im Mediatisierungsprozess. In: Pfadenhauer M, Grenz T (Hrsg) De-Mediatisierung. Diskontinuitäten, Non-Linearitäten und Ambivalenzen im Mediatisierungsprozess. Springer/VS, Wiesbaden, S 3–23

Grenz T, Möll G, Reichertz J (2014) Zur Strukturierung von Mediatisierungsprozessen. Überlegungen zu einer Theorie der reflexiven Mediatisierung am Beispiel von Poker, Fitness und Rechtsmedizin. In: Krotz F, Despotović C, Kruse M-M (Hrsg) Die Mediatisierung sozialer Welten. Synergien empirischer Forschung. Springer/VS, Wiesbaden, S 73–91

Haasis H-D (2008) Produktions- und Logistikmanagement: Planung und Gestaltung von Wertschöpfungsprozessen. Gabler, Wiesbaden

Hall S (1999) Kodieren/Dekodieren. In: Bromley R, Göttlich U, Winter C (Hrsg) Cultural Studies. Grundlagentexte zur Einführung. Zu Klampen, Lüneburg, S 92–110

Hepp A (2012) Mediatization and the ‚molding force' of the media. Communications: The European Journal of Communication Research 37:1–28

Hepp A (2013a) The communicative figurations of mediatized worlds: Mediatization research in times of the ‚mediation of everything'. European Journal of Communication 28:615–629

Hepp A (2013b) Mediatisierung von Kultur: Mediatisierungsgeschichte und der Wandel der kommunikativen Figurationen mediatisierter Welten. In: Hepp A, Lehmann-Wermser A (Hrsg) Transformationen des Kulturellen. Prozesse des gegenwärtigen Kulturwandels. Springer/VS, Wiesbaden, S 179–199

Hepp A, Krotz F (2012) Mediatisierte Welten: Forschungsfelder und Beschreibungsansätze – Zur Einleitung. In: Krotz F, Hepp A (Hrsg) Mediatisierte Welten. Forschungsfelder und Beschreibungsansätze. Springer/VS, Wiesbaden, S 7–23

Hepp A, Pfadenhauer M (2014) Mediatisierte Partizipation? Kleine Formen der Beteiligung jenseits von Medienlogik. In: Krotz F, Despotović C, Kruse M-M (Hrsg) Die Mediatisierung sozialer Welten. Synergien empirischer Forschung. Springer/VS, Wiesbaden, S 235–262

Hepp A, Hjarvard S, Lundby K (2010) Mediatization – empirical perspectives: An introduction to a special issue. Communications 35:223–228

Hepp A, Hjarvard S, Lundby K (2015) Mediatization: Theorising the interplay between media, culture and society. Media, Culture & Society 37:314–322

Hjarvard S (2008) The mediatization of society. A theory of the media as agents of social and cultural change. Nordicom Review 29:105–134

Holzer B (2006) Denn sie wissen nicht, was sie tun? Nebenfolgen als Anlass soziologischer Aufklärung und als Problem gesellschaftlicher Selbstbeschreibung. In: Böschen S, Kratzer N, May, S (Hrsg) Nebenfolgen. Analysen zur Konstruktion und Transformation moderner Gesellschaften. Velbrück, Weilerswist, S 39–64

Kaun A, Fast K (2014) Mediatization of culture and everyday life. Karlstad University Studies 13. http://sh.diva-portal.org/smash/get/diva2:698718/FULLTEXT02.pdf. Zugegriffen: 15. Mai 2016

Kirschner H (2017) Zurück zu den wirklich wichtigen Dingen – Blocking-Apps als milde Lösungen für problematisierte Mediatisierungstendenzen. In: Pfadenhauer M, Grenz T (Hrsg) De-Mediatisierung. Diskontinuitäten, Non-Linearitäten und Ambivalenzen im Mediatisierungsprozess. Springer/VS, Wiesbaden, S 225–236

Kirschner H, Schlechter M (2016) Risk construction and the individualization of risk work as a business model. Manuskript. 3rd ISA Forum of Sociology „The Futures We Want: Global Sociology and the Struggles for a Better World", Wien

Köhler B, David S, Blumtritt J (2010) The slow media manifesto. http://en.slow-media.net/manifesto. Zugegriffen: 18. Juli 2016

Krotz F (2007) Mediatisierung. Fallstudien zum Wandel von Kommunikation. Springer/VS, Wiesbaden

Krotz F (2015) Mediatisierung. In: Hepp A, Krotz F, Lingenberg S, Wimmer J (Hrsg) Handbuch Cultural Studies und Medienananlyse. Springer/VS, Wiesbaden, S 439–451

Krotz F (2017) Pfade des Mediatisierungsprozesses: Plädoyer für einen Wandel. In: Pfadenhauer M, Grenz T (Hrsg) De-Mediatisierung. Diskontinuitäten, Non-Linearitäten und Ambivalenzen im Mediatisierungsprozess. Springer VS, Wiesbaden, S 27–43

Lash S (2003) Reflexivity as non-linearity. Theory, Culture & Society 20:49–57

Linares NL (2016) Looking beyond the field: Development of the mediatization research agenda. Interview with Stig Hjarvard. Matrizes 10:93–106

Lundby K (2014) Introduction. In: Lundby K (Hrsg) Mediatization of communication. De Gruyter, Berlin/Boston, S 3–36

Lunt P, Livingstone S (2014) Mediatization: An emerging paradigm for media and communication research? In: Lundby K (Hrsg) Mediatization of communication. De Gruyter, Berlin/Boston, S 703–723

Lunt P, Livingstone S (2015) Is ‚mediatization' the new paradigm for our field? A commentary on Deacon and Stanyer (2014, 2015) and Hepp, Hjarvard and Lundby (2015). Media, Culture and Society 38:462–470

Martini M (2015) Big Data als Herausforderung für das Datenschutzrecht und den Persönlichkeitsschutz. In: Hill H, Martini M, Wagner E (Hrsg) Die digitale Lebenswelt gestalten. Nomos, Baden-Baden, S 99–169

Morrison S, Gomez R (2014) Pushback: The growth of expressions of resistance to constant online connectivity. iConference 2014 Proceedings:1–15

Orlikowski WJ (1992) The duality of technology: Rethinking the concept of technology in organizations. Organization Sciences 3:398–427

Oudshoorn N, Pinch T (2008) User-technology relationships: Some recent developments. In: Hackett EJ, Amsterdamska O, Lynch ME, Wajcman J (Hrsg) The handbook of science and technology studies. MIT Press, Cambridge, S 541–565

Pfadenhauer M (2014a) On the sociality of social robots. A sociology of knowledge perspective. Science, Technology & Innovation Studies 10:137–163

Pfadenhauer M (2014b) Kunden-Kompetenz vs. Professionalität. Zur Differenz zweier Begrifflichkeiten am Beispiel der Partizipation von Konsumenten an Geschäftsprozessen. In: Behnke C, Lengersdorf D, Scholz S (Hrsg) Wissen – Methode – Geschlecht: Erfassen des fraglos Gegebenen. Springer/VS, Wiesbaden, S 49–65

Pfadenhauer M, Grenz T (2012a) Mediatisierte Fitness? Über die Entstehung eines Geschäftsmodells. In: Krotz F, Hepp A (Hrsg) Mediatisierte Welten: Beschreibungsansätze und Forschungsfelder. Springer/VS, Wiesbaden, S 87–109

Pfadenhauer M, Grenz T (2012b) Anzeichen einer neuen Partizipationskultur? Zur Konsumentenrolle in mediatisierten Geschäftsmodellen. merz (medien + erziehung). Zeitschrift für Medienpädagogik, Themenheft 2012:17–32

Pfadenhauer M, Grenz T (2014) Strategische Mediatisierung und deren nicht-intendierte Konsequenzen. Tagungsband des 36. Kongresses der Deutschen Gesellschaft für Soziologie, Tagungs-CD, 1–18

Pfadenhauer M, Grenz T, Kirschner H (2016) Die Unabgeschlossenheit von Objektivation als blinder Fleck von Mediatisierungsforschung und Kommunikativem Konstruktivismus. Tagungsbeitrag „Braucht die Mediatisierungsforschung den Kommunikativen Konstruktivismus". Essen, 1. Juli 2016 (Manuskript)

Poferl A (2017) Kosmopolitische Erfahrung – Mediatisierung und De-Mediatisierung in einer globalisierten Welt. In: Pfadenhauer M, Grenz T (Hrsg) De-Mediatisierung. Diskontinuitäten, Non-Linearitäten und Ambivalenzen im Mediatisierungsprozess. Springer/VS, Wiesbaden, S 277–298

Ritchel M (2010) Growing up digital, wired for distraction. In: The New York Times, 21. November 2010

Rusch G (2008) Mediendynamik. Explorationen zur Theorie des Medienwandels. Navigationen 7:13–94

Russel S, Williams R (2002) Social shaping of technology: Frameworks, findings, and implications for policy with a glossary of social shaping concepts. In: Sorensen K, Williams R (Hrsg) Shaping technology, guiding policy: Concepts, spaces & tools. Edward Elgar, Cheltenham, S 37–131

Schäfer TM (2009) Participation inside? User activities between design and appropriation. In: van den Boomen M, Lammes S, Lehmann A-S, Raessens J, Schäfer TM (Hrsg) Digital material. Tracing new media in everyday life and technology. Amsterdam University Press, Amsterdam, S 147–158

Schimank U (2009) Die „reflexive Moderne": eine wohlbekannte Entscheidungsgesellschaft. In: Böhle F, Weihrich M (Hrsg) Handeln unter Unsicherheit. Springer/VS, Wiesbaden, S 77–93

Schulz W (2004) Reconstructing mediatization as an analytical concept. In: European Journal of Communication 19:87–101

Seal W, Berry A, Cullen J (2004) Disembedding the supply chain: institutionalized reflexivity and inter-firm accounting. Accounting, Organizations and Society 29:73–92

Silverstone R, Haddon L (1996) Design and the domestication of ICTs: Technical change and everyday life. In: Silverstone R, Mansell R (Hrsg) Communication by design. The politics of information and communication technologies. Oxford University Press, Oxford, S 44–74

von Arx W (2008) Die dynamische Verfertigung von Strategie: Rekonstruktion organisationaler Praktiken und Kontexte eines Universitätsspitals. Universitätsdissertation. Medizinisch Wissenschaftliche Verlagsgesellschaft, Berlin: Medizinisch Wissenschaftliche Verlagsgesellschaft

Voß J-P, Kemp R (2006) Sustainability and reflexive governance: introduction. In: Voß J-P, Bauknecht D, Kemp R (Hrsg) Reflexive governance for sustainable development. Edward Elgar, Cheltenham, S 3–28

Wyatt S (2003) Non-users also matter: The construction of users and non-users of the internet. In: Oudshoorn N, Pinch T (Hrsg) How users matter. The co-construction of users and technologies. MIT Press, Cambridge, S 67–79

Über die Autoren

Tilo Grenz, Dr. phil, ist Universitätsassistent am Institut für Soziologie (Arbeitsbereich Kultur und Wissen) der Fakultät für Sozialwissenschaften an der Universität Wien. Er forscht im Teilprojekt „Mediatisierung als Geschäftsmodell" seit Beginn des DFG-Schwerpunktprogramms „Mediatisierte Welten". Arbeits- und Forschungsschwerpunkte: Medien- und Gesellschaftswandel, Mediatisierung und Kommerzialisierung, Aneignung von Medien(technik), Interpretative Sozialforschung, ethnografische Verfahren. Buchveröffentlichungen u. a.: Mediatisierung als Handlungsproblem (Wiesbaden 2017); De-Mediatisierung. Diskontinuitäten, Non-Linearitäten und Ambivalenzen im Mediatisierungsprozess (Wiesbaden 2016; zus. mit Michaela Pfadenhauer).

Michaela Pfadenhauer, Dr. phil, ist Professorin für Soziologie am Institut für Soziologie der Fakultät für Sozialwissenschaften an der Universität Wien – verantwortlich für den Bereich Kultur und Wissen. Sie leitet im DFG-Schwerpunktprogramm „Mediatisierte Welten" über drei Phasen das Teilprojekt „Mediatisierung als Geschäftsmodell". Arbeits- und Forschungsschwerpunkte: Wissenssoziologie und Sozialkonstruktivismus, Kultur- und Medienwandel, Social Robotics, Methodologie der Ethnografie. Buchveröffentlichung u. a.: De-Mediatisierung. Diskontinuitäten, Non-Linearitäten und Ambivalenzen im Mediatisierungsprozess (Wiesbaden 2016; zus. mit Tilo Grenz).

Zwischen spekulativen Strategien und strategischen Spekulationen. Zur reflexiven Mediatisierung riskanter Geldverausgabung

Gerd Möll und Ronald Hitzler

> **Zusammenfassung**
>
> Anhand von drei empirischen Fallstudien (Poker, Sportwetten, Finanzmarktspekulation) wird die Frage behandelt, welche Gestalt rezente Formen der riskanten Geldverausgabung unter dem Einfluss der Mediatisierung angenommen haben. Darüber hinaus wird gezeigt, wie zur Analyse der Entwicklung, Diffusion und Aneignung kommunikationsmedialer Technologien ein angemessener Begriff von reflexiver Mediatisierung beschaffen sein muss, der sowohl nicht-intendierte Nebenfolgen der Mediatisierungsdynamik für die Integrität und den Bestand sozialer Welten als auch unterschiedliche Modi des Umgangs mit freiwillig eingegangen Risiken und Unsicherheiten in mediatisierten Welten erfassen kann.

G. Möll (✉) · R. Hitzler
Technische Universität Dortmund, Dortmund, Deutschland
E-Mail: gerd.moell@tu-dortmund.de

R. Hitzler
E-Mail: ronald@hitzler-soziologie.de

Schlüsselwörter

Reflexive Mediatisierung · Nicht-intendierte Nebenfolgen · Medienwandel · Kulturwandel · Glücksspiel · Finanzmarktspekulation · Handeln unter Unsicherheit · Affekte · Erlebnisorientierung

1 Einleitung

Bei seiner unaufhörlichen Suche nach neuen Profitmöglichkeiten hat der Kapitalismus Ende der 1990er Jahre das Internet als neues Bereitstellungsmedium für das legalisierte Glücksspiel entdeckt. Die medientechnologisch gestützte Kommodifizierung von riskanten und mit Ungewissheit verbundenen Formen der Geldverausgabung hat darüber hinaus auch das Spekulationsspiel auf den Finanzmärkten erfasst, wobei die Gruppe der Kleinanleger[1] – neuerdings wieder – in den Fokus gerückt ist. Zugleich zeichnen sich Konvergenzen zwischen Spekulation und Glückspiel ab. Diese Entwicklungen sind *auch* ein Symptom für den Zustand einer Gesellschaft, in der immer mehr Bereiche von einer umfassenden „Mobilisierung der Sinne und Affekte der Subjekte" (Reckwitz 2016, S. 441) durchzogen sind und mit „erlebnissteigernden Unterhaltungselementen" (Hitzler 2011, S. 20) angereichert werden. Ebenso wie der Konsum im Allgemeinen gründet sich der Konsum riskanter Handlungsoptionen zunehmend auf „Identität, Symbolik, Mythos, Erlebnis, Gefühl" (Prisching 2010, S. 235). Die entsprechende Produktion affizierender Räume bedient sich häufig digitaler Kommunikationsmedien, die außerdem die umfassende Vermessung und Verdatung der in mediatisierten Welten stattfindenden Handlungen (vgl. Möll 2016) und neue Formen der Aktivierung von Mediennutzenden (vgl. Englert et al. 2014) ermöglichen.

In diesem Beitrag werden wir die Ergebnisse unserer Forschung in den mediatisierten Welten des Glücksspiels im engeren (hier: Pokern, Sportwetten) und weiteren Sinne (hier: Wertpapierhandel von Kleinanlegern/Trading) synthetisieren und in einen kohärenten konzeptionellen Bezugsrahmen stellen. Der Fokus richtet sich dabei auf den Medienwandel, der in den hier betrachteten Untersuchungsfeldern seinen Ausgang in der Digitalisierung von Plattformen für Geldspieler und Kleinanleger genommen hat, sowie auf die neuen Geschäftsfelder und kulturellen

---

[1]Nicht aus Nachlässigkeit, sondern aus sprachästhetischen Gründen leisten wir im vorliegenden Text jenen Konventionen Folge, die dem männlichen Geschlecht einen gewissen Vorrang einräumen. Wenn hier und im Folgenden von Kleinanlegern und Spielern die Rede ist, sind immer Kleinanleger und Kleinanlegerinnen bzw. Spieler und Spielerinnen gemeint.

Handlungsformen, die im Zuge dieser medientechnologischen Entwicklung entstanden sind. In groben Zügen werden wir einige Entwicklungsmuster dieser mediatisierten Welten nachzeichnen und dabei vor allem medientechnologische Veränderungen betrachten, die zu kulturellen Brüchen führen, durch die die Integrität und die Bestandsgrundlagen dieser Welten unterminiert werden können, was wiederum Anlass zu technischen und technologischen Veränderungen gibt. Dieser autogenetische Aspekt der Mediatisierungsdynamik, also „das Einwirken der Hervorbringungen des Prozesses auf diesen selbst" (Wiesenthal 2009, S. 25), wird von uns als Ausdruck „reflexiver Mediatisierung"[2] verstanden und in zweierlei Hinsicht untersucht. Zum einen geht es um die Implikationen dieser Form der Mediatisierungsdynamik für den Wandel und den Bestand „sozialer Welten"[3]. Im Hinblick auf gesellschaftliche Organisation und Institutionalisierung interessiert also die Frage, in welcher Weise aus der reflexiven Mediatisierungsdynamik Bestandsgefährdungen sozialer Welten erwachsen können, wie diese thematisiert werden und welche Gegenmaßnahmen zu beobachten sind. Zum anderen geht es hinsichtlich der Medienaneignung darum, welche Nutzungs- und Rezeptionspraktiken adressiert werden und wie dabei mit dem für riskante Formen der Geldverausgabung obligatorischen Problem des Handelns unter Unsicherheit umgegangen wird. Zeigen lässt sich so, dass einige der einschlägigen Medienangebote zu einer „affektiv und sinnlich neutralen kognitiven Reflexionshaltung" (Reckwitz 2009, S. 180) auffordern, während andere (neuerdings verstärkt) auf die „erlebnishafte Innenorientierung" (Reckwitz 2009) der Akteure fokussiert sind. Die „offensive Profilierung von Affekten und sinnlichem Erleben" (Reckwitz 2009) kann mithin – nicht nur, aber auch – als eine Antwort auf die (krisenhaften) Nebenfolgen einer Mediatisierungsdynamik interpretiert werden, die der Herausbildung von Formen reflexiver Handlungsmodi Vorschub geleistet hat, welche entweder an der Beseitigung oder an der Nutzung von Unsicherheit ausgerichtet sind (vgl. Hitzler 2016). In den folgenden drei Fallbeispielen geht es also nicht nur um die Frage, welche Gestalt rezente Formen des aleatorischen Konsums unter dem Einfluss der Mediatisierung angenommen haben. Es geht auch darum, wie zur Analyse der Entwicklung,

---

[2]Wir nehmen hier Bezug auf die Debatte zur „reflexiven Modernisierung" (Beck et al.1996). Innerhalb des DFG-Schwerpunktprogramms (SPP) 1505 „Mediatisierte Welten" besteht zu diesem Themenfeld eine Kooperation mit den Projekten von Michaela Pfadenhauer und Tilo Grenz („Mediatisierung als Geschäftsmodell") sowie Jo Reichertz („Mediatisierung der deutschen Forensik") (vgl. Grenz et al. 2014 und den Beitrag von Grenz und Pfadenhauer in diesem Band).
[3]Zum Begriff der „sozialen Welt" vgl. Strauss (1978) und Krotz (2014).

Diffusion und Aneignung kommunikationsmedialer Technologien ein angemessener Begriff von Reflexivität beschaffen sein müsste, der sowohl nicht-intendierte Nebenfolgen der Mediatisierungsdynamik für die Integrität und den Bestand sozialer Welten als auch unterschiedliche Modi des Umgangs mit freiwillig eingegangen Risiken und Unsicherheiten in mediatisierten Welten erfassen kann.

2 Das Fallbeispiel Online-Poker

2.1 Mediatisierung des Pokerns und nicht-intendierte Folgen

Das Internet hat sich als obligate Grundlage dafür erwiesen, dass sich die Optionen für Geldspielende und kommerzielle Anbieter von Glücksspielen in bislang ungekannter Weise, ja: in bislang ungeahntem Maße haben ausdehnen können. Ab Mitte der 1990er Jahre tauchten alle traditionellen Formen des Glücksspiels mehr oder weniger schnell in einem elektronischen Format im Internet auf. Der erste virtuelle Online-Pokerraum *(Planet Poker)* wurde 1998 installiert. Der Beginn des globalen Poker-Booms erfolgte erst fünf Jahre später, als der bis dahin in Pokerkreisen völlig unbekannte Amateurspieler Chris Moneymaker in Las Vegas zum inoffiziellen Weltmeister gekürt wurde. Die Fernsehübertragungen seines Triumphs, bei denen neuartige Medientechnologien zum Einsatz kamen (vgl. Hitzler 2012), haben Poker erstmals zu einem populären ‚Zuschauersport' gemacht und zugleich einen Run auf die bis dahin eher vor sich hin dümpelnden Pokerplattformen im Internet ausgelöst.

Richtet man den Blick auf den medientechnologischen Wandel des Online-Pokers, so ist es sinnvoll, zwischen drei Entwicklungssträngen und den dazu gehörigen Akteuren zu unterscheiden: Die offizielle Linie der Plattformbetreibenden, eine halboffizielle Linie von legalen Dienstleistungsanbietern und eine inoffizielle Linie von „Outlaw-Innovatoren" (Flowers 2008).

Die Logik der offiziellen Linie zielt auf die Extensivierung (Erweiterung) der Spielvarianten) und Intensivierung (Beschleunigung) der Spielmöglichkeiten sowie auf die Senkung der Zugangsschwellen. So ist es im Unterschied zu landbasierten Kasinos auf Internet-Plattformen möglich, bereits mit Cent-Beträgen an den Spieltischen zu agieren. Die Steigerung der Erlebnisdichte durch die Ausweitung der Spielvarianten sowie die Beschleunigung der Abläufe bzw. die Vermeidung von Leerzeiten gehören zur durchgängigen Logik der kommunikationsmedial basierten Angebotsgestaltung.

Der halboffizielle Strang wird repräsentiert einerseits durch Anbietende von Tracking- und Analyse-Tools, mit deren Hilfe die Spielenden spielbezogene Daten über sich und ihre Gegner zur Optimierung ihrer Spielzüge nutzen. Zugleich haben sich mit der Etablierung des Pokerbooms rasch Vermittler von Pokerwissen etabliert, wobei internetbasierte Poker-Schulen und einschlägige Poker-Foren zum Zwecke der Wissensgenerierung eine aktivierende Einbindung der User forciert haben. In der Logik der halboffiziellen Linie liegt es, Bedingungen für eine Professionalisierung und Vernetzung der Pokerspielenden herzustellen.

Die Logik der Outlaw-Innovatoren basiert darauf, unter Zuhilfenahme von illegalen Softwareprodukten Vorteile gegenüber anderen, ‚ehrlichen' Spielern zu generieren. Die Grenze zwischen der halboffiziellen und der inoffiziellen Linie ist fließend. So können automatisierte Software-Programme, sogenannte Bots, eingesetzt werden, um Data-Mining zu betreiben und unerlaubterweise Tracking-Tools mit Spielerdaten zu speisen. Sie werden aber auch dazu genutzt, insbesondere den spielschwächeren Spielenden mit Hilfe von aggressiven Spielstrategien ihre Einsätze abzunehmen.

Die Verbreitung und Nutzung der Produkte der halb- und der inoffiziellen Linie verweisen auf die anhaltende Form- und Veränderbarkeit von neuen Medientechnologien. Deren (Um-)Nutzung ging mit nicht-intendierten Folgen einher, die nicht nur einen tief greifenden Wandel in der Kultur des Online-Pokers bewirkt haben. Zugleich ist Mediatisierung von einem Treiber der Erlebniswelt Online-Poker zu einem Risiko für den Bestand bzw. zu einem potenziellen Zerstörer dieser Erlebniswelt geworden.

Um Poker auf Dauer mit Gewinn spielen zu können, bedarf es notwendigerweise regelmäßiger Verlierer, die im Pokerjargon als „Fische" bezeichnet werden. Als „Fische" gelten diejenigen Spielenden, denen mathematische und strategische Kenntnisse über das Spiel fehlen und die deshalb häufig Spielzüge durchführen, bei denen die Verlustwahrscheinlichkeit höher ist als die Gewinnwahrscheinlichkeit. Im Laufe der Zeit hat sich nun der relative Anteil der „Fische" signifikant verringert, sei es, dass diese Spielenden ihre strategischen Nachteile ausgeglichen und technologisch nachgerüstet haben, sei es, dass sie schlicht die Lust am Spiel verloren haben, weil ihnen spielstrategisch und medientechnologisch überlegene professionelle und halb-professionelle Kontrahentinnen und Kontrahenten in immer kürzeren Zeitintervallen ihr Geld abgejagt haben. Letzteres wurde nun in dem Augenblick von der Poker-Community als Problem wahrgenommen, als der Nachschub an schwachen und unerfahrenen Spielenden zu versiegen begann. In der Pokerbranche kursierte die Rede von einer populationsökologischen Krise. Diese macht sowohl den Plattformbetreibern als auch den auf stetige Gewinnerzielung hin orientierten Spielenden anhaltend zu schaffen.

Das hier skizzierte Entwicklungsmuster von Mediatisierung zeichnet sich dadurch aus, dass der Medienwandel sowohl lineare als auch diskontinuierliche

Entwicklungsrichtungen aufweist, wobei gleichwohl die durch Kontinuität geprägten Entwicklungslinien (Beschleunigung und Optionalitätssteigerung) zu dominieren scheinen. Zugleich jedoch ändert sich im Zuge dieser dominanten kontinuierlichen Entwicklungstendenzen mehrfach die Qualität des betreffenden kulturellen Handlungsfeldes. Konkret: Aus einem Glücksspiel, das ursprünglich nur von Angesicht zu Angesicht betrieben wurde, wird durch seine Mediatisierung nicht nur ein medienvermitteltes Interaktionsgeschehen, das bevorzugt im Internet stattfindet und bei dem sich u. a. die Zugänglichkeit und die Ablaufgeschwindigkeit des Spiels sowie die Vernetzungsmöglichkeiten der Spielenden untereinander verändern. Zunehmend etabliert sich auch ein Feld, in dem sich durch die Befolgung bestimmter Spielstrategien und durch die Nutzung von einschlägigen Medientechnologien Geld verdienen lässt. Aus einem Glücksspiel ist ein Geschicklichkeits- und Strategiespiel geworden. Die Stabilität dieses Status' hängt freilich von einer bestimmten Struktur der Pokerökologie ab. Ohne den ständigen Zufluss von ‚frischem' Geld ins System ist dessen Lebensfähigkeit infrage gestellt. Neben den strategisch geschulten und sich medientechnologischer Hilfsmittel bedienender Spieler muss es also eine genügend große Zahl von ‚Einzahlenden' geben, die ihr Spiel nicht professionalisiert haben. Fällt deren Zahl unter ein bestimmtes Niveau, gerät die Populationsökologie des Pokers in eine medientechnologisch befeuerte Krise. Stehen sich nur noch Spielende gegenüber, die über eine ähnlich hohe Spielstärke und identische medientechnologische Hilfsmittel verfügen, wird aus dem zwischenzeitlichen Geschicklichkeitsspiel tendenziell wieder ein Glücksspiel.

2.2 Mediatisierung des Pokers und Handeln unter Unsicherheit

Zu den Dauerthemen im Pokerdiskurs gehört die Frage nach dem Verhältnis zwischen Glück und Geschicklichkeit beim Pokern. Besonders gut vernehmbar sind dabei die Stimmen aus dem Lager der professionellen und semi-professionellen Pokerspielenden sowie aus den Reihen der Pokerindustrie, wonach Poker, zumindest auf lange Sicht, ein Strategie- und Geschicklichkeitsspiel ist, dessen Tricks und Kniffe (bis zu einem gewissen Grad) erlernbar sind. Diese Sichtweise bildet den Hintergrund für die vor allem via Internet verbreiteten Angebote der Wissensvermittlung und der Tracking- und Analyseprogramme. Softwaretechnische Hilfsprogramme standardisieren die Spieldaten und erlauben den Spielenden, mithilfe dieser Datenbasis ihre Spielweise zu rationalisieren. Zwar kann der Rückgriff auf bestimmte spielerbezogene Daten dazu beitragen, Unsicherheiten des Spiels in statistisch kalkulierbare Risiken zu verwandeln. Da aber auch die jeweiligen statistischen Kennziffern angemessen interpretiert werden müssen, da die ‚verdateten' Gegenspieler immer auch anders als in der Vergangenheit handeln können und da die Spielenden nicht wissen, ob die Konkurrenz ebenfalls auf Tracking-Software zurückgreift, tun sich zugleich neue Unsicherheitszonen auf: „On the whole, poker software is better regarded as a tool for ‚gaming chance' than for taming chance, in the sense that it works to potentialize rather than to minimize uncertainty" (Schüll 2015, S. 47 f.). Die softwaretechnologischen Hilfsmittel führen also keineswegs zur vollständigen Beseitigung von Unsicherheit, sondern eröffnen neue Unsicherheitsräume. Sie geben den Spielenden aber ein Instrumentarium an die Hand, das sie in Kombination mit ihrem Wissen über Spielstrategien dazu nutzen können, aus Situationen der Unsicherheit Profit zu schlagen. Dieser Handlungsmodus der Ausnutzung von Unsicherheit bleibt allerdings prekär. Er kommt nämlich nur zum Tragen, solange Spielende in puncto Spielfertigkeiten einen Vorsprung gegenüber der Gegnerschaft besitzen. Sowohl eine allgemeine Nivellierung der Spielstärke zwischen den Pokerspielern (etwa durch die obligatorische Nutzung identischer Softwareprogramme und Spielstrategien) als auch ein Verlust an Konkurrenzfähigkeit führen demgegenüber dazu, in den – relativ defizitären – Zufallsmodus (i. e. Unterwerfung unter den Zufall) zurückzufallen.

Betrachtet man die jüngsten Veränderungen im Spielangebot auf den einschlägigen Poker-Plattformen, dann scheinen die Betreibenden eine Lösungsmöglichkeit der populationsökologischen Krise in der Abkehr von ihrer bisherigen Geschäftspolitik zu sehen, die die professionellen und semi-professionellen Spielenden auf Kosten der „Freizeitspieler" bevorzugte (etwa durch Bonus- und Rake-Back-Programme). So wird neuerdings eine ‚De-Synthetisierung' von Spielsituationen[4] vorangetrieben, in dem die Verwendbarkeit von Tracking-Tools eingeschränkt oder gar ausgeschlossen wird. Zugleich werden neue Spielvarianten kreiert, bei denen die Zufallskomponente einen höheren Stellenwert hat. Typisch hierfür sind etwa Varianten, bei denen die Gewinnsumme nicht mehr allein von den Einsätzen der unmittelbar am Tisch aktiven Spielenden abhängig und somit vorhersehbar ist. Die Höhe des potenziellen Gewinns wird vielmehr durch einen Zufallsgenerator bestimmt. Dergestalt ist es beispielsweise prinzipiell möglich, mit einem Einsatz von fünf Dollar innerhalb weniger Minuten eine Million Dollar zu gewinnen. Diese Variante richtet sich bevorzugt an „Freizeitspieler" und weniger an „Grinder", also die

---

[4]Als „synthetische Situation" begreifen wir – mit Knorr Cetina (2012) – eine durch Information angereicherte Situation.

regelmäßig, methodisch und ausdauernd aktiven Spielenden. Mit „Freizeitspielern" wird eher ein Handlungsmodus assoziiert, der durch die Unterwerfung unter den Zufall geprägt ist. Die Verwendung von autonom spielenden Poker-Bots kann schließlich als Versuch interpretiert werden, Unsicherheit in Sicherheit zu transformieren. Aber auch dieser Handlungsmodus ist darauf angewiesen, dass Unsicherheit das dominante Kennzeichen an den virtuellen Pokertischen bleibt.

3 Das Fallbeispiel Sportwetten

3.1 Mediatisierung des Sportwettens und nicht-intendierte Nebenfolgen

Das Geschäftsfeld der Sportwetten hat in den zurückliegenden Jahren einen enormen Aufschwung erfahren, der sich zu nicht unbeträchtlichen Teilen aus der Diffusion medientechnologischer Innovationen speist (vgl. Diemer und Rodenberg 2013). Seit dem Auftreten der ersten Internet-Anbieter in der zweiten Hälfte der 1990er Jahre ist das Angebot an Online-Sportwetten förmlich ‚explodiert'. Die Zahl der Anbietenden, die Breite und Tiefe des Wettangebots sowie die Umsatzzahlen haben sich signifikant erhöht. Selbst an ‚normalen' Tagen, an denen keine internationalen ‚Mega-Events' auf dem Programm stehen, können Wettinteressierte aus mehreren zehntausend Wettoptionen bei weltweit mehr als 800 Anbietern auswählen. Neuerdings gehören auch Finanzwetten und Wetten auf eSports-Veranstaltungen zum Angebot, wodurch die Konvergenz zwischen *Gambling, Trading* und *Gaming* vorangetrieben wird.

Die erhöhte Quantität des Angebots ist freilich nur *ein* Aspekt der Mediatisierung der Welt der Sportwetten. Der Trend auf den Wett-Plattformen geht in Richtung Live-Wetten. Während beim herkömmlichen Wettangebot die Abgabe einer Wette nur bis zum Beginn des betreffenden Ereignisses möglich ist, kann bei Live-Wetten noch fast bis zum Ende eines Wettkampfs gewettet werden. Die Wettanbietenden müssen dabei in der Lage sein, in Abhängigkeit vom Spielverlauf die sich ändernden Gewinnwahrscheinlichkeiten zu errechnen, um diesen entsprechend die Wettquoten laufend anzupassen. Dies wiederum setzt voraus, dass sie über zuverlässige Echtzeit-Daten zu den Spielereignissen verfügen. Hier hat sich ein neues Geschäftsfeld für Datenlieferanten eröffnet, die die Vermessung und Verdatung des Sportgeschehens mithilfe digitaler Technologien schon seit längerem vorantreiben.

Als nicht-intendierte Nebenfolge dieser von medientechnologischen Innovationen getriebenen quantitativen Ausweitung und qualitativen Veränderung des einschlägigen Wettangebots hat sich ein erhebliches Betrugspotenzial entwickelt, das die Integrität der sozialen Welt des Sportwettens und des Sports bedroht. Sowohl die europäischen Anbieter von Sportwetten als auch einige Sportverbände sehen die Manipulation von Wettkämpfen mittlerweile als ernst zu nehmende Gefährdung ihrer Interessen an. Das Internet ist zur Basis der Globalisierung des Wettmarkts und einer damit einhergehenden Steigerung der Marktliquidität geworden. Die höhere Liquidität hat wiederum den Anreiz zur Manipulation von Spielergebnissen vergrößert und zugleich die Wahrscheinlichkeit ihrer Aufdeckung verringert (vgl. Forrest 2012).

Neben die ‚klassische' Variante der Spielmanipulation durch Bestechung von Spielern und/oder Schiedsrichtern ist in jüngster Zeit eine Betrugsmethode getreten, die nicht mehr das Spielgeschehen selbst, sondern die Daten des jeweiligen Spiels manipuliert: „The fixers do not fix the game; they fix the data about the game" (Hill 2015). Als die „vielleicht originellste Ausprägung von Matchfixing" (Mustroph und Best 2014) gelten so genannte „Geisterspiele". Dabei erfinden Wettbetrüger fiktive Spiele (meist „Testspiele" zwischen unterklassigen Vereinen) und bewegen die Wettanbietenden dazu, diese in ihr Programm aufzunehmen. Anschließend werden die Server gehackt, auf denen sich die Daten der Homepages der betreffenden Vereine befinden. Die dort von den Hackern platzierten Meldungen über das Spiel werden dann in Form von Screenshots zu den Wettunternehmen geschickt. Bislang sollen weltweit schon mehr als 20 derartiger „Geisterspiele" aufgefallen sein.

Eine weitere datenbasierte Manipulationsmethode bedient sich der Hilfe sogenannter Datenscouts. Das sind freie Mitarbeitende von Sportdatenanbietenden, die weltweit Sportveranstaltungen besuchen und die Resultate von Spielereignissen in Echtzeit an Sportdatenanbietende übermitteln, die diese Daten ihrerseits unverzüglich an die Wettunternehmen weitergeben. Für Wettbetrüger stellen diese Datenscouts ein lukratives Angriffsziel dar, wenn diese dazu gebracht werden können, die Weiterleitung von Ergebnissen um einige Sekunden zu verzögern. In dieser Zeit können Betrügende ihre Wette platzieren und damit sichere Gewinne realisieren. Besonders groß ist das Manipulationspotenzial bei Sportveranstaltungen, die nicht live im Fernsehen übertragen werden und bei denen die Datenscouts die einzige Echtzeit-Datenquelle sind.

Im Bereich des Online-Sportwettens zeichnet sich somit ein vergleichbares Phänomen wie beim Online-Poker ab. Mediatisierung wird reflexiv (im Sinne des Auftretens nicht-intendierter Nebenfolgen), wird also nicht mehr als Treiber, sondern zunehmend als ein Risiko für den bislang bewährten Gang der Dinge begriffen. Privatwirtschaftliche Unternehmen haben hier einen neuen Markt für sich entdeckt und bieten datengestützte Analyse- und Kontrollsysteme zur Aufdeckung von Wettmanipulationen an. Kritiker dieser Maßnahmen weisen darauf hin, dass die entsprechenden Überwachungsstrategien entscheidend daran kranken, dass die zugrunde gelegte Datenbasis erhebliche Lücken aufweist (vgl. Buschmann 2011). So könne insbesondere bei Live-Wetten bestenfalls *ex post* auf Auffälligkeiten reagiert werden. Noch gravierender dürfte freilich der Einwand sein, dass einige der großen asiatischen Wettanbieter, über deren Konten ein Großteil der weltweiten Wetteinsätze abgewickelt wird, von den entsprechenden Systemen gar nicht erfasst werden.

3.2 Mediatisierung des Sportwettens und Handeln unter Unsicherheit

Sportwetten zählen genau wie Poker zu den Glücksspielen, denen ein gewisser Geschicklichkeitsanteil zugebilligt wird. Im Vergleich zum Poker fallen die Angebote an strategischen Handreichungen und medientechnologischen Hilfsmitteln für die Wettinteressierten jedoch recht bescheiden aus. Die Empfehlungen in den einschlägigen Büchern, Broschüren und Blogs gruppieren sich in der Hauptsache um zwei Themenkomplexe: Identifikation werthaltiger Wetten *(value bet)* und Geldmanagement. Eine „value bet" liegt immer dann vor, wenn die ‚tatsächliche' Eintrittswahrscheinlichkeit eines Ereignisses größer ist als die in einer Wettquote implizierte. Für die Ermittlung einer „value bet" existieren zwar mathematische Formeln, deren Anwendung setzt aber immer rechnerische Werte (u. a. für Eintrittswahrscheinlichkeiten) voraus, in die nicht nur objektive Faktoren (wie etwa bisherige Spielergebnisse), sondern auch subjektive Einschätzungen der Sportwettenden eingehen. Gleichwohl haben derartige formale Berechnungsmethoden ebenso eine Funktion wie die im Internet in großer Zahl kursierenden Tipps und Analysen zu konkreten Wettereignissen, die frei zugänglichen historischen und aktuellen Statistiken zu zahlreichen Ligen, Wettkämpfen, Mannschaften und Spielern oder die zum Teil kostenpflichtigen Informationsangebote, die über aktuelle Verletzungen von Spielern, die zu erwarteten Wetterbedingungen oder andere Einflussfaktoren auf ein anstehendes Wettereignis berichten. Sie alle leisten bei den Wettinteressierten der Auffassung Vorschub, eine informierte Wettentscheidung treffen zu können. Offenkundig ist aber all dies nicht ausreichend, um die Bilanz der Geldspieler gegenüber den Buchmachern nachhaltig zu verbessern. Nach Expertenschätzungen zählen nämlich weniger als fünf Prozent der Sportwettenden langfristig zu den Gewinnern (vgl. Buchdahl 2003).

Allerdings finden sich im Spektrum der internetbasierten Dienstleistungen auch Angebote, die den Wettinteressierten alternative Handlungsmodi ermöglichen. Beim ‚Delegationsmodus' wird die Wettentscheidung bestimmten Expertinnen bzw. Experten überantwortet, die gegen Entgelt und regelmäßig Tipps und Informationen für Sportwetten liefern. Das ist vergleichbar mit der Rolle eines Börsenanalysten, der Kaufempfehlungen für Aktien ausspricht. Sogenannte „Tipster" sind besonders in Nordamerika und Großbritannien zahlreich und populär, wozu vor allem das Internet als Verbreitungsmedium erheblich beigetragen hat. Allerdings besteht hier für die Wettinteressierten das zentrale Problem, langfristig erfolgreiche Tippgeber zu identifizieren. Schließlich existiert auch eine Art ‚Sicherheitsmodus'. Mit Hilfe von Arbitragesoftware werden die Unterschiede zwischen den Wettquoten von verschiedenen Anbietenden beobachtet und verglichen. Erfüllen die dabei entdeckten Differenzen bestimmte Bedingungen, dann lassen sich sogenannte „sichere Wetten" *(sure bets)* platzieren, also Gewinne unabhängig von den spezifischen Ergebnissen der Wettereignisse realisieren. Aber auch dieser Handlungsmodus ist mit Unsicherheiten verbunden, da sich z. B. die den Arbitrage-Berechnungen zugrunde liegenden Anbieterquoten während des Wettvorgangs verändern können.

Andreas Hepp (2009) hat vorgeschlagen, den Begriff der zunehmenden Unmittelbarkeit zu nutzen, um die zeitliche Ebene der Mediatisierung und damit zugleich einen wichtigen Prozess des kulturellen Wandels zu bezeichnen. Ein gutes Beispiel für diesen Wandel bietet die Ausgestaltung des digitalen Wettangebots. „Bis zur letzten Sekunde hautnah dabei" – mit diesem Slogan bewirbt *bwin,* einer der großen Internetanbieter von Sportwetten, sein Live-Angebot. In vielen Fällen umfasst dieses Angebot nicht nur die Möglichkeit, auf den Ausgang bereits laufender Wettereignisse zu setzen. Es bedeutet auch, eine Vielzahl von Sportwettkämpfen audiovisuell via Livestream auf der Wettplattform verfolgen zu können. Diese Form der Unmittelbarkeit kann die Kontrollillusion der Wettenden und den Grad ihrer emotionalen Sicherheit erhöhen, da sich ihnen die Möglichkeit bietet, jederzeit auf das beobachtbare Geschehen reagieren zu können. Zugleich wird der Wettende quasi in die Dynamik des Geschehens auf der Plattform ‚hineingezogen', da sich die Wettquoten permanent in Abhängigkeit vom Spielverlauf verändern. Ins Zentrum rückt dergestalt die Medialität des Wettangebots, also die Art und Weise, wie relevante Informationen für Wettinteressierte in Echtzeit verfügbar gemacht werden. Zugleich produzieren die Wettenden im Zuge ihrer Setzaktivitäten Verhaltensdaten, die die Plattform-Betreiber etwa dazu nutzen können, Verhaltensauffälligkeiten, die auf eine Spielsucht hindeuten, zu registrieren und die Wettkunden diesbezüglich zu kontaktieren (vgl. LaPlante et al. 2012).

4 Das Beispiel Online-Trading

4.1 Mediatisierung der Finanzspekulation und nicht-intendierte Folgen

Am 10. April 2014 war im Wirtschaftsteil der Tageszeitung *Die Welt* unter der Rubrik „Börsenhandel" die folgende Schlagzeile zu lesen: „Flash Boys zocken ganz legal die Kleinanleger ab". In der dazugehörigen Pressemeldung wurde die Neuerscheinung eines amerikanischen Bestsellerautors besprochen, der mit seinem jüngsten Werk in Börsenkreisen für erhebliche Aufregung gesorgt hatte. Die Rede ist von Michael Lewis und seinem medienwirksam präsentierten Buch „Flash Boys – A Wall Street Revolt". Der Autor behauptet darin, dass sich eine kleine Gruppe aus Börsenbetreibern, Wall-Street-Bankern und Hochgeschwindigkeitshändlern (die „Flash Boys") auf Kosten der übrigen Anleger bereichert. Auf der Basis exklusiv zugänglicher Informationen aus den Orderbüchern und mit Hilfe von ausgeklügelten Computerprogrammen und ultraschnellen Datenleitungen gelänge es diesen Akteuren, risikofreie Gewinne auf Kosten Dritter zu realisieren.

> Die meisten Menschen denken beim Stichwort ‚Börse' nach wie vor an Bildschirme mit Kurstickern und an das Börsenparkett mit fuchtelnden und schreienden Alphamännchen. Dieses Bild ist veraltet, diese Welt gibt es längst nicht mehr. Seit 2007 schreit niemand mehr auf dem Parkett herum. (…) Heute findet der Aktienhandel in einer Black Box statt, genauer gesagt in Hochsicherheitsgebäuden in New Jersey und Chicago. (…) Über das, was in der Black Box passiert, dringen nur sehr unzuverlässige Berichte an die Öffentlichkeit – selbst Experten haben kaum eine Vorstellung vom Was, Wie und Warum. Und der durchschnittliche Anleger ist vollkommen ahnungslos (Lewis 2014, S. 7).

Trotz dieser Intransparenz sind sich viele Beobachter darin einig, dass diese medientechnologischen Entwicklungen nicht nur zur Benachteiligung der Kleinanleger führen, sondern eine Gefährdung des Börsenhandels im Allgemeinen nach sich ziehen. Als immer wieder zitierter Ausweis für die medientechnologisch generierten Gefahren gelten spektakuläre Kurssprünge an der Wall Street:

> Auch das High Frequency Trading (HFT) kann durch allgorythmisierte [sic] Entscheidungen nicht fundamentale Unsicherheit in Sicherheit oder Risiko verwandeln, denn das reflexive Zusammenspiel der HFT-Rechner erzeugt neue Unsicherheiten und Gefahren wie den Flash Crash am 6. Mai 2010, als die Kurse an den US-Amerikanischen Aktienmärkten in wenigen Minuten um bis zu zehn Prozent einbrachen (Apelt und Senge 2015, S. 3).

Eine größere Gefahr sehen Teile der Wirtschaftspresse allerdings im Vertrauensverlust der Anlegerinnen und Anleger, denn im ‚Normalfall' ist es für High Frequency Trader offenbar sehr wohl möglich, Unsicherheit in Sicherheit zu transformieren, allerdings auf Kosten anderer Marktteilnehmer.

> Je mehr Leute von diesem Flash-Trading erfahren, desto mehr bricht das Vertrauen in die Märkte ein. Längst weiß man, dass der Kleinanleger gegen die Profis keine Chance hat und dass die großen Gewinne bei den institutionellen Anlegern, etwa bei den Hedgefonds gemacht werden. Je abenteuerlicher aber die Praktiken werden, mit denen Anleger abgezockt werden, desto mehr Anleger drohen aus dem Markt zu verschwinden (Halter 2014).

Als Antwort auf die Strategien der High Frequency Trader haben Großbanken vor einigen Jahren damit begonnen, Handelsplattformen abseits der Börse anzubieten. In diesen sogenannten „Dark Pools" sollen Großanleger vor den Manövern der Händler mit den superschnellen Computern geschützt werden. Insbesondere Pensionsfonds und Versicherungen können hier Aktien in größeren Stückzahlen kaufen oder verkaufen, ohne Aufsehen zu erregen, weil nur die Betreiber einer solchen Plattform Einblick erhalten, während die anderen Börsianer im Dunkeln gelassen werden. In den Fokus einer breiten Öffentlichkeit geraten ist der anonyme Parallelhandel mit Aktien durch eine Anklage der New Yorker Staatsanwaltschaft gegen das britische Bankhaus *Barclays*. Die Bank wurde beschuldigt, statt wie ihren Kunden versprochen, einen Schutz vor Hochfrequenzhändlern zu bieten, diesen Tradern Zugang zu ihrer Handelsplattform verschafft und darüber hinaus mit vertraulichen Informationen über andere Handelsteilnehmende versorgt zu haben. Im Februar 2016 wurde *Barclays* zu einer Geldstrafe in Höhe von 70 Millionen Dollar verurteilt.

Diese neueren Entwicklungen des Börsengeschehens lassen ein Verlaufsmuster erkennen, das der Mediatisierungsdynamik in der Welt des Online-Pokers ähnelt. Eine vorhandene medientechnologische Infrastruktur bildet die Basis für das Engagement bislang unbekannter Akteure, die sich mithilfe avancierter kommunikationsmedialer Technologien Vorteile gegenüber technologisch unterlegenen Teilnehmern im Feld zu verschaffen suchen. Der Prozess der Mediatisierung wird dergestalt ‚reflexiv'. Bestimmte Entwicklungsstränge, die als Gefährdung der Integrität des Wertpapierhandels wahrgenommen werden, provozieren medientechnologische Konterstrategien, die aber selbst wiederum neue Unsicherheiten und Betrugspotenziale mit sich bringen.

4.2 Mediatisierung der Finanzspekulation und Handeln unter Unsicherheit

Ausgerechnet in dieser Phase der medientechnologischen Entwicklung, in der neuartige Macht- und Kompetenzasymmetrien auf den Finanzmärkten in Erscheinung treten, reüssiert eine neue Geschäftsidee, die sich dezidiert an Kleinanleger wendet und den Gedanken des Investmentklubs mit (den) neuen medientechnologischen Möglichkeiten verbindet. Seit einigen Jahren bieten diverse Social-Trading-Plattformen Börseninteressierten die Möglichkeit, ihre Anlageentscheidungen in Kooperation mit Gleichgesinnten und/oder unter Rückgriff auf fremden Sachverstand zu treffen (vgl. Braun 2013). Beim Copy-Trading etwa folgen die Anleger (als „Follower") den Handelsstrategien der von ihnen ausgewählten Experten, den sogenannten „Signalgebern". In automatisierter Form werden alle Trades dieser „Signalgeber" ohne Zutun der Anlegenden praktisch zeitgleich in ihrem jeweiligen Depot ausgeführt. Für die Kleinanleger besteht freilich die Schwierigkeit, langfristig erfolgreiche „Signalgeber" zu identifizieren, die ihnen bei der Bewältigung der Unsicherheit auf den Finanzmärkten helfen können. Letztlich basiert das Geschäftsmodell der Social-Trading-Plattformen auf der Aktivierung von Experten, denen es gelingt, eine möglichst große Zahl von „Followern" zu gewinnen.

Darüber hinaus sind die digitalen Kleinanleger in die Lage versetzt, von ihrem PC, Tablet oder Smartphone aus unmittelbar, d. h. in Echtzeit die Entwicklungen auf den internationalen Marktplätzen nicht nur zu verfolgen, sondern auch direkt darauf zu reagieren. Dazu müssen oftmals nicht einmal spezielle Softwareprogramme erworben werden. Banken und Brokerunternehmen ermöglichen den Hobby-Spekulanten den Zugang zu Handels-Plattformen, auf denen der finanzielle Gewinn, aber auch der finanzielle Ruin, nur einen Mausklick entfernt ist. Dabei sehen sich die digitalen Kleinanleger einer nicht mehr überschaubaren Fülle von Finanzinstrumenten und Anlagemöglichkeiten gegenüber.

So besteht zum Beispiel die Social-Trading-Plattform *ayondo* nicht nur aus dem Bereich Copy-Trading, sondern sie bietet zugleich einen Zugang zur unternehmenseigenen Handelsplattform, welche sich an Anlegende wendet, „die ihre Trade- und Investmententscheidungen selbst in die Hand nehmen möchten" (ayondo.de). Hier können geneigte Online-Investierende schon mit sehr geringen finanziellen Einsätzen völlig selbstständig und quasi in Echtzeit auf die Kursbewegungen auf den internationalen Aktien-, Devisen-, Rohstoff- und Anleihemärkten spekulieren.

Zugleich zeigt sich, dass die Unternehmen, die Trading für Kleinanleger attraktiv machen wollen und entsprechende Handelsmöglichkeiten anbieten, meist auch für Zugänge zu relevantem Know-how Sorge tragen. Finanzfirmen haben „im Zuge ihrer Marktexpansionsbemühungen Konsumentenerziehung als Mittel entdeckt, um die Nachfrage nach ihren Produkten zu erhöhen" (Weber 2010, S. 378). Ein Schwerpunkt der Angebote zur „Selbstexpertisierung" (Walter 2015, S. 3) der Trading-orientierten Kleinanleger besteht in der Vermittlung von Kenntnissen zur Anwendung der „Technischen Analyse" von Finanzmärkten. Das Hauptmerkmal dieser Analysemethode – bei allen Unterschieden im Detail – besteht darin, dass sie auf der Basis historischer Preisbewegungen zuverlässige Vorhersagen über zukünftige Kursentwicklungen auf den Finanzmärkten zu treffen beansprucht. Genau darin dürfte auch ein wichtiger Grund für die Popularität dieser Analysetechnik liegen: Im Unterschied zur Fundamentalanalyse muss nicht auf umfassendes ökonomisches und finanzwirtschaftliches Wissen zurückgegriffen werden. Es geht allein um die Nutzung und Interpretation von Preisdaten.

Gleichwohl ist das prognostische Vermögen der „Technischen Analyse" hochgradig umstritten. Von manchen Finanzwirtschaftlern wird die Chartanalyse mit Kaffeesatzleserei gleichgesetzt (vgl. Weber 2007). Dies tut ihrer Popularität aber offensichtlich keinen Abbruch. Empirische Untersuchungen deuten nämlich darauf hin, dass die Trader, die sich der „Technischen Analyse" und der darauf basierenden Softwareprogramme bedienen, gegenüber ihrer Leistungsfähigkeit relativ enttäuschungsresistent sind. Wichtiger als die Effektivität dieser Methode für die Generierung von Börsengewinnen ist für viele Trader demnach ihre heuristische Kraft (vgl. Roscoe 2015) und die damit verbundene emotionale Sicherheit (vgl. Mayall 2010).

Digitale Angebote für Börseninteressierte richten sich aber nicht nur an informierte und erfahrene Kleinanleger. Im Fokus stehen neuerdings junge internetaffine Anleger ohne Börsenerfahrung. Wie das Beispiel der „gamifizierten" Trading-App *BUX* zeigt, soll dieser Zielgruppe die Spekulation auf Finanzmärkten auf „unterhaltsame", „lehrreiche" und „spannende" Weise nahegebracht werden. Geboten werden Möglichkeiten des spielerischen Experimentierens mit sogenannten „Fun-Bux" (also mit Spielgeld), die Vernetzung mit anderen App-Nutzenden (z. B. im Rahmen sogenannter „Bux-Battles", bei der die Teilnehmenden drei- oder fünftägige Trading-Wettbewerbe gegeneinander austragen), aber auch der Handel mit Echtgeld. Unterstützt wird dergestalt eine Kurzfristperspektive digitaler Spekulation, die traditionelle Börsenweisheiten konterkariert, wonach Erfolg an der Börse auf Dauer nur diejenigen hätten, die langfristig anlegen und nicht auf jedes Gerücht reagieren.

Die Hintergrundannahme des entsprechenden Geschäftsmodells besteht darin, dass es vielen Tradern gar nicht in erster Linie oder allein um Geld gehe, sondern dass sie vor allem die Aktivität des Tradens als solche schätzten. Dem korrespondiert die Werbung von Plattformbetreibern, die nicht allein die Funktionalität ihrer Handelssoftware anpreisen, sondern ein „unvergessliches Trading-Erlebnis" (CMC-markets.com) in Aussicht stellen. Zu konstatieren ist das strategische Bemühen, die Übernahme von individuellen Risiken explizit mit der Aussicht auf Vergnügen und Unterhaltung zu verbinden und damit neue Konsumentengruppen für kommerzielle Angebote zur riskanten Geldverausgabung zu gewinnen.[5] Als affizierender Anreizfaktor fungiert zudem die spezifische Medialität der digitalen Börsenkommunikation, die ihren Ausdruck in der hohen Präsentationsgeschwindigkeit von neuen Informationen und der Erfahrbarkeit ökonomischer Unmittelbarkeit findet (vgl. Stäheli 2007).

5   Fazit

In der neueren Medien- und Kommunikationsforschung besteht die Tendenz, Medientechnologien als weitgehend fixierte Artefakte zu begreifen und/oder sie hinter alltäglichen Aneignungsprozessen gewissermaßen ‚verschwinden' zu lassen. Für digitale Kommunikationsmedien gilt jedoch, dass sie auch dann, wenn sie bereits in größerem Umfang praktisch genutzt werden, nicht einfach fertig und einsatzbereit sind, sondern dauerhaft oder zumindest über längere Zeiträume hinweg Prozessen der Veränderung und Weiterentwicklung unterliegen. Auch wenn die Verwendungsweisen von Medientechnologien nicht im Vorhinein festgelegt werden können, gehen in ihre Genese gleichwohl Vorstellungen über spätere Nutzungsformen und Wirkungen ein. Ob und inwieweit diese ‚Erwartungen' sich realisieren und zur Grundlage bestimmter Praktiken werden, ist eine empirische Frage, denn immer bestehen Spielräume bei der Aneignung, Umnutzung und Modifikation von Medientechnologien.

Mediatisierte Welten sind wesentlich von einem auf Dauer gestellten graduellen Wandel medientechnologischer Innovationen geprägt. Die relative Unabgeschlossenheit und Gestaltungsoffenheit von digitalen Medientechnologien begünstigt die

---

[5]Zum Einsatz kommen dabei auch Unterhaltungsangebote wie etwa Gewinnspiele, in denen Schlusskurse von Aktienindizes getippt werden können. Die Kundinnen und Kunden werden auf diese Weise zu Datenlieferanten für Analysen zur Anlegerstimmung (Sentiment).

Möglichkeit, dass sich auch andere als die ursprünglich federführenden Akteure relativ friktionslos an der Mediatisierung sozialer Welten ‚beteiligen' und dabei neue Technologien an bereits vorhandene Infrastrukturen ankoppeln können.[6] Darin, sowie in der Verknüpfung digitaler Medientechnologien mit computerbasierten Prozessen der Aufbereitung und reflexiven Nutzung von Daten, die während des mediatisierten Handelns anfallen, liegen wesentliche Ursachen für die strukturelle Nebenfolgenanfälligkeit von Mediatisierungsprozessen. Und aus dieser Nebenfolgenanfälligkeit, so die hier vertretene These, können nicht nur innovative Artefakte hervorgehen, sondern daraus kann auch eine Bestandsgefährdung mediatisierter Welten erwachsen. Allerdings ist immer wieder mit medientechnologisch basierten Gegenbewegungen zu rechnen, die in Form von Rückkopplungsschleifen an der Aufrechterhaltung des Status quo orientiert sind. Diese Prozesse der ‚Konter-Mediatisierung' können dann der Ausgangspunkt einer neuerlichen Rückkopplungsschleife sein.

Bei der reflexiven Mediatisierung von sozialen Welten des Glücksspiels und der Spekulation lassen sich zwei Hauptvarianten unterscheiden: eine direkte und eine indirekte. Bei der *direkten* Variante erwachsen die nicht-intendierten Nebenfolgen aus den neuen Optionen der mediatisierten Aktivitäten selbst. Für diese direkte Variante reflexiver Mediatisierung stehen die beiden Beispiele Internetpoker und Finanzmarktspekulation. Bei der *indirekten* Variante gehen hingegen die nicht-intendierten Nebenfolgen nicht unmittelbar aus den mediatisierten Aktivitäten hervor. Diese Nebenfolgen verdanken sich vielmehr den qualitativen und quantitativen Veränderungen des mediatisierten Spiel*angebots* sowie den Optionen der Verdatung, die sich aus der „indirekten Mediatisierung" (Hjarvard 2013, S. 20) der Ereignisse ergeben, auf die sich die Aktivitäten des Glücksspiels beziehen. Für diese indirekte Variante reflexiver Mediatisierung steht hier das Beispiel der Internetsportwetten, bei dem eine Wechselbeziehung zwischen zwei relativ eigenständigen sozialen Welten vorliegt (Sport und Wetten).

Was bedeutet *reflexive Mediatisierung* nun für soziale Handlungsmodi? Mediatisierte Formen der riskanten Geldverausgabung eröffnen ein affizierendes Handlungsfeld, das durch Unsicherheit geprägt ist. Zugleich werden auf einem Sekundärmarkt Medientechnologien bereitgestellt, mit deren Hilfe diese Unsicherheit absorbiert werden soll. Allerdings gehen diese Sekundärtechnologien

---

[6]So haben es Spekulanten und Spieler nicht nur mit digitalisierten Handlungsfeldern im engeren Sinne zu tun, auf denen die Kernaktivitäten der jeweiligen sozialen Welt stattfinden. Im Zuge der Verlagerung der entsprechenden Praktiken auf Internet-Plattformen haben sich recht schnell Sekundärmärkte für Software-Tools, Know-how und (Nutzer)-Daten herausgebildet.

ihrerseits mit neuen Unsicherheiten einher, können zugleich aber auch selber einen affizierenden Charakter entfalten. In den von uns betrachteten mediatisierten Welten lassen sich unterschiedliche Handlungsmodi des Umgangs mit Unsicherheit beobachten. Neben der Ausschaltung von Unsicherheit (Beispiel: „sure bets") und der Bewältigung und Nutzung von Unsicherheit (Beispiel: „Tracking-Software") steht die Delegation von Unsicherheit (Beispiel: „Copy-Trading"). All diesen Handlungsmodi ist gemeinsam, dass sie zwar ein bestimmtes Maß an Unsicherheit reduzieren können, ihr Vollzug aber die Handelnden mit neuen Formen von Unsicherheit konfrontiert. Als vierter Handlungsmodus kann schließlich die Unterwerfung unter Unsicherheit markiert werden (Beispiele dafür sind etwa das Automatenspiel oder Lotto). Während den drei ersten Handlungsformen ein mehr oder minder hohes Maß an Reflexivität im Sinne der Haltung einer systematischen Wahl und Entscheidungsfindung unter Nutzung medientechnologisch basierter Gelegenheitsstrukturen zugeordnet werden kann, trifft das für den Unterwerfungsmodus nicht zu. Hier geht es eher darum, das „Schicksal zu bezwingen", da der eigentliche Antrieb darin liegt, sich der „Willkür des Zufalls" zu stellen (Caillois 1960, S. 24 f.).

Zu diesen vier Handlungsformen gesellt sich noch eine fünfte[7], die darauf basiert, dass in Gegenwartsgesellschaften insbesondere Medientechnologien als Affektgeneratoren eingesetzt und in vielen Fällen auch zu dem Zweck hergestellt werden, „dass sie die Subjekte affizieren" (Reckwitz 2016, S. 175). Andreas Reckwitz hat für diese Klasse von Praktiken den Begriff „reflexiv affektiv" (ders., S. 176) ins Spiel gebracht. Deutlich wird, dass sowohl in der mediatisierten Welt der Spekulation als auch in der mediatisierten Welt des Glücksspiels die Unterhaltungs- und Spannungsmomente in jüngster Zeit einem Steigerungsimperativ unterliegen. Die augenscheinliche affektive ‚Kraft' digitaler Medientechnologien begünstigt deren inklusionsverstärkende Faszination. Dergestalt werden sowohl die Spekulation auf mediatisierten Finanzmärkten als auch die Beteiligung an mediatisierten Glücksspielen mit Anreizen versehen, die sich an die ‚eigentlichen' Kernaktivitäten anlagern. Glücksspiele und Spekulation werden im Interesse der Rekrutierung neuer und der Stabilisierung alter Nutzergruppen in einer Weise mediatisiert, dass die zum Einsatz kommenden Medientechnologien affizierend wirken. Auch das Erlernen der Mitmach-Regeln in diesen Welten unterliegt diesem Prozess, der sich in hohem Maße auf einschlägige medientechnologische Angebote stützen kann. Bedient wird in diesem Kontext aber nicht nur das Streben nach

---

[7]Dieser affektive Handlungsmodus dürfte vermutlich in Kombination mit den anderen Modi auftreten.

außergewöhnlichen Gefühlszuständen, die eine Intensivierung des individuellen Erlebens versprechen. Auch die Bemühungen um die selbsttechnologische Optimierung des Subjekts werden angeregt und durch mediatisierte Formen der systematischen Selbst-Beobachtung und Selbst-Optimierung unterstützt, die zugleich dem Bedürfnis nach Orientierung und dem Vergleich mit anderen nachkommen. Schließlich sollen durch medientechnologische Angebote die potenziellen Nutzer zu Aktivitäten angeregt werden, die für die Anbieter ökonomisch verwertbar sind.

Zusammengefasst: Mediatisierung von sozialen Welten kann nicht als abgeschlossener oder auch nur prinzipiell abschließbarer Prozess verstanden werden, der quasi zwangsläufig auf einen stabilen Endpunkt zustrebt und der über verschiedene soziale Welten hinweg denselben Verlauf nimmt. Zu registrieren sind vielmehr je unterschiedliche Verläufe der Mediatisierung und je unterschiedliche Ursachen und Motive für Gegenbewegungen (,Konter-Mediatisierung'). Gleichwohl zeichnen sich unsere Fallbeispiele durch eine Reihe von Gemeinsamkeiten aus. Mit reflexiver Mediatisierung meinen wir dementsprechend einen Prozess, der a) durch permanente Rückkopplungen zwischen Einführung, Entwicklung und Anwendung von Medientechnologien geprägt ist, der sich b) in einem multiplen Feld konkurrierender Akteure entfaltet, der sich auf c) affizierende und aktivierende kommunikationsmediale Technologien sowie auf d) quantifizierende Beobachtungs- und Analysetechnologien stützt, der e) zur Konvergenz von bislang distinkten Handlungsfeldern beiträgt, der f) Mittel zur Bewältigung von Unsicherheit hervorbringt, jedoch immer wieder neue Unsicherheitsräume eröffnet, und der g) die Möglichkeit der aus nicht-intendierten Nebenfolgen mediatisierter Praktiken resultierenden Selbstgefährdung einer sozialen Welt in sich birgt.

Die Erkenntnisse aus unseren drei Teilprojekten bestätigen den generellen Befund einer bereits stattgehabten und weiterhin stattfindenden Mediatisierung nachgerade aller Lebensbereiche auch auf unserem Forschungsfeld. Ihre öffentliche Relevanz liegt vor allem darin, dass – anders als bei ,reinen' Glücksspielen wie dem Automatenspiel in Spielhallen oder Lotterien – bei Geldspielen, die durch eigene Entscheidungen von Spielenden beeinflusst werden, hochinformiertes, technisch aufgerüstetes und mit intensiver Vorbereitung und Beteiligung verbundenes Spielverhalten zwar keineswegs Gewinne garantiert, dass jede Art von beiläufigem bzw. gelegentlichem ,Freizeitgambling' jedoch nachgerade unvermeidlich mit Verlusten einhergeht. Potenzielle und bereits involvierte Spielende mittels entsprechender Aufklärung durch Politik und Medien auf diese Erkenntnisse aufmerksam zu machen, erscheint uns als gegenüber dem dominanten Diskurs über Glücksspiele und angeblich damit einhergehenden Suchtgefahren mithin wesentlich problemangemessener.

Literatur

Apelt M, Senge K (2015) Organisation und Unsicherheit – Eine Einführung. In: Apelt M, Senge K (Hrsg) Organisation und Unsicherheit. Springer/VS, Wiesbaden, S 1–13.

Beck U, Giddens A, Lash S (1996) Reflexive Modernisierung. Eine Kontroverse. Suhrkamp, Frankfurt am Main.

Braun A (2013) Social Trading – simplified. FinanzBuch Verlag, München.

Buschmann R (2011) Manipulation im Fußball: Kraftlose Kontrolleure. http://www.spiegel.de/sport/fussball/manipulation-im-fussball-kraftlose-kontrolleure-a-753665.html. Zugegriffen: 18. April 2013.

Buchdahl J (2003) Fixed odds sports betting. The essential guide. High Stakes, London.

Caillois R (1960) Die Menschen und die Spiele: Maske und Rausch. Langen Müller, München/Wien.

Diemer G, Rodenberg R (2013) Economics of online sports gambling. In: The Oxford handbook on the economics of gambling. Oxford University Press, New York, S 131–146.

Englert C, Grenz T, Kempken N, Möll G (2014) Activating Media. In: Krotz F, Despotović C, Kruse M-M (Hrsg) Die Mediatisierung sozialer Welten. Synergien empirischer Forschung. Springer/VS, Wiesbaden, S 263–282.

Flowers S (2008) Harnessing the hackers: The emergence and exploitation of outlaw innovation. Research Policy, (37) 2:177–193.

Forrest D (2012) Internet gambling. An economics perspective. In: Williamson RJ, Wood R T, Parke J (Hrsg) Routledge international handbook of internet gambling. Routledge, London/New York, S 29–45.

Grenz T, Möll G, Reichertz J (2014) Zur Strukturierung von Mediatisierungsprozessen. In: Krotz F, Despotović C, Kruse M-M (Hrsg) Die Mediatisierung sozialer Welten. Synergien empirischer Forschung. Springer/VS, Wiesbaden, S 73–92.

Halter L (2014) Unmut über die „Flash boys". http://www.n-tv.de/wirtschaft/kolumnen/Unmut-ueber-die-Flash-Boys-article12580421.html. Zugegriffen: 16. Juni 2016.

Hepp A (2009) Mediatisierung und Kulturwandel: Kulturelle Kontextfelder und die Prägkräfte der Medien. In: Hartmann M, Hepp A (Hrsg) Die Mediatisierung der Alltagswelt. Springer/VS, Wiesbaden, S 65–84.

Hill D (2015) The ghosts fixed the match. http://www.playthegame.org/news/news-articles/2015/0068_the-ghosts-fixed-the-match/. Zugegriffen: 20. Januar 2016.

Hitzler R (2011) Eventisierung. Drei Fallstudien zum marketingstrategischen Massenspaß. Springer/VS, Wiesbaden.

Hitzler R (2012) Eine multidimensionale Innovation. Zum Zusammenspiel von Technologien und Techniken am Beispiel des globalen Pokerbooms. In: Bormann I, John R, Aderhold J (Hrsg) Indikatoren des Neuen. Innovation als Sozialtechnologie oder Sozialmethodologie. Springer/VS, Wiesbaden, S 141–153.

Hitzler R (2016) Kapitulation? Re-Aktionen des Mediennutzers auf die (Um-)Nutzung medientechnologischer Entwicklungen durch seine (vermeintlichen) Gegenspieler. In: Pfadenhauer M, Grenz T (Hrsg) De-Mediatisierung. Springer/VS, Wiesbaden, S 179–192.

Hjarvard S (2013) The mediatization of culture and society. Routledge, London/New York.

Knorr Cetina K (2012) Die synthetische Situation. In: Ayaß R, Meyer C (Hrsg) Sozialität in Slow Motion: theoretische und empirische Perspektiven. Springer/VS, Wiesbaden, S 81–110.

Krotz F (2014) Einleitung: Projektübergreifende Konzepte und Bezüge der Untersuchung sozialer Welten. In: Krotz F, Despotović C, Kruse M-M (Hrsg) Die Mediatisierung sozialer Welten. Synergien empirischer Forschung. Springer/VS, Wiesbaden, S 7–32.

LaPlante DA, Nelson SE, LaBrie RA, Shaffer HJ (2012) The bwin.party division on addiction research collaborative: Challenges for the ‚normal science' of internet gambling. In: Williams RJ, Wood RT, Parke JS (Hrsg) Routledge international handbook of internet gambling. Routledge, London/New York, S 161–179.

Lewis M (2014) Flashboys. Revolte an der Wall Street. Campus, Frankfurt am Main.

Mayall M (2010) A feeling for finance: Motivations for trading on the stock exchange. Emotion, Space and Society 3:103–110.

Möll G (2016) Die Verdatung des Glücks. Varianten reflexiver Mediatisierung in den sozialen Welten des kommerziellen Glücksspiels. In: Mämecke T, Passoth J-H, Wehner J (Hrsg) Bedeutende Daten. Springer/VS, Wiesbaden (im Erscheinen).

Mustroph T, Best B (2014) Gold aus Stroh – der neue Trick bei Fußball-Wetten. http://www.tagesspiegel.de/sport/wie-betrueger-millionen-verdienen-gold-aus-stroh-der-neue-trick-bei-fussball-wetten/11572610.html. Zugegriffen 12. Januar 2016.

Prisching M (2010) „Ich kaufe, also bin ich": Die Person des Kapitalismus. In: Neckel S (Hrsg) Kapitalistischer Realismus. Von der Kunstaktion zur Gesellschaftskritik. Campus, Frankfurt am Main, S 232–253.

Reckwitz A (2009) Praktiken der Reflexivität: Eine kulturtheoretische Perspektive auf hochmodernes Handeln. In: Böhle F, Weihrich M (Hrsg) Handeln unter Unsicherheit. Springer/VS, Wiesbaden, S 169–182.

Reckwitz A (2016) Praktiken und ihre Affekte. In: Schäfer H (Hrsg) Praxistheorie. Ein soziologisches Forschungsprogramm. transcript, Bielefeld, S 163–180.

Roscoe P (2015) ‚Elephants can't gallop': Performativity, knowledge and power in the market for lay-investing. Journal of Marketing Management 31:193–218.

Schüll N (2015) The gaming of chance: Online poker software and the potentialization of uncertainty. In: Samimion-Darash L, Rabinow P (Hrsg) Modes of uncertainty. Anthropological cases. University of Chicago, S 46–68.

Stäheli U (2007) Spektakuläre Spekulation. Das Populäre der Ökonomie. Suhrkamp, Frankfurt am Main.

Strauss A (1978) A Social world perspective. Studies in symbolic interactionism 1:119–128.

Walter M (2015) Der digitale Kleinanleger. Praktiken der Unsicherheitsbearbeitung in Internetforen. Communicative figurations, working paper No. 9, Bremen http://www.kommunikative-figurationen.de/fileadmin/redak_kofi/Arbeitspapiere/CoFi_EWP_No-9_Walter.pdf Zugegriffen: 30. September 2016.

Weber B (2010) Finanzbildungsbürgertum und die Finanzialisierung des Alltags. PROKLA 160:377–393.

Weber M (2007) Genial einfach investieren. Campus, Frankfurt am Main.

Wiesenthal H (2009) Rationalität und Unsicherheit in der Zweiten Moderne. In: Böhle F, Weihrich M (Hrsg) Handeln unter Unsicherheit. Springer/VS, Wiesbaden, S 25–47.

Über die Autoren

Gerd Möll, Dr. rer. pol., ist wissenschaftlicher Mitarbeiter am Lehrstuhl für Allgemeine Soziologie der Technischen Universität Dortmund. Er bearbeitet das Projekt „Mediatisierung des Glücksspiels". Arbeitsgebiete: Soziologie des Glücksspiels, Mediatisierungsforschung, Arbeits-, Industrie- und Organisationssoziologie. Ausgewählte Publikationen: Unter Mediatisierungsdruck. Änderungen und Neuerungen in heterogenen Handlungsfelder (Hrsg. mit Tilo Grenz) (2014), Wiesbaden Springer/VS. Mega-Event-Macher. Zum Management multipler Divergenzen am Beispiel der Kulturhauptstadt Europas RUHR.2010 (mit Ronald Hitzler, Gregor Betz und Arne Niederbacher) (2012), Wiesbaden: VS. Jackpot. Erkundungen zur Kultur der Spielhallen (mit Jo Reichertz, Arne Niederbacher, Miriam Gothe und Ronald Hitzler) (2010), Wiesbaden: VS. Kontroversen um die Arbeitsbewertung. Die ERA-Umsetzung zwischen Flächentarifvertrag und betrieblichen Handlungskonstellationen (mit Gerd Bender) (2009), Berlin: edition sigma.

Ronald Hitzler, Dr. rer. pol, ist Professor für Allgemeine Soziologie an der Fakultät „Erziehungswissenschaft und Soziologie" der Technischen Universität Dortmund. Er ist Leiter des Projekts „Mediatisierung des Glücksspiels". Arbeitsschwerpunkte: Allgemeine Soziologie, Verstehende Soziologie, Modernisierung als Handlungsproblem, Wissens- und Kultursoziologie, Methoden der explorativ-interpretativen Sozialforschung.
Weitere Informationen unter: www.hitzler-soziologie.de/WP.

Medien, Musik und Algorithmen – Zur Publikumsvermessung im Internet

Josef Wehner, Jan-Hendrik Passoth und Tilmann Sutter

Zusammenfassung

Wer sich im Netz bewegt, hinterlässt Spuren. Die damit zusammenhängende Veränderung in der Konstruktion eines Publikums haben wir im Projekt „Numerische Inklusion" am Beispiel von Online-Musikanbietern ethnografisch untersucht. In unserem Beitrag wollen wir zeigen, wie sich mit der Verdatung von Nutzungsaktivitäten im Web ein komplexes Beobachtungs- und Verhandlungsgeschehen verbindet, an dem Akteure mit unterschiedlichen Interessen, Erfahrungen und Wissenshintergründen beteiligt sind. Versuche einer Algorithmisierung von Medienaktivitäten verbinden sich mit komplementären Prozessen einer nicht-algorithmisierten Verarbeitung der Daten und Weiterentwicklung der Verfahren. Anschließend werden wir einige Überlegungen zur Verortung unserer Ergebnisse in der Mediatisierungsdebatte vorstellen, deren Pointe im Aufweis einer Mediatisierung der Medien liegt. Abschließend werden wir einige Anknüpfungspunkte an die Diskussion der Publikumsinklusion, an aktuelle zahlensoziologische Studien sowie an die interdisziplinär geführte Debatte über die Macht der Algorithmen aufzeigen.

J. Wehner (✉) · T. Sutter
Universität Bielefeld, Bielefeld, Deutschland
E-Mail: josef.wehner@uni-bielefeld.de

T. Sutter
E-Mail: tilmann.sutter@uni-bielefeld.de

J.-H. Passoth
TU München, München, Deutschland
E-Mail: jan.passoth@tum.de

Schlüsselwörter

Mediensoziologie · Internet · Mediatisierung · Publikumsforschung · Medienwandel · Quantifizierung · Algorithmen · Inklusion

1 Einleitung

Die Entwicklung des Internets wurde in den letzten Jahren vor allem mit ungewöhnlichen Eingriffs-, Mitwirkungs- und Vernetzungsmöglichkeiten in Verbindung gebracht. Social Media Dienste wie *Facebook* oder *Twitter* lieferten dafür eindrucksvolle empirische Belege. Es ging um neue kommunikative Freiheiten und um all die Kräfte, die der Entfaltung dieser Freiheiten entgegenstehen. Erst allmählich wird gesehen, dass die Verdatung der Netzaktivitäten und die Möglichkeiten der statistischen Auswertung entsprechender Datenmengen nicht weniger bedeutsam sind (vgl. Reichert 2015; Passoth und Wehner 2013). Wer sich im Netz bewegt, erzeugt – mit oder ohne Absicht – immer auch datenförmige Hinweise auf seine Aktivitäten. Automatisierte Speicher- und Analyseprogramme können so die vielen, zunächst noch verstreuten und unzusammenhängenden Netzaktivitäten auf Gemeinsamkeiten und Unterschiede hin absuchen. In besonders einfachen Fällen werden Beiträge auf Webseiten nach dem Datum ihres Erscheinens, in komplexeren Fällen, wie etwa bei Suchmaschinen, nach Relevanz in Form von Listen oder Graphen aufbereitet und geordnet. Offenbar übersetzen hier Algorithmen zunächst noch Unübersichtliches in Übersichten, zeigen an, was andere gerade beschäftigt und bieten damit Vergleichs- und Bewertungsoptionen.

Im vorliegenden Beitrag werden diese Entwicklungen mit der Publikumsforschung in Verbindung gebracht, vor allem mit solchen Studien, in denen die Publikumsvermessung als eine unentbehrliche Voraussetzung für die Bildung und den Wandel des modernen Mediensystems seit Anfang des 20. Jahrhunderts behandelt wird (vgl. Schrage 2004; Ang 2001). Die (Fernseh-)Quotenberechnung wird hier als Versuch verstanden, Unsicherheiten zu bearbeiten, wie sie sich mit der Entkopplung von Sender und Empfänger bzw. dem damit verbundenen Problem eines sich verflüchtigenden anonymisierenden (Fernseh-)Publikums verbinden. Analog dazu lassen sich die Projekte der Online-Verdatung als Versuch behandeln, die aus der weiteren Flexibilisierung des Mediengeschehens resultierenden Unsicherheiten in der Erreichbarkeit und Annahmebereitschaft aufseiten der Nutzenden zu entschärfen. Die jetzt bis auf die Ebene einzelner Userinnen und User reichenden statistischen Möglichkeiten sollen helfen, im Netz Gleichgesinnte zu finden oder einfach nur Adressatinnen bzw. Adressaten für eigene Angebote, obwohl diese sich aus den inhaltlichen, zeitlichen und auch räumlichen Vorgaben der Programmmedien befreien und nun räumlich mobil von jedem Punkt der Erde aus zu den von ihnen selbst festegelegten Zeitpunkten auf Angebote ihrer Wahl zugreifen können.

In dem Projekt „Numerische Inklusion. Medien, Messungen und gesellschaftlicher Wandel" des DFG-Schwerpunktprogramms (SPP) 1505 „Mediatisierte Welten" ist dieses Internetverständnis am Beispiel des Musikhörens im Internet konkretisiert worden.[1] Entsprechende Forschungsfragen und -ziele wurden vor dem Hintergrund einschlägiger Studien zur Quantifizierung massenmedialer Publikumsaktivitäten entwickelt. Um diese Entscheidung nachvollziehbar zu machen, werden deshalb im Folgenden einige für unsere Untersuchungen relevante Beobachtungen dieser Studien zur Relevanz der kommerziellen Vermessung für die modernen Massenmedien zusammengestellt (Abschn. 2). In einem zweiten Schritt werden wir die Leitannahmen und -fragen unseres Projekts, den Untersuchungsgegenstand und die methodische Vorgehensweise vorstellen (Abschn. 3). Im Anschluss geben wir einen Einblick in unsere Untersuchungsergebnisse. Im Mittelpunkt steht hier die Beobachtung, dass Prozesse der Verdatung von Hörenden- bzw. Nutzendenaktivitäten Resultat wie auch Vorbedingung komplexer Verhandlungsprozesse darstellen, an denen Akteure mit unterschiedlichen Zielen, Strategien und Wissenshintergründen beteiligt sind (Abschn. 4). In einem weiteren Schritt werden wir einige Überlegungen zur Verortung dieses Ergebnisses in der Mediatisierungsdebatte vorstellen, deren spezifische Pointe im Aufweis einer Reflexivierung der Mediatisierung liegt (Abschn. 5). Zum Abschluss werden einige mögliche Anknüpfungspunkte zu weiteren relevanten Forschungsdiskussionen hergestellt (Abschn. 6).

---

[1] In dem Projekt (Laufzeit vom 1.10.2010 bis zum 30.9.2012) wirkten neben den Autoren als Projektleiter Roman Duhr und Thorben Mämecke als Mitarbeiter mit. Vor allem sie führten die empirischen Untersuchungen durch, verfassten viele Memos während ihrer Forschungsaufenthalte und schrieben auch die Zwischen- und Abschlussberichte, auf die sich vor allem die Abschn. 2 und 3 des vorliegenden Beitrags beziehen. Vertiefende Fragestellungen und thematische Erweiterungen zum Projekt finden sich in den Arbeiten von Passoth und Wehner (2017), Muhle und Wehner (2016), Mämecke und Wehner (2014), Passoth et al. (2014), Märker und Wehner (2013), Passoth und Wehner (2012) sowie Wehner et al. (2012).

2 Forschungskontext: Studien zur Publikumsvermessung

Mithilfe statistischer Verfahren herausfinden zu wollen, wer in welcher Zeit auf welche Medienangebote zugreift, ist keine neue Idee. Sie hat die Entwicklung der modernen Massenmedien von Anfang an begleitet (vgl. Hohlfeld 2013). Die Anfänge dieser Verfahren lassen sich relativ genau datieren. So zeigt Schrage (2004), wie die Versuche einer Quantifizierung des Publikums mit der Verbreitung des Radios in den 1920er Jahren einsetzen und bereits entscheidend die weitere Entwicklung des damals neuen Mediums prägten. Auch die späteren Projekte zur kommerziellen Fernsehforschung in den USA in den 1940er und 1950er Jahren lassen erkennen, dass der statistische Blick einen entscheidenden Einfluss auf die Entwicklung und den weiteren Verlauf der modernen Massenmedien genommen hat (vgl. Neuberger und Nuernbergk 2015; Bermejo 2009). Die Quote erlaubt den Fernsehsendern nicht nur zu sehen, wie sich die Aufmerksamkeitsanteile des Publikums auf die Angebote verteilen. Jeder Sender kann nun auch beobachten, wie andere Sender im Wettbewerb um die Gunst des Publikums abschneiden. Sie eröffnet sogar dem Publikum Möglichkeiten, sich selbst als Kollektiv zu erfahren und das mediale Geschehen auf der Senderseite besser zu verstehen (vgl. Thiele 2006). Insgesamt scheinen die Vermessungen des Publikums einen Beobachtungs- und Kommunikationsraum zu eröffnen, in dem sich die Medienanbieterorganisationen sehen und vergleichen können, umgekehrt aber auch das Publikum die Medien und sogar sich selbst beobachten kann (vgl. Wehner et al. 2012).

Bevor sich jedoch solche Beobachtungs- und Vergleichsmöglichkeiten entwickeln konnten, mussten die dafür erforderlichen Verfahren entwickelt werden (vgl. Vormbusch 2007). So musste überhaupt erst einmal entschieden werden, das Problem des sich anonymisierenden Publikums auf statistischem Wege zu lösen. Und nachdem man sich für diesen Lösungsansatz entschieden hatte, was zumindest zu Beginn der modernen Massenmedien keinesfalls selbstverständlich war, stellten sich schnell weitere Herausforderungen. Schrage (2004) zeigt, wie zu Beginn der Hörendenstatistik gar nicht klar war, was denn nun überhaupt gemessen werden sollte. So war offen, ob nur formale Merkmale wie die Einschaltbereitschaft, Programmwahl und ähnliches erfasst, oder ob auch stärker qualitative Merkmale des Publikumsverhaltens wie etwa die Bewertung des Radioangebots berücksichtigt werden sollten. Die Beschränkung auf formale Merkmale musste also erst einmal begründet und durchgesetzt werden. Nachdem nun diese Vorentscheidungen getroffen waren, stellten sich weitere Verhandlungs- und Entscheidungsbedarfe ein. So basierte auch die Einführung von Messindikatoren auf Auswahl- und Verhandlungsergebnissen mit entsprechenden Festlegungen. Ebenso mussten Entscheidungen darüber getroffen werden, welche Objekte (hier: welche Medienaktivitäten) überhaupt gemessen werden sollen. Die (kommerzielle) Vermessung des Publikums muss man sich so gesehen als einen kontingenten, verhandlungs- und entscheidungsintensiven Prozess vorstellen, den zu untersuchen immer auch bedeutet, sich genauer anzuschauen, wer in welcher Weise zu welchem Zeitpunkt mit welchem Wissen und Interesse an diesem Prozess beteiligt ist, welche Modelle des Publikums entwickelt werden und in die numerischen Verfahren Eingang finden, und wie schließlich Bedingungen für die Einbeziehung bzw. Inklusion geschaffen werden, die das Publikum als numerisches Konstrukt sichtbar und für anschließende Maßnahmen verfügbar machen sollen (vgl. Ang 1986).

Studien zur Publikumsvermessung zeigen aber auch, dass aus solchen Möglichkeiten einer Quantifizierung der Medienaktivitäten und der darin eingeschlossenen Vergegenständlichung des Publikums nicht umstandslos auf die Nutzung der Messergebnisse geschlossen werden sollte. Zahlensysteme wie die Quote sagen nicht von sich aus, wie Sender sie zu verstehen bzw. zu bewerten haben und welche Entscheidungen im Anschluss daran zu treffen sind. Zahlen allein, so Vollmer (2013), sagen uns nicht viel, wir müssen lernen sie kreativ zu deuten und zu bewerten in Hinblick auf die durch sie bezeichneten Wirklichkeiten und mit ihnen verbunden Chancen. Ob eine Quote ‚gut‘ oder ‚schlecht‘ ausfällt, muss der Sender (oder eine dritte Beobachtungsinstanz) unter Zuhilfenahme vorgängig festgelegter Kriterien herausfinden, die solche Unterscheidungen erlauben. Die Messdaten der GFK wandern also nicht unbearbeitet auf die Redaktionstische der Fernsehverantwortlichen, sondern werden in lesbare Reports übersetzt, die anschließend auf mögliche Folgen und Maßnahmen hin ausgewertet werden können (vgl. dazu auch Fürst 2014; Thiele 2006).

Diese Hinweise legen abschließend nahe, die Publikumsvermessung als komplexe sozio-technische Infrastruktur zu verstehen, deren verschiedene Elemente in der Vergangenheit immer wieder problematisiert und modifiziert wurden. Zu denken ist dabei nicht nur an die ‚Hardware‘ im Sinne der Messtechnologien, sondern auch die ‚Software‘ im Sinne der methodischen Festlegungen (Messkriterien, Messobjekte, Messsituationen), aber auch die mit dem Messen verbundenen Ziele und Erwartungen der Medienorganisationen. So unterliegen die Verfahren in sendereigenen Forschungsabteilungen einem ständigen Qualitätsmanagement und sind aufgrund technologischer und methodischer Innovationen immer wieder verbessert und angepasst worden. Aber auch neue Endgeräte auf der Publikumsseite, zusätzliche Verbreitungskanäle über das Internet (sogenannte *Mediatheken*, soziale Netzwerke wie *Facebook* oder Videoplattformen wie *YouTube*) und sich verändernde Mediengewohnheiten bilden Herausforderungen für die kommerzielle Publikumsforschung (vgl. Engel und Niederauer 2014). So gesehen blieb die Publikumsvermessung seit ihrer Erfindung vor fast 100 Jahren ein chronisch unfertiges Projekt der Quantifizierung von Medienaktivitäten. Technische und methodische Weiterentwicklungen sowie Veränderungen in der Medienrezeption wurden als Widerstände erfahren und als Verfahrensschwächen gedeutet, die immer wieder Verbesserungs- und Anpassungsbedarfe erzeugten (vgl. dazu auch Wieser 2013; Passoth und Wieser 2012).

3 Fragestellungen, Untersuchungsgegenstand, methodische Vorgehensweise

Das Internet wurde – zumindest in der Soziologie – anfänglich mit dieser Thematik des Vermessens und Vergleichens zunächst nur wenig bzw. gar nicht in Verbindung gebracht. Im Vordergrund standen vielmehr die ungewöhnlichen Möglichkeiten, das bislang massenmedial verordnete starre Verhältnis von Sender und Publikum drehen zu können und die Rolle der Rezipierenden gegen die der Produzierenden tauschen zu können (zu dieser Diskussion vgl. Sutter 2010, S. 142 ff.). Es ging um die Frage, wie dieser Rollenwechsel und die damit verbundenen Eingriffs- und Mitwirkungsmöglichkeiten begrifflich gefasst werden könnten und wie sich dieser grundlegende Wandel unter anderem in den Bereichen der Politik, der Bildung und Wirtschaft zu erkennen gibt, welche neuen Formen der politischen Teilhabe, des Lernens, des Konsums oder der Unterhaltung entstehen, und natürlich auch um die Frage, welche wirtschaftlichen, politischen und kulturellen Kräfte den entsprechenden Entwicklungen entgegenwirken. Erst mit reichlicher Verzögerung wurde erkannt, dass das Internet von Anfang an auch ein Medium der Verdatung und statistischen Analyse war (vgl. Röhle 2010). Nachdem das Netz im Zuge der Social-Web-Bewegung nicht länger nur als ein Informations-, sondern auch als ein Mitmachmedium verstanden wurde, bei dem es darauf ankommt, dass die Teilnehmenden untereinander ihre Ideen, ihre Erfahrungen verfügbar machen, sich vernetzen und koordinieren, wird jetzt erkennbar, dass all die dafür erforderlichen Netzaktivitäten gleichzeitig immer auch statistisch erfasst und ausgewertet werden können und die entsprechenden Ergebnisse von Bedeutung sind für das Zustandekommen netzkommunikativer Zusammenhänge – etwa durch das Berechnen von Gemeinsamkeiten und Unterschieden und daraus ermittelten Angeboten und Vorschlägen (vgl. Savage und Burrows 2007).

3.1 Fragestellungen

Die Erkenntnisse der angesprochenen Studien zur kommerziellen Reichweiten- bzw. Publikumsvermessung geben hinreichenden Anlass zu der Annahme, dass auch Vermessungsverfahren im Internet darauf angewiesen sind, Verständigungen und Einigungen in wichtigen Fragen – zu denken ist hier vor allem an die Auswahl und Festlegung der zu vermessenden Objekte („Was soll überhaupt gemessen werden?") und der in den Verfahren zu benutzenden Messkriterien („Wie soll gemessen werden?") – erreichen zu müssen, damit überhaupt gemessen werden kann. Damit verbindet sich die Frage, welche nutzungsbezogenen Erwartungen favorisiert werden und wie diese in die Modellierung und Programmierung und damit in Gestaltung der Bedingungen für die Einbeziehung der Nutzenden einfließen.

Im Anschluss daran stellt sich die Frage, wie die gewonnenen Datenmengen in aussagekräftige und anschlussfähige Kommunikate übersetzt werden. So ist immer wieder zu lesen, dass Verdatungs- und Analyseprogramme schon heute die Nutzenden einer Plattform – auf ihre Weise, das heißt durch immer mehr und immer weiter verbesserte, sinnfrei operierende Datenerfassungs- und Auswertungswerkzeuge und entsprechend immer größere Datenmengen – immer besser kennenlernen und ohne menschliches Dazutun passende Objekte, ob nun Nachrichten, Unterhaltungsangebote oder Konsumgüter, vorschlagen können. Hierzu stellt sich die Frage, ob tatsächlich all jene umständlichen und langwierigen Interpretations- und Übersetzungsleistungen, wie sie vom Umgang mit der Quote her bekannt sind, jetzt überflüssig bzw. an Algorithmen überantwortet werden.

Ähnlich verhält es sich in der Frage der Anpassung und Optimierung der Messverfahren. Folgt man der Vorstellung, dass die Programme und Algorithmen sich immer weiter verselbstständigen, dann arbeiten die Systeme der Verdatung und Analyse immer differenzierter, gewinnen immer mehr Daten, werden immer besser im Kennenlernen der Nutzenden, optimieren sich durch immer aufwendigere und fortlaufende Rückkopplungen an vorangegangene Angebote und darauf bezogene Feedbacks und passen sich so dem Publikum immer besser an. Auch hier stellt sich die Frage, ob solche Erwartungen der Analyse von Widerständen (etwa subversiven Nutzungspraktiken), der Bearbeitung von Schwachstellen (methodischer oder technologischer Art) und dem Identifizieren von Verbesserungsmöglichkeiten gerecht werden.

3.2 Untersuchungsgegenstand

Um Antworten auf diese Fragen zu bekommen, haben wir uns mit Musikanbietern im Internet näher beschäftigt. Online-Musikanbieter sind für den vorliegenden Zusammenhang aufschlussreich, weil sie von Anfang an für den Versuch standen, mithilfe algorithmisierter Datenerzeugung und Auswertung einzelnen Teilnehmenden ein auf ihre jeweils persönlichen Vorlieben bezogenes Angebot zu machen. Den Online-Hörerinnen und -Hörern wird versprochen, nur noch das zu hören, was sie gerne hören möchten. Algorithmen, und nicht Musikredakteurinnen bzw. -redakteure mit ihren persönlichen Vorlieben, so die Botschaft, lernen die musikalischen Neigungen der Teilnehmenden immer besser kennen und sorgen dafür, dass die musikalischen Empfehlungen immer genauer ihren geschmacklichen Präferenzen entsprechen. Gleichzeitig versorgen diese die Anbietendenseite mit immer mehr Wissen über ihre Hörgewohnheiten und bieten – weil es hier immer um Statistiken geht – Optionen, auch für interessierte Dritte (Sponsoren, Werbewirtschaft) das Plattformgeschehen beobachtbar und mit anderen Angeboten vergleichbar zu machen.

3.3 Methodische Vorgehensweise

Mit Beginn des Projekts wurde der Kontakt zu verschiedenen Plattformanbietern *(Dein Radio, Neues Radio, Hören im Netz*[2]*)* weiter ausgebaut, die bereits in der Phase der Antragstellung für das Projekt gewonnen worden waren. Über den Zeitraum von November 2010 bis zum Beginn der Feldaufenthalte Mitte August 2011 wurden parallel zu den anderen Arbeitsschritten relevante Kontaktpersonen identifiziert, Vorgespräche (auch vor Ort) geführt, die Feldzugänge geklärt und Termine und Zeiträume festgelegt. Es ergab sich die Gelegenheit, bei den technisch und konzeptionell verschiedenen Plattformen *Dein Radio* und *Neues Radio* dauerhafte teilnehmende Beobachtungen über einen Zeitraum von mehreren Monaten durchzuführen und so mehr über diese in der Regel für Öffentlichkeit wie auch für die Wissenschaft intransparent bleibenden Entwicklungsarbeiten und deren Ergebnisse zu erfahren. Deshalb wurde entschieden, die empirische Studie der Plattformen und die Hörendenstudie hintereinander und nicht parallel durchzuführen. Die Hörendenstudie wurde für den Zeitraum von Januar bis Mai angesetzt. Die ursprünglich geplanten ethnografisch orientierten Kurzaufenthalte

---

[2]Die Realnamen der Plattformanbieter wurden aus Datenschutzgründen durch Pseudonyme ersetzt.

konnten auf ca. 70 Tage bei zwei Plattformen ausgedehnt werden. In diesem Zeitraum wurde an durchschnittlich drei Tagen je Woche bei durchschnittlich acht Stunden je Tag vor Ort die lokale Arbeitspraxis beobachtet und dokumentiert. Begleitend wurden Leitfadeninterviews mit Entwickelnden, Redaktionsmitgliedern und Geschäftsführenden der Internetradios geführt und inhaltsanalytisch ausgewertet.

4 Ergebnisse der Untersuchungen

Im Folgenden werden wir einige Ergebnisse des Projekts vorstellen. Wir werden uns dabei auf den Fall *Dein Radio* konzentrieren, da hier von Anfang an die Möglichkeiten der Online-Verdatung als Voraussetzung für die Einbeziehung von Hörenden in das Plattformgeschehen behandelt wurden.[3] Die Vorstellung der Ergebnisse erfolgt sehr konzentriert, auf Zitierungen von Passagen in den Interviews wird aus Platzgründen verzichtet. Beginnen werden wir mit der Beobachtung, dass Plattformen wie Webradios durch die Verdatung der Nutzendenaktivitäten sich zu komplexen Verhandlungssystemen aufspannen (Abschn. 4.1). In einem zweiten Schritt wollen wir zeigen, dass in solchen Verhandlungssystemen datenbezogenen Deutungs- und Übersetzungsarbeiten eine zentrale Rolle zukommt (Abschn. 4.2). Im dritten Ergebnisteil fassen wir unsere Beobachtungen zu der Überlegung zusammen, dass mit der Onlineverdatung die bereits mit den modernen Massenmedien einsetzende Quantifizierung der Medienaktivitäten eine weitere Steigerung erfährt, insofern als Angebotsseite und Nutzende in ein Verhältnis der dauerhaften Problematisierung, Autokorrektur und Optimierung überführt werden (Abschn. 4.3).

4.1 Online-Plattformen als Orte datenbezogener Aushandlungsprozesse

Ausgehend von der Frage nach der Festlegung von Bedingungen der Einbeziehung der Musikhörenden zeigte vor allem der Untersuchungsfall *Dein Radio*, wie von Anfang an die Möglichkeiten der Online-Verdatung und die Idee eines

---

[3]Die folgenden Ausführungen stützten sich auf die Zwischen- und Abschlussberichte zum Projekt (Duhr und Mämecke 2012), ebenso auf Memos und Interviews, die während der Aufenthalte verfasst bzw. durchgeführt wurden. Die im Folgenden dargestellten Ergebnisse beziehen sich deshalb auf den Zeitraum unseres Aufenthalts. Weitere Veränderungen beim Anbieter nach unserem Projekt werden an dieser Stelle also nicht berücksichtigt.

darauf aufbauenden persönlichen Radios im Vordergrund standen. Während unseres Forschungsaufenthalts trafen wir auf einen Kreis von internetbegeisterten Entwickelnden, Musikredakteurinnen bzw. -redakteuren und Sponsorinnen bzw. Sponsoren, die sich ein Publikum vorstellten, das daran interessiert ist, das Internet zu nutzen, um Musik zu hören, die den persönlichen Vorlieben und Hörgewohnheiten entspricht. Ausschließlich solche persönlichen Lieblingstitel bzw. -interpretinnen und -interpreten zu hören, wurde – vor allem mit Blick auf jüngere Zielgruppen – als entscheidender Anreiz betrachtet, ein Webradio zu nutzen. Die Frage, wie nun die besonderen musikalischen Präferenzen einzelner Nutzender bzw. möglichst viele verschiedene Hörgewohnheiten überhaupt erfasst und bedient werden sollten, wurde von Anfang an als eine statistische Herausforderung verstanden. Deshalb wurde an solchen vorstrukturierten Mitwirkungsoptionen für die Nutzenden der Plattform gearbeitet, die mit hinterlegten Möglichkeiten der statistischen Erfassung und Auswertung entsprechender Aktivitäten vereinbar waren. Zu diesen statistischen Verfahren zählten die Möglichkeiten, Klicks, Besucherzahlen oder Verweildauern der Besucherinnen und Besucher fortlaufend und automatisch erfassen und auswerten zu lassen. Weitere datengestützte Möglichkeiten des Nutzer-Monitorings boten andere Plattformen wie etwa *Facebook*. Es wurden also nicht nur die Daten eigener statistischer Programme, sondern auch die Angebote von Drittplattformen (z. B. die Besucher- und Kommentarzahlen auf der eigenen *Facebook*-Seite) genutzt.

Im Mittelpunkt stand jedoch von Anfang an eine Software, die zu jedem Musiktitel bzw. jeder Interpretin und jedem Interpreten automatisiert Attribute vergeben sollte. Ein Algorithmus sollte mit Hilfe von ca. 200 Kriterien (z. B. Rhythmus, Klangfarben, Stimmung und Tempo) entscheiden, welche Ähnlichkeiten und Unterschiede zwischen Musiktiteln bestehen, welche Tracks, welche Bands bzw. Künstlerinnen und Künstler zu einem Genre passen, um dann, nachdem die Hörenden ein Genre gewählt hatten, Vorschläge zu machen, die wiederum von den Hörenden bewertet werden konnten. Die Aufgabe des Algorithmus war festzulegen, welche Titel/Interpreten zu einem Genre oder einem alternativ angebotenen vorgefertigten Radiokanal auf der Plattform passen. Nutzende der Plattform hatten deshalb zu Beginn ein bestimmtes Genre (z. B. Rock, Pop, Jazz etc.), eine Stimmung, eine bestimmte Künstlerin bzw. einen bestimmten Künstler oder einen vorgefertigten Radiokanal (d. h. eine nach thematischen Gesichtspunkten zusammengestellte sog. *Playlist*) als Ausgangspunkt für einen Audiostream zu wählen. Nachdem der Plattformbesucher einen solchen Startpunkt gewählt hatte, fing der Algorithmus an, zu dem gewählten Genre passende Titel vorzuschlagen. Die Besucher hatten nun die Möglichkeit zu wählen zwischen ‚skip' (vorgeschlagener Titel überspringen), ‚ban' (vorgeschlagener Titel ablehnen) und ‚love' (vorgeschlagener Titel annehmen). Solche Auswahlentscheidungen wurden wiederum vom Algorithmus erfasst und für die Erstellung eines personalisierten musikalischen Streams ausgewertet. Bei jedem Vorschlag kam es also zu einer Rückkopplung mit den Hörenden im Sinne streng limitierter, auf die statistischen Auswertungsmöglichkeiten des Algorithmus festgelegter Bewertungsoptionen. Der Algorithmus sollte schließlich mithilfe der Auswertung entsprechender Aktivitäten die persönlichen Präferenzen der Nutzenden immer besser kennenlernen und durch geeignete Titelvorschläge bedienen lernen.

Die so erfassten und ausgewerteten Nutzeraktivitäten und entsprechenden Daten beschränkten sich in ihrer Relevanz nun nicht auf die Arbeitsweise des Empfehlungsalgorithmus. Sämtliche aggregierten Datenbestände, auch diejenigen, die in erster Linie dem automatisierten Bedienen der Hörprofile der Nutzerinnen und Nutzer dienen sollten, wurden in mehrfacher Hinsicht zur Grundlage wechselseitiger Beobachtungen und Verhandlungen gemacht. So etwa in den Außenbeziehungen zu den Sponsorinnen bzw. Sponsoren und Werbeunternehmen, ebenso zu Vertreterinnen und Vertretern der Musikindustrie, deren Produkte schließlich für die Erstellung der eigenen Dienstleistung benötigt wurden. Zahlen zu den Plattformbesucherinnen und -besuchern oder zur Verteilung der Nutzendenaktivitäten auf die verschiedenen Genres, ebenso Zahlen, die über technische Schnittstellen zu anderen Plattformen wie etwa *Facebook* (Anzahl der Likes und Kommentare) oder Nutzendendaten zu *Twitter* gewonnen wurden, begründeten – vergleichbar mit der Bedeutung der Publikumsquote für die Beziehungen zwischen Fernsehsendern und Werbeindustrie – die Möglichkeit für die Betreibenden, sich für die Investorinnen und Inverstoren beobachtbar zu machen, und umgekehrt für die Investierenden, mit den Plattformbetreibenden Ziele zu vereinbaren und deren Erreichen zu überprüfen. Auch hinsichtlich der Musikindustrie galten der Algorithmus bzw. entsprechende Daten über die Nutzenden als Voraussetzung für mögliche Abstimmungen und vertragliche Kooperationen. So wurde beispielsweise festgelegt, dass in einer definierten Zeiteinheit (eine Stunde) nur eine begrenzte Zahl von Titeln einer Künstlerin bzw. eines Künstlers gespielt wurde, um den Radiostatus zu behalten.

Nutzungsdaten eröffneten nicht nur nach ‚außen', sondern auch nach ‚innen' gerichtete Beobachtungs- und Bezugnahmemöglichkeiten. Vor allem die am Aufbau der Plattform beteiligten Entwickelnden, Musikredakteurinnen und -redakteure, Social-Media-Spezialistinnen und -Spezialisten und Marketingfachleute gewannen mithilfe der verschiedenen Statistiken auf Dauer gestellte Bezugspunkte für strategische Verhandlungen, Zielvereinbarungen und Bewertungen bzw. wurden durch Nutzungsdaten zu solchen Verhandlungen aufgefordert. So etwa, wenn das Marketing zunächst intern, anschließend mit den Entwickelnden vor dem Hintergrund aktueller Zahlen darüber verhandelte, welche Verbesserungen am Empfehlungsalgorithmus zu einer Steigerung der Hörendenzahlen führen könnten. Ein anderes Beispiel betrifft das Verhältnis von Social-Media-Fachleuten und Marketing. Auch hier bildeten Statistiken einen Beobachtungsraum, in dem Vertreter beider Abteilungen Aktionen wie etwa die Verläufe und Ergebnisse verschiedener Kampagnen im Lichte erreichter Nutzungsdaten vergleichen und bewerten konnten.

4.2 Aufbereitung, Übersetzung und Transfer von Daten

Um solche wechselseitigen Beobachtungen und Referierungen bzw. Ansprech- und Irritierbarkeiten zu ermöglichen, mussten die Nutzungsdaten vorweg in geeignete Formate übersetzt werden. Verschiedene Metriken (von den einfachen Klicks bis hin zu Zahlen zu den Kommentaren und Bewertungen in den sozialen Netzwerken oder zum Verlauf von Marketingkampagnen) und deren Verhältnisse wären für sich genommen allein schon aufgrund ihrer grundsätzlichen Abstraktheit und Vagheit, ihrer Vielfalt, Heterogenität und auch gelegentlichen Widersprüchlichkeit ungeeignet gewesen, um den Beteiligten Gelegenheiten zu geben, relevante Themen festzulegen, Probleme zu definieren oder sich gemeinsam auf die Suche nach Lösungen zu begeben. Zahlen, wie sie etwa unter der Rubrik „usage weekly" über jene Plattformbesucher gesammelt wurden, die die Plattform nutzen („unique active listeners") oder zum ersten Mal besuchen („new listeners") oder Daten zu den Plattformaktivitäten in verschiedenen Ländern („usage by country"), ebenso Zahlen darüber, wie oft welche Stationen bzw. Genres aufgerufen werden („stations-channel performance") oder Statistiken zur Verbreitung des Angebots auf mobile Trägermedien wie Smartphones („mobile") erfüllten diesen Zweck erst durch ihre Übersetzung in situativ anschlussfähige sinnhafte Aussagen.

Zahlen zu den Plattformaktivitäten wurden deshalb regelmäßig mithilfe von Werkzeugen wie *Google-Analytics* oder selbst erstellten (Excel-)Tabellen, Fieberkurven (Achtwochenvergleich), Balkendiagrammen (Zweiwochenvergleich) oder Kuchendiagrammen (Anteile) und Rankings in Vergleiche übersetzt und für weitere Auswertungs- und Entscheidungsprozesse vorbereitet. Außerdem wurden Übersetzungs- und Vereinfachungsspezialistinnen und -spezialisten mit entsprechenden Kompetenzen ernannt (in erster Linie das Marketing), die beispielsweise darüber entscheiden, welche (Roh-)Daten von welcher Bedeutung sind, oder für die (diskret durchzuführende) Abstimmung unterschiedlicher oder gar widersprüchlicher Daten zu sorgen haben. Auch wurden Festlegungen darüber getroffen, wann und wem gegenüber die aktuellen Daten präsentiert und erläutert wurden. Zu den Aufgaben dieser Treffen gehört auch, die aktuellen Zahlen(entwicklungen) auf kritische Entwicklungen hin abzusuchen, so etwa, wenn festgestellt wurde, dass die Zahl der Downloads gestiegen, die Zahl der Besucherinnen und Besucher bzw. tatsächlichen Hörenden dagegen konstant geblieben war, oder wenn trotz steigender Userzahlen die Zahlen gehörter Titel konstant geblieben waren. Verhandelt wurden also immer nur Zusammenfassungen, Problemfokussierungen, erste Erklärungen (welche Maßnahmen oder ungelösten Probleme für welche Zahlenentwicklungen verantwortlich zu machen sind), u. U. auch Vorschläge, welche Schlüsse aus den Daten und ihrer Entwicklung gezogen werden sollten. Selbst für abschließende Bewertungen und Entscheidungen über weitere Maßnahmen sind Zuständigkeiten festgelegt worden (Marketingleitung), die Erklärungen aufgreifen und mit Blick auf die Frage bewerten, ob an den Zielen und bisherigen Maßnahmen (z. B. laufende Werbekampagnen) festgehalten werden oder Änderungen vorgenommen werden sollten.

Solche Verhandlungen bewegten sich stets im Rahmen von speziellen Schemata und damit verbundenen strategischen Vorgaben und Zielgrößen, ohne die eine, die Abteilungsgrenzen überschreitende (Vor-)Verständigung über die Relevanz der Zahlen viel schwieriger gewesen wäre. So wurden für relevant gehaltene Zahlen vor allem im Rahmen des Schemas ‚Wachstum' vorgestellt und stets mit dem Erreichen oder Verfehlen von zuvor mit Dritten (vor allem den Investoren) vereinbarten Zielgrößen in Verbindung gebracht. So etwa, wenn Statistiken zu den ‚page impressions' und ‚visits' und zu der durchschnittlichen Zeit, die Besucher auf der Webseite verbringen, zu den Erwartungen der Werbekundinnen und -kunden in Beziehung gebracht und entsprechende Bewertungen vorgenommen wurden, oder wenn die Zahl der ‚unique active listeners' in Relevanz zu den Zielvorgaben mit den Investorinnen und Investoren gedeutet wurde. Das Wachstumsschema bot auch die Möglichkeit, für das Erreichen bzw. Nichterreichen Erklärungen im Sinne von vertrauten, wenngleich auch nicht unumstrittenen Kausalitätsunterstellungen anbieten zu können. So wurden beispielsweise Verbesserungen oder Verschlechterungen von Zahlen bei Bedarf mit der jeweiligen Höhe des Investitionsvolumens für das Marketing in Verbindung gebracht. Sinkende Zahlen konnten dann so gedeutet werden, dass das Marketing-Budget zu gering sei bzw. aufgebessert werden sollte. Durch solche schemagebundenen Aufbereitungen und anschließenden Darstellungen der Nutzungsdaten sollte letztlich auch Dritten gegenüber das Plattformgeschehen in einer verständlichen Sprache vermittelt werden. Vor allem Werbeunternehmen und Sponsorinnen bzw. Sponsoren sollte die Möglichkeit gegeben werden, sich darüber zu informieren, ob zuvor vereinbarte Ziele erreicht oder verfehlt wurden, aber auch motiviert werden, in weitere Maßnahmen (Anzeigen, Plattformentwicklungen, Werbekampagnen etc.) zu investieren.

Deutungs- und Übersetzungsaufwände erzeugten nicht nur die Nutzungsdaten, sondern auch die Verdatungssysteme, insbesondere der Empfehlungsalgorithmus. So wurde bereits sehr frühzeitig festgestellt, dass die automatisierten Zuordnungen und Zusammenstellungen von Musiktiteln bzw. Interpretinnen und Interpreten nur auf relativ schwachen Übereinstimmungen beruhten, was dazu führte, dass häufig Ähnlichkeitsvorschläge gemacht wurden, die dem Musikverständnis der Nutzerinnen und Nutzer, aber auch der Musikexpertinnen und -experten widersprachen. Aus solchen Gründen wurde der Algorithmus immer wieder korrigiert und angepasst, um schließlich Ähnlichkeiten zwischen Titeln bzw. Interpretinnen und Interpreten von den Musikverantwortlichen selbst erstellen zu lassen. Auch wurden Playlists in den verschiedenen Genres als Referenzen für den Algorithmus erarbeitet und in die Datenbank eingegeben, nachdem festgestellt wurde, dass relativ viele Empfehlungen von den Hörenden nicht angenommen oder nur kurz gehört wurden. Dabei orientierte man sich nicht nur an den eigenen Hörgewohnheiten, sondern auch an Listen anderer Online-Musikanbieter. Selbst die von den Entwickelnden des Empfehlungsalgorithmus vorgegebene Einteilung der Genres wurde nach einer gewissen Zeit in Zweifel gezogen und abgeändert. Darüber hinaus wurden Qualitätskriterien verabschiedet, die dazu dienen sollten, kritische Entwicklungen des Empfehlungsalgorithmus zu erkennen. Sobald beispielsweise ein zuvor von der Redaktion festgelegtes Verhältnis der ‚Love' und ‚Ban' bzw. ‚Skip'- Zahlen eines Genres unterschritten wurde, wurde dies als Hinweis gewertet, die Auswahlprozesse des Empfehlungssystems zu prüfen und möglicherweise durch Korrekturen am Algorithmus anzupassen.

4.3 Dauerhafte Selbstproblematisierung und -optimierung

Solche dauerhaften Korrekturarbeiten am Algorithmus, aber auch die fortlaufenden Übersetzungsarbeiten und daraus folgenden Vorgaben für die weitere Gestaltung der Plattform widersprachen der Start-up-Idee eines voll automatisierten Webradios, das ohne menschliche Interventionen in der Lage ist, die musikalischen Interessen und Gewohnheiten der Plattformnutzer immer genauer zu erfassen und durch entsprechende Empfehlungen zu bedienen lernt. Weder wurden das Publikum bzw. die Plattformbesucherinnen und -besucher im Sinne eines vorgegebenen, sich schrittweise durch immer detailliertere Verdatungen anzunähernden Beobachtungsgegenstandes immer genauer erfasst und analysiert noch konnte festgestellt werden, dass sich das Sortieren, Zusammenstellen und Empfehlen von Musiktiteln und Interpreten, wenn man so will: die Kernfunktionen der Musikradiomacher, immer weiter auf ein technisches System verlagerte und verselbstständigte. Weitaus angemessener erscheint deshalb das Bild eines durch die Vielfalt der Verdatungsprozesse mit ihren verschiedenen Metriken und Datentypen (Klicks, Besucher, Verweildauer, Kommentare in den sozialen Netzwerken etc.) und die mit ihnen verbundenen Deutungs- und Übersetzungsaufwendungen sowie die daran anschließenden Aushandlungsprozesse zu permanenter Selbstproblematisierung und Optimierung tendierenden Beziehungsgefüges. Bereits die vielen, an den Algorithmus nicht delegierbaren Arbeiten, die erforderlich waren, um aus zunächst noch abstrakten Vorstellungen vom Musikhören im Internet messbare Nutzerbedingungen auf der Plattform (weiter) zu entwickeln (angefangen von den Unterteilungen in verschiedene Genres über die Festlegung von Hörerstimmungen bis hin zur Unterscheidung verschiedener Bewertungsmöglichkeiten) und um später die Verdatungssysteme anzupassen, vermitteln den Eindruck technologischer wie auch konzeptioneller Unfertigkeit und Verbesserungswürdigkeit.

Onlineverdatungen und -analysen übernahmen in diesem Zusammenhang die Funktion von Monitoren, die die Beobachtung von statistisch ausgewerteten Rückmeldungen der Plattformbesucherinnen und -besucher erlaubten. Diese Monitore informierten darüber, dass die aktuellen Anpassungen an die Interessen und Gewohnheiten der Hörenden stets unter dem jeweils angestrebten Niveau blieben und signalisierten deshalb Verbesserungsbedarfe. Sicherlich auch deshalb, weil die Zahl konkurrierender Webradios stieg, neue Musikstile und -geschmäcker hinzukamen oder die Mediengewohnheiten des Publikums sich wandelten. Entscheidender war jedoch, dass mit dem ständigen Nachjustieren der eigenen Leistungen und Angebote wie auch der Verdatungsverfahren bzw. Monitoringsysteme eine Vervielfältigung und Vertiefung der Verdatungs- und Rückmeldemöglichkeiten (von Besucherzahlen über Nutzerprofile bis hin zu Facebook-Daten) vorangetrieben wurde, durch die sich immer mehr, letztlich alle Funktionen (Marketing, Systementwicklung, Community Management) einbeziehende Beobachtungs-, Vergleichs- und Bewertungsräume eröffneten.[4] Diese unterstützten das „Entdecken" bislang ungenutzter

---

[4]Jeder Bereich unterwarf sich gewissermaßen einem Verdatungs- und Automatisierungsimperativ: „So erhielten wir (Forscher) während des Aufenthalts (in dem Musikfachbereich) u. a. die Aufgabe zu kontrollieren, welche Musikdateien in der Datenbank bei der Speicherung fehlerhaft (Klick-Geräusch) gespeichert wurden. Dazu mussten alle Titel, die vor einem bestimmten Zeitpunkt in die Datenbank aufgenommen wurden, angehört und die fehlerhaften Titel in einer Liste aufgenommen werden. Nur kurze Zeit später wurde diese Arbeit von einem Algorithmus übernommen" (Memo 17.8.2011). Auch wurde bereits zum Zeitpunkt unseres Aufenthalts diskutiert, ob zukünftig ein Algorithmus kritische Zahlen erkennen und Korrekturmaßnahmen ergreifen könnte. Zum damaligen Zeitpunkt wurde jedoch davon ausgegangen, dass dies einen weiteren, höherstufigen Algorithmus voraussetzen würde, der jedoch – nun auf der Ebene des Monitorings und Korrigierens – weitere Kontroll- und Korrekturbedarfe erzeugt hätte.

Beobachtungsmöglichkeiten, suggerierten Anpassungs- und Optimierungsmöglichkeiten, so wenn beispielsweise Partnerschaften mit Drittplattformen eingegangen wurden, ließen aber auch neue Widersprüche und Widerständigkeiten erkennen und erzeugten zusätzliche Verhandlungs- und Abstimmungsbedarfe usw.

Solche fortlaufend unternommenen Anpassungen an sich (verändernde und widerständige) Bedingungen bleiben ohne Aussicht auf eine Finalisierung bzw. Perfektionierung. Waren im vorliegenden Fall tatsächlich einmal zwischenzeitlich festgelegte Zahlen erreicht worden, bewirkte dies keinen Stillstand in den Bemühungen, noch mehr Aufmerksamkeit für das eigene Angebot zu mobilisieren. Im Gegenteil, verbesserte Nutzenden-Zahlen, Steigerungen in der durchschnittlichen Hördauer, mehr Downloads – so die vorherrschende Ansicht bei Betreibenden – sollten erreicht werden durch stetige Optimierung der Angebote, durch ein immer genaueres Bedienen der Interessen und Gewohnheiten der Plattformteilnehmenden (beispielsweise, in dem man herausfindet, an welchem Ort, zu welcher Zeit in welcher unterstellbaren Stimmung die Einzelnen hören), und dies wiederum setzte eine ständige Verbesserung der dafür eingesetzten Infrastrukturen, Messverfahren, Marketinginstrumente voraus. Ähnlich wie in anderen Fallstudien (vgl. Tandoc 2014; Anderson 2011) zeichnete sich auch im Rahmen unserer Untersuchung ab, wie unter Internetbedingungen ungleich stärker als unter Bedingungen der linearen Massenmedien und ihrer Publikumsvermessung eine immer enger werdende, sich datentechnisch immer stärker differenzierende und daher immer rückkopplungsintensivere, zirkulär sich vorwärtsbewegende Dynamik der fortlaufenden Autokorrekturen und -optimierungen sich entfaltet – ohne die Aussicht, jemals ein Optimum erreichen zu können bzw. zu wollen.

5   Beitrag zur Mediatisierungsdebatte

Diese Untersuchungsergebnisse liefern Beiträge zu einer Theorie der Mediatisierung, deren spezifische Pointe im Aufweis einer Reflexivierung der Mediatisierung liegt. Damit verändert sich die Perspektive einer Theorie der Mediatisierung: Üblicherweise betrachten die Forschungen zur Mediatisierung Relationen und wechselseitige Beeinflussungen zwischen Medien und anderen Bereichen (Kultur, gesellschaftliche Bereiche, Identität, Alltag usw.: vgl. u. a. Hjarvard 2008; Krotz und Hepp 2012). Unsere Untersuchungen bringen einen anders gelagerten Akzent ins Spiel, indem hier auch solche Prozesse ins Blickfeld kommen, in denen auf das bereits erreichte Niveau der Mediatisierung in den Beziehungen zwischen Anbietenden und Nutzenden in reflexiver Einstellung Bezug genommen wird. Diese Befunde erfordern eine Theorie der Mediatisierung, die sowohl Prozesse des Medienwandels und der Mediendifferenzierung als auch der Umsetzung und Realisierung bzw. Aneignung gewandelter medialer Formen in den Blick nimmt. Relevant für unsere Erkenntnisse sind insbesondere die Differenzierung des Mediensystems in Massenmedien und Internet und die damit verbundenen neuen Anforderungen der Publikumsvermessung ebenso wie die Möglichkeiten neuer wechselseitiger Beobachtungsverhältnisse von Medienakteuren und Nutzenden.

In diesem Zusammenhang sehen wir einen Vorzug unserer Untersuchungen darin, sowohl die allgemeine Logik des ausdifferenzierten Mediensystems als auch Prozesse in den Blick zu bekommen, mit denen aus dieser Logik resultierende Anforderungen bewältigt werden können. Die Notwendigkeit der quantifizierten Beobachtung und Vermessung eines Publikums, dessen qualitative Merkmale dadurch unterbelichtet, wenn nicht überhaupt unsichtbar bleiben, kann der allgemeinen Logik des Mediensystems zugeordnet werden. Dieser vor allem auf die Theorie von Altheide und Snow (1979) zurück gehende Aspekt spielt in vielen Ansätzen der Mediatisierung eine wichtige Rolle. Aus einer differenzierungstheoretischen Sicht kann allerdings kaum von *der einen* Logik des Mediensystems gesprochen werden, vielmehr führen Prozesse der Mediendifferenzierung zu vielfachen Ausprägungen von Medienlogiken (vgl. Marcinkowski 2015). Grundlegend hierbei ist der Befund, dass Massenmedien und vernetzte Kommunikationsformen im Internet unterschiedliche Leistungen erbringen und sich deshalb notwendigerweise ergänzen (vgl. Wehner 1997). Zweifellos entstehen dabei neue ‚interaktive' Formen der Medienkommunikation, insbesondere Möglichkeiten des Austauschs, der wechselseitigen Beobachtung und der aktiven Beteiligung der Nutzenden. Damit bietet das ausdifferenzierte Mediensystem neue Leistungen und Möglichkeiten, die bei der Beobachtung und Vermessung des Publikums genutzt werden können.

In einem weiteren Schritt kommt es nun entscheidend darauf an, allgemeine Analysen der Logiken des zunehmend ausdifferenzierten Mediensystems nicht gegen situations- und kontextbezogene Analysen der Umsetzung dieser Logiken ebenso wie auch der Widerstände gegen diese Logiken auszuspielen. Prozesse des Medienwandels schreiten oftmals nicht kontinuierlich, sondern diskontinuierlich und konflikthaft voran. Vor allem setzen sich die Möglichkeiten neuer Medien, also das, was als gewandelte Logik des Mediensystems erscheint, nur bruchstückhaft um. Das weiter oben schon genannte Merkmal des Internets als Mitmachmedium, das lange Zeit als revolutionäre Veränderung der vormals massenmedial geprägten Medienlandschaft betrachtet wurde, konnte sich in den konkreten Umgangsweisen mit den neuen Möglichkeiten des Internets bei weitem nicht so nachdrücklich zur Geltung bringen wie dies in früheren Jahren erwartet worden war (vgl. Sutter 2010, S. 149 f.). Vielmehr könnte man von einer ‚Massenmediatisierung' vieler Bereiche des Internets sprechen, also Tendenzen, Internetangebote vor allem in den Bereichen Information und Unterhaltung wie massenmediale Angebote zu nutzen. Auch in unseren Untersuchungen zeigt sich eine diskontinuierliche und konflikthafte Realisierung neuer internetgestützter Möglichkeiten, wie sie im Bereich der Publikumsvermessung zu beobachten sind: Wir haben es in den von uns untersuchten Fällen immer wieder mit Situationen der Objektivierung und Problematisierung der vorhandenen medientechnisch unterstützten Beziehungen zwischen Anbietenden und Empfängerinnen bzw. Empfängern zu tun, ebenso mit daran anschließenden Versuchen weiterer Verbesserungen und Differenzierungen dieser Beziehungen, die immer auch an den medientechnischen Grundlagen ansetzen. Solche Problematisierungen und Optimierungsversuche werden durch beobachtete Fehler, Qualitätsmängel, aber auch durch weitere neue Technologien etc. provoziert. Sie bilden eine ständig mitlaufende, auf das Plattformgeschehen gerichtete Metakommunikation, deren Ergebnisse in die weitere Entwicklung der statistischen Verfahren einfließen – ohne Aussicht auf eine beste Lösung. So werden auch auf der nächsten Entwicklungsstufe die Verdatungs- und Analysesysteme und die daraus hervorgehenden Beziehungen zwischen Anbietenden und Nutzenden erneut auf Schwächen und Verbesserungsmöglichkeiten hin thematisiert. Ähnliche Befunde sind in anderen Untersuchungsfeldern (mediatisierte Formen von Rechtsmedizin, Fitness, Poker) erhoben und mit einer „Theorie der reflexiven Mediatisierung" verarbeitet worden (vgl. Grenz et al. 2014). Dabei rücken Prozesse der Aneignung neuer medientechnischer Möglichkeiten mit den damit verbundenen kommunikativen Deutungen und Aushandlungen in den Blick.

In diesem Zusammenhang könnte man von einer ‚Mediatisierung der Medien' bzw. einer Reflexivierung der Mediatisierung sprechen, im Zuge derer auf das bereits erreichte Niveau der Mediatisierung in den Beziehungen zwischen Anbietenden und Nutzenden Bezug genommen wird. Bei einer eingehenden Analyse dieses Aspekts wird sichtbar, in welcher Weise Prozesse der Mediatisierung von Prozessen des Medienwandels und der Mediendifferenzierung abhängen. Die Beziehungen und wechselseitigen Beobachtungen zwischen Medienakteuren, Medienangeboten und Publikum bzw. Nutzenden werden durch internetgestützte Technologien erheblich ausgeweitet und ergänzen die schon bestehenden Möglichkeiten der Massenmedien. Diese Betrachtung von Mediatisierung im Kontext von Medienwandel und Mediendifferenzierung legt also keine medienzentrierte, sondern eine umfassende Perspektive zugrunde, die die Aktivitäten von Rezipierenden und Nutzenden einbezieht.

6 Anschlüsse an relevante Forschungsansätze und Debatten

Einen ersten Anknüpfungspunkt bietet die vor allem im Bereich der „Science & Technology Studies" und der „Digitalen Soziologie" geführte Diskussion zur Wiederentdeckung der Arbeiten von John Dewey für das Verständnis soziotechnischer Konfigurationen von „issue publics" (Marres 2015, S. 53; vgl. auch Rabinow 2011) – frei übersetzt mit „auf konkrete Problemstellungen und Sachverhalte bezogene Formen der Öffentlichkeit und Partizipation". Die Wiederentdeckung der Argumente Deweys geht dabei u. a. auf die Arbeit von Noortje Marres (2012) zurück und besteht einerseits darin, eine nicht auf Diskurs und Deliberation bezogene Konzeption von Öffentlichkeit zu etablieren, bei der andere Formen des Engagements und der Beteiligung als der Habermas'sche zwanglose Zwang des besseren Arguments eine zentrale Rolle spielen. Zu denken ist dabei vor allem an Formen des Konsums oder des praktischen Umgangs z. B. mit Technologien, die für die Entfaltung einer öffentlichen Kontroverse mindestens ebenso relevant sind wie im Diskurs vorgebrachte Argumente. Zu denken ist dabei aber auch an Verfahren und Technologien der Beteiligung und Inklusion, die in der Regel überhaupt nicht aussehen wie offene Arenen der Deliberation, sondern aus Markt- und Konsumforschung, den Rechen- und Visualisierungstechniken der Meinungs- und Nutzungsmessung oder aus formalen Verfahren der Expertinnen- bzw. Experten- und Laienbefragung bestehen. Öffentlichkeit – im Sinne der „Publics" – wird hier nicht länger im Sinne eines zu unterstellenden Ideals einer unbestimmten Menge interessierter und informierter Teilnehmender verstanden, auch nicht als räumlich, zeitlich und sozial unterbestimmt, ohne Vermittlungsinstanz und ohne Struktur, sondern als Effekt einer konkreten soziotechnischen Konfiguration. Unsere Fragestellungen und Untersuchungsergebnisse schließen an diese Debatte an, insofern als auch wir zu zeigen versuchen, wie auch bzw. gerade unter Internetbedingungen mittels standardisierter Messverfahren und daraus errechneter Quoten und Zielgruppenanteile verteilte, anonyme und zunächst nur durch Häufigkeiten geordnete Kollektive von Hörenden entstehen können, beobachtbar und für weitere Maßnahmen verfügbar werden.

Ein zweiter relevanter Kontext betrifft die gegenwärtige Debatte über Zahlen und Verfahren bei der Ausbildung von Bewertungsordnungen (vgl. Alonso und Starr 1987; Desrosières 2005; Porter 1996; Mennicken und Vollmer 2007).

Diese in den letzten Jahren stärker werdende Auseinandersetzung mit der Rolle der Quantifizierung von Leistungen in verschiedenen gesellschaftlichen Feldern, etwa das Ranking von Universitäten im Wissenschaftsbereich, folgt dabei einer ähnlichen Logik der Verdrängung alternativer Bewertungsordnungen, wie sie auch den Beginn der Diskussion um die Zahlenwerke der Ökonomie geprägt haben. Die These, dass Zahlen eine ordnende und vor allem Vergleiche ermöglichende Rolle spielen, die zumindest ebenso bedeutsam für die Etablierung von Konkurrenz- und Wettbewerbsverhältnissen sind wie für die beständige Selbst- und Fremdbeobachtung der so vermessenen Personen und Organisationen, und die daran anschließenden Steigerungs- und Optimierungslogiken haben sich mittlerweile auch auf die aktuelle Diskussion um die Vermessung von Körper- und Leistungsmerkmalen und das so zu führende „Leben nach Zahlen" (Duttweiler et al. 2016) ausdehnen lassen. Unser Beitrag zu dieser Debatte kann darin gesehen werden, dass wir beispielhaft zu zeigen versuchen, wie die hier manchmal implizit, manchmal auch offen kritisch formulierte These von der Überformung alternativer Bewertungen durch Quantifizierung relativiert werden und durch eine Suche nach den produktiven, Alternativen produzierenden Effekten der Zahlen und Verfahren ersetzt werden muss. Wir denken hier vor allem an die weiter oben angesprochene konstante Spannung zwischen den durch die Verdatungs- und Vermessungsmöglichkeiten hervorgebrachten Nutzungs- und Konsummuster und alternativen Bewertungsordnungen wie etwa die Annahmen der Musikmanagerinnen und -manager über Genre- und Nutzungstypen, Daumenregeln der Anordnung von Musiktiteln, die sich in Jahrzehnten der Produktion von Formatradio herausgebildet haben und den etablierten, ebenfalls zahlenförmigen Bewertungsordnungen etwa von Werbewirtschaft, Musikindustrie und Konsumforschung, die als Korrektiv der Arbeitsweise des Empfehlungsalgorithmus dienten bzw. immer wieder den Rahmen für vielfältige Übersetzungs- und Reinterpretationsversuche darstellten.

Schließlich bringen unsere Ergebnisse in die aktuell geführte Diskussion um die Rolle von Daten und Algorithmen in unterschiedlichen Bereichen unserer Gegenwartsgesellschaft ein ebenfalls zugleich relativierendes und kritisches Argument ein. Zunächst ging es in dieser Debatte darum, die strukturierende und ordnende Rolle von Software offenzulegen, die als „Stille Revolution" (Bunz 2012) im Hintergrund eine Form von vernetzter Kontrolle einrichtet und bei der die Programmcodes zunehmend jene regulierende Rolle einnehmen, die zuvor vor allem Politik und Recht innehatten (vgl. etwa Baumann und Lyon 2013; Lash 2007). Laurence Lessigs „Code is Law" (1999) ist für diese Diagnose sicherlich das treffendste Motto. Nicht zuletzt durch die Interventionen des „Values in Design Councils" (Nissenbaum 1998), die durch kritische und engagierte Arbeiten aus den Rechtswissenschaften, der Philosophie und den Science & Technology Studies durch Vertreterinnen und Vertreter wie Helen Nissenbaum, Geoffrey Bowker, Alexander Galloway oder Tarleton Gillespie in die Diskussion eingebracht wurden, hat sich in den letzten Jahren der Fokus deutlich verschoben. An so unterschiedlichen Orten wie dem Data & Society Institute in New York oder dem Social Media Collective von Microsoft Research sind Stimmen lauter geworden, die auf die Designentscheidungen, den impliziten Bias und damit auf die Verantwortung derjenigen hingewiesen haben, die Software schreiben, Daten produzieren und Algorithmen bauen. Denn jede Entscheidung im Rahmen der Genese von Software ist eine Entscheidung für eine bestimmte Konzeption und ein bestimmtes Modell jenes Kontextes und jener Praxis, für die Software produziert wird (vgl. Gillespie 2014, S. 169). Unser Projekt knüpft an diese Debatte an, insofern die Rolle und damit auch ein potenzieller Bias algorithmischer Entscheidungen nach unseren Beobachtungen nicht allein bei der Entwicklung der Verfahren und Algorithmen durch die in sie eingeschriebenen Modelle und Annahmen festgelegt wird, sondern zumindest ebenso im Verlauf der Einpassung von solchen datenintensiven Anwendungen in ein bereits bestehendes Gefüge von Organisationsformen, Software-Systemen und Interpretationsmustern. Dabei werden sowohl diese bestehende Infrastruktur verändert als auch die einzupassende Software selbst – mit dem Effekt, dass die Rolle algorithmischer Entscheidungen immer eine jeweils lokal spezifizierte als auch eine an den konkreten Kontext des Einsatzes angepasste ist. Die daraus zu folgernden Vermutungen sind weitreichend und geben Anlass zu weiteren Untersuchungen.

Literatur

Alonso W, Starr P (Hrsg) (1987) The politics of numbers. Russel Sage Foundation, New York

Altheide DL, Snow RP (1979) Media logic. London u. a., Sage

Anderson CH (2011) Between creative and quantified audiences: Web metrics and changing patterns of newswork in lokal US newsrooms. Journalism 12:550–566

Ang I (1986) The battle between television and its audiences: The politics of watching television. In: Drummond P, Patterson R (Hrsg) Television in transition. BFI Publishers, London, S 250–266

Ang I (2001) Zuschauer, verzweifelt gesucht. In: Adelmann R, Hesse JO, Keilbach J, Stauff M, Thiele M (Hrsg) Grundlagentexte zur Fernsehwissenschaft. UVK, Konstanz, S 454–483

Baumann Z, Lyon D (2013) Liquid surveillance. A conservation. Polity Press, Cambridge

Bermejo F (2009) Audience manufacture in historical perspective: from broadcasting to Google. New Media & Society 11:133–154

Bunz M (2012) Die stille Revolution: Wie Algorithmen Wissen, Arbeit, Öffentlichkeit und Politik verändern, ohne dabei viel Lärm zu machen. Suhrkamp, Frankfurt am Main

Desrosières A (2005) Die Politik der großen Zahlen: Eine Geschichte der statistischen Denkweise. Springer, Berlin

Duhr R, Mämecke T (2012) Numerische Inklusion – Medien, Messungen und gesellschaftlicher Wandel (unveröffentl. Abschlussbericht).

Duttweiler S, Gugutzer R, Passoth J-H, Strübing J (2016) (Hrsg) Leben nach Zahlen. Self-Tracking als Optimierungsprojekt? transcript, Bielefeld

Engel B, Niederauer K (2014) Quoten für Videostreaming. Media Perspektiven 11:539–555

Fürst S (2014) The audience ist the message – Die journalistische Berichterstattung über Publikumsresonanz. In: Loosen W, Dohle M (Hrsg) Journalismus und (sein) Publikum. Springer/VS, Wiesbaden, S 131–152

Gillespie T (2014) The relevance of algorithms. In: Tarleton G, Boczkowski P, Foot K (Hrsg) Media technologies. MIT Press, Cambridge, S 167–194

Grenz T, Möll G, Reichertz J (2014) Zur Strukturierung von Mediatisierungsprozessen. Überlegungen zu einer Theorie der reflexiven Mediatisierung am Beispiel von Rechtsmedizin, Fitness und Poker. In: Krotz F, Despotović C, Kruse M-M (Hrsg) Die Mediatisierung sozialer Welten. Synergien empirischer Forschung. Springer/VS, Wiesbaden, S 73–91

Hjarvard S (2008) The mediatization of society. A theory of the media as agents of social and cultural change. Nordicom Review 29:105–134

Hohlfeld R (2013) Journalistische Beobachtungen des Publikums. In: Meier K, Neuberger C (Hrsg) Journalismusforschung. Stand und Perspektiven. Nomos, Baden-Baden, S 135–146

Krotz F, Hepp A (Hrsg) (2012) Mediatisierte Welten. Forschungsfelder und Beschreibungsansätze. Springer/VS, Wiesbaden

Lash S (2007) Power after hegemony: Cultural studies in mutation. Theory, Culture & Society 24:55–78.

Lessig L (1999) Code and other laws of cyberspace. Basic Books, New York

Mämecke T, Wehner J (2014) „Staatistik" – Zur Vermessung politischer Beteiligung. In: Voss K (Hrsg) Internet und Partizipation. Bottom-up oder Top-down? Politische Beteiligungsmöglichkeiten im Internet. Springer/VS, Wiesbaden, S 311–322

Marcinkowski F (2015) Die „Medialisierung" der Politik. Veränderte Bedingungen politischer Interessenvermittlung. In: Speth R, Zimmer A (Hrsg) Lobby Work. Bürgergesellschaft und Demokratie. Springer/VS, Wiesbaden, S 71–95

Märker O, Wehner J (2013) E-Partizipation – Politische Beteiligung als statistisches Ereignis. In: Passoth J-H, Wehner J (Hrsg) Quoten, Kurven und Profile – Zur Vermessung der sozialen Welt. Springer/VS, Wiesbaden, S 273–291

Marres N (2012) Material participation: Technology, the environment and everyday publics. Palgrave Macmillan, London

Marres N (2015) Why map issues? On controversy analysis as a digital method. Science, Technology & Human Values 40:655–686. http://doi.org/10.1177/0162243915574602

Mennicken A, Vollmer H (Hrsg) (2007) Zahlenwerk. Kalkulation, Organisation und Gesellschaft. Springer/VS, Wiesbaden

Muhle F, Wehner J (2016) Algorithmus und Entscheidung. Anspruch und Empirie personalisierter Medienangebote im Internet. In: Conradi T, Hoof F, Nohr RF (Hrsg) Medien der Entscheidung. LIT, Münster, S 111–130

Neuberger C, Nuernbergk C (2015) Verdatete Selbstbeschreibung der Gesellschaft. Über den Umgang des Journalismus mit Big Data und Algorithmen. In: Süssenguth F (Hrsg) Die Gesellschaft der Daten. Über die digitale Transformation der sozialen Ordnung. transcript, Bielefeld, S 199–224

Nissenbaum H (1998) Values in the design of computer systems. Computers in Society 38–39

Passoth J-H, Wehner J (2012) Von der Quote zum Nutzerprofil – Quantifizierung in den Medien. In: Soeffner HG (Hrsg) Transnationale Vergesellschaftungen. Verhandlungen des 35. Kongresses der Deutschen Gesellschaft für Soziologie in Frankfurt am Main 2010. Springer/VS, Wiesbaden (CD-Rom)

Passoth J-H, Wehner J (Hrsg) (2013) Quoten, Kurven und Profile. Zur Vermessung der sozialen Welt. Springer/VS, Wiesbaden

Passoth J-H, Wehner J (2017) Listen, Daten, Algorithmen. Ordnungsformen des Digitalen. In: Mämecke T, Passoth J-H, Wehner J (Hrsg) Bedeutende Daten. Modelle, Verfahren und Praktiken der Vermessung und Verdatung. Springer/VS, Wiesbaden (im Erscheinen)

Passoth J-H, Wieser M (2012) Medien als soziotechnische Arrangements: Zur Verbindung von Medien und Technikforschung. In: Greif H, Wieser M (Hrsg) Vernetzung als soziales und technisches Paradigma. Springer/VS, Wiesbaden, S 101–121

Passoth J-H, Sutter T, Wehner J (2014) The quantified listener: Reshaping providers and audiences with calculative measurements. In: Hepp A, Krotz F (Hrsg) Mediatized worlds. Culture and society in a media age. Palgrave Macmillan, London, S 271–287

Porter TM (1996) Trust in numbers : The pursuit of objectivity in science and public life. Princeton University Press, Princeton, NJ

Rabinow P (2011) Dewey and Foucault: What's the problem? Foucault Studies 11:11–19

Reichert R (Hrsg) (2015) Big Data. Analysen zum digitalen Wandel von Wissen, Macht und Ökonomie. transcript, Bielefeld

Röhle T (2010) Der Google-Komplex. Über Macht im Zeitalter des Internets. transcript, Bielefeld

Savage M, Burrows R (2007) The coming crisis of empirical sociology. Sociology 41:885–899

Schrage D (2004) ‚Anonymus Publikum'. Massenkonstruktion und die Politiken des Radios. In: Gethmann D, Stauff M (Hrsg) Politiken der Medien. Diaphanes, Zürich/Berlin, S 173–194

Sutter T (2010) Medienanalyse und Medienkritik. Forschungsfelder einer konstruktivistischen Soziologie der Medien. Springer/VS, Wiesbaden

Tandoc EC (2014) Journalism is twerking? How web analytics is changing the process of gatekeeping. New Media & Society 16:559–575

Thiele M (2006) Zahl und Sinn. Zur Effektivität und Affektivität der Fernsehquoten. In: Adelmann R, Hesse J-O, Keilbach J, Stauff M, Thiele M (Hrsg) Ökonomien des Medialen. Tausch, Wert und Zirkulation in den Medien- und Kulturwissenschaften. transcript, Bielefeld, S 305–330

Vollmer H (2013) Phantastische Zahlen. In: Passoth J-H, Wehner J (Hrsg) Quoten, Kurven und Profile – Zur Vermessung der sozialen Welt. Springer/VS, Wiesbaden, S 27–45

Vormbusch U (2007) Die Kalkulation der Gesellschaft. In: Mennicken A., Vollmer H (Hrsg) Zahlenwerk, Kalkulation, Organisation und Gesellschaft. Springer/VS, Wiesbaden, S 43–64

Wehner J (1997) Interaktive Medien – Ende der Massenkommunikation? Zeitschrift für Soziologie 26:96–114

Wehner J, Passoth J-H, Sutter T (2012) Gesellschaft im Spiegel der Zahlen – Die Rolle der Medien. In: Krotz F, Hepp A (Hrsg) Mediatisierte Welten. Forschungsfelder und Beschreibungsansätze. Springer/VS, Wiesbaden, S 59–86

Wieser M (2013) Wenn das Wohnzimmer zum Labor wird. Medienmessungen als Akteur-Netzwerk. In: Passoth J-H, Wehner J (Hrsg) Quoten, Kurven und Profile. Zur Vermessung der sozialen Welt. Springer/VS, Wiesbaden, S 231–253

Über die Autoren

Josef Wehner, Dr. phil. habil, arbeitet an der Fakultät für Soziologie der Universität Bielefeld. Zu seinen Arbeitsschwerpunkten gehören Medien- und Kommunikationssoziologie, Medien der Politik, Soziologie des Rechnens. Veröffentlichungen u. a.: *Numerische Inklusion – Medien, Messungen und Modernisierung.* In: Sutter, T. / Mehler, A. (Hrsg.), Medienwandel als Wandel von Interaktionsformen, Wiesbaden: VS-Verlag 2010; *Quoten, Kurven und Profile. Zur Vermessung der sozialen Welt* (hrsg. zus. mit Jan-Hendrik Passoth), Wiesbaden: Springer VS (2013); *Bedeutende Daten. Modelle, Verfahren und Praxis der Vermessung und Verdatung im Netz* (hrsg. zus. mit Thorben Mämecke und Jan-H. Passoth), Wiesbaden: Springer VS (2016, im Erscheinen).

Jan-Hendrik Passosth, Dr. phil., ist Leiter des Post/Doc Labs Digital Media am Munich Center for Technology in Society an der Technischen Universität München. Er forscht im Bereich Wissenschafts- und Technikforschung zu Themen der Digitalisierung, Datengesellschaft und kalkulativen Kulturen. Ausgewählte Publikationen: Technik und Gesellschaft. Sozialwissenschaftliche Techniktheorien und die Transformationen der Moderne, Wiesbaden: VS (2008); gemeinsam mit Birgit Peuker und Michael Schillmeier (Hrsg.): Agency without Actors? New Approaches to Collective Action, London: Routledge (2012); gemeinsam mit Josef Wehner (Hrsg.): Quoten, Kurven und Profile. Zur Vermessung der sozialen Welt, Wiesbaden: Springer VS (2013) und gemeinsam Stefanie Duttweiler, Jörg Strübing und Robert Gugutzer (Hrsg.): Leben nach Zahlen. Self-Tracking als Optimierungsprojekt, Bielefeld: transcript (2016).

Tilmann Sutter, Dr. phil., ist Professor für Soziologie mit Schwerpunkt Mediensoziologie an der Fakultät für Soziologie der Universität Bielefeld. Zusammen mit Josef Wehner und Jan-Hendrik Passoth ist er Leiter des Projekts „Numerische Inklusion. Medien, Messungen und gesellschaftlicher Wandel" im DFG-Schwerpunktprogramm „Mediatisierte Welten". Arbeitsgebiete: Mediensoziologie, Soziologische Theorie, Sozialisationstheorie, Methodologie und Methoden Qualitativer Sozialforschung. Aktuelle Veröffentlichung: „Massenmediale Inklusionsprozesse. Adressierung, Einbeziehung und Beteiligung des Publikums im Fernsehen". Zeitschrift für Theoretische Soziologie Jg. 5, Heft 2 (im Erscheinen 2016).

Teil V
Formierungen und Generierungen

Deliberation im Netz – Formen und Funktionen des digitalen Diskurses am Beispiel des Microbloggingsystems *Twitter*

Caja Thimm, Mario Anastasiadis und Jessica Einspänner-Pflock

Zusammenfassung

Mit besonderem Fokus auf das Microbloggingsystem *Twitter* und ausgehend vom Konzept der deliberativen Demokratie nach Habermas, wurde im Projekt der Frage nachgegangen, ob und inwiefern sich Deliberation in die partizipativen Anwendungen des Sozialen Netzes fortsetzt und konzeptionell weiterentwickeln lässt. Auf breiter empirischer Basis waren dabei Fragen nach den Akteuren und Mustern der argumentativen Verhandlung politischer Themen in und mit *Twitter* relevant. Ein übergeordneter Schwerpunkt lag auf der Konzeptualisierung sich dynamisch ausdifferenzierender digitaler Öffentlichkeit(en), in denen Nutzerinnen und Nutzer sich anlassbezogen in kleinen, zumeist temporären digitalen Teilöffentlichkeiten zusammenfinden. Anhand des entwickelten Konzeptes der Online Mini-publics kann die Dynamik dieser Teilöffentlichkeiten in *Twitter* beschrieben, empirisch fundiert, und an die Debatte zur Mediatisierung von Politik und Öffentlichkeit angebunden werden.

Schlüsselwörter

Twitter · Mediatisierung · Partizipation · Deliberation · Öffentlichkeit · Mini-publics

---

C. Thimm (✉) · M. Anastasiadis (✉) · J. Einspänner-Pflock
Universität Bonn, Bonn, Deutschland
E-Mail: thimm@uni-bonn.de

M. Anastasiadis
E-Mail: anastasiadis@medienwissenschaft.uni-bonn.de

J. Einspänner-Pflock
E-Mail: jep@uni-bonn.de

© Springer Fachmedien Wiesbaden GmbH 2017
F. Krotz et al. (Hrsg.), *Mediatisierung als Metaprozess*,
Medien • Kultur • Kommunikation, DOI 10.1007/978-3-658-16084-5_12

1 Digitale Öffentlichkeit zwischen neuer Partizipationskultur, Fragmentierung und Elitediskurs

Mit dem Aufkommen digitaler, interaktiver Medien, und den damit verbundenen Beteiligungs- und Öffentlichkeitsformen, haben sich auch die Rahmenbedingungen für politische Selbstverständigungsprozesse verändert. Die so entstandene *Netzöffentlichkeit* ist nicht nur als intermediäres Geflecht zwischen Gesellschaft, politischem System und Organisationen (vgl. Jarren und Donges 2011), sondern als interdependentes System von Öffentlichkeit, Teil- und Gegenöffentlichkeiten anzusehen, in dem sozialen Medien besondere Bedeutung zukommt. Die wachsende Relevanz digitaler Netze (vgl. Castells 2008) für politische Kommunikation (vgl. Hjarvard 2008) ist eingebettet in den Metaprozess der Mediatisierung (vgl. Krotz 2007) und tangiert nahezu alle Gesellschaftssegmente, sowohl auf Ebene gesamtgesellschaftlicher Transformationsprozesse (Makroebene), gesellschaftlicher Institutionen (Mesoebene), als auch auf partikularer Ebene von Individuen und sozialen Gruppen (Mikroebene). Diese Entwicklung wurde in den letzten Jahren durch den Technologieschritt zu den ‚Social Media' fortgeführt (vgl. Anastasiadis und Thimm 2011).

Da soziale Medien auch als öffentliche Plattformen fungieren, sind neue Dynamiken der Herstellung von Öffentlichkeit zu beobachten: Das Netz übernimmt zunehmend die Funktion eines digitalen Versammlungsortes (vgl. Siedschlag et al. 2007) und eröffnet auch für kleinteiligere Gruppeninteressen neue Handlungsoptionen. Es bietet so auch für politisch motivierte Gegenkulturen Chancen, politischen, sozialen und kulturellen Wandel in Gang zu setzen (vgl. Winter und Kutschera-Groinig 2006). Dabei kommt sozialen Netzwerken wie *Facebook, YouTube* oder *Twitter* eine neue Rolle zu. Sie stellen in einer sich zunehmend im digitalen Raum bewegenden Gesellschaft eine Option für andere politische und zivilgesellschaftliche Praxisformen dar. Basale Charakteristika von Online-Medien, wie Gleichzeitigkeit, Unmittelbarkeit, Ortsungebundenheit und Anonymität fördern neue Möglichkeiten, Öffentlichkeit herzustellen. Diese zunächst technologisch entstandenen Optionen haben in den letzten Jahren vielfach die Hoffnung genährt, über soziale Medien mehr Einfluss auf die Gestaltung von Gesellschaft zu bekommen. Politische und gesellschaftliche Entwicklungen wie der sogenannte ‚Arabische Frühling', die ‚Occupy'-Bewegung oder lokale Proteste wie bei ‚Stuttgart 21' (vgl. Thimm und Bürger 2013) zeigen, dass soziale Medien für den demokratischen Artikulationsprozess beträchtliche Bedeutung entfalten können. So betonen viele Studien das Potenzial des Netzes, politische Beteiligung zu demokratisieren (vgl. auch Dahlgren 2007), wobei besonders die durch soziale Medien gegebenen Möglichkeiten der Herstellung von Öffentlichkeit als neue Formen digitaler Diskurse herausgestellt werden (vgl. Einspänner et al. 2014). Das Internet bietet etwa „soziotechnische Tools, um Informationen über Normverletzungen zu gewinnen, alternative Deutungsmuster zu verbreiten und auch jenseits nationaler Grenzen Protestnetzwerke aufzubauen und zur Teilnahme an Protestaktionen zu mobilisieren" (Baringhorst 2009, S. 630). Es sind aber nicht nur Online-Proteste denkbar, sondern auch eine Reihe weiterer formalisierter und nicht-formalisierter Partizipationsmöglichkeiten, wie beispielsweise Online-Petitionen, politische Diskussionen in Chats oder Foren, die Möglichkeit Mailinglisten abzurufen, Tweets mit @-Mentions direkt an Politiker zu schreiben oder auf *Facebook* zu posten. Mit der steigenden Akzeptanz von Social Media geht insgesamt auch eine steigende Bedeutung für die politische Nutzung einher (vgl. Emmer et al. 2011). Soziale Medien substituieren herkömmliche Formen politischer Partizipation jedoch nicht, sondern ergänzen diese.

Gleichwohl verweisen weniger optimistische Perspektiven auf negative Seiten dieser Entwicklung (vgl. Fuchs 2014), wie die Fragmentierung der Gesellschaft oder die Beeinflussung von Informationsflüssen durch Algorithmen, wie dies Pariser (2011) in seinem Konzept der ‚Filter Bubble' befürchtet. Beklagt werden auch intellektuelle Verflachung und die Ausprägung von Elitediskursen (vgl. Carr 2011). Noch weiter geht Morozov (2011), der das Risiko von Überwachungsstrukturen durch Regierungen thematisiert und die Hoffnung auf eine netzbasierte Demokratisierung als Illusion (‚net delusion') bezeichnet. Allerdings, so lässt sich kritisch anmerken, erscheinen diese Ansätze sehr pauschalisierend und wenig auf die konkreten Kontexte von öffentlichen Diskursen bezogen.

Im Zusammenhang des Forschungsprojektes bilden diese Aspekte der Mediatisierung von Politik eine wichtige Rahmenbedingung, da sich über die Förderungsdauer eine deutliche Relevanzzunahme sozialer Medien konstatieren ließ. Dies führte im Projektverlauf zu einer neuen Perspektivierung der ‚digital public sphere' (vgl. Thimm 2015). Nachstehend werden die Forschungsphasen kurz erläutert und einige zentrale Ergebnisse skizziert, um abschließend den im Projekt entwickelten Ansatz der Mini-publics zu erläutern.

2 *Twitter* als deliberativer Ermöglichungsraum – Empirie und ausgewählte Befunde

Twitter spielt mittlerweile eine zentrale Rolle für online-basierte gesellschaftliche Selbstverständigungsprozesse und hat als Informations-, Distributions- und Diskussionsplattform für politische Inhalte zunehmende Relevanz (vgl. van Eimeren und Frees 2014; Einspänner-Pflock et al. 2016). Ausgehend von den Grundmerkmalen des Modells deliberativer Demokratie nach Habermas (1962, 1983, 1992,

1996a, 1996b, 2007) wurde der Frage nachgegangen, ob und inwiefern sich Deliberation auch in die partizipativen Anwendungen in den Sozialen Medien fortsetzt, sich als digitale Deliberation konzeptionieren und mit besonderem Fokus auf *Twitter* als deliberativem Ermöglichungsraum empirisch untermauern lässt.

Politische Kommunikation in *Twitter* evoziert die Frage, ob und inwiefern es sich dabei ganz grundsätzlich um politische Partizipation und Deliberation handelt. Je nach partizipations- und deliberationstheoretischer Perspektive fällt eine Antwort unterschiedlich aus (vgl. Anastasiadis und Einspänner-Pflock 2016). Festhalten lässt sich jedoch die Einordnung von *Twitter* als nicht-institutionalisierte Form politischer Kommunikation und Partizipation. Insbesondere in der deliberativ ausgerichteten Perspektive auf politische Partizipation erfahren weniger stark institutionalisierte, öffentliche Diskurse besondere Betonung. Twitter als Plattform und Forum öffentlicher Aushandlung politischer Themen, und somit als Element individueller und kollektiver politischer Entscheidungsfindung, ist in dieser Perspektive also dem erweiterten Geltungsbereich nicht verfasster politischer Partizipation und Deliberation zuzuordnen. Allerdings kann daraus nicht auf die Verfasstheit und Güte von politischem *Twitter*-Diskurs geschlossen werden. Hier setzt das Projekt empirisch an, denn es gilt auch zu prüfen, ob *Twitter* generell bzw. einzelne *Twitter*-Diskurse die von Habermas skizzierten Gütekriterien der Egalität der Diskursteilnehmenden, der prinzipiellen Problematisierbarkeit aller Themen und Meinungen sowie der Einhaltung diskursethischer Kriterien erfüllen.

Übergeordnetes Projektziel war es, Akteure, Strukturen, Strategien von politischem Diskurs und deliberativen Prozessen in *Twitter* systematisch zu erfassen. Dabei stand insbesondere die Mikroebene der *Twitter*-bezogenen Praxisformen der Akteursgruppen der Politikerinnen und Politiker, Parteien, Medien und Bürgerinnen und Bürger im Zentrum.

2.1 Methodik und Empirie

Während der Projektlaufzeit (2010 bis 2016) wurden im Umfeld von Landtagswahlen von 2010 bis 2016, der Bundestagswahl 2013 sowie im Rahmen eines transnationalen Kooperationsprojektes zur Europawahl 2014[1] (Abb. 1) *Twitter-*

---

[1]Als Teil eines DAAD-Projektes mit der Université de Bourgogne in Dijon wurden auch Tweets von Kandidierenden für die Europawahlen erhoben. Dabei wurden etwas anders gelagerte Fragestellungen verfolgt, so u. a. die nach der strategischen Integration von Twitter in den Wahlkampf der rechts gerichteten Parteien Front National und AfD (vgl. Thimm et al. 2015).

Deliberation im Netz – Formen und Funktionen 263

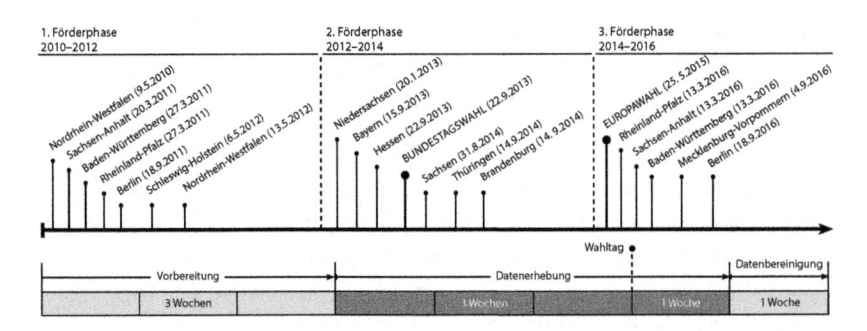

Abb. 1 Projektrelevante Wahlen 2010 bis 2016 im Zeitverlauf. (Quelle: Eigene Darstellung)

Beiträge und verknüpfte Metadaten ausgewählter Politikerinnen und Politikern, Bürgerinnen und Bürgern, regionaler und überregionaler Medien sowie ausgewählte Hashtag-Diskurse erhoben und analysiert. Hierbei kamen quantitative und qualitative Auswertungsmethoden zum Einsatz, wie insbesondere inhaltsanalytische Verfahren in Anlehnung an die Grounded Theory (vgl. Strauss und Corbin 1996), sowie Sprechakt- und Argumentationsanalyse (vgl. Hindelang 2010) zur Analyse von Strukturen und Strategien politischer Kommunikation auf und mit *Twitter*. Die Analysen wurden durch verschiedene Tools unterstützt (vor allem QDA Miner, WordStat, Atlas.Ti und NVivo).

Zu jeder Wahl wurden drei Wochen vor und eine Woche nach dem jeweiligen Wahltag Daten erhoben. Dies wurde größtenteils mit *yourTwapperkeeper* durchgeführt (vgl. Bruns und Liang 2012; Einspänner et al. 2014). So konnten Tweets direkt von der sog. *Twitter* Search API und der Streaming API gesammelt werden.

2.2 *Twitter* als Diskursnetzwerk – Medienlogik und Operatorenmodell

In der ersten Förderphase stand in Anlehnung an das Konzept der Medienlogik (vgl. Altheide und Snow 1979; Altheide 2013) zunächst die funktionslogische Ebene der *Twitter*-Funktionen im Zentrum, da nur durch eine hinreichende Fundierung der partikularen Funktionen eine weitere Reflexion der damit ermöglichten partizipativen und deliberativen Muster begründet werden kann. Diese Perspektive grenzt sich deutlich von jedwedem Technikdeterminismus ab (vgl. Degele 2002), verweist jedoch darauf, dass Medientechnologie ihrer Anwendung stets vorgängig ist (vgl. Münker 2009). Medienlogik lässt sich als „prozessuale[r] Rahmen [verstehen], durch den soziales Handeln geschieht" (Altheide und Snow 1979, S. 15), und in dem medienspezifische Prägekräfte das Handeln mitbestimmen (vgl. Hepp 2011).

Ein zentrales Ergebnis der Forschungsarbeit der ersten Förderphase war die Modellierung der *Twitter*-Funktionalitäten. Grundlage des entwickelten Operatorenmodells (Thimm et al. 2011, 2012) ist, dass *Twitter* mit vier Kommunikationsoperatoren multireferenzielle Teilnahmeoptionen bietet, und anhand eines spezifischen Zeichensystems ein Diskursnetzwerk konstituiert, das den Austausch von Argumenten, die Distribution von Meinungen und Informationen sowie die Konstituierung inhaltsbezogener Netzwerke ermöglicht. Die Operatoren prägen kommunikative Praktiken im Sinne einer Verwendungsgrammatik (vgl. Thimm 2016), ohne die *Twitter* nur eingeschränkt nutzbar ist (Abb. 2).

Der @-Operator erlaubt die direkte Adressierung und Erwähnung anderer Nutzer und Nutzerinnen. Der Retweet-Operator (RT) ermöglicht die Weiterleitung von Tweets und hat daher eine wesentliche Diffusionsfunktion. Die auf 140 Zeichen begrenzten Tweets lassen sich anhand des http-Operators durch externe Inhalte erweitern, denen die Funktion einer argumentativen Substanziierung zukommen kann. Der Hashtag-Operator (#) dient der Indexierung von Zeichenketten, die dadurch zu einem aggregatorischen Element der Diskurszentralisierung werden. Erst durch die kollektive Verwendung von Hashtags konstituieren sich Teilöffentlichkeiten in *Twitter*. Daran anknüpfend wurde eine Systematisierung entwickelt, die sowohl die textuelle Oberfläche als auch die Ebene der *Twitter*-Funktionalitäten zusammenfasst und im sog. Funktionalen Operatorenmodell (Abb. 3) bündelt.

Twitter bildet so ein Diskurssystem mit vielfältigen crossmedialen Verweisformen. Mit Fokus auf die Verwendung der Operatoren konnte *Twitter*-Kommunikation unter verschiedenen Aspekten analysiert und systematisiert werden, etwa durch die Charakterisierung persönlicher *Twitter*-Nutzungsstile oder Argumentstrukturen im politischen Diskurs.

Abb. 2 Tweet mit allen vier Operatoren. (Quelle: Eigene Darstellung)

Deliberation im Netz – Formen und Funktionen

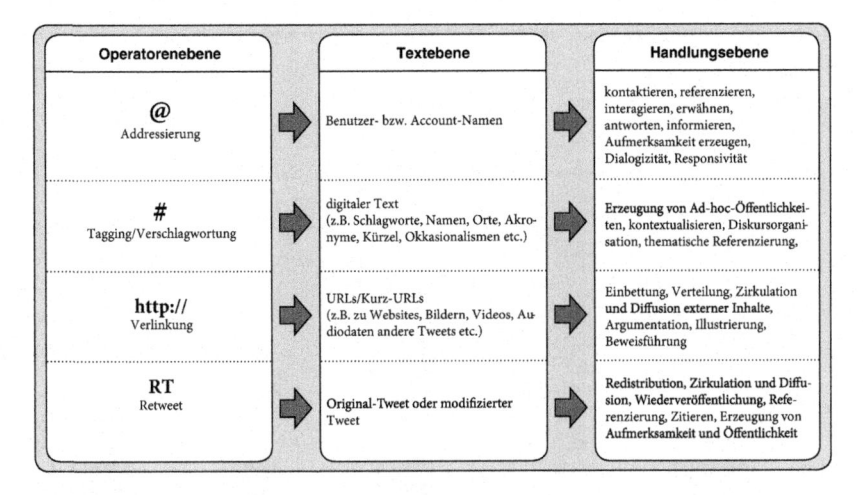

Operatorenebene	Textebene	Handlungsebene
@ Addressierung	Benutzer- bzw. Account-Namen	kontaktieren, referenzieren, interagieren, erwähnen, antworten, informieren, Aufmerksamkeit erzeugen, Dialogizität, Responsivität
# Tagging/Verschlagwortung	digitaler Text (z.B. Schlagworte, Namen, Orte, Akronyme, Kürzel, Okkasionalismen etc.)	Erzeugung von Ad-hoc-Öffentlichkeiten, kontextualisieren, Diskursorganisation, thematische Referenzierung,
http:// Verlinkung	URLs/Kurz-URLs (z.B. zu Websites, Bildern, Videos, Audiodaten andere Tweets etc.)	Einbettung, Verteilung, Zirkulation und Diffusion externer Inhalte, Argumentation, Illustrierung, Beweisführung
RT Retweet	Original-Tweet oder modifizierter Tweet	Redistribution, Zirkulation und Diffusion, Wiederveröffentlichung, Referenzierung, Zitieren, Erzeugung von Aufmerksamkeit und Öffentlichkeit

Abb. 3 Funktionales *Twitter*-Operatorenmodell. (Quelle: Thimm et al. 2011, 2012)

2.3 Politikerstile

Analysen auf Basis des Operatorenmodells verdeutlichten unterschiedliche Nutzungsstile wahlkämpfender politischer Akteure. Dies zeigt sich vor allem in Argumentstrukturen und Sprechakten, wobei die Analyse verschiedene kommunikationsstrategische Verwendungsweisen von *Twitter* auf einem Kontinuum zwischen *interaktiv-persönlichem* und *thematisch-informativem* Kommunikationsstil zeigt (vgl. Thimm et al. 2012).

Wie Abb. 4 zeigt, ist ein interaktiv-persönlicher Stil durch eine vergleichsweise häufige Nutzung von @-Operatoren als Form aktiver Kontaktaufnahme und Interaktion sowie die häufige Verwendung von Retweets als Form der Multiplikation und Vernetzung ausgezeichnet, wobei die Verwendung von Hyperlinks gering bleibt. Demgegenüber ist der thematisch-informative Stil durch eine höhere Verwendung von Hyperlinks bei geringerer Verwendung von @- und RT-Operatoren charakterisiert. Dies verweist auf die Absicht, die eigene Followerschaft mit substanziierenden Inhalten zu versorgen, während weniger Interaktionen stattfinden. Anhand dieses Spektrums von Twitterstilen lässt sich am Beispiel der Landtagswahl Sachsen-Anhalt 2011 veranschaulichen, dass Politikerinnen und Politiker jeweils eigene Kommunikations- bzw. Vernetzungsstrategien verfolgen (Abb. 5).

So verwendet etwa Jens Bullerjahn (Spitzenkandidat der SPD) keinerlei direkte Adressierungen anderer Profile durch den @-Operator. Seine Aktivität ist

⬅———————————————————————➡

Interaktiv-persönlich	Ausgewogen	Thematisch-informativ
Σ(@+RT) > Σhttp//:	Σ(@+RT) = Σhttp//:	Σ(@+RT) < Σhttp//:

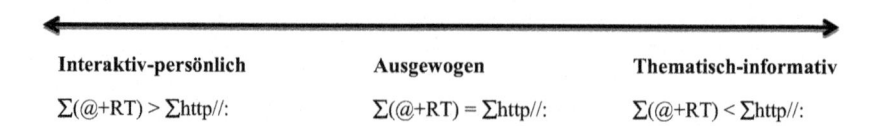

Abb. 4 Spektrum von Twitterstilen. (Quelle: Thimm et al. 2012)

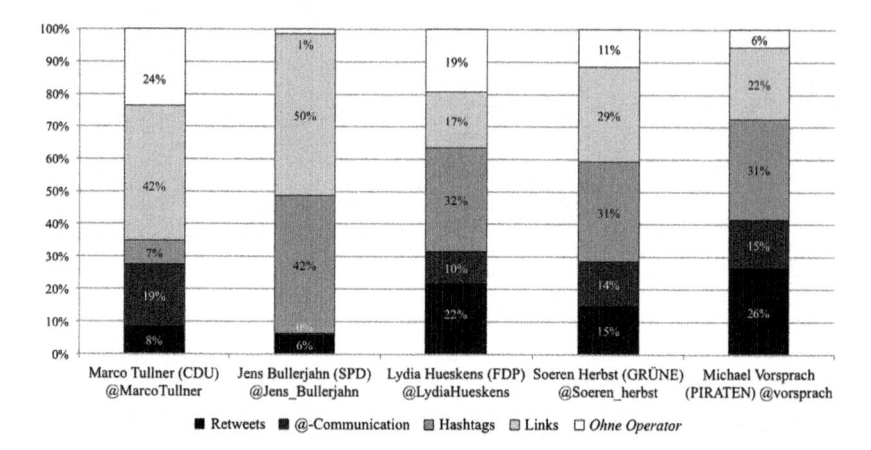

Abb. 5 Verwendung von Operatoren durch die fünf aktivsten Politiker auf *Twitter* in der Landtagswahl Sachsen-Anhalt 2011. (Quelle: Thimm et al. 2012)

demnach nicht interaktiv-persönlich ausgerichtet. Seine *Twitter*-Nutzung zeichnet sich durch einen hohen Einsatz von Hyperlinks aus (50 %). Dies verweist auf einen ausgeprägt thematisch-informativen Stil. Weitere Stilanalysen im Laufe der Projektlaufzeit zeigen jedoch, dass die *Twitter*-Kommunikation politischer Akteure keineswegs durchgängig von einem gering ausgeprägten interaktiv-persönlichen Stil gekennzeichnet ist. Vor allem im Rahmen der EU-Wahl zeigt sich ein deutlich interaktiverer Stil (vgl. Thimm et al. 2015). Hier kann auch von einer im Zeitverlauf zunehmend dialogischen Verwendung von *Twitter* im Rahmen politischer Wahlkampfkommunikation ausgegangen werden.

2.4 Informelle Formen politischer Partizipation und Deliberation

Politische Diskussion auf *Twitter* findet zu einem überwiegenden Teil in teils hochgradig fragmentierten Teilöffentlichkeiten statt, in denen Nutzerinnen und Nutzer sich anlassbezogen zu oft temporären Diskussionen zusammenfinden.

Akteure, Strukturen und kommunikative Muster innerhalb dieser Gruppen sind für eine Auseinandersetzung mit Online-Deliberation zentral, und darum wesentliche Leitlinien der im Projekt durchgeführten empirischen Arbeiten. Dabei wurde ersichtlich, dass es insbesondere die Diffusionsfunktionalitäten sind, die stark genutzt wurden. Auch wurde deutlich, dass *Twitter* eine Form einer öffentlichen ,Bühne' oder ,Arena' für Politikerinnen und Politiker ist. Nachfolgend wird exemplarisch auf die Relevanz von *Twitter* als ,Bühne' für politische Akteure und politische Second-Screen-Kommunikation sowie auf die Perspektiven politisch interessierter *Twitter*-Nutzerinnen und -Nutzer eingegangen.

2.4.1 *Twitter* als Bühne politischer Akteure

Im Rahmen von *Twitter*-Nutzung im Wahlkampf konstituieren sich politische Diskussionen im Rahmen spezifischer interaktionaler Dynamiken, die als *Twitter*-spezifische Form der Ko-Orientierung verstanden werden können (vgl. Anastasiadis und Einspänner-Pflock 2016). Während mit Blick auf die Funktionen von *Twitter* eine kommunikationsstrukturelle Egalität aller Diskursteilnehmenden anzunehmen ist (vgl. Thimm et al. 2012), zeigen die Analysen von Argumentationsmustern, dass mitnichten von einer sich daraus vorschnell ableitbaren dialogischen Egalität der Akteure ausgegangen werden kann. Die Analysen zeigen vielmehr, dass gerade politische Akteure vielfach nicht mit Bürgerinnen und Bürgern kommunizieren, sondern vielmehr ,unter sich' bleiben und kommunikativ exklusive Zirkel etablieren. *Twitter* fungiert dabei als Bühne für den Schlagabtausch unter politischen Gegnern, Dialog mit Parteifreunden sowie für verschiedene kommunikationsstrategische Zwecke. Während der EU-Wahl (vgl. Einspänner-Pflock und Anastasiadis 2016) treten beispielsweise zehn zentrale kommunikative Muster hervor, nämlich: 1) Passive *Twitter*-Präsenz ohne kommunikative Aktivität, 2) Informations- und Broadcasting-Orientierung, 3) kommunikative Begleitung des politischen Alltags, 4) Selbstdarstellung, 5) Mobilisierung, 6) Negative Campaigning, 7) Initiierung von Mini-publics, 8) Dialog mit Parteifreunden, 9) Dialog mit dem politischen Gegner oder der Gegnerin sowie 10) Dialog mit der Wählerschaft. Die Dialogorientierung ist die am wenigsten stark ausgeprägte Kategorie, wobei wiederum der Dialog mit Bürgerinnen und Bürgern am geringsten ausfällt. Der in Abb. 6 gezeigte Austausch zwischen Volker Beck (Grüne), Peter Altmaier (CDU), Andreas Blanke und Can Erdal (beide Grüne) sowie Torsten Zimmermann (CDU) zeigt beispielhaft die Binnenorientierung politischer Akteure, die sich aufeinander beziehen und sich einer inhaltlichen Diskussion mit Bürgerinnen und Bürgern kaum stellen.

Ausgangsthemen des *Twitter*-Dialogs sind die Politiker Armin Laschet (CDU) und Peter Altmaier sowie die Energiewende. In den sich anschließenden Tweets

Volker Beck @Volker_Beck 2 Sep Der @ArminLaschet findet man hört @peteraltmaier gern zu, aber sollte er sich nicht um die Energiewende kümmern?	P1 ➔ P2+P3
Nico Fehse @Facesworld 2 Sep @Volker_Beck @ArminLaschet @peteraltmaier Aber doch nicht im #Wahlkampf. Da gibts nun wirklich wichtigeres. #btw13	B1 ➔ P1+P2+P3
Andreas Blanke @AndreasBlanke 2 Sep @Volker_Beck @ArminLaschet @peteraltmaier Der tut nichts, der will nur reden;-)	P4 ➔ P1+P2+P3
Peter Altmaier @peteraltmaier 2 Sep @Volker_Beck Dunkel ist der Rede Sinn, Grüne kriegen's nimmer hin. Viel zu sehr der SPD ergeben, fassen die nicht Fuß im Leben! Schade eben	P3 ➔ P1
Der Architekt @BerndSchreiner 2 Sep @peteraltmaier bisher hats keiner hingebracht ;) @Volker_Beck 💬 Gespräch zeigen ↩ Antworten ↻ Retweeten ★ Favorisieren ••• Mehr	B2 ➔ P3+P1
Torsten Zimmermann @zimmi69 2 Sep @Volker_Beck @peteraltmaier sind sie jetzt als Poet unterwegs ? :-)	P5 ➔ P1+P3
Der kleine Maulwurf @JanDoerrenhaus 2 Sep @peteraltmaier Reim Time, das ist fein! 💬 Gespräch zeigen ↩ Antworten ↻ Retweeten ★ Favorisieren ••• Mehr	B3 ➔ P3
Can Erdal @air_dal 3 Sep @peteraltmaier Reimen können sie, #Energiewende und regieren leider nicht. //cc @Volker_Beck	P6 ➔ P3+P1
Peter Altmaier @peteraltmaier @air_dal Sind Sie da so sicher?	P3 ➔ P6
Can Erdal @air_dal 3 Sep @peteraltmaier ziemlich. Energiewende stockt, Erneuerbare werden von ihrem Koalitionspartner verteufelt, und sie halten nicht dagegen.	P6 ➔ P3

Abb. 6 Argumentationsmuster von Politikern auf der ‚Twitterbühne' (P = Politiker, B = Bürger). (Quelle: Thimm et al. 2014)

bleibt nur Altmaier einmal an der Interaktion beteiligt. Insbesondere zeigt sich, dass keiner der Tweets der beteiligten Bürgerinnen und Bürger von den Politikern aufgegriffen wird. Dieser Dialog illustriert beispielhaft für viele weitere politische Diskussionen in *Twitter*, dass die Anwendung verstärkt für den Austausch zwischen Akteuren gleicher oder naheliegender Funktionsebenen und Hierarchien genutzt wird, insbesondere unter politischen und journalistischen Akteuren. Bürgerinnen und Bürger werden in aller Regel nicht als Dialogpartner integriert. Eine gruppen- oder hierarchieübergreifende Überbrückung realweltlich gesetzter Grenzen ist auch in *Twitter* nicht der Regelfall. Jedoch kann davon ausgegangen werden, dass politische Akteure in *Twitter* sehr wohl unter Berücksichtigung ihrer

Publizität handeln. Diese mitlaufende Adressierung einer ‚overhearing audience' (vgl. Atkinson und Drew 1979) kann als repräsentierendes Debattieren verstanden werden, die dazu dient, den eigenen Standpunkt der *Twitter*-Öffentlichkeit und den eigenen Parteimitgliedern deutlich zu machen (vgl. Scheffer et al. 2014).

2.4.2 *Twitter* als Second-Screen-Medium

Die Relevanz von *Twitter* für Wahlkämpfe zeigt sich auch im Bereich TV-begleitender Parallelkommunikation. Dabei haben sich Nutzungsformen gebildet, die als Second Screen bzw. Social TV diskutiert werden (vgl. Anastasiadis und Einspänner-Pflock 2016; Buschow et al. 2015). Darunter wird die Verwendung eines zweiten, parallel zum Fernsehen genutzten Bildschirms (etwa Smartphone oder Tablet) verstanden, auf dem simultane oder anderweitig fokussierte Praktiken durchgeführt werden. Proulx und Shepatin (2012) bezeichnen dies als „adding a parallel and synchronized layer of interactive companion content to the TV experience" (Proulx und Shepatin 2012, S. 85). *Twitter*-Kommunikation ist vielfach die komplementäre Erweiterung zum TV-Programm, was sich auch im Rahmen der durchgeführten Second-Screen-Analysen der TV-Duelle zur Bundestagswahl 2013 (vgl. Anastasiadis und Einspänner-Pflock 2016) und zur EU-Wahl 2014 (vgl. Einspänner-Pflock und Anastasiadis 2016) zeigt. Zentral ist dabei zumeist die Verwendung eines aus dem thematischen Kontext des TV-Ereignisses hervorgehenden Hashtags. So zeigt sich am Beispiel der Kommunikation zum TV-Duell zur Bundestagswahl 2013 zwischen Angela Merkel und Peer Steinbrück eine durchgängig hohe Verwendung des Hashtags #tvduell. Gleichwohl bleibt die Kommunikation nicht auf diesen begrenzt, sondern konstituiert weitere, korrespondierende Hashtags, wie etwa den Hashtag #schlandkette. Der Begriff wurde seitens der Nutzendenschaft als Reaktion auf Angela Merkels schwarz-rotgoldene Halskette ad hoc kreiert und hat sich in kürzester Zeit zu einem Meme entwickelt, für das sogar ein Twitteraccount (@schlandkette) eingerichtet wurde (Abb. 7).

Daran lässt sich exemplarisch zeigen, dass vor allem humoristische Inhalte in *Twitter* zu verstärkter Aktivität der am Second-Screen-Diskurs Beteiligten führen. Obwohl der Account bei nur 15 gesendeten Tweets keine politischen Aussagen getätigt hat, wurden diese 344 Mal geretweetet. Der Account wurde 663 Mal adressiert und erwähnt (incl. Retweets) und zudem von traditionellen Medien vielfach aufgegriffen. Auch wird *Twitter* als Interpretationsgemeinschaft genutzt in der das TV-Programm diskursiv ausgehandelt wird. Im Rahmen der Analysen zur Bundestags- und zur EU-Wahl hat sich gezeigt, dass dabei spezifische, wiederkehrende Muster auftreten, die sich in drei Hauptkategorien untergliedern und wiederum genauer auffächern lassen:

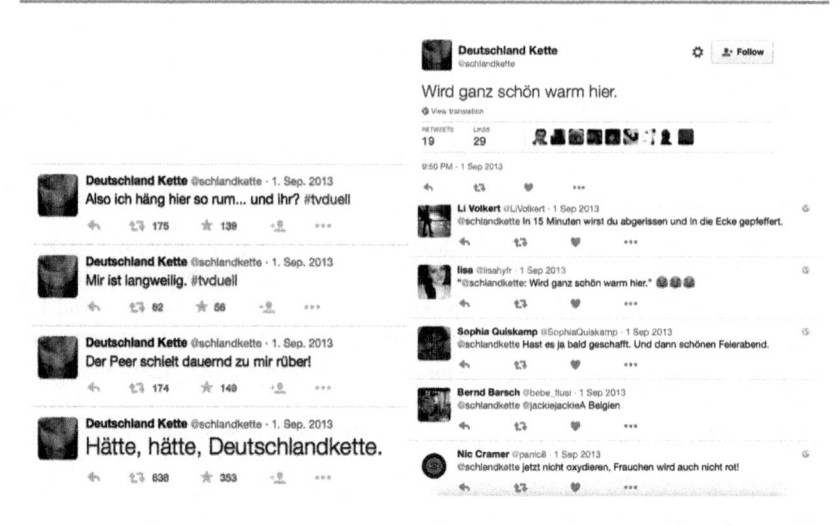

Abb. 7 Tweets des TV-Duell-bezogenen Accounts @schlandkette und Reaktionen

1. Eine erste Hauptkategorie bilden nicht-interaktionale, verlautbarungsorientierte Tweets. Dabei werden etwa Inhalte des TV-Programms zitiert und mit kritischen oder ironischen Kommentaren angereichert. Auch fallen vielfältige selbstinszenatorische Praktiken, wie etwa politische Meinungsäußerungen, in diese Kategorie.
2. Eine zweite Hauptkategorie bilden stärker interaktionsorientierte Tweets zwischen Nutzerinnen und Nutzern. Dies wird durch Praktiken ergänzt, die sich als Mikroformen *Twitter*-basierter, parasozialer Interaktion skizzieren lassen. Dazu gehört das Adressieren der Akteure des TV-Ereignisses. Diese werden nicht selten auch kritisiert, verbessert oder gar beleidigt. Zudem finden sich hier viele Formen ‚globaler' Adressierung ohne spezifischen Adressaten.
3. Eine dritte Hauptkategorie umfasst Tweets, die sich mit der Second-Screen-Rezeptionssituation als solcher befassen, und in denen Bezüge zur persönlichen Rezeptionssituation hergestellt werden. Ein alle Kategorien umfassendes Charakteristikum ist in der hohen Relevanz humoriger und ironisierender Stilformen zu erkennen.

Second-Screen-Aktivitäten sind eine wichtige Ergänzung zu den alltäglichen Wahlkampftweets, die eine digitale Öffentlichkeit im Sinne einer eigenständigen Arena für politische Aktivitäten schaffen.

2.4.3 Politischer Diskurs auf *Twitter* aus Sicht der Nutzerinnen und Nutzer

Der größte Teil der Studien zu Politik in *Twitter* basiert auf Tweet-Analysen (vgl. Maireder und Ausserhofer 2014; Dang-Anh et al. 2013; Jungherr 2014) oder Netzwerkstrukturen zwischen Akteuren (vgl. Bruns 2011). Diese Studien fokussieren demnach die in *Twitter* manifesten Datenformen, erlauben aber auf die Ebene der Motivation und Bewertung von *Twitter* durch die Nutzendenschaft allenfalls materialbasierte Rückschlüsse. Um die Perspektive politisch interessierter *Twitter*-Nutzerinnen und -Nutzer analytisch zu integrieren, wurde zur Bundestagswahl 2013 daher eine zweiwöchige Online-Studie umgesetzt, die quantitative und qualitative Erhebungsinstrumente (Tab. 1) und Daten kombiniert (vgl. Anastasiadis et al. 2017). Dazu gehörten auf täglicher Basis zu führende *Twitter*-Tagebücher, fünf thematisch fokussierte Foren, zwei seitens der

Tab. 1 Instrumente und Themen der Datenerhebung. (Quelle: Anastasiadis et al. 2017)

Instrumente		Themen
Twitter-Tagebuch	*Twitter*-Tagebuch mit kurzen Fragen	Wie war dein Tag heute auf *Twitter*? Welcher war heute dein wichtigster Tweet und warum? Hast du Tweets gelesen, die thematisch mit der Bundestagswahl zusammenhängen? Welche waren das? Hast du zur Wahl getwittert? Was und warum?
Foren	1. Kennenlern-Forum 2. *Twitter*-Review 3. Die Wahlen auf *Twitter* 4. Politischer Mehrwert 5. What's wrong?	1. Wer ist wer? 2. Welche Themen sind euch heute auf *Twitter* aufgefallen? Habt ihr euch beteiligt? 3. Inwiefern hilft euch *Twitter* bei der Wahlentscheidung? 4. Bietet *Twitter* einen politischen Mehrwert? Inwiefern? 5. Was müsste auf *Twitter* besser oder anders sein?
Moderierte Chats	Verschiedene Themen	Politische Hashtags, Politiker in *Twitter*, *Twitter* im Wahlkampf, Politisches Trolling, *Twitter* und Second Screen
Fragebögen	1. Diskurs in *Twitter* 2. *Twitter*-Funktionen 3. Kommunikation mit Politikern 4. *Twitter* und Wahlen	Politische Hashtags, Politiker in *Twitter*, *Twitter* im Wahlkampf, Politisches Trolling, *Twitter* und Second Screen

Forschenden moderierte Chats und vier themenzentrierte Fragebögen mit qualitativer Ausrichtung. Mit diesen Instrumenten konnten Einblicke in die Perspektiven der Probandinnen und Probanden zu zahlreichen Themen und Aspekten politischer *Twitter*-Kommunikation gewonnen werden. Insgesamt wurde eine qualitative Datenbasis von 996 Eingaben erhoben und inhaltsanalytisch ausgewertet.

Insgesamt standen Fragen nach den Motiven politischer *Twitter*-Nutzung, der Bewertung politischer Akteure in *Twitter* sowie Fragen nach Einschätzungen zu *Twitters* Adäquanz für die Vermittlung politischer Inhalte und als Medium für politische Diskurse im Zentrum. Dabei haben sich die Motive des 1) Erhalts politischer Information, des 2) Entertainments/Politainments, des 3) Teilens und Verbreitens politischer Information, der 4) politikbezogenen Selbstdarstellung, der 5) sozialen Interaktion und 6) der politischen Diskussion mit anderen als für die Probandinnen und Probanden des Samples zentral herausgestellt. Zudem zeigen die Ergebnisse, dass *Twitters* Adäquanz als Medium für politischen Diskurs auch kritisch gesehen wird. Dabei wird vor allem die Reduktion auf 140 Zeichen bemängelt: *„Politische Diskussionen finde ich auf Twitter schwer umzusetzen. Das liegt an der Begrenzung der Zeichen und ist immer wieder zu beobachten [...]"* (Probandin in Fragebogen). In diesem Zusammenhang wird von fast allen Probandinnen und Probanden eine mit dieser Limitierung einhergehende, oftmals als defizitär beschriebene Güte politischer Diskussionen in *Twitter* beschrieben. *„Es passiert m. E. äußerst selten, dass konstruktive politische Diskussionen auf Twitter entstehen, einen Meinungsaustausch erlebe ich auch selten, vielmehr ein Aufeinandertreffen von Meinungen, die meist auch noch fehlinterpretiert werden"* (Probandin in Fragebogen). Wie die Daten auch zeigen, werden die Bewertungen von politischer Diskussion in *Twitter* vornehmlich durch individuelle, normative Idealbilder moderiert, welche die Probandinnen und Probanden von politischem Dialog und Diskurs haben. Insgesamt wird *Twitter* meist die Funktion eines Mediums zur politischen Unterhaltung und weniger als Diskursmedium zugeschrieben. Dies verweist bereits darauf, dass die Potenziale von *Twitter* für politischen Diskurs nicht selten unausgeschöpft bleiben. Jedoch verweisen die Probandinnen und Probanden explizit auf die Erweiterbarkeit von Tweets anhand des http-Operators zur Erhöhung der Güte von politischem *Twitter*-Diskurs durch externe Inhalte (vgl. Anastasiadis et al. 2017).

3 *Twitter* als deliberative Plattform: Digitale Öffentlichkeit und Mini-publics

Eine zentrale Erkenntnis zu *Twitter* als politischer Plattform basiert auf der Beobachtung, dass es häufig nicht die große Öffentlichkeit ist, in der politische Debatten geführt werden, sondern in kleineren Gruppen mit intensiver Beteiligung.

Daraus ist in den letzten Jahren ein vielfach geäußertes Theoriedefizit entstanden, das auf das Bedürfnis verweist, die Frage der ‚digital public sphere' neu zu stellen. In der politischen Theorie wird zunehmend die Berücksichtigung einer „increasingly mediatized political public sphere" (Rummens 2012, S. 32) gefordert, und auch Lunt und Livingston (2013) fordern ein ‚rethinking of the public sphere'. Selbst Habermas (2013) sieht in seinen neuen Schriften die ‚digitale Revolution' als „einen weiteren Schritt in der kommunikativen Vernetzung und Mobilisierung der Bürgergesellschaft" (Habermas 2013, S. 68). Für ihn stellt „die kommunikative Verflüssigung der Politik" den „soziologischen Schlüssel für den realistischen Gehalt des Begriffs *deliberativer Politik*" (Habermas 2013, Herv. i. O.) dar. Er plädiert daher für eine Neubewertung deliberativer politischer Prozesse unter dem Eindruck ihrer zunehmenden Mediatisierung.

Diskussionen werden häufig in sog. ‚Mini-publics' geführt. Diese sind als „groups small enough to be genuinely deliberative" zu verstehen (Gooding und Dryzek 2006, S. 220). Die Funktion von *Twitter* als Medium, das gleichzeitig ‚Mini-publics' und gesamtöffentliche Diskurse abbilden kann, verleiht der Plattform ihr deliberatives Potenzial. Die Ausprägung dieser Dynamiken digitaler Öffentlichkeit wurde von Thimm (2015) in Form eines Konzepts der ‚Mini-publics' modelliert. Sie versteht ‚Mini-publics' wie folgt: „A group of online users referring to a shared topic in a publicly visible and publicly accessible online space over a period of time, by means of individual activities such as textual or visual contributions" (Thimm 2015, S. 177). ‚Mini-publics' formieren sich entlang spezifischer Themen und entwickeln eigene Strukturmerkmale, die von Nutzerrollen, Themenentwicklung und Zeitrahmen beeinflusst werden. Auch die technischen Optionen selbst, wie Hashtags und Retweets bei *Twitter*, bestimmen die Konstruktion solcher Öffentlichkeiten (vgl. Einspänner-Pflock et al. 2016). Die folgenden Typen von ‚Mini-publics' lassen sich unterscheiden:

1. *Nutzer-initiierte Mini-publics:* Ein Thema wird von Nutzerinnen und Nutzern initiiert, die auch die Rolle des Moderators annehmen können. Kleinere Gruppen, die zunächst nur über eine geringe Beteiligung verfügen, können sich zu massenhaften Bewegungen erweitern, wie an diversen ‚Shitstorms' deutlich wird (vgl. Bieber et al. 2015).
2. *Ereignisbezogene Mini-publics:* Realweltliche Ereignisse können intensive Beteiligung und Aktivitäten auslösen. Dies können z. B. Naturkatastrophen und Unfälle, politische, kulturelle (Popkonzerte) oder sportliche Ereignisse (Olympiade, Fußball-Weltmeisterschaften) sein. Diese Mini-publics sind durch hoch verdichtete und zeitlich beschränkte Aktivitätsmuster ausgezeichnet, die sich mit zunehmendem zeitlichen Abstand zum Ursprungsereignis

abschwächen. Sie beginnen meist als ‚ad hoc mini-public' (vgl. Bruns und Burgess 2011), die mit Hashtags realisiert werden. Neben diesen zeitlich begrenzten ‚Mini-publics' existieren weitere Formen, die sich als *Over-time Mini-publics* bezeichnen lassen und Themen längerfristig in der Diskussion halten. Ein typischer Fall einer solchen ‚Mini-public' ist das Verkehrsprojekt ‚Stuttgart 21' (vgl. Thimm und Bürger 2013).

3. *Kommerziell gelaunchte Mini-publics:* Immer mehr Unternehmen haben die Macht kleinerer Öffentlichkeiten für ihr Marketing entdeckt. So kann digitales Empfehlungsmarketing als virales Marketing (‚word-of-mouth') erfolgreicher sein als große Werbekampagnen.

Diese Konzeption knüpft insofern auch an das im Rahmen der Mediatisierungsforschung zentrale Konzept der Sozialen Welt (Strauss 1978) an, als ‚Mini-publics' ebenso „nicht genau abgegrenzt werden können und auch nicht in irgendeiner Weise stabil sein müssen, sondern vielmehr Orte der Entstehung und Begründung handlungspraktischer Konsequenzen [sind], die dann durch das darauf bezogene Handeln wirksam werden (...)" (Krotz 2014, S. 16). Viele ‚Mini-publics' beziehen Traditionsmedien ein, indem sie über Querverweise auf andere Medien einen polymedialen Raum schaffen. ‚Mini-publics' sind keineswegs als minderwertig oder als ‚victims of fragmentation' anzusehen, wie einige Forscher meinen (vgl. Webster und Ksiazek 2012). Vielmehr sind sie eigenständige und daher konstitutive Elemente digitaler Öffentlichkeit. Dazu gehört auch die Einbeziehung häufig abgewerteter Partizipationsformen, die unter ‚lurking', ‚clicktivism' oder ‚slacktivism' subsumiert werden (vgl. Christensen 2011).

4 Fazit, interdisziplinäre Anschlüsse und Ausblick

Die empirischen und theoretischen Arbeiten des Projekts zeigen die nicht nachlassende Relevanz digitaler Medien für politischen Diskurs. Neben der Betonung der vielfältigen partizipativen und deliberativen Potenziale gilt es jedoch, die Beschaffenheit von politischem *Twitter*-Diskurs vor dem Hintergrund deliberationstheoretischer Konzepte auch kritisch zu beurteilen und Grenzen *Twitter*-basierter Deliberation aufzuzeigen. Die durchgeführten Analysen zeigen, dass sich in *Twitter* sehr wohl kommunikative Machtgefälle zwischen Akteuren nachweisen lassen. An dieser Stelle bleibt die *Twitter*-Nutzung vielfach unter den potenziellen Möglichkeiten. Indes kann zwar von einer prinzipiellen Problematisierbarkeit aller Themen und Meinungen ausgegangen werden, allerdings bleibt *Twitter*-Kommunikation in Bezug auf diskursethische Aspekte nicht selten hinter den normativen Postulaten deliberationstheoretischer Konzepte zurück. Aus deliberationstheoretischer Perspektive muss eine Bewertung von *Twitter* daher deutlich auf die Grenzen des Mediums selbst verweisen, das in Bezug auf seine medienlogischen Ausprägungen eher den Handlungsmustern von Distribution und Diffusion zuzuordnen ist (Thimm et al. 2017). Allerdings bleibt zu betonen, dass digitale Ermöglichungsräume nicht als Substitut für öffentlichen und institutionalisierten deliberativen Diskurs zu verstehen sind. Betrachtet man den medialen Wandel und die hier skizzierten Veränderungen der Konstruktion von Öffentlichkeit, stellt sich die Frage, inwieweit dem deliberativen Modell für den digitalen Strukturwandel noch Geltungskraft zukommt (vgl. Thimm et al. 2012). Habermas sieht die Öffentlichkeit als den Ort an, an dem sich politische Meinungs- und Willensbildung (Input) der Bürger einer Demokratie ereignet, die sich ihrerseits (rational) in öffentlichen Diskursen vollzieht und so kollektiv verbindliche Entscheidungen des politischen Systems (Output) legitimiert. Überträgt man dieses Modell auf die digitale Welt, wird sein normativer Charakter deutlich. Zwar werden die Gütekriterien von Deliberation in digitalen Öffentlichkeiten *Twitter* und anderen sozialen Medien zumeist nicht erreicht, jedoch sind hier auch andere Formen der Aufmerksamkeitskonstitution vorherrschend. In der digitalen Öffentlichkeit kann auch Mikropartizipation von Relevanz sein, und das Liken, Posten oder Kommentieren politischer Inhalte muss als Mikroaktivismus verstanden werden, der einer politischen Aktivität oftmals vorgelagert ist. So haben sich in *Twitter* spezifische, gleichwohl relevante politische Diskursformen entwickelt, die auch in ihrer Abweichung von deliberativen Gütekriterien ihren Stellenwert für gegenwärtigen politischen Diskurs in der digitalen Öffentlichkeit und somit im Rahmen der Mediatisierung des Politischen im Allgemeinen und der Mediatisierung von politischer Partizipation im Besonderen haben.

Mit dem Konzept der Online ‚Mini-publics' kann die Dynamik digitaler Öffentlichkeit in *Twitter* und in anderen partizipativen Kommunikationskontexten im Netz beschrieben und empirisch fundiert werden. Das Konzept weist zudem über den Kontext politischer Kommunikation hinaus und erlaubt einen analytischen Zugang zu digitalen Teilöffentlichkeiten in verschiedenen sozialen Welten. Vor diesen Hintergrund fungiert es auch als interdisziplinär praktikables Modell, etwa für die Soziologie, die Politikwissenschaft oder die Kulturwissenschaft.

Öffentlichkeit ist nicht mehr nur der Raum der Massenmedien im Sinne gesamtgesellschaftlicher Verständigungen, sondern unter den Bedingungen digitaler Netzwerke mehr denn je eine sich wechselseitig bedingende Ko-Produktion (vgl. Castells 2008) und Interaktion von Individuen, Institutionen und Staat. Auch zukünftig bleibt es relevant, diesen Paradigmenwechsel verstärkt als interdisziplinäres Forschungsfeld zu verstehen und die Grenzverschiebung – oder Grenzauflösung

– zwischen vormals klarer getrennten Bereichen wie Öffentlichkeit und Privatheit oder Individuum, Institution und Gesellschaft weiter theoretisch und empirisch zu beforschen. Öffentlichkeitstheoretische Perspektiven bleiben dabei zentrale Kategorien der Erforschung der Dynamiken aktueller und zukünftiger Stadien der Mediatisierung von Öffentlichkeit unter den Bedingungen digitaler Medien. Dies korrespondiert mit dem Prozesscharakter von Mediatisierung, die sich als Abfolge mehr oder weniger stabiler Zustände als Metaprozess sozialen Wandels auch dadurch auszeichnet, dass sie nach verstetigter theoretischer Reflexion und empirischer Grundierung eben der Phänomene verlangt, die sie konstatiert. Da der Einfluss der Digitalisierung auf den Strukturwandel der Öffentlichkeit als eine der gegenwärtig zentralen Manifestationen von Mediatisierung ungebrochen ist und weiter zunehmen wird, haben die im Projekt ermittelten Ergebnisse zur Konstitution digitaler Öffentlichkeit in Online ‚Mini-publics' zwar notwendigerweise vorläufigen Charakter, können jedoch zukünftigen, auch interdisziplinär ausgerichteten Forschungen zum Verhältnis von Digitalisierung, partizipativen Medien und Öffentlichkeit als Ausgangspunkt dienen.

Literatur

Altheide DL, Snow RP (1979) Media logic. Sage, London u. a.
Altheide DL (2013) Media logic, social control, and fear. Communication Theory 23:223–238
Anastasiadis M, Thimm C (2011) (Hrsg) Social Media. Theorie und Praxis digitaler Sozialität. Bonner Beiträge zur Medienwissenschaft 10. Peter Lang, Frankfurt am Main/New York
Anastasiadis M, Einspänner-Pflock J (2016) Angela Merkel, Peer Steinbrück und die „Schlandkette" – Twitter-Diskurspraktiken im Rahmen politischer Second Screen-Kommunikation. In: Göttlich U, Heinz L, Herbers MR (Hrsg) Ko-Orientierung in der Medienrezeption: Praktiken der Second Screen-Nutzung. Springer/VS, Wiesbaden (im Druck)
Anastasiadis M, Einspänner-Pflock J, Thimm C (2017) Vereinfachung oder Verflachung? – Politische Kommunikation auf und mit Twitter aus Sicht politisch interessierter Nutzerinnen und Nutzer. In: Katzenbach C, Pentzold C, Kannengießer S, Adolf M, Taddicken M (Hrsg) Neue Komplexitäten für Kommunikationsforschung und Medienanalyse: Analytische Zugänge und empirische Studien. Digital Communication Research, open access (s. http://digitalcommunicationresearch.de) (in Vorbereitung)
Atkinson JM, Drew P (1979) Order in court: The organisation of verbal interaction in judicial settings. Palgrave Macmillan, London
Baringhorst S (2009) Politischer Protest im Netz – Möglichkeiten und Grenzen der Mobilisierung transnationaler Öffentlichkeit im Zeichen digitaler Kommunikation. In: Marcinkowski F, Pfetsch B (Hrsg) Politik in der Mediendemokratie. Springer/VS, Wiesbaden, S 609–634

Bieber C, Härthe C, Thimm C (2015) Erregungskampagnen in Politik und Wirtschaft: Digitale Öffentlichkeit zwischen Shit- und Candystorms. Schriftenreihe der Bonner Akademie für Forschung und Lehre praktischer Politik, Bonn

Bruns A (2011) How long is a tweet? Mapping dynamic conversation networks on twitter using gawk and gephi. Information, Communication & Society 15:1323–1351

Bruns A, Burgess J (2011) The use of twitter hashtags in the formation of ad hoc publics. http://snurb.info/files/2011/The%20Use%20of%20Twitter%20Hashtags%20in%20the%20Formation%20of%20Ad%20Hoc%20Publics%20(final).pdf. Zugegriffen: 25. August 2016

Bruns A, Liang YE (2012) Tools and methods for capturing twitter data during natural disasters. First Monday 17. http://firstmonday.org/htbin/cgiwrap/bin/ojs/index.php/fm/article/view/3937/3193. Zugegriffen: 25. August 2016

Buschow C, Schneider B, Ueberheide S (2015) Twittern beim Fernsehen: Kommunikationsaktivitäten während der TV-Rezeption. In: Buschow C, Schneider B (Hrsg) Social TV in Deutschland. Vistas, Leipzig, S 67–84

Carr N (2011) The Shallows: How the internet is changing the way we think, read and remember. Atlantic Books, London

Castells M (2008) The new public sphere: Global civil society, communication networks, and global governance. Annals of the American Academy of Political and Social Science 616:78–93

Christensen H (2011) Political activities on the internet: Slacktivism or political participation by other means? First Monday 16. http://firstmonday.org/article/view/3336/2767. Zugegriffen: 25. August 2016

Dang-Anh M, Einspänner J, Thimm C (2013) Kontextualisierung durch Hashtags. Die Mediatisierung des politischen Sprachgebrauchs im Internet. In: Diekmannshenke H, Niehr T (Hrsg) Öffentliche Wörter. Analysen zum öffentlich-medialen Sprachgebrauch. Ibidem, Stuttgart, S 137–159

Degele N (2002) Einführung in die Techniksoziologie. Fink, München

Einspänner J, Dang-Anh M, Thimm C (2014) Digitale Gesellschaft – Partizipationskulturen im Netz. LIT, Berlin

Einspänner-Pflock J, Anastasiadis M (2016) Second Screen communication in the 2014 EU elections: Analysing the deliberative potential of tweets from the EU TV debate in Germany. In: Brachotte G, Frame A (Hrsg) Twitter aux Elections Européennes 2014: Regards internationaux sur un outil de communication politique. L'Harmattan, Paris (im Druck)

Einspänner-Pflock J, Anastasiadis M, Thimm C (2016) Ad hoc mini-publics on twitter: Citizen participation or political communication? Examples from the German national election 2013. In: Frame A, Brachotte G (Hrsg) Citizen participation and political communication in a digital world. Routledge, London/New York, S 42–59

Emmer M, Vowe G, Wolling J (2011) Bürger Online. Die Entwicklung der politischen Online-Kommunikation in Deutschland. UVK, Konstanz

Fuchs C (2014) Social media. A critical introduction. Sage, London u.a.

Goodin R, Dryzek J (2006) Deliberative impacts: The macro-political uptake of mini-publics. Politics & Society 34:219–244

Habermas J (1962) Strukturwandel der Öffentlichkeit. Untersuchungen zu einer Kategorie der bürgerlichen Gesellschaft. Suhrkamp, Frankfurt am Main

Habermas J (1983) Moralbewusstsein und kommunikatives Handeln. Suhrkamp, Frankfurt am Main

Habermas J (1992) Further reflections on the public sphere. In: Calhoun C (Hrsg) Habermas and the public sphere. MIT Press, Cambridge, S 421–460

Habermas J (1996a) Drei normative Modelle der Demokratie. In: Habermas J: Die Einbeziehung des Anderen. Studien zur politischen Theorie. Suhrkamp, Frankfurt am Main, S 277–292

Habermas J (1996b) Die Einbeziehung des Anderen: Studien zur politischen Theorie. Suhrkamp, Frankfurt am Main

Habermas J (2007) Kommunikative Rationalität und grenzüberschreitende Politik: Eine Replik. In: Niesen P, Herborth B (Hrsg) Anarchie der kommunikativen Freiheit. Jürgen Habermas und die Theorie der internationalen Politik. Suhrkamp, Frankfurt am Main, S 406–459

Habermas J (2013) Im Sog der Technokratie. Suhrkamp, Frankfurt am Main

Hindelang G (2010) Einführung in die Sprechakttheorie. Sprechakte, Äußerungsformen, Sprechaktsequenzen. De Gruyter, Berlin

Hjarvard S (2008) The mediatization of society. Nordicom review 29:105–134

Hepp A (2011) Medienkultur. Die Kultur mediatisierter Welten. Springer/VS, Wiesbaden

Jarren O, Donges P (2011) Politische Kommunikation in der Mediengesellschaft. Eine Einführung. Springer/VS, Wiesbaden

Jungherr A (2014) Twitter in politics: A comprehensive literature review. http://papers.ssrn.com/sol3/papers.cfm?abstract_id=2402443. Zugegriffen: 25. August 2016

Krotz F (2007) Mediatisierung. Fallstudien zum Wandel von Kommunikation. Springer/VS, Wiesbaden

Krotz F (2014) Einleitung: Projektübergreifende Konzepte und theoretische Bezüge der Untersuchung mediatisierter Welten. In: Krotz F, Despotović C, Kruse M-M (Hrsg) Die Mediatisierung sozialer Welten. Synergien empirischer Forschung. Springer/VS, Wiesbaden, S 7–32

Lunt P, Livingstone SM (2013) Media studies' fascination with the concept of the public sphere: Critical reflections and emerging debates. Media, Culture and Society 35:87–96

Maireder A, Ausserhofer J (2014) Political discourses on twitter: Networking topics, objects, and people. In: Weller K, Bruns A, Burgess J, Mahrt M, Puschmann C (Hrsg) Twitter and society. Peter Lang, Berlin/New York, S 305–318

Morozov E (2011) The dark side of internet freedom. The net delusion. Public Affairs, New York

Münker S (2009) Emergenz digitaler Öffentlichkeiten. Die Sozialen Medien des Web 2.0. Suhrkamp, Frankfurt am Main

Pariser E (2011) The filter bubble: What the internet is hiding from you. Penguin Books, London

Proulx M, Shepatin S (2012) Social TV: how marketers can reach and engage audiences by connecting television to the web, social media, and mobile. John Wiley & Sons, New Jersey

Rummens S (2012) Staging deliberation: the role of representative institutions in the deliberative democratic process. Journal of Political Philosophy 20:23–44

Scheffer T, Dang-Anh M, Laube S, Thimm C (2014) Repräsentierendes Debattieren. Zur Mediatisierung von innerparteilicher Demokratie. In: Krotz F, Despotović C, Kruse M-M (Hrsg) Die Mediatisierung sozialer Welten: Synergien empirischer Forschung. Springer/VS, Wiesbaden, S 215–233

Siedschlag A, Opitz A, Troy J, Kuprian A (2007) Grundelemente der internationalen Politik. Böhlau, Wien/Köln/Weimar

Strauss A (1978) A social world perspective. Studies in symbolic interaction 1:119–128

Strauss A, Corbin J (1996) Grounded Theory. Grundlagen qualitativer Sozialforschung. Psychologie Verlags Union, Weinheim

Thimm C (2015) The mediatization of politics and the digital public sphere: Participatory dynamics in mini-publics. In: Frame A, Brachotte G (Hrsg) Forms and functions of political participation in a digital world. Routledge, London/New York, S 167–183

Thimm C (2016) Partizipation und Soziale Medien. In: Schmidt JH, Taddicken M (Hrsg) Handbuch Soziale Medien. Springer/VS, Wiesbaden

Thimm C, Bürger T (2013) Digitale Partizipation im politischen Kontext – „Wutbürger" online. In: Friedrichsen M, Kohn R (Hrsg) Liquid Democracy Digitale Politikvermittlung – Chancen und Risiken interaktiver Medien. Springer/VS, Wiesbaden, S 255–272

Thimm C, Dang-Anh M, Einspänner J (2011) Diskurssystem Twitter: Semiotische und handlungstheoretische Perspektiven. In: Anastasiadis M, Thimm C (Hrsg) Social Media: Theorie und Praxis digitaler Sozialität. Bonner Beiträge zur Medienwissenschaft 11. Peter Lang, Frankfurt/New York, S 265–286

Thimm C, Einspänner J, Dang-Anh M (2012) Twitter als Wahlkampfmedium. Publizistik 57:293–313

Thimm C, Anastasiadis M, Bürger T, Einspänner J (2014) #Gehwählen. Der Bundestagswahlkampf 2013 auf Twitter. Publikationsreihe der Bonner Akademie für Forschung und Lehre angewandter Politik (BAPP), Bonn

Thimm C, Anastasiadis M, Einspänner J (2017) Media logic(s) revisited: Modeling the interplay between media institutions, media technology and societal change. Palgrave Macmillan, London (im Druck)

Thimm C, Frame A, Einspänner-Pflock J, Leclercq E, Anastasiadis M (2015) The EU-election on twitter: Comparison of German and French candidates' tweeting styles. In: Holz-Bacha C (Hrsg) Europawahlkampf 2014: Internationale Studien zur Rolle der Medien. Springer/VS, Wiesbaden, S 175–203

Webster J, Ksiazek T (2012) The dynamics of audience fragmentation: Public attention in an age of digital media. Journal of communication 62:39–56

van Eimeren B, Frees B (2014) 79 Prozent der Deutschen online – Zuwachs bei mobiler Internetnutzung und Bewegtbild. Ergebnisse der ARD/ZDF-Onlinestudie 2014. Media Perspektiven 7–8:378–396

Winter R, Kutschera-Groinig S (2006) Transnationale zivilgesellschaftliche Öffentlichkeiten im virtuellen Raum. In: Nicanor U, Metzner-Szigeth A (Hrsg) Netzbasierte Kommunikation, Identität und Gemeinschaft. Trafo, Berlin, S 219–232

Über die Autoren

Caja Thimm, Prof. Dr., Universitätsprofessorin für Medienwissenschaft/Intermedialität an der Universität Bonn, u. a. Projektleiterin des Einzelprojekts „Deliberation im Netz" im DFG Schwerpunktprogramm „Mediatisierte Welten". Ihre Forschungsschwerpunkte: Sozialität im Internet, Politische Kommunikation, Unternehmenskommunikation, Alter und Medien und Social Media.

Mario Anastasiadis, M.A., ist wissenschaftlicher Mitarbeiter im DFG-Schwerpunktprogramm „Mediatisierte Welten", Einzelprojekt „Deliberation im Netz: Formen und Funktionen des digitalen Diskurses am Beispiel des Microbloggingsystems Twitter" an der Rheinischen Friedrich-Wilhelms-Universität Bonn (Institut für Sprach-, Medien- und Musikwissenschaft, Abt. Medienwissenschaft). Seine Arbeitsschwerpunkte sind Social Media im Kontext politischer Kommunikation und populärer Kultur, Mediatisierung, populäre Kultur und Creative Industries, populäre Musik und Medien (insb. Social Media) sowie qualitative Methoden. Zuletzt erschienen: Ad hoc mini-publics on Twitter: Citizen participation or political communication? Examples from the German National Election 2013. In: Frame, Alex/Brachotte, Gilles (2016) (Hrsg.): Citizen Participation and Political Communication in a Digital World. Routledge, S. 42–59 (zusammen mit Jessica Einspänner-Pflock und Caja Thimm).

Jessica Einspänner-Pflock, Dr.,ist wissenschaftliche Mitarbeiterin im Fach Medienwissenschaft an der Rheinischen Friedrich-Wilhelms-Universität der Universität Bonn und arbeitet seit 2010 im DFG-Schwerpunktprogramm „Mediatisierte Welten" zum Thema „Deliberation im Netz". Ihre Forschungsschwerpunkte sind Social Media-Kommunikation, Online-Privatheit, Politische Kommunikation, Digital Methods und Online-Journalismus. Zuletzt erschienen: Einspänner-Pflock, J. (2017): Privatheit im Netz – Konstruktions- und Gestaltungsstrategien von Online-Privatheit bei Jugendlichen. Reihe Medien – Kultur – Kommunikation. Wiesbaden: Springer VS.

Welchen Beitrag ‚leistet' die Materialität der Medien zum soziokulturellen Wandel?

Erkenntnistheoretische Potenziale des Affordanzkonzepts für die Mediatisierungsforschung am Beispiel des alltäglichen Musikhörens

Anne-Kathrin Hoklas und Steffen Lepa

Zusammenfassung

Der Beitrag setzt sich mit den Potenzialen des Konzepts der ‚Affordanz' für die empirische Mediatisierungsforschung auseinander und stellt jene praktisch an ausgewählten Fallbeispielen aus dem eigenen SPP-Projekt zur Mediatisierung des alltäglichen Musikhörens in Deutschland dar. Nach einer kurzen Einführung der historischen Ursprünge, theoretischen Grundgedanken und sozialwissenschaftlichen Desiderata der Konzeption James J. Gibsons wird eine Erweiterung um das Habituskonzept Pierre Bourdieus und die Generationentheorie Karl Mannheims vorgeschlagen. Mithilfe dieses praxeologisch gerahmten Affordanzkonzepts lässt sich die Rolle der Materialität neuer Medienentwicklungen für den soziokulturellen Wandel empirisch untersuchen, ohne der Idee einer fixierten ‚Medienlogik' anheimzufallen. Anhand exemplarischer Interviewanalysen zum Gebrauch mobiler Audiomedien im Alltag wird

---

A.-K. Hoklas (✉)
Technische Universität Dresden, Dresden, Deutschland
E-Mail: anne-kathrin.hoklas@tu-dresden.de

S. Lepa
Technische Universität Berlin, Berlin, Deutschland
E-Mail: steffen.lepa@tu-berlin.de

anschließend verdeutlicht, inwiefern ein solcher Zugang sozialkonstruktivistische Perspektiven integriert, aber über diese in produktiver Weise hinausgeht und damit die Mediatisierungsforschung, aber auch angrenzende mit ‚Soziomaterialität' befasste Forschungsfelder befruchten kann.

Schlüsselwörter
Affordance · Generation · Habitus · Mediatisierung · Medientechnologien · Praxeologische Wissenssoziologie · Audiomedien · Soziomaterialität

1 Einleitung: Materialität als Blindstelle der sozialkonstruktivistischen Mediatisierungsforschung

Solange sie funktionieren, bleiben sie transparent: Was Medientechnologien uns ‚leisten', rückt zumeist erst dann in unser Bewusstsein, wenn der Smartphone-Akku unverhofft leer, der Fernseher defekt, die Schallplatte verkratzt ist. Auch in der sozialkonstruktivistischen Mediatisierungsforschung scheint die ermöglichende und zugleich begrenzende Materialität der Medien in der Erforschung des sich wandelnden kommunikativen Handelns zumeist eher stillschweigend ‚mitzulaufen' als systematisch berücksichtigt zu werden. Offenbar wird die Frage, wie sich die *technisch-apparativen* Aspekte der Medien in kulturelle Praktiken[1] einschreiben, mehr als unbequemes Vermächtnis der Mediumtheorie begriffen denn als Desiderat, dem es empirisch auf die Spur zu kommen gilt. Wie aber können wir im Rahmen der Mediatisierungsforschung verstehen und rekonstruieren, welchen Beitrag die *Materialität* der Medientechnologien – hier mit Leonardi (2012, S. 31) verstanden als „arrangement of an artifact's physical and/or digital materials into particular forms that endure across differences in place and time and are important to users" – zum soziokulturellen Wandel leistet?

---

[1] Unter ‚Praktiken' verstehen wir von einem impliziten Wissen angeleitete, routinisierte Verhaltensweisen, für die Artefakte und menschliche Körper konstitutiv sind. Hinsichtlich dieser von verschiedenen Ansätzen praxistheoretischer Provenienz geteilten grundlagentheoretischen Annahme sowie der in Abschn. 2.2 näher erläuterten Annahme, dass dieses Wissen „konjunktiven Erfahrungsräumen" entspringt, unterscheidet sich der diesem Beitrag zugrunde liegende, an Karl Mannheim orientierte Begriff der Praxis etwa von einem interpretativ-interaktionistisch ausgerichteten Praxisbegriff in der Tradition der Cultural Studies (vgl. auch Lepa und Guljamow 2017).

Seit dem Ende der 1980er Jahre taucht in Arbeiten, die sich näher mit dem Problem der ‚Materialitäten' beschäftigen, vermehrt der Begriff der „affordances" auf (vgl. Lievrouw 2014; Zillien 2008). Das hinter diesem Begriff stehende Konzept, welches auf den Wahrnehmungspsychologen James J. Gibson (1986) zurückgeht, verspricht einen Mittelweg zwischen semiotisch-konstruktivistischen und materialistisch-objektivistischen Konzeptionen von ‚Soziomaterialität' (vgl. Hutchby 2001). Auch im Mediatisierungsdiskurs wurde es in den letzten Jahren verstärkt rezipiert (vgl. u. a. Hjarvard 2008; Jensen 2010; Madianou und Miller 2013; Finnemann 2014; Schrøder 2015). Häufig wird der Begriff jedoch lediglich als Synonym für die technischen Eigenschaften von Medien verwendet oder auf das Konzept rekurriert, um deren Handlungsoptionen aus der Perspektive der Forschenden idealtypisch-generalisierend zu beschreiben (vgl. etwa Have und Pedersen 2013). Damit wird das dezidiert empirische Affordanzkonzept aber unseres Erachtens seiner erkenntnistheoretischen Pointe beraubt, dass sich die Handlungsangebote erst aus der Relation zwischen in spezifischen kulturellen *Umwelten* sozialisierten *Körpern* und materiellen Objekten ergeben. Bislang liegen allerdings nur wenige empirische Arbeiten vor, die den Begriff als sensibilisierendes Konzept für die Analyse alltäglicher Mediennutzung verwenden und danach fragen, wie und von wem welche Gebrauchseigenschaften von Medientechnologien wahrgenommen und handlungspraktisch realisiert werden (vgl. McVeigh-Schultz und Baym 2015).

Der vorliegende Beitrag möchte entsprechend zeigen, wie das Affordanzkonzept als empirische Beobachtungsfolie dabei hilft, die Mechanismen des Zusammenspiels sich wandelnder materieller Medienumwelten und habitueller Handlungsorientierungen aufzudecken. Ausgehend von dessen ursprünglicher Konzeption im Rahmen der ökologischen Wahrnehmungspsychologie Gibsons (Abschn. 2.1) wird eine sozialtheoretische Rahmung durch an Pierre Bourdieu und Karl Mannheim anschließende Überlegungen vorgeschlagen (Abschn. 2.2). Verdeutlicht wird der analytische Gebrauchswert eines solchen praxeologisch reformulierten Affordanzbegriffs sodann anhand exemplarischer Interviewanalysen, die sich auf den Gebrauch mobiler Player zum Musikhören im Alltag beziehen (Abschn. 3). Abschließend werden zukünftige Potenziale des Affordanzkonzepts im Rahmen der Mediatisierungsforschung resümiert und ein Ausblick auf mögliche Anknüpfungspunkte an weitere mit ‚Soziomaterialität' befasste Forschungsfelder gegeben (Abschn. 4).

2 Affordanzen als ‚Scharnier' zwischen Materialität und Habitus

2.1 Die Ursprünge des Affordanzkonzepts in der ökologischen Wahrnehmungspsychologie

James J. Gibson ging davon aus, dass biologische Organismen – womit er sich sowohl auf Tiere als auch auf Menschen bezog – Dinge in ihrer Umwelt vor aller begrifflichen Abstraktion unmittelbar daraufhin wahrnehmen, welche Handlungen diese ihnen prinzipiell ‚ermöglichen' (engl: ‚to afford'). Solche als Eigenschaften des Objekts wahrgenommenen Handlungsangebote bezeichnete er als *affordances*. Mit dieser Theorie der ‚direkten' Wahrnehmung wandte sich Gibson gegen die in der Wahrnehmungspsychologie der 1950er und 1960er Jahre dominante kognitivistische Auffassung, dass Objekte über einen Abgleich mit inneren, symbolisch-propositional verfassten Repräsentationen der Wirklichkeit erfasst werden. Während diese Sichtweise suggerierte, dass jegliche Umweltreize zunächst ‚wertneutral' wahrgenommen und erst in einem nachfolgenden Interpretationsakt zu Objekten mit bestimmten Eigenschaften konstruiert werden, ging Gibson davon aus, dass Objektidentitäten und -eigenschaften bereits durch die Beschaffenheit der (visuell) wahrnehmbaren Form tatsächlich physikalisch vorhandener Objekte spezifiziert und entsprechend von vornherein so wahrgenommen werden, ohne dass es dafür eines symbolischen Lernprozesses oder aktiver Erinnerungsleistungen bedarf (vgl. Gibson 1986, S. 142): So würden Menschen auch ohne jedes explizite Vorwissen, wie etwa ein Hocker auszusehen hat, jedes Objekt mit einer entsprechenden Beschaffenheit als ‚sitz-bar' wahrnehmen. Gibson versteht visuelle Wahrnehmung dabei nicht als auf den Sehsinn oder einen passiven Sinneseindruck reduziert, sondern als etwas, was den ganzen Körper und dessen ‚Lerngeschichte' bezüglich möglicher Interaktionen mit der Umwelt involviert und voraussetzt (vgl. Gibson 1986, S. 207): Die Affordanz ‚sitz-bar' wird wahrgenommen, weil der Organismus ‚beiläufig' gelernt hat, dass Objektoberflächen spezifischer Größe auf bestimmter Höhe optimal zu seiner Körpergröße und den motorischen Funktionen seiner Gliedmaßen passen, wenn es gilt, eine Ruheposition zu finden.

Affordanzen lassen sich also weder auf physikalische Eigenschaften eines Objekts noch auf dessen subjektive Interpretationen reduzieren, sondern emergieren Gibson zufolge immer erst aus dem Wechselverhältnis der materiellen Eigenschaften des Objekts und der *körperlichen* Dispositionen der Wahrnehmenden: Hat ein Tisch für einen Erwachsenen etwa die Affordanz, etwas darauf abstellen zu können, bietet sich derselbe Tisch einem Kleinkind als mögliches Versteck an.

Affordanzen verweisen daher sowohl auf die Nutzenden als auch auf das Objekt (vgl. Gibson 1986, S. 129). Jegliche Affordanzen müssen dabei nicht notwendigerweise genutzt oder überhaupt bemerkt werden. Die ihnen zugrunde liegende materielle Form des Objektes stellt aber ein invariantes, real vorhandenes Potenzial dar, unabhängig davon, ob ein einzelner Akteur dieses auch wahrnimmt (vgl. Gibson 1986, S. 139). Mit dieser Annahme grenzte sich Gibson von der konstruktivistisch-gestaltpsychologischen Auffassung Koffkas (2001) zum ‚Aufforderungscharakter' von Objekten ab, nach der lediglich situative Bedürfnisse oder Vorstellungen darüber bestimmen würden, welche Funktionalitäten einem Objekt zugeschrieben werden.

Mediale Objekte wie Zeichnungen oder Fotografien stellen nach Gibson einen Sonderfall dar: Sie sind dadurch konstituiert, dass die Oberflächenstruktur materieller Objekte so manipuliert wurde, dass auf ihnen aus einer bestimmten Betrachtungsperspektive visuelle Eindrücke erkennbar werden (vgl. Gibson 1986, S. 267 ff.). So lassen sich auf einer Schiefertafel mithilfe eines scharfkantigen Objekts sowohl Skizzen jagender Personen als auch Buchstaben unterbringen. Auf diese Weise entsteht gewissermaßen eine doppelte Affordanz (vgl. Gibson 1986, S. 281): Die Tafel verbleibt einerseits ein materielles Objekt mit all seinen Eigenschaften, kann etwa als Gewicht zum Beschweren anderer Objekte dienen, gleichzeitig erhält sie aber auch neue mediale Affordanzen. Sie lässt die dargestellte Szene partiell wieder erfahrbar werden, speichert die aufgebrachten Wahrnehmungseindrücke und macht diese auch zu einem gewissen Grad transportabel – allerdings nur für Menschen, welche über die notwendigen Dispositionen verfügen: Nur wer sehen kann und eigene oder mediale Erfahrungen mit der Jagd hat, kann die dargestellten Abbildungen deuten, nur wer den Gebrauch des Alphabets und die verwendeten Begriffe in seiner Kultur gelernt hat, kann den Sinn der Worte verstehen, nur wer stark und groß genug ist, dem erscheint die Steintafel auch als transportabel.

Denkt man Gibsons basale Medientheorie weiter, ließe sich argumentieren, dass auch von digitalen Speichermedien abgerufene Medienangebote, welche auf den ersten Blick eher wenig ‚materielle Substanz' zu haben scheinen, solche ‚physikalisch manipulierten Objektoberflächen' darstellen, wenngleich sie auch eine geringere zeitliche Beständigkeit aufweisen. Während jedoch Naturdinge oder stoffliche Artefakte durch ihre vergleichsweise grobe Formstruktur ihre möglichen Verwendungsweisen visuell oft unmittelbar nahelegen, sind die Affordanzen elektronischer und insbesondere digitaler Medien aufgrund der Mikrochiptechnologie und dahinterstehenden angeschlossenen Infrastrukturen oftmals ‚versteckt' (vgl. Gaver 1991). Sie sind somit noch deutlich abhängiger vom praktischen Wissen, denn ihre Nutzung setzt bereits sehr stark kulturell ‚gebildete' Körper voraus (vgl. Alkemeyer und Schmidt 2006, S. 9).

So instruktiv Gibsons Denkfigur ist, dass sich Affordanzen erst aus dem Zusammenspiel der physikalisch-materiellen Beschaffenheit von Objekten mit den Dispositionen wahrnehmender Subjekte im Sinne einer ‚körperlichen Lerngeschichte' ergeben, so hat sein beharrlicher Verweis auf eine ‚mühelose direkte Wahrnehmung real vorhandener Objekteigenschaften' immer wieder zu Missverständnissen und Widersprüchen aus dem sozialwissenschaftlich-konstruktivistischen Lager geführt. Diese vernachlässigen jedoch in der Regel, dass Gibson – wie an seiner Diskussion der Affordanzen eines Briefkastens kenntlich (vgl. Gibson 1986, S. 139) – durchaus komplexes, kulturell erworbenes Wissen in seiner Konzeption immer schon mitgedacht hat, jedoch eben im Sinne eines beiläufig erworbenen, verkörperten Handlungswissens, welches ohne jegliche propositionale Konzepte oder willentliche kognitive Interpretationsleistungen entsteht. Uns erscheint daher ein anderes Desiderat des Affordanzkonzepts als viel problematischer für die Untersuchung von Mediatisierungsphänomenen: Das Verhältnis von Menschen und Artefakten unterliegt im Unterschied zu jenem zwischen biologischen Organismen und ihrer natürlichen Umwelt einem vergleichsweise schnellen und radikalen Wandel, teils innerhalb der Lebensspanne einzelner Subjekte. Nicht zuletzt ist menschliche Wahrnehmung selbst als soziohistorisch kontingent zu begreifen und durch Medien geformt. Dieses Problem kommt jedoch in der ursprünglichen, auf das Hier und Jetzt zwischen einem Organismus und seiner vermeintlich stabilen Umwelt gerichteten Fassung des Affordanzkonzepts nicht in den Blick.[2]

Nichtsdestotrotz ist es das Verdienst der Gibsonschen Konzeption, einen Mittelweg zwischen semiotisch-konstruktivistischen und materialistisch-objektivistischen Konzeptionen von Materialität theoretisch vorbereitet zu haben. Es sensibilisiert für den durch die materielle Form bedingten Angebotscharakter medientechnischer Artefakte, ohne diesen eine deterministische Wirkmacht zuzuschreiben oder eine eigene Handlungsfähigkeit zu unterstellen. Um das Affordanzkonzept jedoch für die sozialwissenschaftliche Erforschung des Wechselverhältnisses von medialem und soziokulturellem Wandel fruchtbar zu machen, bedarf es einer theoretisch-methodologischen Weiterentwicklung, welche diesen Wandel berücksichtigt und zugleich anschlussfähig ist an Gibsons Idee eines in praktischer Auseinandersetzung mit der Umwelt entstandenen, ‚verkörperten' Handlungswissens – dieses aber weder vornehmlich aus der physikalischen Beschaffenheit von Objekten herleitet noch wie einige der bisherigen Versuche, das Konzept zu ‚sozialisieren' (vgl. Costall 1995), dazu tendiert, Materialität erneut auf etwas Zeichenhaftes zu reduzieren (vgl. auch Dant 2005, S. 106).

---

[2]Zur Diskussion des Affordanzkonzepts in der Soziologie vgl. Hutchby (2001), Rappert (2003), Dant (2005), Zillien (2008), Bloomfield et al. (2010).

2.2 Generationaler Habitus als sozialtheoretische Rahmung des Affordanzkonzepts

Eine Denkfigur, die sich in besonderer Weise anbietet, um das Affordanzkonzept sozialwissenschaftlich anschlussfähig zu machen, da diese in ähnlicher Weise wie Gibson die Relationiertheit von Strukturen und Praxis betont, ist Bourdieus Habituskonzept. Bourdieu konzipiert den Habitus als „nicht nur strukturierende, die Praxis wie deren Wahrnehmung organisierende Struktur, sondern auch strukturierte Struktur" (Bourdieu 1987, S. 279). Die soziale Lage und die mit dieser einhergehenden materiellen Existenzbedingungen eines Akteurs bringe auf diese ‚abgestimmte', inkorporierte Wahrnehmungs-, Denk- und Handlungsschemata hervor, welche die Alltagspraxis dauerhaft anleiten. Die Akteure agieren in der Sicht Bourdieus gewissermaßen in einer Welt, die durch ihre ‚milieuspezifische Brille' vorstrukturiert ist. Dies schließt aus, dass Menschen *alle* in der Welt objektiv gegebenen Strukturen aufnehmen – nur was ins Schema passt, existiert. Die von Gibson postulierte ‚direkte' und gewissermaßen ‚mühelose' Wahrnehmung ließe sich mit Bourdieu als das sich „jenseits von Bewußtsein und diskursivem Denken" vollziehende „praktische Erkennen der sozialen Welt" (Bourdieu 1987, S. 730) beschreiben, welches durch die „objektive Struktur der Konfiguration von Eigenschaften geprägt [ist], die sie ihm darbietet" (Bourdieu 2001, S. 190). Während Gibson die Dispositionen, welche die Wahrnehmung der Umwelt vorstrukturieren, in erster Linie aus der biologischen ‚Körperausstattung' herleitet, lassen sich diese mit Bourdieu mithin als Inkorporierung der historisch-sozial spezifischen Lebensverhältnisse verstehen, in die ein Mensch hineinwächst.

Materielle Artefakte hat Bourdieu jedoch fast ausschließlich hinsichtlich ihrer symbolisch-distinktiven Dimension in den Blick genommen und als auf die Position im sozialen Raum verweisendes Kapital verstanden. Gleichwohl könnte man argumentieren, dass die praktische und leibliche ‚Konditionierung' durch materielle Medienumwelten in seiner Vorstellung der Inkorporierung der objektiven sozialen Bedingungen immer schon mitgedacht ist.[3] Mit Bourdieu ließe sich also

---

[3]Entsprechend gibt es verschiedene Versuche, Bourdieu techniksoziologisch weiterzudenken (vgl. Hillebrandt 2002; Burri 2008; diesbezüglich kritisch Schulz-Schaeffer 2004). Alkemeyer und Schmidt (2006) deuten dabei die Fruchtbarkeit des Affordanzkonzepts für ein solches Unterfangen an. Einen dezidierten Vorschlag zu dessen Erweiterung durch das Bourdieusche Habituskonzept haben Fayard und Weeks (2014) kürzlich für die Organisationsforschung vorgelegt.

formulieren, dass sich die Affordanzen von Medientechnologien in der Auseinandersetzung des Subjekts mit seiner Medienumwelt in den Habitus einschreiben und damit die Logik der weiteren Medienpraxis formen. In diesem Sinne erklärt das Habituskonzept, warum unterschiedliche soziale Gruppen bei identischen materiellen Medienangeboten unterschiedliche Affordanzen wahrnehmen: Sie haben qua Sozialisation in heterogenen Technikumwelten einen Medienhabitus entwickelt, der gewissermaßen zur Perzeption gänzlich unterschiedlicher ‚Medien' führt, obwohl mit denselben Objekten interagiert wird.

Aus der Perspektive der Mediatisierungsforschung, die sich für den langfristigen sozialen Wandel entlang der Medienentwicklung interessiert, ist Bourdieus Perspektive jedoch insofern unzureichend, als dass sie dazu tendiert, die Genese des Habitus kausal aus der Verfügung über verschiedene Kapitalsorten herzuleiten, statt empirisch zu rekonstruieren, ob und in welchen *historisch* geteilten Erfahrungszusammenhängen dieser gründet. Der in dieser Hinsicht hilfreichere wissenssoziologische Ansatz von Karl Mannheim geht ebenfalls davon aus, dass die Zugehörigkeit zu einer *sozialen Lagerung* die Tiefenstrukturen der Handlungspraxis prägt. Während aber Bourdieu vor allem auf die Distinktion innerhalb und zwischen verschiedenen sozialen Klassen abhebt, betont Mannheim die habituellen Übereinstimmungen, das *konjunktive,* also verbindende Wissen, welches Menschen teilen, die ‚strukturidentische' Erfahrungen gemacht haben. Das Hineinwachsen in solche *konjunktiven Erfahrungsräume* (vgl. Mannheim 1980) ist dabei stets überlappt von anderen kollektiven Erfahrungsdimensionen (vgl. Bohnsack und Schäffer 2002), wie Mannheim in seiner Theorie der Generationen (1964) andeutet. Diese Perspektive erweist sich als überaus fruchtbar, um das Affordanzkonzept im Sinne der für die Mediatisierungsforschung essenziellen Langzeitperspektive weiterzudenken.

Prägende Eindrücke in der Jugend und im frühen Erwachsenenalter hätten, so Mannheim (1964, S. 536), die Tendenz, sich als „natürliches Weltbild" festzusetzen. Während die Geburt innerhalb eines chronologischen Zeitabschnitts als „Generationslagerung" nur ein *Potenzial* darstellt ähnliche Erfahrungen zu machen, partizipieren Menschen, die tatsächlich zur selben Zeit in einem gemeinsamen historisch-sozialen Raum aufwachsen und an derselben „historisch-aktuellen Problematik orientiert" (Mannheim 1964, S. 544) sind, an einem „Generationszusammenhang", der auch später sinnstiftend für den generationalen Common Sense ist. Innerhalb eines solchen Generationszusammenhangs können sich dabei, etwa entlang unterschiedlicher sozialer Milieus, verschiedene „Generationseinheiten" ausbilden, welche die geteilten Eindrücke auf unterschiedliche Weise verarbeiten (Mannheim 1964, S. 544).

Überträgt man Mannheims Perspektive auf die historische Veränderung medientechnischer Dingwelten[4], lässt sich argumentieren, dass der medientechnologische Wandel im Zusammenwirken mit dem kulturellen Wandel historisch auch unterschiedliche Schemata der Mediennutzung und somit auch der Affordanzwahrnehmung hervorgebracht hat, welche heute miteinander koexistieren und sich empirisch in erster Instanz als *generationsspezifisch* erweisen sollten. Mit Mannheim ließe sich unterstellen, dass dies darauf beruht, dass Akteure in ihren ‚formativen Jahren' eine kohorten- und milieuspezifische „Mediengrammatik" (Gumpert und Cathcart 1985) im Umgang mit den realen Affordanzen der ihnen verfügbaren Medientechnologien erworben haben – einen, mit Bourdieu formuliert, habituellen *modus operandi* der Mediennutzung. Diesen dürften sie nachfolgend im Sinne einer ‚Trägheit des Habitus' über die Lebensspanne, trotz freiwilligen oder unfreiwilligen Wechsels der konkret zu seiner praktischen Realisierung verwendeten Medientechnologien, weitestgehend aufrechterhalten. Gleichzeitig dürfte dieser die Wahrnehmung der Affordanzen neuer Medien vorstrukturieren. Auf diese Weise ließe sich schlüssig erklären, warum manche, aber eben nicht alle Vertreterinnen und Vertreter älterer Generationen medialen Neuerungen vielfach mit Skepsis, Unverständnis, Hilflosigkeit oder auch ganz anders gearteten Medienpraktiken als jüngere Nutzende entgegentreten.

Eine solche Erweiterung des Affordanzkonzepts unter Rückgriff auf Mannheim und Bourdieu macht dieses unseres Erachtens überhaupt erst fruchtbar für die Untersuchung des gesellschaftlich-kulturellen Wandels entlang der Medienentwicklung. Dies soll im Folgenden anhand von Beispielen aus einem empirischen Mediatisierungsforschungsprojekt exemplifiziert werden.

---

[4]Eine aktuelle Weiterentwicklung der an Mannheim und Bourdieu anknüpfenden praxeologischen Wissenssoziologie in Hinblick auf materielle Artefakte von Nohl (2013) verknüpft Mannheims Konzept des *konjunktiven Erfahrungsraums* mit Deweys und Bentleys pragmatistischem Konzept der *transaction*. Ein solches Konzept *konjunktiver Transaktionsräume* sensibilisiert dafür, wie „Menschen und Dinge (im Plural) sich innerhalb gemeinsamer, sich allmählich spezifizierender Praktiken aufeinander abstimmen und dabei ihre jeweiligen Orientierungen (bei Menschen) und Eigenschaften (bei Dingen) entstehen" (Nohl 2013, S. 194). Für eine Anwendung dieser Perspektive am Beispiel des Plattenspielers vgl. Hoklas und Lepa (2015).

3 Die generationsspezifische Wahrnehmung und Enaktierung der Affordanzen von Audiomedien: Exemplarische Fallbeispiele

3.1 Methodischer Zugang im Projekt „Survey Musik und Medien"

Heute ist an fast jedem Ort der jederzeitige Zugriff auf nahezu unbegrenzt erscheinende Musikbibliotheken möglich geworden und Musik dadurch von der U-Bahn über den Arbeitsplatz bis hin zum Fitnesscenter in unterschiedlichste situative Kontexte und ‚soziale Welten' eingedrungen. Auf Grundlage einer Weiterentwicklung der Medienrepertoire-Analyse (vgl. Hasebrink und Popp 2006) ist das im Schwerpunktprogramm (SPP) „Mediatisierte Welten" geförderte Forschungsprojekt „Survey Musik und Medien. Empirische Basisdaten und theoretische Modellierung der Mediatisierung alltäglicher Musikrezeption in Deutschland"[5] der Frage nachgegangen, wie sich entlang der historisch stattgefundenen audiotechnologischen Umbrüche vom Grammophon über die Hi-Fi-Anlage bis hin zu digitalen Streamingtechnologien die Praktiken des alltäglichen Musikhörens gewandelt haben.

Die im qualitativen Teil des Projekts durchgeführte Interviewanalyse zielte darauf, im systematischen Vergleich von Vertretern unterschiedlicher Generationslagerungen, Milieus und Geschlechter die habituellen Orientierungen zu rekonstruieren, welche der Musikhörpraxis medien*übergreifend* zugrunde liegen.[6] Unter solchen *medienmusikalischen Orientierungen* verstehen wir das stillschweigende, praktische und größtenteils ‚verkörperte' Wissen, welches „als Bündel von verallgemeinerten Erfahrungen, Erwartungen, impliziten Handlungsskripten, Vorstellungen und Kompetenzen die Nutzung von Medientechnologien zum Musikhören anleitet" (Hoklas und Lepa 2015, S. 131). Bei dieser Analyse erwies sich das Affordanzkonzept als hilfreiches „Sehinstrument" (Lindemann 2008, S. 114), um das komplexe Zusammenspiel zwischen vergangenen und aktuellen Medienumwelten und dem alltagsmusikalischen Habitus der Nutzenden zu rekonstruieren.

---

[5]Dieses wurde im Rahmen der zweiten Förderphase des SPPs von 2013 bis 2015 am Fachgebiet Audiokommunikation der Technischen Universität Berlin durchgeführt.
[6]Entsprechend spiegelt die hier aus Darstellungsgründen eingenommene ‚medienzentrierte' Perspektive nicht die generelle Zielsetzung der Interviewanalyse, sondern soll diese lediglich exemplarisch illustrieren, wie sich das Affordanzkonzept in der komparativen Analyse als fruchtbares Beschreibungsinstrument anwenden lässt.

Da Affordanzen ein habituell-implizites Wissen darstellen, welches nur begrenzt begrifflich-theoretisch expliziert werden kann und sich der unmittelbaren Beobachtung der Sozialforscherinnen und -forscher entzieht, ist die empirische Analyse von Affordanzen der alltäglichen Mediennutzung auf methodologische Zugänge verwiesen, welche eben diese Sinnschicht des atheoretischen Wissens fokussiert. Im Projekt wurde hierfür die an Mannheim und Bourdieu anknüpfende Dokumentarische Methode (vgl. Nohl 2006; Bohnsack 2007) verwendet, welche in komparativen Sequenzanalysen erfahrungsnaher Beschreibungen und Erzählungen der Handlungspraxis darauf zielt, implizites Wissen explizit zu machen. Um die Prozessstruktur des Habitus rekonstruieren zu können, wird der Blick dabei insbesondere auch auf das *Wie* des Gesagten gerichtet. Im Folgenden soll die Fruchtbarkeit des Affordanzkonzepts für das Verständnis unterschiedlicher Nutzungsformen des digitalen mobilen Players illustriert werden, welcher typischerweise im Verbund mit In-Ohr-Kopfhörern verwendet wird.

3.2 Exemplarische Analyse: Affordanzen des mobilen Players im Generationenvergleich

Bereits die quantitativen Ergebnisse des Projekts zeigen, dass mobile Player und In-Ohr-Kopfhörer vor allem von Mitgliedern jüngerer Geburtskohorten gewohnheitsmäßig im Alltag genutzt werden (vgl. Lepa 2014). Eine in vielen Fallstudien zum mobilen Musikhören beschriebene Affordanz dieses Medienverbunds ist es, sich im öffentlichen Nahverkehr aus dem ‚Lautraum' der Mitreisenden in die selbst gewählte akustische Umwelt im Sinne einer *auditory bubble* (Bull 2000) zurückziehen zu können. In unserem Sample realisieren etwa Katharina und Anja diese Affordanz des mobilen Players. Betrachtet man näher, wie die beiden in diesen Situationen von den materiellen Eigenschaften des Abspielgerätes Gebrauch machen, zeigt sich, dass sich der jeweils wahrgenommene ‚Angebotscharakter' des Players dennoch etwas unterscheidet. So ist es für Katharina eine fraglose Selbstverständlichkeit, während des Musikhörens im Bus in der digitalen Musikbibliothek des Gerätes zu stöbern:

> Also das is ja so=n[7] Ding dass man dann immer so wieder durchscrollt, und nach=m neuen Lied guckt was man jetz lieber hörn will und so weiß nich nach zwei Minuten macht man das Lied dann aus und sucht n anderes aus weil man da ja so super viel drauf hat, und wenn ich jetzt hier so im Zimmer jetz irgendwie ne Platte

---

[7]Die Gleichheitszeichen zeigen Wortverschleifungen an.

hör oder ne CD hör oder was weiß ich dann hör ich mir die auch immer zu Ende an und dann hör ich auch oft so=n Album durch. Also ähm, auf=m iPod hör ich mir selten so=n Album jetz durch sach ich mal, da macht man das dann immer so (.)[8] keine Ahnung weil da hat man da von verschiedenen Sängern dann immer so Lieder drauf und dann such ich mir immer grad das aus worauf ich halt grad Lust hab.

Während Katharina beim Hören eines physischen Tonträgers in ihrem Zimmer der durch das Medium vorgegebenen Abspielreihenfolge folgt, scheint sie die große Speicherkapazität des unterwegs verwendeten iPods dazu aufzufordern, unentwegt nach dem als nächstes ab- bzw. dann offenbar auch wieder nur *an*gespielten Song Ausschau zu halten. Sie erfährt sich als von den materiellen Eigenschaften der Medientechnologie Getriebene, wenn sie die über das Gerät verfügbare übergroße Auswahl an Musik anführt, um ihre Handlungspraxis zu begründen („weil man da ja so super viel drauf hat"). Im Fortgang der Interviewpassage dokumentiert sich, dass der mobile Player für Katharina den ,Angebotscharakter' hat, sich tentativ in die situativ ,richtige' Stimmung zu ,ziehen'.

Anja hingegen hat zwar ebenfalls eine Vielzahl von Musikfiles auf ihrem Player gespeichert, dennoch hört sie zumeist ein- und dasselbe Album ihrer Lieblingsband U2 und spielt dieses chronologisch in der vom Medium vorgesehenen Reihenfolge ab:

Ich hab ja so=ne so=n ich weiß nich wie ich das erklärn soll, so=ne Erwartungshaltung quasi. Ich mach dieses Golden Unplugged Album, das meistgehörte glaub ich bei @mir@[9] (.) wenns da so=n Ranking gäbe ähm mach ich an und dann weiß ich das erste Lied is One und dann kommt Satellite of Love. Und wenn da jetzt plötzlich was ganz anderes[10] käm, dann (2) dann würd ich denken das @Ding is kaputt@. Weiß ich nich was ich dann denken würde, da- weil einfach diese Erwartung schon da is, ich weiß ja dass dann kommt. (.) Irgendwie. Das is auch son beruhigendes Gefühl vielleicht auch ähm (.) aber eigentlich mehr son (.) ich weiß was da kommt.

Sie begründet diese beim Busfahren sowie beim Walken realisierte Abspielpraxis nicht etwa damit, dass sie das Album als in Aufbau und Dynamik von den Künstlern intendiertes Gesamtwerk rezipieren möchte, sondern es ist die Antizipation der Titel-Reihenfolge, welche selbstredende Begründung ihrer Handlungspraxis

---

[8]Die (.)-Zeichen kennzeichnen ein kurzes Absetzen beim Sprechen von bis zu einer Sekunde. Bei längeren Pausen ist in den Klammern die Pausendauer in Sekunden angegeben.
[9]Die @-Zeichen zeigen an, dass etwas lachend gesprochen wird.
[10]Die Unterstreichungen kennzeichnen eine Betonung.

ist: „Weil das weiß ich halt auswendig". Im Unterschied zu Katharina fordert Anja der mobile Player anscheinend keineswegs zum ‚Song-Hopping' auf, sondern gewährt ihr, anders als ihr Discman, der immer „gesprungen" sei und daher kaum von ihr verwendet wurde, Erwartungssicherheit.

Doch warum nehmen die beiden Frauen, obwohl sie den mobilen Player auf den ersten Blick in ganz ähnlicher Weise nutzen, unterschiedliche Affordanzen des Gerätes wahr? Während die 1996 geborene Katharina schon in ihrer Kindheit mit einem digitalen mobilen Player Musik gehört hat, ist die zwanzig Jahre ältere Anja (*1977) mit Kassetten aufgewachsen. Die technische Funktion, Musiktitel weiterschalten zu können, hat diese in ihrer Jugend zwar beim elterlichen CD-Player im Wohnzimmer kennengelernt, bei ihrer damals deutlich dominanteren Praxis des Unterwegshörens mit ihrem Walkman sowie bei dem Kassettenrekorder in ihrem eigenen Zimmer hätte sie aber erst mühsam vor- oder zurückspulen müssen, um die durch das physische Speichermedium vorgegebene Musikfolge zu unterlaufen und einen bestimmten Musiktitel gezielt anzusteuern. Ein müheloses ‚Hoppen' zwischen einer großen Auswahl an unterschiedlichen Alben oder Playlists, wie es für Katharina selbstverständlich ist, war für Anja beim selbstbestimmten Musikhören nicht möglich.

Vertreterinnen und Vertreter älterer Geburtskohorten unseres Samples enaktieren die mit mobilen Playern einhergehende Affordanz ‚mobilen Hörens' dagegen nur selten. So zeigt sich etwa im Interview mit Frau Berg (*1968), dass jene zwar von ihr wahrgenommen wird – sie berichtet, dass sie häufig Menschen in der S-Bahn begegnet, die mit Kopfhörern Musik hören – in ihre Alltagspraxis hat das mobile Hören jedoch keinen Eingang gefunden:

> Also ich bin eher nich derjenje der mit MP3s oder MP3-Player auch nich durch die Gegend läuft, ähm (.) ich sage mir entweder es is halt da, sprich im Auto oder äh in irgendner festen Station, aber ich würde jetze nich unbedingt jetz mit MP3s, (.) sicherlich kann man da viel mehr Titel hörn aber man kann immer nur eins hörn und da find ich wirklich das Radio einklich entspannender, als äh immer das Gleiche zu hörn. Weil die Musik, die man (.) hört (.) die hört man ja einklich um sich zu entspannen, also oder oder abzulenken. Für mich ist das jedenfalls einklich so, dass=es Radio mich so=n bisschen och ablenkt. Und dementsprechend ähm wie jesacht bin ich gar nich so, dass ich jetz sagen muss: Ich brauch MP3s oder äh.

In einem argumentierenden Modus markiert Frau Berg hier, dass ihr der technische Vorzug des MP3-Formats durchaus bekannt ist – man könne damit unterwegs „viel mehr Titel" hören. Radiohören empfinde sie aber als „entspannender", mit „MP3s oder MP3-Player" könne man dagegen „immer nur eins hörn". Dass sich auf einem digitalen mobilen Player ein ähnliches Potpourri an Pop- und

Schlagermusik zusammenstellen ließe, welches auch im Umfang dem Abspielrepertoire ihres gewohnten Radiosenders entsprechen würde, nimmt Frau Berg offensichtlich nicht wahr. Nagy und Neff (2015) plädieren für eine stärkere Berücksichtigung solcher „imagined affordances" in der mit Medientechnologien befassten kommunikationswissenschaftlichen Forschung. Im Sinne der Dokumentarischen Methode verraten derlei wertnormativ aufgeladene Beschreibungen vermeintlicher Begrenzungen der Handlungs- und Erfahrungsqualitäten von Dingen allerdings lediglich etwas über explizit-diskursive Wissensstrukturen. Im Anschluss an Mannheim (1964, S. 534), aber auch an Gibson lässt sich argumentieren, dass ein solches *kommunikatives Wissen* um die Handlungsoptionen von Medientechnologien die Handlungspraxis weniger existenziell tangiert als das im praktischen Umgang mit diesen selbst erworbene Wissen. So zeigt sich als ursächlich für Frau Bergs Abneigung gegenüber dem mobilen Hören vielmehr, dass die Nutzung von Kopfhörern ihrem Habitus des Musikhörens entgegensteht, welcher durch ihren ausschließlich häuslich-stationär und über Lautsprecher genutzten Radiorekorder ihrer Jugend mitgeprägt zu sein scheint. Denn, wie sie markiert, ist ihr durchaus bewusst, dass sie theoretisch auch wenn sie zu Fuß unterwegs ist Radio hören könnte, da heutzutage „ja in jedem Telefon nen Radio drinne" ist. An anderer Stelle formuliert sie die Selbsttheorie, sie sei „eher so der Mensch, der der so kommunikativ äh die Leute dann so=n bisschen anguckt". Auf die Nachfrage, dass man dies doch prinzipiell auch tun könne, wenn man Musik hört, entgegnet sie Folgendes:

> Ja, das könnte man, das stimmt, aber irgenwie ähm (.) man erfasst ja nich den ganzen Menschen, letztendlich wenn wenn ich Ihnen jetz gegenüber sitze und es würde jetz Musik laufen, dann würd ich mich nich so sehr auf Sie konze- also nee, hört sich jetz komisch an ähm dann würd ich mich anders auf Sie konzentrirn als wenn ich Ihnen jetz gegenüber sitze und mit Ihnen rede. Ähm wenn die Musik jetz beispielsweise äh so wär dass Sie sagen würden: Oh, dis=s aber schön. Dann würd ich würd ich=s lauter drehen und sagen: So, jetz machen wa dis ma. Dis macht man natürlich nich, wenn man irgendwo äh in in im öffentlichen Nahverkehr.

Wie sich hier zeigt, ist das individuierte Musikhören in Situationen der Kopräsenz für Frau Berg eine kaum denkbare und auch nicht erstrebenswert erscheinende Erfahrung. Hier und an anderen Passagen des Interviews lässt sich rekonstruieren, dass Musik für sie etwas ist, das zwar nicht zwingend gemeinsam erlebt werden muss, das aber *alle*, die sich in dem Raum befinden, in dem diese zum Erklingen gebracht wird, hören (können) müssen – was wiederum den von ihr internalisierten ‚Regeln' im öffentlichen Nahverkehr (vgl. Lepa et al. 2014b) zuwiderlaufen würde. So lehnt es Frau Berg etwa auch ab, Kopfhörer zu verwenden, wenn sie abends im Bett neben ihrem Mann Radio hören möchte – denn, wie sie pointiert feststellt, „wenn, dann müssen alle mit". Sie nimmt zwar einige Affordanzen des mobilen Players wahr, diese ermöglichen ihr aber offenbar keine Enaktierung ihrer medienmusikalischen Orientierungen.

Selbst in Fällen, in denen die Aufgeschlossenheit gegenüber neuen Technologien Teil des Habitus ist, bedeutet die Wahrnehmung bestimmter medientechnischer Affordanzen neuer Medien noch nicht, dass die entsprechende Medientechnologie auch in das Medienrepertoire integriert wird. Nicht zufällig hebt etwa der mit Hi-Fi-Technologien sozialisierte Herr Boden im Interview den „gigantischen Klang" des iPod-Shuffles eines Kollegen hervor, den er einmal aus „rein technische[r] Neugier" ausprobiert habe. Hier wird erneut deutlich, dass die Potenziale jüngerer Medientechnologien vor dem Horizont der Affordanzen derjenigen Medientechnologien wahrgenommen werden, die in den formativen Jahren Teil der Medienpraxis waren und heute weiterhin habituell bestimmend sind. Die Affordanz der gesteigerten Mobilität des winzigen, dadurch ausschließlich mit Kopfhörern nutzbaren Players scheint die Logik von Herrn Bodens *modus operandi* des Musikhörens noch immer zu unterlaufen; waren doch in seiner Jugend große Hi-Fi-Lautsprecher mit „dicken Endstufen" wertiger Garant für Musikgenuss. Auch im Auto, dem einzigen Ort, an dem dieser jemals ‚mobil' Musik gehört hat (und dies auch heute noch tut), gehörten „Stereoanlagen, dicke Subwoofer und so weiter" zum Inventar. Zwar kamen Mitte der 1980er Jahre Walk- und Discmans auf, die Hi-Fi-Ansprüchen entsprachen, unter vielen der zumeist männlichen Hi-Fi-Puristen wie Herrn Boden waren Miniaturgeräte aber noch verpönt (vgl. Weber 2008, S. 202 ff.). So finden sich auch in dem Interview keine Hinweise darauf, dass er in seiner Jugend jemals ein Miniaturgerät zum Musikhören verwendet hat. Obgleich Herr Boden diese Affordanz des mobilen Players erprobt hat und dessen „gigantischen Klang" vor dem Hintergrund seiner die musikalische Medienpraxis anleitenden Orientierungen relevant sein dürfte, nutzt er diesen nicht. Damit etwa im Bus Musik zu hören, scheint seinem impliziten Handlungsskript für das Musikhören entgegenzustehen, wie die folgende selbstironisierende Beschreibung zeigt, in der er seine generationelle Zugehörigkeit als quasi selbsterklärenden Grund für die Nichtnutzung anführt: „Ich setz mich da rein und steig a halbe Stund später wieder aus und lauf ins Büro, @fertig, ja@ und vielleicht wechsle ich drei Worte mit dem Nachbarn (.) der eben weil er auch n uralter Sack is wie ich äh (.) keinen MP3-Player in den Ohren hat". Auch hinsichtlich der Bedienbarkeit dokumentiert sich eine habituelle Fremdheit zwischen ihm und dem kleinen Gerät: Wenn er einmal den MP3-Player seiner Frau ausleihe, „dann werd ich zum Tier weil ich diese ganze @Menüführung schon nich versteh@ von dem Ding, ja wie viel Ebenen in welchen Verzeichnissen ja". Offenbar haben die materiellen Eigenschaften der audiotechnischen Dingwelt seiner Jugendzeit geformt, wie er sich in der Gegenwart digitalen Audiotechnologien nähert. Obwohl Herr Boden also bestimmte Potenziale der mobilen Playertechnologie wahrnimmt, erweist sich der generationelle medienmusikalische Habitus auch hier als zu ‚träge', als dass diese Eingang in die Alltagspraxis fänden.

An dieser Stelle zeigt sich die Differenz eines praxeologisch erweiterten Affordanzkonzepts zu sozialkonstruktivistischen Theorien der Technologieaneignung, welche die Art des Gebrauchs eines Mediums in erster Linie über Prozesse der sozialen Konstruktion der verwendeten Technologie (verstanden als ‚interpretierbarer Text') zu erklären trachten und dabei strukturelle Determinanten tendenziell vernachlässigen, während die Affordanzperspektive diese stärker in den Vordergrund rückt: Die Ablehnung einer spezifischen Medienpraktik kann *sowohl* aus einer nicht wahrgenommenen Affordanz *als auch* aus einer mangelnden Passung dieser zum generationalen Habitus rühren. Beides sind nach unserer Interpretation keine ‚aktiven Konstruktionsleistungen', sondern Folge der generationalen Lagerung der Befragten in Interaktion mit den materiellen Eigenschaften der Medien.

Die Anwendung des Affordanzkonzepts auf das Beispiel des Medienverbunds mobiler Player und Kopfhörer demonstriert über die angeführten Fallbeispiele hinweg, dass viele latente, aber real vorhandene Handlungsangebote von Medientechnologien nur von solchen Akteuren genutzt werden, die in ihren formativen Jahren ein implizites praktisches Wissen über diese erworben haben. Andere Affordanzen werden wiederum durchaus wahrgenommen, können jedoch nicht praktisch in den bestehenden Habitus integriert werden. Keineswegs bedeutet dies, dass nachwachsende Generationen *alle* Handlungsoptionen der in ihrer Jugend zeitgeschichtlich jeweils verfügbaren Medientechnologien wahrnehmen und nutzen. Vielmehr ist mit Mannheim davon auszugehen, dass sich dadurch verschiedene nebeneinander bestehende ‚Generationseinheiten' herausbilden, die sich ihrer Zusammengehörigkeit aber keineswegs bewusst sein müssen (vgl. Mannheim 1964, S. 550).

Wie hier nur exemplarisch verdeutlicht werden konnte und wie auch die quantitativen Ergebnisse des Projektes nahelegen, ‚hängen' viele Menschen zeitlebens an der Logik jener Apparate, welche sie in ihrer jugendlichen Musiksozialisation prägen. Die damit in den Vordergrund gerückte konstitutive ‚Trägheit des Habitus' der Mediennutzung kann jedoch durchaus, wie Einzelfälle zeigen, durch besondere individualbiografische Veränderungen, etwa intergenerationale Lernprozesse oder grundlegende Veränderungen der Lebensumstände, tangiert werden (vgl. Lepa et al. 2014a).

4 Fazit: Der Beitrag des Affordanzkonzepts zur Mediatisierungsdebatte

Mithilfe des durch die Habitustheorie Bourdieus und die Generationentheorie Mannheims erweiterten Affordanzkonzepts ließ sich in der empirischen Analyse biografischer Interviews mit Vertreterinnen und Vertretern unterschiedlicher Generationslagerungen zeigen, wie sich Medientechnologien und ihre Nutzenden wechselseitig formen und Mediatisierung durch inkorporierte Sozialisationserfahrungen mit den Dingen ein besonderes ‚Trägheitsmoment' erhält: Die in den formativen Jahren realisierten Affordanzen strukturieren offenbar die habituellen Schemata, aufgrund derer die Affordanzen neuer Medientechnologien wahrgenommen werden oder gar nicht erst ins Visier geraten. Der Ansatz lenkt somit den analytischen Blick der Mediatisierungsforschung darauf, dass die Nutzung bestimmter Handlungsangebote von Medientechnologien unmittelbar an die habituellen, größtenteils ‚verkörperten' Dispositionen ihrer Nutzenden geknüpft ist. Dass Möglichkeiten neuer Medien nicht genutzt werden, lässt sich aus dieser Perspektive nicht in erster Linie als Ausdruck einer distanzierten Haltung gegenüber neuen Technologien verstehen, sondern vielmehr als Nicht-Passung zwischen den in anderen Medienumwelten geformten *impliziten* Handlungslogiken der Menschen und den materiellen Eigenschaften neuer Technologien.

Das Affordanzkonzept sensibilisiert damit für die materiellen Eigenqualitäten der Medientechnologien und ihr Zusammenspiel mit der ‚Logik der Praxis', ohne auf eine für alle Akteure in ähnlicher Weise gültige ‚Medienlogik' (vgl. Meyen et al. 2015) zu rekurrieren. Als Analysewerkzeug erlaubt es der empirischen Mediatisierungsforschung, die ‚feinen Unterschiede' der Medientechnologienutzung systematisch zu rekonstruieren, gerade weil es gleichzeitig darauf aufmerksam macht, dass der Handlungsspielraum von Akteuren aufgrund der technisch-apparativen Eigenschaften von Medientechnologien in ‚erster Instanz' (vgl. Hall 1986) begrenzt ist. Nur wenn jene Widerständigkeit des Materiellen gegenüber ‚interpretativer Flexibilität' ernst genommen wird, lassen sich unseres Erachtens Gemeinsamkeiten und Unterschiede hinsichtlich der Integration von Medientechnologien in die Alltagspraxis sinnvoll herausarbeiten und somit der Prozess der Mediatisierung, verstanden als Interaktion von Medienwandel und Gesellschaftswandel, angemessen beschreiben, erklären und verstehen.

In genau dieser Weise wurde das Affordanzkonzept im dargestellten Projekt zur Analyse der Mediatisierung des alltäglichen Musikhörens angewandt. Es half, die Logik und die Genese zuvor quantitativ ermittelter, gesellschaftlich dominanter Muster der Audiomediennutzung in der komparativen Analyse von Follow-up-Interviews verstehen zu können. Wir interpretieren die an anderer Stelle vorgestellten gesellschaftsweit dominierenden Audiorepertoire-Typen in Deutschland (vgl. Lepa et al. 2014a; Lepa 2014; Lepa und Hoklas 2015) theoretisch als Folge und Widerspiegelung geteilter realisierter Affordanzen und medienmusikalischer Orientierungen, welche auf die Zugehörigkeit zu identischen *Audiomediengenerationseinheiten* zurückgehen (vgl. Lepa et al. 2014a). Diese können mit Mannheim als die langfristigen ‚Träger' des audiokulturellen Medienwandels begriffen werden. Mit diesem Erklärungsmodell haben wir über die Projektziele hinaus im Rahmen des SPPs versucht, einen praxeologischen Baustein zur allgemeinen Mediatisierungsdebatte zu leisten. Ferner erlaubte unser Zugang dem in der Kultursoziologie (vgl. Reckwitz 2007) theoretisch postulierten, aber dort bislang allenfalls diskursanalytisch nachgespürten Zusammenhang von Medien- und Subjekttransformation in einer quasi-historischen Perspektive von der Nachkriegszeit bis in die Gegenwart empirisch-rekonstruktiv nachzugehen.

In der Zusammenführung theoretischer und methodologischer Perspektiven der Kommunikationswissenschaft und Soziologie konnte das Projekt gleichzeitig auch an die im Rahmen des SPPs, aber auch darüber hinaus über verschiedene Disziplinen hinweg rege geführte Diskussion um Medien- und Technikgenerationen (vgl. u. a. Bohnsack und Schäffer 2002; Hepp et al. 2014; Bolin 2016) sowie die Diskussion um ‚Soziomaterialität' in der Organisationssoziologie (vgl. etwa Leonardi 2012) anschließen. Ein weiterer Anknüpfungspunkt ist die Techniksoziologie, in der etwa diskutiert wird, inwieweit Technik in ihrer Eigenschaft als Ressource prospektiven Handelns nicht die von Bourdieu postulierte Beharrungskraft des Habitus negiert (vgl. Schulz-Schaeffer 2004), sowie die qualitativ-empirische Forschung zum medialen Musikhören im englischsprachigen Raum, deren Hauptaugenmerk bislang auf jugendlichen Musikhörenden lag (vgl. u. a. Magaudda 2011; Prior 2014). Abschließend möchten wir anregen, dass die im Projekt durch die Anwendung des Affordanzkonzepts gewonnenen Einsichten zum generationalen Habitus der Mediennutzung auch die öffentliche Debatte zu den gesellschaftlichen Auswirkungen der Digitalisierung befruchten könnte, in der sich kulturkritische Positionen und fortschrittsgläubige Stimmen oft unvermittelt gegenüberstehen.

Literatur

Alkemeyer T, Schmidt R (2006) Technisierte Körper – verkörperte Technik: Über den praktischen Umgang mit neuen Geräten in Sport und Arbeit. In: Rehberg K-S (Hrsg) Soziale Ungleichheit, Kulturelle Unterschiede: Verhandlungen des 32. Kongresses der Deutschen Gesellschaft für Soziologie in München 2004 (Teilbd. 1). Campus, Frankfurt am Main, S 569–578

Bloomfield BP, Latham Y, Vurdubakis T (2010) Bodies, technologies and action possibilities. When is an affordance? Sociology 44:415–433. doi:10.1177/0038038510362469

Bohnsack R (2007) Dokumentarische Methode und praxeologische Wissenssoziologie. In: Handbuch Wissenssoziologie und Wissensforschung. UVK, Konstanz, S 189–190

Bohnsack R, Schäffer B (2002) Generation als konjunktiver Erfahrungsraum: Eine empirische Analyse generationsspezifischer Medienpraxiskulturen. In: Burkart G, Wolf J (Hrsg) Lebenszeiten: Erkundungen zur Soziologie der Generationen. Leske und Budrich, Opladen, S 249–273

Bolin G (2016) Media generations: Experience, identity and mediatised social change. Routledge, London/New York

Bourdieu P (1987 [1979]) Die feinen Unterschiede. Kritik der gesellschaftlichen Urteilskraft. Suhrkamp, Frankfurt am Main

Bourdieu P (2001 [1997]) Meditationen. Zur Kritik der scholastischen Vernunft. Suhrkamp, Frankfurt am Main

Bull M (2000) Sounding out the city: Personal stereos and the management of everyday life. Berg, Oxford

Burri RV (2008) Soziotechnische Rationalität: Praxistheorie und der ‚Objektsinn' von Artefakten. Soz Welt: 269–286. doi:10.2307/40878603

Costall A (1995) Socializing affordances. Theory Psychol 5:467–481. doi:10.1177/0959354395054001

Dant T (2005) Materiality and society. Open University Press, Maidenhead

Fayard A-L, Weeks J (2014) Affordances for practice. Inf Organ 24:236–249. doi:10.1016/j.infoandorg.2014.10.001

Finnemann NO (2014) Digitization: New trajectories of mediatization? In: Lundby K (Hrsg) Mediatization of communication. De Gruyter, Berlin/Boston, S 297–321

Gaver WW (1991) Technology affordances. In: Proceedings of the SIGCHI conference on Human factors in computing systems: Reaching through technology. ACM, New Orleans, Louisiana, S 79–84. doi:10.1145/108844.108856

Gibson JJ (1986 [1979]) The ecological approach to visual perception. Houghton Mifflin, Boston

Gumpert G, Cathcart R (1985) Media grammars, generations, and media gaps. Crit Stud Mass Commun 2:23–35. doi:10.1080/15295038509360059

Hall S (1986) The problem of ideology: Marxism without guarantees. J Commun Inq 10:28–44

Hasebrink U, Popp J (2006) Media repertoires as a result of selective media use. A conceptual approach to the analysis of patterns of exposure. Communications 31:369–387. doi:10.1515/COMMUN.2006.023

Have I, Pedersen BS (2013) Sonic mediatization of the book: Affordances of the audiobook. MedieKultur J Media Commun Res 29:18

Hepp A, Berg M, Roitsch C (2014) Mediatisierte Welten der Vergemeinschaftung. Kommunikative Vernetzung und das Gemeinschaftsleben junger Menschen. Springer/VS, Wiesbaden

Hillebrandt F (2002) Die verborgenen Mechanismen der Materialität. Überlegungen zu einer Praxistheorie der Technik. In: Ebrecht J, Hillebrandt F (Hrsg) Bourdieus Theorie der Praxis. Springer/VS, Wiesbaden, S 19–45

Hjarvard S (2008) The mediatization of society. A theory of the media as agents of social and cultural change. Nord Rev 29:105–134

Hoklas A-K, Lepa S (2015) Mediales Musikhören im Alltag am Beispiel des Plattenspielers. Auditive Kultur aus der Perspektive der praxeologischen Wissenssoziologie. Navig – Z Für Medien Kult 15:127–143

Hutchby I (2001) Technologies, texts and affordances. Sociology 35:441–456

Jensen KB (2010) Media convergence. The three degrees of network, mass, and interpersonal communication. Routledge, London/New York

Koffka K (2001 [1935]) Principles of gestalt psychology. Routledge, London/New York

Leonardi PM (2012) Materiality, sociomateriality, and socio-technical systems: What do these terms mean? How are they different? Do we need them? In: Leonardi PM, Nardi BA, Kallinikos J (Hrsg) Materiality and organizing. Social interaction in a technological world. Oxford University Press, Oxford, S 25–48

Lepa S (2014) Alles nur noch „digital"? Die Audiorepertoires des alltäglichen Musikhörens in Deutschland. Publizistik 59:435–454. doi:10.1007/s11616-014-0215-3

Lepa S, Guljamow M (2017) Mediensozialisation als Aufwachsen in materiellen Medienumgebungen: Zur digitalen Mediatisierung des alltäglichen Musikhörens Jugendlicher. In: Hoffmann D, Krotz F, Reißmann W (Hrsg) Mediatisierung und Mediensozialisation: Prozesse – Räume – Praktiken. Springer/VS, Wiesbaden, S 289–309

Lepa S, Hoklas A-K (2015) How do people really listen to music today? Conventionalities and major turnovers in German audio repertoires. Inf Commun Soc 18:1253–1268. doi: 10.1080/1369118X.2015.1037327

Lepa S, Hoklas A-K, Weinzierl S (2014a) Discovering and interpreting audio media generation units: A typological-praxeological approach to the mediatization of everyday music listening. Particip – J Audience Recept Stud 11:207–238

Lepa S, Krotz F, Hoklas A-K (2014b) Vom ‚Medium' zum ‚Mediendispositiv': Metatheoretische Überlegungen zur Integration von Situations- und Diskursperspektive bei der empirischen Analyse mediatisierter sozialer Welten. In: Krotz F, Despotović C, Kruse M-M (Hrsg) Die Mediatisierung sozialer Welten: Synergien empirischer Forschung. Springer/VS, Wiesbaden, S 115–141

Lievrouw LA (2014) Materiality and media in communication and technology studies: An unfinished project. In: Gillespie T, Boczkowski PJ, Foot KA (Hrsg) Media technologies. Essays on communication, materiality, and society. MIT Press, Cambridge, Massachusetts, S 21–51

Lindemann G (2008) Theoriekonstruktion und empirische Forschung. In: Kalthoff H, Hirschauer S, Lindemann G (Hrsg) Theoretische Empirie. Zur Relevanz qualitativer Forschung. Suhrkamp, Frankfurt am Main, S 107–128

Madianou M, Miller D (2013) Polymedia: Towards a new theory of digital media in interpersonal communication. Int J Cult Stud 16:169–187. doi:10.1177/1367877912452486

Magaudda P (2011) When materiality ‚bites back': Digital music consumption practices in the age of dematerialization. J Consum Cult 11:15–36. doi:10.1177/1469540510390499

Mannheim K (1964 [1928]) Das Problem der Generationen. In: Wissenssoziologie. Soziologische Texte 28. Luchterhand, Berlin/Neuwied, S 509–565

Mannheim, K (1980) Strukturen des Denkens. Suhrkamp, Frankfurt am Main

McVeigh-Schultz J, Baym NK (2015) Thinking of you: Vernacular affordance in the context of the microsocial relationship app, Couple. Soc Media Soc 1:2056305115604649. doi:10.1177/2056305115604649

Meyen M, Strenger S, Thieroff M (2015) Medialisierung als langfristige Medienwirkungen zweiter Ordnung. In: Kinnebrock S, Schwarzenegger C, Birkner T (Hrsg) Theorien des Medienwandels. Halem, Köln, S 141–160

Nagy P, Neff G (2015) Imagined affordance: Reconstructing a keyword for communication theory. Soc Media Soc 1:2056305115603385. doi:10.1177/2056305115603385

Nohl A-M (2006) Interview und dokumentarische Methode. Anleitungen für die Forschungspraxis. Springer/VS, Wiesbaden

Nohl, A-M (2013) Sozialisation in konjunktiven, organisierten und institutionalisierten Transaktionsräumen: Zum Aufwachsen mit materiellen Artefakten. Z Für Erzieh 16:189–202

Prior N (2014) The plural ipod: A study of technology in action. Poetics 42:22–39. doi:10.1016/j.poetic.2013.11.001

Rappert B (2003) Technologies, texts and possibilities: A reply to Hutchby. Sociology 37:565–580. doi:10.1177/00380385030373010

Reckwitz A (2007) Die historische Transformation der Medien und die Geschichte des Subjekts. In: Ziemann A (Hrsg) Medien der Gesellschaft – Gesellschaft der Medien. UVK, Konstanz, S 89–107

Schrøder KC (2015) News media old and new. Fluctuating audiences, news repertoires and locations of consumption. Journal Stud 16:60–78. doi:10.1080/1461670X.2014.890332

Schulz-Schaeffer I (2004) Technik als altes Haus und als geschichtsloses Appartement. Vom Nutzen und Nachteil der Praxistheorie Bourdieus für die Techniksoziologie. In: Ebrecht J, Hillebrandt F (Hrsg) Bourdieus Theorie der Praxis. Springer/VS, Wiesbaden, S 47–65

Weber H (2008) Das Versprechen mobiler Freiheit: Zur Kultur- und Technikgeschichte von Kofferradio, Walkman und Handy. transcript, Bielefeld

Zillien N (2008) Die (Wieder-)Entdeckung der Medien. Das Affordanzkonzept in der Mediensoziologie. Sociol Int 46:161–181

Über die Autoren

Anne-Kathrin Hoklas, M.A., ist wissenschaftliche Mitarbeiterin an der Professur für Soziologische Theorien und Kultursoziologie der Technischen Universität Dresden im Projekt „Time has come today. Die Eigenzeiten popmusikalischer Chronotope und ihr Beitrag zur temporalen Differenzierung von Lebenswelten seit den 1960er Jahren" des DFG-Schwerpunktprogramms „Ästhetische Eigenzeiten". Von 2013 bis 2015 war sie wissenschaftliche Mitarbeiterin im Projekt „Survey Musik und Medien" des DFG-Schwerpunktprogramms „Mediatisierte Welten" am Fachgebiet Audiokommunikation der Technischen Universität Berlin. In ihrem Dissertationsvorhaben rekonstruiert sie generationsspezifische Orientierungen und Praktiken des alltäglichen medialen Musikhörens. Forschungsschwerpunkte: Kultur- und Mediensoziologie, Auditive Kultur, Praxeologische Wissenssoziologie und qualitativ-rekonstruktive Methodologien und Methoden. Aktuelle Veröffentlichungen: „How do people really listen to music today? Conventionalities and major turnovers in German audio repertoires" (in: Information, Communication & Society 10/2015, zus. mit S. Lepa), „Mediales Musikhören im Alltag am Beispiel des Plattenspielers. Auditive Kultur aus der Perspektive der praxeologischen Wissenssoziologie" (in: Navigationen. Zeitschrift für Medien- und Kulturwissenschaften 2/2015, zus. mit S. Lepa).

Steffen Lepa, Dr. phil. M.A. M.A., ist seit 2010 Postdoc-Mitarbeiter des Fachgebiets Audiokommunikation an der TU Berlin und Leiter des Projekts „Survey Musik und Medien" des DFG-Schwerpunktprogramms „Mediatisierte Welten" (gemeinsam mit S. Weinzierl). Von 2010 bis 2012 war er wissenschaftlicher Mitarbeiter im Exzellenzcluster-Forschungsprojekt „Medium und Emotion". Lehr- und Forschungsschwerpunkte: Medienrezeption/Mediennutzung, Digitaler Medienwandel, Auditive Medienangebote, sozialwissenschaftliche Forschungsmethoden, Populärkulturforschung, Medienpädagogik und Medienphilosophie. Publikationen: „Kulturelle Ökonomie und Urheberrecht im Zeitalter der digitalen Mediamorphose der Musik" (in: Mediale Kontrolle 2/2015), „Sound, materiality and embodiment challenges for the concept of ‚musical expertise' in the age of digital mediatization" (in: Convergence 3/2015, zus. mit A.-K. Hoklas, H. Egermann und S. Weinzierl), „Wie hören die Deutschen heute Musik? Trends und Basisdaten zur musikbezogenen Audiomediennutzung 2012 in Deutschland" (in: Media Perspektiven 11/2013, zus. mit A.-K. Hoklas, M. Guljamow und S. Weinzierl), „Emotionale Musikrezeption in unterschiedlichen Alltagskontexten: Eine wahrnehmungsökologische Perspektive auf die Rolle der beteiligten Medientechnologien" (in: „Auditive Medienkulturen. Techniken des Hörens und Praktiken der Klanggestaltung", hrsg. von J. Schröter und A. Volmar, Bielefeld 2013).

Spielen in mediatisierten Welten – Editor-Games und der Wandel der zeitgenössischen Digitalkulturen

Pablo Abend und Benjamin Beil

Zusammenfassung
Der Beitrag hat eine praxeologische und medienethnografische Erforschung der sozio-technischen und sozio-ökonomischen Bedingungen der digitalen Medienpraxis des Computerspiel-Moddings zum Ziel. Modding bezeichnet Praktiken der Veränderung oder Erweiterung von Inhalten und Strukturen eines Computerspiels durch Spielerinnen und Spieler.

Viele Formen des Moddings zeigen geradezu prototypisch auf, dass partizipative Praktiken der Digitalkulturen nicht einfach zu einer Verschmelzung von Medienproduktion und -rezeption führen, sondern dass unterschiedliche Grade einer mehr oder weniger kontrollierten Umverteilung von Handlungsmacht zwischen Industrie und Nutzer-Gemeinschaften zu differenzieren sind. Diese zunehmend komplexer werdende Beziehung ist weder als fortschreitende Vereinnahmung ko-kreativer Prozesse durch die Industrie ausreichend beschreibbar, genauso wenig wie die zur Verfügung gestellten Mittel die Konsumenten so weit emanzipieren, dass gänzlich egalitäre Strukturen und alternative Märkte geschaffen werden. Vielmehr muss Partizipation in Computerspiel-Kulturen stets als relationales Netzwerk gedacht werden, in dem es immer wieder Momente gibt, an denen Handlungsmacht umverteilt wird und Handlungsinitiativen sichtbar werden.

P. Abend (✉)
Universität Siegen, Siegen, Deutschland
E-Mail: pablo.abend@uni-siegen.de

B. Beil
Universität zu Köln, Köln, Deutschland
E-Mail: benjamin.beil@uni-koeln.de

The chapter aims at a thick description of the socio-technological and socio-economic conditions of a digital media practice commonly referred to as computer game modding. The term modding summarizes various practices of adding and changing contents and structures of existing computer games by amateur programmers and designers.

Many forms of modding serve as proof for the more or less controlled reallocation of agency between the media industries and user communities. Oftentimes these processes are explained by acknowledging the coalescence of production and consumption. The relationship between production and consumption is either described as a top-down usurpation of co-creativity through the industry or as an emancipatory appropriation that fosters bottom-up egalitarian and alternative market structures. But practices like modding account for a far more complex relationship between the two spheres. Participation in computer gaming cultures is intertwined in a relational network that generates moments of power reallocation in which agency becomes visible.

Schlüsselwörter
Digitalkulturen · Partizipation · Kooperation · Praxeologie · Medienethnografie · Computerspiele · Game-Modding · Editor-Games

1 Einleitung

Ziel des Projekts „Modding und Editor-Games – Partizipative Praktiken mediatisierter Welten" ist eine kritische Auseinandersetzung mit partizipativen Praktiken im Bereich digitaler Medien, genauer: im Bereich des sogenannten Computerspiel-Moddings. Als *Modding* bezeichnet man Veränderungen oder Erweiterungen von Inhalten und Strukturen eines Computerspiels, die von Hobbyprogrammiererinnen und Hobbyprogrammierern erstellt werden (vgl. u. a. Nieborg 2005; Laukkanen 2005; Sotamaa 2010). Allgemein ist Modding also eine nutzerseitige Bearbeitung bereits auf dem Markt befindlicher Medienprodukte.

Der Begriff *Editor-Games,* der durch das Projekt geprägt wurde, stellt eine besondere Variante des Moddings dar und bezieht sich auf digitale Spiele, die einen Schwerpunkt auf ein ‚Spiel mit dem Spiel', d. h. ein Editieren der Spielwelt legen. Im Laufe der Projektarbeit hat sich gezeigt, dass solche Spiele nicht mehr nur ein Nischenphänomen der zeitgenössischen Computerspielkultur darstellen, sondern sich mehr und mehr als feste Größe etablieren. So ist etwa jüngst der bekannte Computerspiel-Klassiker *Super Mario Bros.* (Nintendo 1985) durch das Editor-Game *Super Mario Maker* (Nintendo 2015) ergänzt worden. Der große Erfolg der Editor-Games scheint dabei symptomatisch für einen grundlegenden Wandel der Computerspielkultur durch Formen partizipativer Praktiken, der sich gerade in den letzten Jahren durch die zunehmende digitale Vernetzung enorm beschleunigt hat. Natürlich sind partizipative Praktiken lange vor der Entwicklung digitaler Medienkulturen zu beobachten (vgl. u. a. Jenkins 1992, 2006), jedoch zeigt sich, dass durch die zunehmende Mediatisierung von Alltag und Kultur die Möglichkeiten einer Partizipation in bzw. an Medienangeboten sprunghaft zugenommen haben, sowohl quantitativ wie auch hinsichtlich ihrer kulturellen, sozialen und ökonomischen Bedeutung (vgl. Biermann et al. 2013).

Der Beitrag will diesen Wandel und die wachsende Bedeutung partizipativer Praktiken in den Blick nehmen. Ein Fokus wird dabei auf neuen methodischen Herausforderungen liegen, die eine Verbindung zwischen Artefakt-zentrierten und Community-zentrierten Ansätzen theoretisch modellieren. Vor diesem Hintergrund lassen sich – keineswegs trennscharf – (mindestens) vier maßgebliche Forschungsperspektiven auf Editor-Games heuristisch unterscheiden:

- Erstens eine *medienhistorische Perspektive,* die die Entstehung von Editor-Games vor dem Hintergrund der Geschichte des Game Moddings nachzeichnet und zudem eine Ausdifferenzierung von Expertinnen- bzw. Expertenkulturen und populären partizipativen Spielpraktiken kritisch hinterfragt.
- Zweitens eine *medienästhetische Perspektive,* die einerseits die von den Spielenden gebauten Welten in den Mittelpunkt rückt, andererseits die ‚Programm-Ästhetiken' der Editor-Games selbst analysiert, insbesondere eine Art ‚Verschmelzung' von Editor und Spielwelt.
- Drittens eine *medienethnografische* bzw. *praxeologische Perspektive,* die einzelne (partizipative) Spielpraktiken sowie Modding- bzw. Editor-Games-Communities in den Blick nimmt.
- Und schließlich viertens eine – in Ermangelung eines treffenderen Begriffs – *meta-theoretische Perspektive,* die fragt, inwieweit ‚klassische' Grenzverläufe akademischer Disziplinen und daran gebundene Konzepte von (Massen-)Medien vor dem Hintergrund dieser partizipativen Praktiken zu überdenken sind.

Eine medienhistorische sowie eine medienästhetische Perspektive auf Editor-Games wurde im Rahmen des Projekts bereits in mehreren Texten skizziert – an dieser Stelle muss ein entsprechender Verweis genügen (vgl. Abend und Beil 2014, 2015, 2016). Im vorliegenden Beitrag soll es vor allem um die Skizzierung eines medienethnografischen bzw. praxeologischen Ansatzes gehen, die schließlich zu einer Diskussion (inter-)disziplinärer Grenzen und Schnittmengen im Rahmen der Erforschung partizipativer Praktiken in mediatisierten Welten überleitet.

Zunächst wird hierzu ein Überblick zu verschiedenen einflussreichen Ansätzen der akademischen Diskussion partizipativer Praktiken erfolgen; insbesondere wird dabei der besondere Status von Computerspiel-Modding innerhalb dieser Debatten erörtert. Auf diesen (knappen wie kursorischen) Forschungsüberblick folgt ein Vorschlag für eine konkrete (Arbeits-)Definition des Begriffs Partizipation; daran anschließend werden im Rahmen einer exemplarischen Anwendung dieses Partizipationsbegriffs auf Editor-Games die methodischen Eckpfeiler einer praxeologischen Analyse von Computerspielen aufgezeigt. Im Fazit des Beitrags gilt es schließlich, diese methodische Neuausrichtung bei der Analyse partizipativer Praktiken an bestehenden disziplinären Prämissen zu spiegeln. Eine begriffliche, theoretische und methodische Verortung der hier skizzierten medienkulturwissenschaftlichen und medienethnografischen Ansätze im Rahmen des DFG-Schwerpunktprogramms (SPP) „Mediatisierte Welten" wird dementsprechend erst am Ende dieses Textes erfolgen.

2 Forschungsüberblick: Prosumer, Produser und Modder

Innerhalb der verschiedenen Ansätze zu partizipativen Praktiken hat insbesondere das auf Alvin Toffler (1980) zurückgehende Konzept des *Prosumings* besondere Aufmerksamkeit erfahren (vgl. u. a. Salzman 2000; Seybold et al. 2001; Keen 2007; Friebe und Ramge 2008; Blättel-Mink und Hellmann 2010; Abresch et al. 2009), teils gar einen regelrechten Hype (vgl. Kelly 2008) hervorgerufen. Obwohl Toffler mit seiner prophetischen These von der Verschmelzung von Konsumtions- und Produktions-Tätigkeiten ganz unterschiedliche (analoge) Phänomene wie Selbstbedienung, Do-it-yourself-Aktivitäten oder auch Selbsthilfegruppen thematisiert, richtet sich der Fokus der aktuellen Debatte vor allem auf die aktivere Rolle der Konsumierenden/Prosumierenden im Internet (vgl. Hanekop und Wittke 2010), oder genauer: im sogenannten Web 2.0 (vgl. O'Reilly 2005). Der Umstand, dass das Konzept des Prosumings schon bei Toffler durch eine nicht unwesentliche Definitionsunschärfe geprägt ist, die durch die Integration immer neuer Phänomene weiter zunimmt, scheint dabei weniger zu einer Problematisierung zu führen, sondern vielmehr zum Erfolg und zur fortwährenden Faszination des Begriffs beizutragen (vgl. Hellmann 2010). Eine Weiterentwicklung bzw. Ausdifferenzierung von Tofflers Konzept ist durch Axel Bruns geleistet worden (vgl. Bruns 2006, 2007, 2008), der in seinen Untersuchungen (u. a. von Do-it-yourself-Kulturen und User-Generated-Content) die sozialen und kreativen Interaktionen auf Seite der Konsumierenden stärker in den Analysefokus rückt, was sich bereits in der Bezeichnung seines Ansatzes – *Produser* – zeigt. Im Anschluss daran kam es zu einer weiteren Verschiebung durch Arbeiten, welche die Praktiken der Ko-Produktion (vgl. Humphreys und Grayson 2008), Ko-Kreation (vgl. Zwick et al. 2008; Prahalad und Ramaswamy 2004) und Ko-Kreativität (vgl. Banks und Potts 2010) stärker betonen und sich wiederum aus der Vorstellung einer prozessorientieren Kooperation zwischen Nutzenden und Produzierenden ableiten, der eine kollaborative Produktionsästhetik, kollektive Autorschaft und verteilte Kreativität zugrunde liegt (vgl. Ghanbari et al. 2016).

Im wissenschaftlichen Diskurs konkurrieren zwei höchst unterschiedliche Perspektiven, wenn es um die theoretische Einordnung der partizipativen Kultur des Moddings geht. Zum einen werden partizipative Praktiken des Computerspiels zum Gegenstand kritisch-ökonomischer Analysen (vgl. Postigo 2003, 2007; Dyer-Witheford und de Peuter 2009). Zum anderen beschäftigen sich sozial- und kulturwissenschaftlich ausgerichtete Forschungsvorhaben zur partizipativen Medienkultur mit Fan-Praktiken, die als Teil einer von Henry Jenkins beschriebenen „Convergence Culture" (Jenkins 2006) an kommerzielle Produkte angelehnte Artefakte hervorbringen. In kritisch-ökonomischen Analysen wird Modding zu einem Baustein der postfordistisch organisierten Digitalökonomie, in der auch die Arbeitsleistung nicht-professioneller Produzierender in Wertschöpfungsketten integriert wird. In einer solchen Monetarisierung ko-kreativer Aktivitäten von Modding-Communities sehen Dyer-Witheford und de Peuter (2009) ein weiteres Indiz für eine instrumenthafte Territorialisierung der Kultur durch die am Markt agierenden Institutionen. Dabei würden die Praktiken der Hacking-Kultur, Do-it-yourself-Bewegung und andere Maker-Movements fortlaufend in diese Institutionen integriert. Gemäß dieser Lesart wird Partizipation mit „immaterial" oder „free labour" (Terranova 2000) gleichgesetzt und damit zu einer Form der Wertschöpfung, die sich aus der unentgeltlich geleisteten Arbeit von Freiwilligen generiert. In dieser kritischen Leseweise gelten nutzerinnen- und nutzergenerierte Inhalte als ein weiteres Produkt des „arbeitenden Kunden" (Voß und Rieder 2005).

Während in dieser kritischen Leseweise Partizipation stets Gefahr läuft, innerhalb industrieller Wertschöpfungsketten vereinnahmt zu werden, betont die sozial- und kulturwissenschaftliche Betrachtungsweise den nichtkommerziellen Charakter der Praktiken kreativer Nutzerinnen und Nutzer, insbesondere in Fankulturen, und stellt die Motivationen einzelner Rezipierender bzw. Userinnen und User (Faktoren wie Kreativität, Selbstverwirklichung, Individualisierung, Status in Communities etc.) in den Mittelpunkt. In der Forschung zur partizipativen Medienkultur wird den Konsumierenden bzw. Prosumierenden eine größere Handlungsmacht zugestanden als in kritischen Analysen (vgl. Postigo 2010) und es werden diejenigen Momente hervorgehoben, die als Äußerungen des Widerstands gegen dominante Repräsentationslogiken, Geschäftsmodelle und Organisationsstrukturen interpretiert werden können (vgl. Aarseth 2007; Poremba 2003). Modding könnte nun schlicht als Fortsetzung solcher Hybridisierungsprozesse gelesen werden, doch scheint diese partizipative Praxis letztlich mehr als nur eine – je nach Perspektive – Indienstnahme oder Ermächtigung der Nutzerinnen und Nutzer darzustellen. Vielmehr handelt es sich um ein komplexes Netzwerk, in dem stetig Handlungsmacht umverteilt wird. Bereits in den Anfängen der digitalen Spielekultur existierte eine enge Wechselbeziehung zwischen der Industrie und kreativen Nutzerinnen und Nutzern. Entwicklerstudios wie *id Software, Valve* oder *Epic Games* erkannten zu Beginn der 1990er die Potenziale der Ko-Kreativität und entwickelten Strategien zur Integration der Arbeit von Hobbyentwicklerinnen und -entwicklern in den Innovationsprozess und in die Wertschöpfung (vgl. Postigo 2010). Dieser Einbezug der Modder und Modding-Communities war und ist für die Spieleindustrie in mehrerlei Hinsicht gewinnversprechend: Die Lebenszyklen der Produkte verlängern sich, denn einzelne Spieltitel werden auch Jahre nach ihrem Erscheinen von einer aktiven Modding-Szene durch zusätzliche Inhalte attraktiv gehalten. Zudem ist die Modding-Community eine Fundgrube für Produktideen, was die Kosten für Forschung und Entwicklung insgesamt senkt. Dies vermindert auch das Risiko des kommerziellen Misserfolgs auf dem Markt, wenn beispielsweise bereits erfolgreiche Mods aus der Community weiterentwickelt und als ein vom Ausgangsspiel unabhängiger Stand-alone-Titel kommerziell veröffentlicht werden (z. B. *Counter Strike,* Valve 2000). Und schließlich dient die Modding-Szene als Arbeitsreserve, aus der die Industrie Entwicklerinnen und Entwickler, Designerinnen und Designer sowie Programmiererinnen und Programmierer rekrutieren kann. Diese Vorgehensweise scheint den Intentionen einzelner Modder nicht zu widersprechen. Qualitative Interviewstudien zur Motivation von Moddern ergeben, dass sich die Ziele der Industrie mit einigen motivationalen Faktoren von Moddern überschneiden (vgl. Postigo 2007; Behr 2009; Sotamaa 2010). Neben motivationalen Faktoren wie Kreativität, Technikbeherrschung, Selbstverwirklichung, Status und Prestige in Communities oder allgemein dem Wunsch, sich selbst in das Spiel einzuschreiben (vgl. Newman 2008), gaben nach ihrer Motivation befragte Modder zu Protokoll, durch ihre Arbeit in der Community karrierewirksame Signale erzeugen und sich so eine berufliche Perspektive sichern zu wollen. Dies mag ein Grund sein, warum einige Modding-Teams sich ähnlich arbeitsteilig organisieren wie professionelle Spieleentwickelnde, denn gerade die aufwendiger und komplexer werdenden Programmstrukturen aktueller Computerspiele verlangen einen immer größeren Arbeitsaufwand und damit auch größere Mod-Teams, innerhalb derer es zu einer Ausdifferenzierung verschiedener

Tätigkeiten (Level-Design, 2D/3D-Artwork, Coding, Scripting) kommt. Durch diese strukturelle und kognitive Nähe zur Industrie wird die Praxis des Computerspiel-Moddings immer wieder als Teil eines von der Industrie propagierten und zugleich in der Forschung kritisierten Umbaus postindustrieller Innovations- und Wertschöpfungsprozesse unter Einbezug nutzergenerierter Inhalte gesehen (vgl. Thrift 2006; Postigo 2010; Coté und Pybus 2011).

3 Partizipation: Warum Computerspiele?

Modding und Editor-Games bieten sich vor allem aus zwei Gründen für eine Analyse partizipativer Praktiken mediatisierter Welten im besonderen Maße an: Erstens haben sich Computerspiele in den letzten Jahren zu einem (Massen-)Medium entwickelt, das den Gebrauch digitaler Technologien beispielhaft modelliert; so strukturieren Handlungs- und Steuerungslogiken digitaler Spiele längst auch Interaktionsformen außerhalb eines Spielkontextes. Zweitens stellen Modding-Praktiken und Editor-Games ein Untersuchungsobjekt dar, an dem sich unterschiedliche ‚Grade der Partizipation' besonders gut analysieren lassen, u.a. in den Funktionalitäten der Editoren-Werkzeuge, die das komplexe technische Artefakt Computerspiel überhaupt erst für partizipative Praktiken zugänglich machen.

Besonders anschaulich wird ein Wandel der zeitgenössischen Computerspielkultur im Hinblick auf eine im Rahmen der Projektarbeit verfolgte Definition des Begriffs der *Partizipation,* insbesondere in Abgrenzung zu einem anderen zentralen Begriff der Computerspielforschung: der *Interaktion* (vgl. Mertens 2004). Eine pointierte Definition findet sich bei Henry Jenkins:

> We might understand what I mean by participation in contrast to the term ‚interactivity' with which it is often confused. Interactivity refers to the properties of technologies that are designed to enable users to make meaningful choices (as in a game) or choices that may personalize the experience (as in an app). Participation, on the other hand, refers to properties of the culture, where groups collectively and individually make decisions that have an impact on their shared experiences. We participate *in* something; we interact *with* something. There is clearly some overlap between the two, so, when someone clicks a button on a social media site, the interface is designed to enable their interactivity, whereas what they post might contribute to a larger process of deliberation and participation within the community (Jenkins et al. 2015, S. 12, Herv. i. O.).

Dieser Unterschied zwischen Interaktion und Partizipation lässt sich am Beispiel der Editor-Games prägnant nachzeichnen, denn hier ist nicht mehr nur das eigentliche

Spielgeschehen entscheidend; ebenso wichtig ist es, die im Spiel erstellten Kreationen anderen Spielerinnen und Spielern zu präsentieren. Mit anderen Worten: Eine Evaluation des Spielerfolgs findet nicht mehr nur im Spiel statt (anhand eines vorgegebenen Regelwerks durch den Computer), sondern vor allem auch auf Online-Plattformen durch Fan-Communities (teils anhand ganz anderer Faktoren, die sich oft erst durch die soziale Interaktion innerhalb der jeweiligen Community ergeben).

Einzelne Editor-Games sind Teil größerer partizipativer Infrastrukturen, zu denen Plattformen zur Wissensakkumulation und -distribution gehören. Vor diesem Hintergrund definiert sich die Computerspielkultur nicht mehr nur über ihre Artefakte – im Sinne geschlossener Spielwelten – sondern immer mehr über performative Praktiken, die außerhalb des Spiels liegen (z. B. auch in Form von *Let's Play*-Videos, die mittlerweile eines der erfolgreichsten ‚Genres' auf *YouTube* darstellen).

Die methodischen Folgen für die Analyse solcher Formen von Digitalkulturen sind durchaus beträchtlich: So scheint bei Editor-Games die ‚klassische' räumliche und zeitliche Trennung von Spiel und Alltagswelt, wie dies Johan Huizinga (2004, S. 37) in seiner Definition des Spiels nahelegt, zunehmend zu verschwimmen. Das (Computer-)Spiel ist nicht mehr ein geschlossenes System, sondern es ist eingebettet in Alltagspraktiken und erzeugt Vergemeinschaftungsprozesse, die weit über die häufig anonymen, meist losen und zeitlich begrenzten Zusammenschlüsse anderer Fankulturen hinausgehen. Denn um ein Artefakt herum entstehen teils dauerhaft stabile Kollektive, die aus einer gemeinsamen Leidenschaft für einen bestimmten Spieltitel hervorgehen und Handlungswissen akkumulieren und teilen. In Anlehnung an den Begriff der „communities of practice" (Wenger 1998, S. 45 ff.; vgl. auch Brown und Duguid 2000, S. 127) können diese Modding-Kollektive als medienspezifische Praxisgemeinschaften bezeichnet werden. Medienspezifische Praxisgemeinschaften entstehen nicht allein durch das kommunikative Handeln der Subjekte, sondern gerade durch die konkrete Interaktion mit materialistischen Medientechnologien (vgl. Thielmann 2008). Die Akteure in diesen Gemeinschaften sind durch die Tools und Game-Engines miteinander verbunden und sozialisieren sich mittels gemeinsam genutzter Werkzeuge. Deshalb scheint es bei der Untersuchung dieser Medienpraktik sinnvoll, nicht strikt zwischen sozialen und technischen Gegebenheiten zu unterscheiden (vgl. Latour 1998, 2006a), sondern eine Symmetrie einzufordern, die sich im vorliegenden Anwendungsfall primär in der Gleichbehandlung von den Moddern und den Editoren zeigt, wenn es darum geht, die Handlungsinitiative intentional handelnder Akteure und handlungsorganisierender Technologien und Verfahren innerhalb von Prozessen der Gemeinschaftsbildung zu untersuchen. Modding muss daher als ein „Praxisfeld" (Schatzki 2006, S. 11) verstanden werden, das aus einem seit Beginn der 1980er Jahre gewachsenen Kollektiv von Nutzenden und Nutzungsgemeinschaften, Techniken, Zeichen und Wahrnehmungen hervorging. Game-Design, nutzendenseitiges Modding und die Editor-Games bilden innerhalb dieses Feldes ein heterogenes Netzwerk – wobei Netzwerk hier keinesfalls strukturell gedacht werden soll, sondern als Verknüpfung von sozio-technischen Handlungsprogrammen (vgl. Latour 2006b), entsprechend der analytischen Unterscheidung von Softwareunternehmen, Spielerinnen und Spielern, Modding-Communities, Spielen und Editoren. Durch ihre Unabgeschlossenheit schaffen Editor-Games eine Öffnung hin zum kulturellen und sozialen Kontext des medialen Handelns, der als ein für die mediale Spezifik konstitutiver Faktor anerkannt werden muss. Umgekehrt bestimmen die in die Software eingeschriebenen „Handlungsinitiativen" (Schüttpelz 2013, S. 10) und die sie umgebenden partizipativen Infrastrukturen die Formen der Vergemeinschaftung entscheidend mit. Das bedeutet, dass die Technologie in medienspezifischen Praxisgemeinschaften nicht bloß den Anlass für die Interaktion vorgibt. Vielmehr stößt jedes Medienhandeln situativ wirksame Transformationen innerhalb der Gemeinschaften an, weshalb gerade die ‚formenden Wirkungen' (‚moulding forces', vgl. Hepp 2012) der Technologie in den Blick genommen werden müssen.

4 Entwicklung eines praxeologischen Methodendesigns

Um die oben beschriebenen komplexen Strukturen partizipativer Praktiken nachzeichnen zu können, bedarf es einer Methodologie, die eine Analyse der Beziehungen der partizipativen Medienkultur jenseits strukturdeterministischer und funktionalistischer medialer Effekte ansiedelt und dabei den medialen Artefakten dennoch ihre zentrale Rolle in der Anbahnung, Steuerung und Aufrechterhaltung der partizipativ organisierten Digitalkultur einräumt. Im Rahmen des Projekts „Modding und Editor-Games" wurden in mehreren Nutzungsexperimenten Fokusgruppen ‚in situ' bei der Nutzung von Programm-Interfaces und Spieletechnologien beobachtet, um herauszuarbeiten, wie der digitalen Umgebung Form gegeben wird, wie sich die Arbeit in den einzelnen Gruppen organisiert und wie die Affordanzen (vgl. Gibson 1973; Turner 2006) des jeweiligen Spiels genutzt werden (vgl. Abend und Beil 2014, 2015, 2016). Im Anschluss hieran wurden diese Mikro-Analysen der medialen Praxis des Editierens von Spielwelten in ihrem weiteren sozio-technischen Kontext verortet. Im Sinne von Akrich (1992, S. 208 f.), die dafür plädiert, zwischen dem Produktionskontext, in dem

Handlungsskripte eingeschrieben werden, und den nutzendenseitigen Aneignungsprozessen, in deren Verlauf diese Skripte aktualisiert werden, hin und her zu wechseln, bietet sich eine weitergehende „Praxeologisierung" (Schmidt 2012, S. 28) der Methodologie an. Aus Sicht der Praxeologie werden mediale Artefakte weder als Texte behandelt, die für sich genommen mit einer semiotischen Analyse erschlossen werden können, noch können Medien auf die Erzeugnisse einer Produktionsökonomie reduziert werden, deren Botschaften in die Kultur mehr oder weniger direkt hineinwirken. Stattdessen bedingt und bewirkt die Übernahme praxistheoretischer Grundannahmen eine Dezentrierung der Medienwissenschaft, die weg führt von der Semiotik und hin zu einem Verständnis, nach dem Medien als offenes Bündel von Praktiken verstanden werden, die auf bestimmte Medien verweisen und sich um bestimmte Medien herum organisieren (vgl. Couldry 2010, S. 36). Eine solche praxeologisch ausgerichtete Forschung stellt die Frage der Medienwirkung und der medialen Effekte hinten an, um stattdessen die medienbezogenen Praktiken zu beschreiben, und fragt ganz allgemein danach, was Menschen in Bezug auf bestimmte Medien in ganz unterschiedlichen Kontexten tun. Im Kontext des Moddings eröffnet diese Konzentration auf medienspezifische Praktiken die Möglichkeit, zwischen den dichotomen Annahmen einer stetigen Inkorporation des Moddings durch die Industrie versus eines darauf antwortenden, subversiven Mediengebrauchs zu vermitteln und ein differenzierteres Bild zu zeichnen: Anstelle eines antagonistischen Bias tritt die Vorstellung einer Kooperation zwischen Akteuren der Industrie und den Nutzerinnen und Nutzern. Aus der Kooperation ergibt sich das Praxisfeld des Moddings, das von allen Akteuren als Nexus miteinander verketteter Praktiken (vgl. Schatzki 2006, S. 11) immer wieder neu abgesteckt wird.

Ein Weg, die nutzerseitige Kreativität zu kanalisieren, zu ordnen und zu verwalten, bilden die von den Autoren so bezeichneten Editor-Games. Titel wie *Minecraft* (Mojang 2011), *LittleBigPlanet* (Media Molecule 2008), *Disney Infinity* (Avalanche Software 2013), oder *Project Spark* (Team Dakota/SkyBox Labs 2014) eröffnen einer erweiterten Nutzendenschaft Handlungsräume für ko-kreative Praktiken. Editor-Games zeugen von einer Popularisierung ko-kreativer Zugänge zum Computerspiel, indem sie über ihre Pragmatik mit dem „community-based creative design" (Sotamaa 2005, S. 2) einer umfassenderen Modding-Szene verbunden sind und in ihrer Ästhetik und Funktionalität auf komplexere Editoren-Software verweisen. Die Wissensbestände und Formen der Partizipation, die in Editor-Games ausgeprägt und ausgebildet werden, unterscheiden sich jedoch grundlegend von der Praktik des Moddings. Während größere Modding-Projekte zumindest praktisches Wissen zur Bedienung von Bildbearbeitungsprogrammen und 3D-Modeling-Software sowie Programmierkenntnisse voraussetzen (Modding im engeren Sinne), ist die Veränderung der Spielwelt in Editor-Games zu einem Teil des Gameplays selbst geworden und wird im Spiel über ein mehr oder weniger einfach zu bedienendes Interface bewerkstelligt (Modding im weiteren Sinne).

Solche Spiele-Editoren und Editor-Games können mit dem aus der Wissenssoziologie bekannt gewordenen Begriff der Grenzobjekte (‚boundary objects'; vgl. Star und Griesemer 1989) bezeichnet werden.

> Boundary objects are objects which are both plastic enough to adapt to local needs and the constraints of the several parties employing them, yet robust enough to maintain a common identity across sites. They are weakly structured in common use, and become strongly structured in individual-site use (Star und Griesemer 1989, S. 393).

Spiele-Editoren und Editor-Games sind Grenzobjekte, weil ihre Funktionalität über soziale Felder hinweg den jeweiligen Anforderungen und Widerständen situationsspezifisch angepasst werden kann, sie dabei aber einen stabilen und wiedererkennbaren Kern behalten. Beispielsweise reist *Minecraft* durch diverse soziale Kontexte und wird von unterschiedlichen Akteuren für verschiedenartige Zwecke eingesetzt: Innerhalb der *Minecraft*-Modding-Community läuft die PC-Version der Software auf international vernetzten Desktop-Rechnern und dient der Umsetzung kreativer Ideen, Casual Gamer nutzen *Minecraft* auf ihren Smartphones, um die Zeit an der Bushaltestelle zu überbrücken und in Schulen laufen Versionen des Spiels im lokalen Netzwerk zur Vermittlung grundlegender Programmierkenntnisse und sozialer Kompetenzen. Und dennoch verfügt *Minecraft* durch die Pixelästhetik und die eingängige Spielmechanik über eine Formkonstanz, die seine Identität über all diese Kontexte hinweg stabilisiert.

Als ‚boundary objects' können Editor-Games auch bei der Verhandlung zwischen Spielerinnen bzw. Spielern und der Spieleindustrie vermitteln. Durch ihre Funktionalität standardisieren und kanalisieren sie die Ko-Kreativität; durch ihre Einbindung in Sharing-Infrastrukturen, die nur mit vorheriger Anmeldung genutzt werden können, machen sie ko-kreative Prozesse zurechenbar und durch die Hinzunahme rechtlich verbindlicher Regelungen zur Nutzung, sogenannte EULAs (End User License Agreements), stellen sie die Verwaltung nutzergenerierter Inhalte sicher. Hier unterscheiden sich einzelne Editor-Games hinsichtlich ihres konkreten Umgangs mit nutzergenerierten Inhalten deutlich. Während die EULAs von *LittleBigPlant* und *Minecraft* es grundsätzlich gestatten, das Spiel zu verändern und diese Veränderungen mit anderen zu teilen, macht Mojang keine Urheber- oder Nutzungsrechte an den nutzergenerierten *Minecraft*-Mods geltend, sondern tritt diese Rechte an die Nutzerinnen und Nutzer ab, sofern diese für ihre Kreationen nicht den Code des Ausgangsspiels benutzen (vgl. Mojang 2016). Im Unterschied hierzu schränkt Sony diese Weitergabe deutlich ein und sichert sich obendrein alle Verwertungsrechte an nutzergenerierten Inhalten, die nur über das offizielle Tauschsystem des *Playstation.Networks* verbreitet werden dürfen (vgl. Sony 2016).

Über das Konzept der Grenzobjekte können unterschiedliche Spiele-Editoren und Editor-Games bezüglich ihres Potenzials, medienspezifische Praxisgemeinschaften hervorzubringen, unterschieden werden, ohne dabei vorschnell auf normative Dichotomien zurückgreifen zu müssen. Beispielsweise fördert *Minecraft* die Herausbildung vernetzter Praxisgemeinschaften durch eine technologische Struktur, bei der jede Community einen eigenen Server betreiben kann, auf den die Mitglieder über standortunabhängige Clients zugreifen. Beim Editor-Game *LittleBigPlanet* liegt der Fall anders, denn Nutzerinnen und Nutzer können ihre selbst gebauten Levels nur über ein leicht zu bedienendes, aber geschlossenes Sharing-System mit anderen teilen. Die Kooperation mit anderen ist daher lediglich über die Infrastruktur des *PlayStation.Networks* möglich, das vom Entwickler und Betreiber Sony top-down organisiert und kontrolliert ist. Auf diese Weise wird das *Playstation.Network* zu einem Hub für den Zugriff auf alle nutzergenerierten Inhalte und das Unternehmen Sony übernimmt eine Gatekeeper-Rolle, indem es diese Inhalte vorselektiert, klassifiziert und kuratiert, bevor sie der Community zur Verfügung gestellt werden. Die beiden Editor-Games unterscheiden sich ferner auf der Mikro-Ebene. Durch die technologische Struktur von *Minecraft* können Spielerinnen und Spieler gleichzeitig ein und dasselbe Projekt realisieren, was arbeitsteilige Prozesse fördert. Dagegen erlaubt die Assemblage des Spiels *LittleBigPlanet* die Zusammenarbeit von maximal zwei Personen, die sich im selben Raum wie das Endgerät befinden müssen. Daraus folgen unterschiedliche Kooperationsbedingung: Während sich die Arbeit innerhalb *Minecraft*-Communities der Projektarbeit in professionellen Arbeitskontexten der Spieleentwicklung annähert, wodurch sich die Autorschaft in den Netzwerken und Kollektiven des Moddings immer weiter verteilen kann, fördert *LittleBigPlanet* eine individuelle, an einzelne Personen gebundene Autorschaft (vgl. Abend und Beil 2015).

Die Gegenüberstellung dieser beiden Spiele zeigt, dass sich medienspezifische Praxisgemeinschaften innerhalb einer ‚geschlossenen Einfriedung' oder in einem ‚wilden Garten' entwickeln können (vgl. Snickars 2012) und dass die soziotechnischen Kontexte die Kooperationsbedingungen entscheidend mitbestimmen. Zusätzlich übernehmen rechtliche Dokumente die Einhegung partizipativer Praktiken, wo Grenzen nicht mehr softwareseitig gezogen werden können. Aus den

Unterschieden lassen sich divergierende Einstellungen gegenüber der Ko-Kreativität ableiten, jedoch nur, wenn die gesamte sozio-technische Infrastruktur hinzugezogen wird, in die das Artefakt eingebunden ist. Erst dann lässt sich das je spezifische partizipative Milieu beschreiben, aus dem das Praxisfeld hervorgeht und auf das es zugleich zurückwirkt.

5 Fazit: Spielen in mediatisierten Welten

Durch die vorangegangenen Überlegungen sollte deutlich geworden sein, dass Computerspiel-Mods und Editor-Games nicht als abgeschlossene mediale Artefakte behandelt werden können. Für das Computerspiel ist konstitutiv, dass es sich durch die Art und Weise, wie es gespielt wird, verändert. Aus dieser konfigurativen Verfasstheit (vgl. Eskelinen 2001) lässt sich folgern, dass Spiele weder vollständig auf ihr Regelwerk, noch auf ihre narrativ vorgegebenen Pfade reduzierbar sind. Vielmehr produzieren sie rekursive Qualitäten, die erst im Prozess des Spielens sichtbar werden. Dieses Verständnis wendet sich gegen einen reduktionistischen Formalismus (vgl. Malaby 2007, S. 97), der das Spiel nicht nur von alltäglichen Erfahrungen entkoppelt, sondern es auch frei von Konsequenzen und unproduktiv erscheinen lässt. Die hier vorgestellte Praxis des Moddings, aber ebenso das Glücksspiel an Automaten in Las Vegas (vgl. Schüll 2014) oder die amerikanische Immigrationslotterie (vgl. Malaby 2007) zeigen jedoch, dass auch bei ludologisch gerahmten Handlungen sehr wohl etwas auf dem Spiel steht. Auch die sogenannten ernsten Spiele (vgl. Beil und Ehmann 2011) und das Konzept der Gamification (vgl. Fuchs et al. 2014) bauen darauf, dass Spiele in den Alltag hineinwirken, zum Nachdenken über gesellschaftliche Probleme anregen, wenn nicht gar zur Verhaltensänderung anleiten sollen und können. Eine Beschreibung des Spiels auf der Basis einer an formalen Qualitäten orientierten Ontologie wird dadurch erschwert. Und wenn Spielhandlungen nicht mehr ausschließlich innerhalb des Spiels stattfinden, sondern, wie im Fall des Modding, innerhalb erweiterter sozio-technischer Assemblagen (vgl. Taylor 2009), erfordert die Analyse erst recht eine relationale Komponente. Eine solche findet sich nicht in den Game Studies, sondern in der Anthropologie. So schreibt Thomas Malaby in Abgrenzung zur tradierten Huizinga-Definition: „A game is a semibounded and socially legitimate domain of contrived contingency that generates interpretable outcomes" (Malaby 2007, S. 96).

Wenn Computerspiele nicht länger als geschlossene Artefakte, sondern als Arenen artifizieller Kontingenz verstanden werden, tritt an die Stelle des abgeschlossenen *magic circle* (vgl. Huizinga 2004; Günzel 2010) die Praktik der

Grenzziehung und Grenzverwaltung. Denn an den Nahtstellen von Spiel und Alltagswelt entstehen Zwischenräume für Aushandlungsprozesse zwischen Spielenden, Spiel, Softwarenutzenden und -produzierenden. Für diese Formen der Grenzarbeit wird das Spiel zu einer vermittelnden Instanz, jedoch nicht mehr der Inhalte, die es (re-)präsentiert, sondern für die Begrenzung, die in das Spiel eingeschrieben ist, aber durch die Spielenden potenziell überwunden werden kann. Anhand der expliziten Veränderungen der Spielwelt durch das Computerspiel-Modding wird hier eine erweiterte Handlungsmacht der Nutzerinnen und Nutzer sichtbar, die in Editor-Games wie *Minecraft* und *LittleBigPlanet* nicht mehr optional ist, sondern zu einem notwendigen Modus der Interaktion wird. Aufgrund der Offenheit, Unmarkiertheit und Prozessualität der Gegenstände, aber auch durch ihre Eingebundenheit in größere sozio-technische Netzwerke, bedarf es praxeologischer Methoden der Computerspielanalyse, die Spiele ‚in the making' adressieren und Spielhandlungen ‚in situ' dokumentieren (vgl. Suchman 1999).

Erhard Schüttpelz (2016, S. 1) schlägt vor, Medien als „kooperativ erarbeitete Kooperationsbedingungen" zu verstehen. Damit sind Medien nicht mehr länger als Möglichkeitsbedingungen von Kommunikation zu konzipieren, sondern werden zu Möglichkeitsbedingungen einer (nicht bloß kommunikativen) Teilhabe, die zugleich Bedingungen für zukünftige Kooperationen entwirft. Unter den Bedingungen seiner prozessualen Offenheit als modifizierbares Artefakt ist das Computerspiel nicht länger als Endprodukt der Einschreibung einer produktionsseitigen Gestaltungsidee zu verstehen, es zeigt sich vielmehr als Gegenstand mit prekären Grenzen. Die kooperative Verfasstheit von Modding-Praktiken wirft somit Fragen nach der Spezifik des Mediums – und damit nach dem Status des Computerspiels als Massenmedium – auf. Aus ökonomischer Sicht zählen digitale Spiele zwar zweifelsohne zu den Massenmedien (vgl. Chatfield 2010; Müller-Lietzkow 2012) – der Anteil derjenigen, die regelmäßig spielen, liegt in Deutschland bei fast 50 % (BIU 2014, 2016; vgl. auch Roth und Klimmt 2012) –, doch gerade eine Praktik wie das Game-Modding stellt den Begriff des Massenmediums selbst infrage. Das fertige Spiel ist nur ein vorläufiges Endprodukt und angesichts von Modding-Praktiken weder als Träger feststehender Bedeutungen erschöpfend beschreibbar, noch ist es als Einschreibung menschlicher Praxis vollständig zu erfassen. Vielmehr gilt für Computerspiele wie für andere Medien auch, dass sie die ganze Bandbreite ihres Potenzials „erst vermittelt über einen durch vielfältige Praktiken gekennzeichneten Aneignungsprozess entfalten" (Hepp 2013, S. 55).

Bestand das klassische Selbstverständnis der Medienwissenschaft darin, die Medienwirkung zu erkennen, aufzudecken und schließlich aufzuheben, bezog sich dieses Vorgehen noch auf einen Begriff der Massenmedien, der impliziert, dass Medien sich stets an eine breite, nicht näher definierte, gar anonyme Öffentlichkeit richten – ein Medienbegriff, der heute angesichts ko-kreativer Praktiken erneut zur Diskussion gestellt werden muss (vgl. Baxmann et al. 2014). Anders formuliert: Die Analyse von Editor-Games zeigt anschaulich, dass eine Perspektiv-Verschiebung von einem ‚Spielen im Spiel' hin zu einem ‚Spielen mit dem Spiel' notwendig ist. Es vollzieht sich damit ein Wechsel von einer medien(kultur)wissenschaftlichen Analyse eines ‚geschlossenen' medialen Artefakts hin zu einem Blick auf die „alltagsweltliche Medienaneignung von Menschen bzw. deren kommunikative[n] Praktiken" (Hepp 2014, S. 194) in mediatisierten Welten.

Literatur

Aarseth E (2007) I fought the law: Transgressive play and the implied player. Proceedings of the 2007 DiGRA international conference. Situated play. http://www.digra.org/wp-content/uploads/digital-library/07313.03489.pdf. Zugegriffen: 27. Juli 2016

Abend P, Beil B (2014) Editors of play. In: Hansen J, Hawranke T, Kuball M, Scherffig L (Hrsg) Perspectives of play. KHM, Köln, S 20–25

Abend P, Beil B (2015) Editors of play: The scripts and practices of co-creativity in Minecraft and LittleBigPlanet. Proceedings of the 2015 DiGRA international conference. http://www.digra.org/wp-content/uploads/digital-library/37_AbendBeil_Editors-of-Play.pdf. Zugegriffen: 27. Juli 2016

Abend P, Beil B (2016) Editors of play. Scripts of participation in co-creative media. In: Denecke M, Ganzert A, Otto I, Stock R (Hrsg) ReClaiming participation: Technology – mediation – collectivity. transcript, Bielefeld, S 39–50

Abresch S, Beil B, Griesbach A (Hrsg) (2009) Prosumenten-Kulturen. Univ. Siegen, Siegen

Akrich M (1992) The de-scription of technical objects. In: Bijker WE, Law J (Hrsg) Shaping technology/building society. Studies in sociotechnical change. MIT Press, Cambridge, S 205–224

Banks J, Potts J (2010) Co-creating games: A co-evolutionary analysis. New Media & Society 12:253–270

Baxmann I, Beyes T, Pias C (Hrsg) (2014) Soziale Medien – Neue Massen. Diaphanes, Zürich

Behr K-M (2009) Kreative Spiel(weiter)entwicklung. Modding als Sonderform des Umgangs mit Computerspielen. In: Quandt T, Wimmer J, Wolling J (Hrsg) Die Computerspieler. Studien zur Nutzung von Computergames. Springer/VS, Wiesbaden, S 193–207

Beil R, Ehmann A (Hrsg) (2011) Serious games. Krieg, Medien, Kunst. Hatje Cantz, Ostfildern

Biermann R, Fromme J, Verständig D (Hrsg) (2013) Partizipative Medienkulturen. Springer/VS, Wiesbaden

BIU (2014) Bundesverband Interaktive Unterhaltungssoftware – Marktzahlen 2014. http://www.biu-online.de/de/fakten/marktzahlen-1-halbjahr-2014.html. Zugegriffen: 27. Juli 2016

BIU (2016) Gesamtmarkt Digitale Spiele 2016. http://www.biu-online.de/marktdaten/gesamtmarkt-digitale-spiele-2015/. Zugegriffen: 27. Juli 2016

Blättel-Mink B, Hellmann KU (Hrsg) (2010) Prosumer Revisited. Zur Aktualität einer Debatte. Springer/VS, Wiesbaden

Brown J, Duguid P (2000) The social life of information. Harvard Business Review Press, Boston

Bruns A (2006) Towards produsage. Futures for user-led content production. In: Sudweeks F, Hrachovec H, Ess C (Hrsg) Proceedings: Cultural attitudes towards communication and technology. Tartu, Estonia, S 275–284

Bruns A (2007) Produsage, generation C, and their effects on the democratic process. http://web.mit.edu/comm-forum/mit5/papers/Bruns.pdf. Zugegriffen: 27. Juli 2016

Bruns A (2008) Blogs, Wikipedia, Second Life, and beyond. From production to produsage. Peter Lang, Frankfurt am Main/New York

Chatfield T (2010) Fun Inc. Why games are the 21st century's most serious business. Virgin Books, London

Coté M, Pybus J (2011) Learning to immaterial labour 2.0: Facebook and social networks. In: Peters MA, Bulut E (Hrsg) Cognitive capitalism, education, and digital labor. Peter Lang, Frankfurt am Main/New York, S 169–194

Couldy N (2010) Theorising media as practice. In: Bräuchler B, Postill J (Hrsg) Theorising media and practice. Berghahn Books, New York/Oxford, S 35–54

Dyer-Witheford N, de Peuter G (2009) Games of empire. Global capitalism and video games. University of Minnesota Press, Minneapolis

Eskelinen M (2001) The gaming situation. Game Studies 1. http://www.gamestudies.org/0101/eskelinen/. Zugegriffen: 27. Juli 2016

Friebe H, Ramge T (2008) Marke Eigenbau. Der Aufstand der Massen gegen die Massenproduktion. Campus, Frankfurt am Main

Fuchs M, Fizek S, Ruffino P, Schrape N (Hrsg) (2014) Rethinking Gamification. Meson Press, Lüneburg

Ghanbari N, Otto I, Schramm S, Thielmann T (Hrsg) (2016) Kollaboration. Beiträge zu Medientheorie und Kulturgeschichte der Zusammenarbeit. Fink, Paderborn (im Erscheinen)

Gibson JJ (1973) Die Wahrnehmung der visuellen Welt. Beltz, Weinheim/Basel

Günzel S (2010) Der reine Raum des Spiels. Zur Kritik des Magic Circles. In: Fuchs M, Strouhal E (Hrsg) Das Spiel und seine Grenzen. Springer, Wien, S 189–202

Hanekop H, Wittke V (2010) Kollaboration der Prosumenten. Die vernachlässigte Dimension des Prosuming-Konzepts. In: Blättel-Mink B, Hellmann KU (Hrsg) Prosumer Revisited. Zur Aktualität einer Debatte. Springer/VS, Wiesbaden, S 96–113

Hellmann KU (2010) Prosumer Revisited: Zur Aktualität einer Debatte. Eine Einführung. In: Blättel-Mink B, Hellmann KU (Hrsg) Prosumer Revisited. Zur Aktualität einer Debatte. Springer/VS, Wiesbaden, S 13–48

Hepp A (2012) Mediatization and the ‚molding force' of the media. Communications 37:1–28

Hepp A (2013) Medienkultur. Die Kultur mediatisierter Welten. Springer/VS, Wiesbaden

Hepp A (2014) Mediatisierung/Medialisierung. In: Schröter J (Hrsg) Handbuch Medienwissenschaft. Metzler, Stuttgart, S 190–196

Huizinga J (2004 [1938]) Homo ludens: vom Ursprung der Kultur im Spiel. Rowohlt, Reinbek bei Hamburg

Humphreys A, Grayson K (2008) The intersecting roles of consumer and producer. A critical perspective on co-production, co-creation and prosumption. Sociology Compass 2:963–980. doi:10.1111/j.1751-9020.2008.00112.x

Jenkins H (1992) Textual poachers. Television fans & participatory culture. Studies in culture and communication. Routledge, London/New York

Jenkins H (2006) Convergence culture. Where old and new media collide. New York University Press, New York.

Jenkins H, Ito M, Boyd D (2015) Participatory culture in a networked era: A conversation on youth, learning, commerce, and politics. John Wiley & Sons, New York

Keen A (2007) The cult of the amateur. How blogs, MySpace, YouTube, and the rest of today's user-generated media are destroying our economy, our culture, and our values. Currency, New York

Kelly K (2008) We are the web. http://www.wired.com/wired/archive/13.08/tech.html. Zugegriffen: 27. Juli 2016

Latour B (1998) Über technische Vermittlung. In: Rammert W (Hrsg) Technik und Sozialtheorie. Campus, Frankfurt am Main, S 29–82

Latour B (2006a) Drawing things together. In: Belliger A, Krieger DJ (Hrsg) ANThology. transcript, Bielefeld, S 259–307

Latour B (2006b) Über den Rückruf der ANT. In: Belliger A, Krieger DJ (Hrsg) ANThology. transcript, Bielefeld, S 561–572

Laukkanen T (2005) Modding scenes: Introduction to user-created content in computer gaming. University of Tampere, Tampere

Malaby TM (2007) Beyond play. A new approach to games. Games and Culture 2:95–113

Mertens, M (2004) Computerspiele sind nicht interaktiv. In: Bieber C, Leggewie C. (Hrsg) Interaktivität. Ein transdisziplinärer Schlüsselbegriff. Campus, Frankfurt am Main, S 274–288

Mojang (2016) Minecraft-Endbenutzer-Lizenzvertrag. https://account.mojang.com/documents/minecraft_eula. Zugegriffen: 27. Juli 2016

Müller-Lietzkow J (2012) Ökonomie, Qualität und Management von Unterhaltungsmedien. Nomos, Baden Baden

Newman J (2008) Playing with videogames. Routledge, London/New York

Nieborg DB (2005) Am I mod or not? An analysis of first person shooter modification culture. http://www.gamespace.nl/content/DBNieborg2005_CreativeGamers.pdf. Zugegriffen: 27. Juli 2016

O'Reilly T (2005) What is Web 2.0. http://www.oreilly.com/pub/a/web2/archive/what-is-web-20.html. Zugegriffen: 27. Juli 2016

Poremba C (2003) Patches of peace: Tiny signs of agency in digital games. Proceedings of the 2003 DiGRA international conference. Level up. http://www.digra.org/wp-content/uploads/digital-library/05150.24073.pdf. Zugegriffen: 27. Juli 2016

Postigo H (2003) Emerging sources of labor on the internet: The case of America online volunteers. International Review of Social History 48:205–223

Postigo H (2007) Of mods and modders: Chasing down the value of fan-based digital game modifications. Games and Culture 2:300–313

Postigo H (2010) Modding to the big leagues. Exploring the space between modders and the game industry. First Monday 15. http://firstmonday.org/ojs/index.php/fm/article/view/2972. Zugegriffen: 27. Juli 2016

Prahalad CK, Ramaswamy V (2004) Co-creation experiences. The next practice in value creation. Journal of Interactive Marketing 18: 5–14

Roth FS, Klimmt C (2012) Computerspiele als Massenmedium. Von der Vielfalt der Spiele, Spieler und ihrer Emotionen. In: Konietzny H, von Brincken J (Hrsg) Emotional Gaming. Epodium, München, S 29–43

Salzman M (2000) Rise of the prosumer. She consumes plenty, so better win her over. Print 11/12:141–153

Schatzki TR (2006) Introduction: Practice theory. In: Schatzki TR, Knorr Cetina K, von Savigny E (Hrsg) The practice turn in contemporary theory. Routledge, London/New York, S 10–23

Schmidt R (2012) Soziologie der Praktiken. Konzeptionelle Studien und empirische Analysen. Suhrkamp, Frankfurt am Main

Schüll ND (2014) Addiction by design. Machine gambling in Las Vegas. Princeton University Press, Princeton

Schüttpelz E (2013) Elemente einer Akteur-Medien-Theorie. In: Thielmann T, Schüttpelz E, Gendolla P (Hrsg) Akteur-Medien-Theorie. transcript, Bielefeld, S 9–67

Schüttpelz E (2016) Infrastrukturelle Medien und öffentliche Medien. Media in Action 0 Pre-Publication:7–54. http://www.mediacoop.uni-siegen.de/wp-content/uploads/2016/06/schuettpelz_infrastrukturelle_medien.pdf. Zugegriffen: 26. September 2016

Seybold PB, Marshak RT, Lewis JM (2001) The customer revolution. How to thrive when customers are in control. Crown Business, New York

Snickars P (2012) A walled garden turned into a rain forest. In: Snickars P, Vonderau P (Hrsg) Moving data. The iPhone and the future of media. Columbia University Press, New York, S 155–168

Sony (2016) Playstation.com. Terms of Service. https://www.playstation.com/en-us/legal/terms-of-use/. Zugegriffen: 27. Juli 2016

Sotamaa O (2005) Creative user-centered design practices. Lessons from game cultures. In: Haddon L, Mante E, Sapio B, Kommonen KH, Fortunati L, Kant A (Hrsg) Everyday innovators. Researching the role of users in shaping ICTs. Springer, Dordrecht, S 104–116

Sotamaa O (2010) When the game is not enough: Motivations and practices among computer game modding culture. Games and Culture 5:239–255

Star SL, Griesemer JR (1989) Institutional ecology, ,translations' and boundary objects. Amateurs and professionals in Berkeley's museum of vertebrate zoology, 1907–39. Social Studies of Science 19:387–420

Suchman LA (1999) Plans and situated actions. The problem of human-machine communication. Cambridge University Press, New York

Taylor TL (2009) The assemblage of play. Games and Culture 4:331–339

Terranova T (2000) Free labor: Producing culture for the digital economy. Social Text 18:22–58

Thielmann T (2008) Der ETAK Navigator. In: Kneer G, Schroer M, Schüttpelz E (Hrsg) Bruno Latours Kollektive. Kontroversen zur Entgrenzung des Sozialen. Suhrkamp, Frankfurt am Main, S 180–218

Thrift N (2006) Re-inventing invention: New tendencies in capitalist commodification. Economy and Society 35:279–306

Toffler A (1980) The third wave. The classical study of tomorrow. Bantam Books, New York

Turner P (2006) Affordance as context. Interacting with Computers 17:787–800

Voß GG, Rieder K (2005) Der arbeitende Kunde. Wenn Konsumenten zu unbezahlten Mitarbeitern werden. Campus, Frankfurt am Main

Wenger E (1998) Communities of practice: Learning, meaning, and identity. Cambridge University Press, New York

Zwick D, Bonsu SK, Darmody A (2008) Putting consumers to work. ‚Co-Creation' and new marketing govern-mentality. Journal of Consumer Culture 8:163–196

Über die Autoren

Pablo Abend, Dr. phil., wissenschaftlicher Mitarbeiter im Projekt „Modding und Editor-Games. Partizipative Praktiken mediatisierter Welten", seit Oktober 2016 wissenschaftlicher Koordinator des Graduiertenkollegs „Locating Media" der Universität Siegen. Veröffentlichungen „Geobrowsing – Google Earth und Co. Nutzungspraktiken einer Digitalen Erde" (Bielefeld 2013), „Medialität der Nähe. Situationen – Praktiken – Diskurse" (hrsg. mit T. Haupts und C. Müller, Bielefeld 2012), Mitherausgeber des Journals Digital Culture & Society (http://digicults.org/).

Benjamin Beil, Dr. phil., ist J.-Professor für Medienwissenschaft mit Schwerpunkt Digitalkulturen am Institut für Medienkultur und Theater an der Universität zu Köln. Leiter des Projekts „Modding und Editor-Games. Partizipative Praktiken mediatisierter Welten". Veröffentlichungen: „New Game Plus. Perspektiven der Game Studies. Genres – Künste – Diskurse" (hrsg. mit G.S. Freyermuth und L. Gotto, Bielefeld 2014), „Game Studies – eine Einführung" (Münster: 2013), „Avatarbilder. Zur Bildlichkeit des zeitgenössischen Computerspiels" (Bielefeld 2012).

Die Mediatisierung der deutschen Forensik. Aktivierte Zuschauer und private Unternehmen auf dem forensischen Markt

Matthias Meitzler, Caroline Plewnia und Jo Reichertz

Zusammenfassung

Dem Beitrag liegen die empirischen Untersuchungen aus dem Einzelprojekt „Die Mediatisierung der deutschen Forensik: Aktivierte Zuschauer und private Unternehmen auf dem forensischen Markt" zugrunde. Zunächst wird eine Reflektion der verschiedenen Mediatisierungsverständnisse innerhalb des Schwerpunktprogramms „Mediatisierte Welten" vorgenommen. Diese dient der eigenen Positionierung innerhalb des Mediatisierungsdiskurses sowie der Erläuterung der theoretischen Herangehensweise an den Untersuchungsgegenstand vor dem Hintergrund eines wissenssoziologischen Medienwirkungsansatzes. Das Mediatisierungsverständnis wird daraufhin anhand der Forschungsfragen auf die beiden Untersuchungsbereiche übertragen und exemplarisch einige empirische Ergebnisse aus dem Forschungsprojekt präsentiert. Im Zentrum der Darstellung steht die Frage danach, welche Veränderungen sich im forensischen Feld als Folge seiner medialen Repräsentation im Fernsehen beobachten lassen.

M. Meitzler (✉) · C. Plewnia · J. Reichertz
Universität Passau, Passau, Deutschland
E-Mail: matthias.meitzler@uni-passau.de

C. Plewnia
E-Mail: caroline.plewnia@kwi-nrw.de

J. Reichertz
E-Mail: Jo.Reichertz@kwi-nrw.de

Schlüsselwörter

Forensik · Mediatisierung · Wissenssoziologie · Medienwirkungstheorie · Forensische TV-Formate · Medienwirkung · Qualitative Medienforschung

1 Einleitung

Medien und hier insbesondere das Fernsehen sind schon lange nicht mehr ein Mittel der Fernanwesenheit (wenn sie es denn je waren), also eine Art Fernrohr, das den Mediennutzenden Blicke (und Einblicke) in eine ferne und fremde Lebens-Welt liefern kann. Denn Medien zeigen nicht die Lebens-Welten so wie sie sind, sondern sie repräsentieren diese nach Vorstellungen und Relevanzen, die sich vor allem aus den Besonderheiten der Medien, den Interessen der Medienbetreibenden und den erwarteten Wünschen der Kundinnen und Kunden ergeben. Mediale Repräsentationen sind also immer selektive In-den-Blick-Nahmen von bestimmten Bereichen der Wirklichkeit. Damit sind sie zugleich auch und zunehmend (massive) Eingriffe in die jeweils gezeigten Lebens-Welten, welche diese in vielfältiger Weise verändern. Diese durch die mediale Repräsentation in Gang gesetzte fortschreitende Mediatisierung von Lebens-Welten ist bislang in ihrem Verlauf und ihren Folgen nur in Ansätzen untersucht worden (Beispiel Heiratsmarkt: Reichertz 2000; Ivanyi 2003; Beispiel Polizei: Bidlo et al. 2011, 2012).

Das Projekt *Mediatisierung der deutschen Forensik* nahm die seit Anfang der 2000er Jahre zu beobachtende Thematisierung der Forensik in diversen *CSI*-Formaten im Fernsehen in den Blick und untersuchte vor dem Hintergrund einer wissenssoziologischen Medienwirkungstheorie, auf welche Weise mediale Repräsentationen, also z. B. die diversen *CSI*-Formate und vergleichbare fiktionale und nichtfiktionale TV-Sendungen (vgl. Englert 2014) in die deutsche Forensik eingegriffen und diese Schritt für Schritt verändert haben. In diesem Beitrag werden ausgehend von einer Diskussion des hier vertretenen Mediatisierungsbegriffes beispielhaft erste Ergebnisse empirischer Untersuchungen unterschiedlicher Bereiche des forensischen Feldes[1] vorgestellt und konzeptionalisiert.[2] Fokussiert werden hier vor allem die auf die mediale Repräsentation der Forensik zurückgehenden Aktivierungen von Zuschauenden und Unternehmen, die sich mit unterschiedlichen Interessen an dem Feld

---

[1]Eine nähere Erläuterung des Feldbegriffes erfolgt weiter unten in dem Abschnitt zu den privaten Unternehmen.

[2]Die Darstellung der gesamten Ergebnisse des Projekts findet sich in Reichertz et al. 2017.

beteiligen und somit auch das Feld so verändern, dass es sich zu einem Markt transformiert. Exemplarisch kann so gezeigt werden, dass und wie sich das Feld der Forensik aufgrund von Mediatisierungsprozessen geändert hat – z. B. weil andere Akteure dieses Feld betreten, dort agiert und somit zusammen mit den Medien auch neue Relevanzen und Kräfteverhältnisse produziert haben.

2 Der Gebrauch des Begriffs *Mediatisierung* im DFG-Schwerpunktprogramm (SPP) „Mediatisierte Welten"

Da in dem Projekt ein spezifisches Verständnis von Mediatisierung entwickelt wurde, soll dieses Verständnis anfangs dargestellt und reflektiert werden, wie es sich in das Gesamtkonzept der Mediatisierung einordnen lässt. In der Diskussion um die Mediatisierung als „tief greifenden gesellschaftlichen Metaprozess" (vgl. Krotz 2007, S. 37 ff.; Hepp 2011, S. 48 ff.) sind mittlerweile viele Gebrauchsweisen des Begriffs in Umlauf (vgl. auch Meyen 2009) – was durchaus nicht nur für die Betrachtenden von außen verwirrend ist. Versucht man die Diskussionen, die unter diesem Begriff *Mediatisierung* innerhalb des SPP zurzeit geführt werden, zusammenzufassen, dann lassen sich aus unserer Sicht zumindest *drei* gesellschaftliche Prozesse identifizieren, die oft unter diesem Begriff gefasst werden, die sich von der Sache her oft auch durchmischen, die also zueinander keine festen Grenzen aufweisen, die jedoch nicht nur analytisch, sondern auch empirisch auseinandergehalten werden müssen. Dies deshalb, weil diese drei Prozesse völlig andere Phänomenbereiche adressieren und sich somit von der Sache deutlich voneinander unterscheiden – auch weil sie völlig andere Folgen und Nebenfolgen haben. Diese drei Prozesse kann man mit folgenden Überschriften kennzeichnen:

- Mediatisierung als *mediale Begleitung menschlichen Handelns* in der Form, dass Medien das Handeln erleichtern, optimieren oder auch nur beobachten. Im grundsätzlichen Fall kann die Mediatisierung auch als Ersetzung der Handlungen mithilfe von (Massen-)Medien verstanden werden.
- Mediatisierung als *Thema und als Ziel von Gruppenhandeln*.
- Mediatisierung als *zunehmende mediale Repräsentation aller Lebensbereiche* einer Gesellschaft durch TV, Radio oder Presse – mit der Folge, dass es zu vielfältigen Austausch- und Rückkopplungsprozessen kommt, welche die Lebensbereiche (und auch die Medien) nachhaltig und oft auch wesentlich ändern.

Die hier beschriebenen, durchaus verschiedenen Prozesse verlaufen dabei nie gradlinig oder bleiben auf dem gleichen Stand, sondern sie verändern sich permanent – nicht nur quantitativ, sondern auch qualitativ. Manchmal durchdringen sich diese Prozesse, manchmal unterstützen sie sich, manchmal hemmen sie sich.

2.1 Mediatisierung als *mediale Begleitung menschlichen Handelns*

Man kann die Geschichte der Menschheit auch schreiben als die Geschichte der Mediatisierung menschlichen Handelns (vgl. McLuhan 1994). Aber diese (große und lange) Geschichte ist nicht gemeint, wenn heute in der medien- und kommunikationswissenschaftlichen Diskussion über ‚Mediatisierung' gesprochen wird.

Stattdessen adressiert die aktuelle Mediatisierungsdebatte die Veränderungen, die durch die Einführung, die flächendeckende Verteilung und wegen der geringen Transaktionskosten auch durch den Gebrauch *digitaler Medien* verursacht sind (vgl. Flusser 1996). Diese *digitale Mediatisierung* führt dazu, dass u. a. digitale Medien das Handeln der Menschen in fast allen Lebens-Welten ersetzen, ergänzen oder verbessern. Solche Prozesse sind im Wesentlichen gemeint, wenn heute in der Diskussion von Mediatisierung die Rede ist. Hier sind vor allem die Prozesse gemeint, die in Gang gesetzt werden, wenn alltägliches Handeln von oder mit Hilfe von Medien durchgeführt oder optimiert wird (z. B. das mediale Poker, also das Pokerspiel ohne Kopräsenz der Mitspielenden – siehe auch Möll und Hitzler in diesem Band).

Damit ist auch gemeint, dass wir die Welt nicht mehr nur mit unseren eigenen (beschränkten) Augen wahrnehmen, sondern dass die von uns verwendeten Medien (z. B. Smartphones) uns Informationen über diesen Gegenstand dieser Welt liefern. Damit ist aber auch gemeint, dass Menschen mittels Medien Freundschaftsgruppen bilden und aufrechterhalten, dass Menschen mithilfe von Medien ihren Körper und ihr Verhalten (Blutdruck, Puls, Energieverbrauch, Essgewohnheiten, Bewegungsgewohnheiten, Skifahren) im Vollzug begleiten (*tracken*) und beobachten lassen, um sich selbst, ihr Leben und ihre Umgebung zu optimieren.

Natürlich sind nicht alle Veränderungen in den jeweiligen Lebensbereichen von der Mediatisierung verursacht – viele Veränderungen gehen auf *globale Veränderungen der Wirtschaftsordnung* zurück, viele auf den *kulturellen Kontaktzwang und die daraus erwachsende Interkulturalität*, der sich kein Lebensbereich mehr entziehen kann und will, viele auf die *Wiederkehr der Religionen*, die Zunahme von *globalen und privaten Risiken* oder auch die großflächige *Technisierung jeder Art der Produktion bei gleichzeitiger Zurückdrängung des Körpers* etc.

2.2 Mediatisierung als Thema und als Ziel von Gruppenhandeln

Der zweite hier angesprochene Prozess, der innerhalb des SPP oft unter der Überschrift ‚Mediatisierung' behandelt wird, adressiert alle die Aktivitäten von Einzelpersonen oder Gruppen, die darauf zielen, die *Mediatisierung der Gesellschaft* weiter *voranzutreiben* oder gar zu *optimieren* (vgl. Hepp 2016). Dieser Prozess lässt sich in Phasen einteilen, sowie alle Gruppenprozesse nicht chaotisch verlaufen, sondern einer gewissen Ordnung folgen. Zuerst bemühen sich Einzelne darum, mit anderen konkreten Einzelnen Handlungen zu koordinieren, was zur Bildung kleinerer Gruppen führt, die ‚erkennen', dass sie ein gemeinsames Ziel verfolgen. Ein gemeinsames Ziel muss dann erst einmal gefunden bzw. konstruiert werden, um sich selbst als eine ‚Gruppe' zu konstituieren. Nach dieser (Er-)Findung des Themas und der Zuschreibung von Zugehörigkeit beginnt eine Phase der ersten *Institutionalisierung*. Die beteiligten Personen beginnen, ein bestimmtes typisches Verhalten zu habitualisieren und bestimmte Aussagen, Themen und Topoi aufeinander abzustimmen – kurz: ihr Verhalten für einander und für andere sichtbar und berechenbar zu machen. In der dritten Phase kommt es zu intern oder extern angestoßenen Differenzierungsprozessen: Sowohl Gruppenmitglieder wie Akteure von außen wirken auf die Akteure in der Gruppe ein, um sie zu bestimmten Verhaltensweisen zu bewegen – das Verhalten der einzelnen Mitglieder wird zu diesem Zweck systematisch beobachtet, vermessen und analysiert und dann strategisch im Interesse der jeweiligen Akteure optimiert. In der nächsten Phase kommt es entweder zu dem Verfall dieser Gruppierung oder zur Herausbildung einer Orthodoxie. In all diesen Phasen werden zum einen Medien genutzt, um die Gruppe zu etablieren bzw. die eigene Identität darzustellen und herauszuarbeiten, und zum zweiten werden die Medien der Repräsentation genutzt, um eigene Ziele darzustellen und innerhalb und außerhalb der Gruppe durchzusetzen.

2.3 Mediatisierung als *zunehmende mediale Repräsentation aller Lebensbereiche*

Mediatisierung von Lebensbereichen bedeutet genauer betrachtet immer nur eine Mediatisierung „im Hinblick auf bestimmte Medien" (Krotz 2014, S. 23): So ist der Lebensbereich der Wissenschaft im Allgemeinen und jener der Universitäten im Besonderen ganz gewiss durch die Erfindung des Buchdrucks maßgeblich umgewälzt worden; ein ähnlich dramatischer Umbruch vollzieht sich zurzeit in dieser Welt aufgrund der massenhaften Nutzung digitaler Medien (vgl. Krotz 2014).

Es gilt also auch immer wieder, die Medien auseinanderzuhalten und jeweils deren Leistungen zu betrachten. Auch wenn es schwierig ist, die ‚Medien' klar voneinander abzugrenzen und insbesondere die Nutzungsweisen und Funktionen der Medien zu unterscheiden, macht es zumindest für unsere Forschung Sinn, *idealtypisch* zwischen Begleitungsmedien und Repräsentationsmedien zu unterscheiden. *Begleitungsmedien* wären solche, die für den Alltag individueller Akteure genutzt werden, um das jeweilige *alltagspraktische Handeln zu begleiten,* zu strukturieren oder gar zu ersetzen oder dem Alltag für eine begrenzte Zeit zu entfliehen (Smartphones, MP3-Player, Laptops etc.). *Repräsentationsmedien* wären die Medien, welche unternehmerisch organisiert das alltagspraktische Tun der Menschen, das Zusammenspiel der Dinge und das Auf und Ab der Natur *beobachten,* und dann nach eigenen *Selektionsmustern* davon Repräsentationen *konstruieren* und an eine bestimmte Zahl von Zuschauenden *verteilen* (also die sogenannten ‚one-to-many'-*Massenmedien*: Zeitung, Radio und vor allem Fernsehen) und somit auch massiv die gezeigten Lebens-Welten verändern. Eine solche Unterscheidung ist hier sinnvoll, weil sich zwischen diesen beiden Medienformen sowohl die Strategien der Produzierenden als auch die Strategien der Aneignenden unterscheiden.

Bücher, aber noch sehr viel mehr das Radio und vor allen das Fernsehen, sind also in diesem Verständnis Medien, die von der Lebens-Welt Darstellungen erzeugen: *Repräsentationen.* Die *schrittweise und flächendeckende Einführung dieser Medien führte auch zu einer schrittweisen und flächendeckenden Repräsentation der Welt.* Von fast allem in der Welt existieren mittlerweile viele und vielfältige Repräsentationen. Fast nichts bleibt ausgespart.

Die repräsentierenden Medien (Print, Funk und Fernsehen) liefern jedoch zunehmend sehr viel mehr als nur Darstellungen von Lebensbereichen, sondern sie sind auch Medien des Handelns: einerseits des Medienhandels (also der Medienakteure), aber auch des Handels einzelner (gesellschaftlicher) Akteure. Dieser Aspekt der Mediatisierung ist ohne Zweifel bedeutsam, weil er dazu führt, dass alle Lebensbereiche, die für die Medien interessant werden, grundlegend umgewälzt werden und den jeweiligen Handlungsfeldern neue Dynamiken verliehen werden, aber auch dass in den mediatisierten Lebensbereichen neue Relevanzen und Standards mit und von den Medien gesetzt werden. Die Mediatisierung hat in den letzten Jahren eine Reihe von Lebensbereichen erfasst – besonders nachdrücklich die *Welt des Kochens* (das Kochen selbst, aber auch das gemeinsame Essen), die *Welt der Tier- bzw. der Hundepflege* und natürlich auch die ‚Welt' der *deutschen Forensik,* auf die im nächsten Kapitel eingegangen wird.

3 *Mediatisierung* im Projekt zur Mediatisierung der deutschen Forensik

Unser Forschungsprojekt *Mediatisierung der deutschen Forensik* nahm am Beispiel des *CSI*-Formats (vgl. Englert 2014, Englert und Reichertz 2016) die gesellschaftliche (Medien-)Kommunikation in den Blick – jedoch nicht die Kommunikation *während* der Aneignung der Medieninhalte, sondern die sehr viel schwieriger zu (er)fassende vielfältige allgemeine gesellschaftliche Kommunikation zu Einzelsendungen und Formaten. Insofern verfolgen wir die hier zuletzt thematisierten Mediatisierungsprozesse, die auf die Folge der Mediatisierung von Lebens-Welten ihr Augenmerk richten. Indem wir die mediale Ordnung des Wissens fokussieren, überschreiten wir die (zu) enge Bindung der aktuellen Mainstream-Medienwirkungsforschung (vgl. Jäckel 2012) an die jeweilige Rezeptionssituation und die psychischen und sozialen Prozesse, die sich bei der Aneignung von Medieninhalten ereignen. Wir untersuchen also nicht die Rezeption von Medieninhalten durch individuelle Akteure, sondern eher die diskursive ‚Aneignung' der gezeigten Inhalte. (Massen-)Medien schaffen in dieser Sicht Diskursbeiträge, bringen diese in Umlauf und wirken so auf die gesellschaftliche Wissensordnung ein. *Uns geht es um die Sinnstruktur dieser Angebote, deren gesellschaftliche Folgen und Wirkungen.* Dabei ist uns völlig klar, dass diese Sinnstrukturen nur Angebote der (Massen-)Medien sind, die nicht zwangsläufig von allen so übernommen werden, sondern dass diese Sinnstrukturen im gesellschaftlichen Diskurs (auch subversiv) gedeutet und vor dem Hintergrund dieser Deutungen angeeignet werden.

Insofern betreiben wir eine *wissenssoziologische* Medienwirkungstheorie, die sich für die *Auswirkungen* bzw. *Folgen* des kommunikativen Handelns der (Massen-)Medien auf das gesellschaftliche Handeln von sozialen Akteuren interessiert (vgl. ähnlich auch Kepplinger 2008).

Das Projekt knüpfte in seinem Forschungsprozess explizit an unterschiedliche Vorarbeiten aus der Soziologie und der Medien- und Kommunikationswissenschaft an: erstens an Vorarbeiten, in denen die wissenssoziologische Perspektive theoretisch entwickelt und verfolgt wurde (vgl. Hitzler et al. 1999), zweitens an Untersuchungen, in denen die diskursiven *Austauschprozesse* zwischen (Massen-)Medien und alltäglicher Handlungspraxis genauer untersucht wurden (vgl. Reichertz 2000; Reichertz und Iványi 2002; Iványi 2003), drittens an Ausführungen, in denen die empirische Arbeit nicht ganz allgemein die (Massen-)Medien fokussierte, sondern vornehmlich das *Fernsehen* und viertens an Untersuchungen, in denen es vor allem um die Veränderungen des Feldes der *polizeilichen Sicherheitspolitik* in Deutschland ging (vgl. Reichertz 2000, 2006, 2007; Bidlo et al. 2011, 2012; Englert 2014).

Zentral für diese Theorieperspektive ist die mittlerweile auch empirisch gefestigte Prämisse, dass die (Massen-)Medien als eigenständige Akteure mit eigenen Interessen begriffen werden müssen: (Massen-)Medien (z. B. das Fernsehen) vermitteln nicht mehr nur, informieren und irritieren, sondern sie beteiligen sich aus ökonomischen Interessen als eigenständige Akteure mit eigener Perspektive an dem gesellschaftlichen Diskurs (z. B. der Verbrechensaufklärung) und gestalten diesen oft auch mit. Medien sind also an der *kommunikativen Konstruktion von Wirklichkeit* (vgl. Keller et al. 2012) maßgeblich beteiligt.

Vor dem Hintergrund des skizzierten Medien- und Mediatisierungsverständnisses wurden von 2012 bis 2016 im Zeitraum von zwei Förderphasen die mediale Repräsentation forensischer Tätigkeiten (z. B. durch das Format *CSI*) und deren Auswirkungen auf verschiedene Handlungsbereiche erforscht. In dem ersten Forschungsabschnitt „Mediatisierung der Inneren Sicherheitspolitik" (2012–2014) wurde untersucht, inwiefern Medien als eigenständige Akteure auftreten (vgl. Engell et al. 2014) und welche Rolle diese bei der Gestaltung des Sicherheitsdiskurses einnehmen. Im theoretischen Rahmen eines *kommunikativen Konstruktivismus* wurden mit Methoden aus der *hermeneutischen Wissenssoziologie* (Videoanalyse, Artefaktanalyse) mediale Inhalte dahingehend interpretiert, welche Deutungsangebote diese im Hinblick auf die forensischen Methoden der Verbrechensaufklärung vornehmen und mit welchen Mitteln eine mediale Wirklichkeit der Verbrechensaufklärung geschaffen wird (vgl. Englert 2014). Des Weiteren wurde untersucht, welche Folgen *forensische TV- Formate* für die Ermittlungsarbeit der Polizei sowie ausgewählte Vertreterinnen und Vertreter der Strafverfolgungsbehörden (Staatsanwaltschaft, Rechtsmedizinerinnen und -mediziner sowie Richterinnen und Richter) haben. Es konnte gezeigt werden, dass die Rechtsmedizin und Kriminaltechnik durch mediale Aufmerksamkeit an Bedeutung gewonnen haben und die Medien auch eigenes Wissen in den forensischen Diskurs einspeisen. Zudem waren Änderungen in den alltäglichen Praktiken der Verbrechensaufklärung zu beobachten, z. B. die schnellere Anforderung von DNA-Analysen durch die Staatsanwaltschaft oder die enge Zusammenarbeit zwischen Medien und Polizei (vgl. Englert und Reichertz 2016).

Beobachtet wurde ferner, dass durch die mediale Repräsentation des forensischen Handlungsbereiches auch neue Akteure für das Feld relevant werden. *Private Unternehmen* beobachten und vermessen das Feld und schaffen neue Produkte und Dienstleistungen, die sich an dem mediatisierten forensischen Feld ausrichten. *Aktivierte Zuschauende* kommentieren die medialen Inhalte und nehmen so an dem öffentlichen Diskurs über Forensik teil. Auf diese beiden Akteursgruppen konzentrierte sich das Folgeprojekt „Die Mediatisierung der deutschen

Forensik. Private Unternehmen und Aktivierte Zuschauer auf dem forensischen Markt" (2014–2016)[3], dessen zentrale Ergebnisse im Folgenden knapp skizziert werden.

4 Aktivitätsformen der Zuschauenden

Vor dem Hintergrund des oben dargelegten Mediatisierungsverständnisses interessieren in dem Untersuchungsbereich der Zuschauenden die Auswirkungen forensischer TV-Formate auf deren Aktivitäten. Im Folgenden sollen die theoretischen Ausgangüberlegungen, die der Forschung zugrunde lagen, ausgeführt sowie ein Einblick in einige empirische Ergebnisse gegeben werden.

Die Bezeichnung *forensische TV-Formate* bezieht sich auf Fernsehsendungen fiktiver und dokumentarischer Art, deren Hauptfiguren im Gegensatz zu Krimisendungen wie *Columbo, Mord ist ihr Hobby* oder *Sherlock* diejenigen Berufstätigen aus dem Feld der Verbrechensaufklärung in den Mittelpunkt stellen, die technische, medizinische und naturwissenschaftliche Methoden zur Aufklärung von Straftaten einsetzen. Durch die Repräsentation der forensischen Handlungsbereiche in verschiedenen TV-Sendungen werden von den Medien als korporierter Akteur[4] (vgl. Reichertz 2016a) durch die jeweiligen Darstellungsformen diese nicht nur repräsentiert, sondern eigene Deutungsangebote in den öffentlichen Diskurs eingespeist. Die Medienprodukte stellen Ergebnisse des koordinierten Handelns verschiedener an dem Produktionsprozess Beteiligter und somit eine kommunikative Handlung dar, die auf die jeweiligen Nutzenden wirkt und von ihnen gedeutet und angeeignet wird. Diese Aneignung findet jedoch nicht nur dialogisch zwischen Medien und Rezipierenden statt, sondern ist immer eingebettet in vielfältige gesellschaftliche Kommunikationsprozesse in und außerhalb der

---

[3]Eine ausführliche Beschreibung des Projektes findet sich unter: http://www.mediatisiertewelten.de/projekte/3-foerderphase-2014-2016/mediatisierung-der-deutschen-forensik.html#c664. Zugegriffen: 17. Juli 2016. Ein eigener Projektband ist in Vorbereitung.

[4]Als *korporierter Akteur* bezeichnet das Medium einen fiktiven Dirigenten, dessen Handlungen beispielsweise eine Fernsehsendung als Produkt hervorbringt, das nicht auf die Intentionen einzelner Personen zurückgeführt werden kann, sondern vielmehr als Ausdruck einer gemeinsamen Handlungsorientierung der verschiedenen an dem Produktionsprozess beteiligten Akteure zu betrachten ist.

Rezeptionssituation, die letztlich bei der Aushandlung der Bedeutung der Medieninhalte eine wichtige Rolle spielen (vgl. Keppler 2006). Dadurch, dass forensische Themen in die mediale Öffentlichkeit geraten, entstehen neue Diskurse, neue Akteure wenden sich dem forensischen Feld zu. Diese Veränderungen begreifen wir als jene *Medienwirkungen*, die sich in gesellschaftlichen Handlungsbereichen vollziehen und nicht die Veränderung von Kognitionen, Emotionen und Wissensinhalten eines einzelnen Mediennutzenden bezeichnen (wie beispielsweise in der klassischen Medienwirkungsforschung). Somit interessieren hier diejenigen Aktivitäten von Zuschauenden, die sich an den medialen Produkten ausrichten. Mit dem Begriff der Aktivität setzen wir hierbei an dem Konzept der *active audiences* (vgl. Hepp und Winter 2003; Mikos 2008; Engelmann 1999) der Cultural Studies an, das sich gegen Ansätze der eindimensionalen Medienwirkung wendet und die Deutungsaktivität der Zuschauenden bei der Medienaneignung betont. Ausgehend von diesem Verständnis interessieren wir uns aus einer wissenssoziologischen Perspektive für diejenigen kommunikativen Aktivitäten von Zuschauenden, in denen diese eigene Inhalte in den öffentlichen Diskurs einspeisen. Durch den Einzug digitaler Medien in den Alltag eröffnen sich hierfür neue kommunikative Räume und Austauschmöglichkeiten, durch die die Rolle des Zuschauenden und dessen kommunikative Praxis der Aneignung nach und nach eine qualitative Veränderung erfahren. So bieten mediale Angebote im Web 2.0 wie *Facebook, Twitter,* Foren, Blogs oder *Youtube* den Nutzenden die Möglichkeit, eigens generierte Inhalte in Form von Postings, Videos, Blog- oder Foreneinträgen zu produzieren. Dadurch bilden sich neue Nutzungspraktiken wie beispielsweise die Second Screen-Nutzung (vgl. Busemann und Tippelt 2014), also die Nutzung eines zweiten Bildschirms parallel zum laufenden Fernsehprogramm. Unser Aktivitätsverständnis geht über das der kreativen Medienaneignung in den Cultural Studies hinaus und bezieht sich auf solche kommunikativen Aktivitäten von Zuschauenden, in denen Wissensinhalte diskursiv artikuliert und somit einer Öffentlichkeit zugänglich gemacht werden. Der Forschung lagen dabei folgende Fragen zugrunde:

- Welche Formen und Ausprägungen von Aktivität lassen sich beobachten?
- Zu welchen kommunikativen Handlungen lassen sich die Zuschauenden durch die kommunikativen Handlungen der Medien bewegen?
- Welche Bedeutung haben Mediatisierungsprozesse für den Aufbau von Wissensordnungen und die Zirkulation von forensischem Wissen?

Hierbei wurde das Web 2.0 als Ausgangspunkt der Forschung gewählt, da es eine öffentliche Arena darstellt, die sowohl von den Medienproduzierenden als auch von den Zuschauenden genutzt wird, um Inhalte bereitzustellen. Es fungiert hierbei als *Hybridmedium* (vgl. Morris und Ogan 1996), als „digitale Kommunikations-Infrastruktur" (Döring 2013, S. 125), die einen Austausch zwischen Nutzern und die Bildung von elektronischen Gemeinschaften zu bestimmten Themen ermöglicht (vgl. Jers 2012, S. 73 f.). Zunächst ging es also darum, die Aktivitäten der Zuschauenden zu erfassen. Ein erster empirischer Zugang zu diesen Aktivitäten kann nur erlangt werden, wenn sie zumindest für eine Teilöffentlichkeit erreichbar sind. Das Interesse galt also zunächst der Identifikation jener kommunikativen Aktivitäten, die in irgendeiner Art und Weise in Zusammenhang mit den forensischen TV-Angeboten stehen. Den empirischen Ausgangspunkt bilden hierbei *Off-Air*-Angebote der Medien, die Zuschauende dazu auffordern, sich an der Kommentierung und Gestaltung der Medieninhalte zu beteiligen. Erforscht wurde dann, von welchen Angeboten sich die Zuschauenden aktivieren lassen, um eigene Inhalte *(user generated content)* zu generieren. Dabei konnten folgende Angebote im Web 2.0 festgestellt werden:

- Auf den Internetpräsenzen der jeweiligen TV-Sender:
  - Verlinkung zur Mediathek
  - Implementierung von *Facebook*-Plugins (*Gefällt-mir*-Button, *Teilen*-Funktion, Kommentarfunktion)
- Auf den *Facebook*-Profilen der jeweiligen TV-Formate:
  - Öffentliche Seiten der jeweiligen Sender
  - Spiele-Apps (*CSI: Hidden Crimes; CSI: Crime City*)
- Auf den Webseiten, die Informationen zu TV-Serien zusammentragen (z. B. www.serienjunkies.de; www.fernsehserien.de; www.wunschliste.de):
  - Foren

Auf den offiziellen Webseiten der deutschen Fernsehanstalten *RTL* und *VOX* lässt sich bei verschiedenen Sendungen (*CSI, CSI Vegas, Bones*) ein gemeinsames Muster erkennen: Es werden Hintergrundinformationen zur Serie, zu den Darstellenden und ein Episodenguide angeboten. Es finden sich zudem Verweise auf Archive, in denen Folgen sowohl kostenfrei als auch kostenpflichtig angesehen werden können. Die einzigen Möglichkeiten für Besuchende der Seite Aktivitäten zu vollziehen, die für andere sichtbar sind, ist durch die Implementierung des *Gefällt-mir*-Buttons und der Kommentarfunktion von *Facebook* gegeben. Bei der Durchsicht der verschiedenen Webpräsenzen fällt jedoch auf, dass die Postings älteren Datums sind und kein reger Austausch erkennbar ist. In den wenigen von Zuschauenden produzierten Inhalten wird beispielsweise der Unmut darüber zum Ausdruck gebracht, dass keine neuen Sendungen ausgestrahlt werden.

Bei der weiteren Recherche nach kommunikativen Aktivitäten spielt *Facebook* als Handlungsrahmen eine zentrale Rolle. Die Internetanwendung bietet in Form von öffentlichen Profilen und Gruppen sowohl für die Nutzenden als auch für die Medien einen öffentlichen Raum, innerhalb dessen kommunikative Handlungen aneinander ausgerichtet werden.

Über die öffentlichen Profile der Sendungen wurde der Kontakt zu verschiedenen Userinnen und Usern geknüpft, die die jeweiligen Seiten mit „Gefällt mir" markiert haben. In einer privaten Nachricht wurden Abonnentinnen und Abonnenten der Mark Benecke-Fanseite[5], der Fernsehsendungen *Medical Detectives* sowie *Autopsie: Mysteriöse Todesfälle* kontaktiert. Über die offiziellen Seiten zu den forensischen TV-Sendungen hinaus wurde die Spiele-App *CSI: Hidden Crimes* betrachtet, dessen Bezug zur Serie sich bereits in der Namensgebung erkennen lässt, aber auch durch den narrativen Rahmen des Spiels hergestellt wird. So finden sich die Originalfiguren aus dem Sendeformat wieder und begleiten die Userinnen und User bei der Aufklärung eines Mordfalls. Zu dem Spiel selbst existieren Gruppen, in denen sich Nutzende zusammenfinden, um ihre Spieleaktivitäten miteinander zu koordinieren. Diese Gruppen werden von Administratorinnen und Administratoren geleitet, die unter erheblichem Zeitaufwand die kommunikativen Aktivitäten innerhalb der Gruppe koordinieren. Innerhalb der empirischen Forschung gelang es, zehn offene, leitfadengestützte Interviews mit Spielenden von *CSI: Hidden Crimes*, die gleichzeitig Gruppenmitglieder waren, sowie zehn Interviews mit Mark Benecke-Fans zu führen. Mithilfe der Interviews sollte der Bezug der Befragten zu forensischen TV-Formaten rekonstruiert sowie weitere mögliche Aktivitäten erfasst werden, die durch den ersten Feldzugang nicht beobachtet werden konnten. Die Interviews wurden transkribiert und in einer ersten Annäherung an das Datenmaterial einer Inhaltsanalyse mithilfe von *MAX QDA* unterzogen. Für die Fragestellung zentrale Textstellen wurden schließlich in Gruppeninterpretationen mithilfe der hermeneutischen Wissenssoziologie interpretiert. Hierbei ging es um die Rekonstruktion von Typen im Hinblick auf die Handlungsorientierung der Aktivitäten. Auf der Grundlage des erhobenen Datenmaterials konnte festgestellt werden, dass sich im Bereich der Zuschauenden forensischer TV-Formate keine Aktivitäten verzeichnen lassen, durch die eigene forensische Wissensinhalte in den Diskurs eingespeist werden oder eigene mediale Inhalte zu diesen Themen produziert werden. Die Auswertung der Interviews führte jedoch zu dem Ergebnis, dass *CSI* und forensische

---

[5]Mark Benecke ist ein deutscher Kriminalbiologe, der als Experte in dem forensischen TV-Format *Medical Detectives* auftritt und somit große mediale Aufmerksamkeit erlangte.

Themen in neuen Formen Einzug in die Alltagswelt der Menschen erhalten. So fungiert *CSI* beispielsweise bei der Spiele-App *CSI: Hidden Crimes* als attraktives Label, das von den jeweiligen Betreibenden genutzt wird, um Spielende zu akquirieren. Die Erzählwelt von *CSI* wird innerhalb des Spieles adaptiert, um sie in die ‚Wimmelbildlogik'[6] zu implementieren. Anhand der rekonstruierten Spielertypen konnte gezeigt werden, dass so auch Userinnen und User zum Spielen aktiviert werden, die nicht zugleich Zuschauende forensischer TV-Formate darstellen. *CSI* dringt somit als Symbol auch in die Lebenswelt derer ein, die das Sendeformat nicht rezipieren und ihre Aktivität an den Spielaufgaben ausrichten, ohne dabei Wert auf den narrativen Rahmen des Spiels zu legen.

In einer völlig anderen Weise dringen forensische Themen in die Lebenswelt der Marc Benecke-Fans ein. Hier wird wiederum das Label *Forensik* genutzt, um die eigene kriminalbiologische Arbeit medial zu inszenieren und im Rahmen von Infotainment-Veranstaltungen darzustellen. Zuschauende, denen Mark Benecke aus dem TV-Format *Medical Detectives* bekannt ist, nehmen ihn als forensischen Repräsentanten wahr, der zudem durch seine Fähigkeit, komplexe wissenschaftliche Sachverhalte laienverständlich und unterhaltsam zu präsentieren, als zentrale Vermittlerfigur zwischen dem forensischen Feld und den Zuschauenden fungiert. Durch seine von den Befragten geschätzte Fähigkeit zur Komplexitätsreduktion nimmt Mark Benecke die Rolle eines sympathischen Lehrers ein. In dieser Rolle aktiviert er seine Zuschauenden dazu, sich mit kriminalbiologischen Themen auseinanderzusetzen und seine Veranstaltungen zu besuchen.

5 Private Unternehmen auf dem forensischen Markt

Der zweite Forschungsbereich ging u.a. der Frage nach: Ist durch die Mediatisierung des forensischen Feldes ein forensischer *Markt* entstanden (siehe auch Englert und Kempken 2016)? Um zu einer Beantwortung dieser Frage zu gelangen, muss jedoch zunächst geklärt werden, was unter den Begriffen *Feld* und *Markt* jeweils zu verstehen ist.

---

[6]Das Spiel wird bei dem Anbieter *Google Play* unter der Kategorie *Geduldsspiele* geführt. In der Selbstbeschreibung des Entwicklers *Ubisoft Abu Dhabi* wird es als *Hidden Object Game* bezeichnet. Innerhalb der Interviews mit den Spielenden wird ausschließlich die Bezeichnung „Wimmelbildspiele" verwendet, wodurch die Handlungspraxis zum Ausdruck gelangt, die für die Aktivierung zum Spielen zentral ist. Es geht hier um das Suchen und das schnelle Finden von versteckten Objekten in einer unübersichtlichen Szenerie.

In Anlehnung an Bourdieu kann man sich das Feld als eine Art Kräftefeld vorstellen, welches seiner eigenen Logik folgt (vgl. Bourdieu 1998, S. 19) und zustande kommt, indem verschiedene Akteure sich aufeinander beziehen und unter Beachtung feldspezifischer Regeln versuchen, eine möglichst vorteilhafte Position zu erreichen. Felder unterscheiden sich nicht nur hinsichtlich der für sie geltenden Spielregeln, sondern auch in Bezug auf die erforderlichen Fähigkeiten, Ziele und Einsätze (vgl. Rehbein und Saalmann 2009, S. 100). Die Position im Feld, sozusagen das Kräfteverhältnis zwischen den einzelnen Feldakteuren, konstituiert sich wiederum über den Besitz an unterschiedlichen Kapitalsorten: Neben dem ökonomischen, kulturellen, sozialen und symbolischen Kapital hat sich auch das so genannte *mediale Kapital* als relevante Größe im forensischen Feld herausgestellt (vgl. Englert und Kempken 2016, S. 199 f.). Gemeint ist jenes Kapital, das Medien einem Akteur in Form von Aufmerksamkeit (vgl. Franck 1998; Nolte 2005) zuschreiben. Wer über viel mediales Kapital verfügt, tritt häufig in den Medien auf, etwa weil sie oder er von ihnen als Expertin oder Experte ausgewiesen wird (vgl. Englert 2014). Dadurch dass Medien damit beginnen, sich für das forensische Feld zu interessieren, tragen sie mediales Kapital als neue ‚Währung' in das Feld hinein – was wiederum zu dessen Neustrukturierung führt.

Der Besitz von Kapital und die daraus resultierende Position im Feld sind indes keineswegs starr, sondern geradezu dynamisch. Für ein Feld ist konstitutiv, dass um das Kapital, die Positionen und damit auch um die Teilhabe am Feld insgesamt *gekämpft* wird. Um eine bestmögliche Position im Feld zu erlangen, setzen die Akteure „alles ein, worüber sie verfügen und was auf dem Feld zählt. Gleichzeitig versuchen sie die Regeln des Feldes so zu verändern, dass das, worüber sie verfügen, am besten zur Geltung kommt" (Rehbein und Saalmann 2009, S. 101).

Mit dem Markt soll ganz allgemein eine Sphäre des Austauschs von Gütern begriffen werden, die durch Angebot und Nachfrage bestimmt wird. Ein Feld wird dann zum Markt, wenn das dort vorhandene Kapital nicht nur akkumuliert, sondern auch als Tauschmittel eingesetzt werden kann. Kennzeichen eines forensischen Marktes wäre beispielsweise das Auftreten solcher Akteure, die das Thema der forensischen Verbrechensaufklärung als Quelle der ökonomischen Gewinnmaximierung für sich entdeckt haben und in eine Tauschbeziehung zu anderen Akteuren treten. Wie genau dies geschieht, und was das vor dem Hintergrund der Mediatisierung bedeutet, galt es zu erforschen.

Der empirische Zugang erfolgte zum einen über qualitative Interviews mit Vertreterinnen und Vertretern verschiedener privater Unternehmen, die Produkte mit forensischen Bezügen entwickelt haben, und mit in der Forensik tätigen Personen, die regelmäßig in den Medien auftreten. Die Interviews wurden aufgezeichnet, transkribiert und inhaltsanalytisch, aber auch mit Methoden der hermeneutischen Wissenssoziologie (vgl. Hitzler et al. 1999) ausgewertet. Zum anderen wurden teilnehmende Beobachtungen während Veranstaltungen zu forensischen Themen[7] vorgenommen, protokolliert und ausgewertet. Ein wesentliches Erkenntnismittel war darüber hinaus die Analyse von Artefakten, etwa in Form von Flyern, Produktanleitungen oder Experimentierkästen. Solche Artefakte erwiesen sich für das Forschungsinteresse als besonders reizvoll, weil sie – anders als z. B. Interviewdaten – nicht für wissenschaftliche Interessen, sondern für das Feld produziert wurden, aus dem sie stammen.

Im Folgenden soll am Beispiel eines Buchverlages gezeigt werden, wie private Unternehmen das forensische Feld beobachten, woran sie sich bei der Konzeption eines Produktes orientieren und inwieweit das Feld einer marktförmigen Logik folgt. Ausgangspunkt für Verlage ist (so eine Reihe von Interviewäußerungen) die Erfolgsgeschichte forensischer Unterhaltungsliteratur, die spätestens in den 1990ern mit bekannten Buchserien wie die von Patricia Cornwell, Tess Gerittsen oder Katy Reichs ihren Anfang nahm (vgl. Reichertz 2016b, S. 25). Doch nicht nur innerhalb der belletristischen Literatur, sondern auch im Sachbuchbereich ist Forensik längst zu einer relevanten Größe geworden. Üblicherweise widmen sich solche Sachbücher dem ‚wahren Verbrechen‘, d. h. es geht ausdrücklich nicht um fiktive Geschichten, sondern um faktische Inhalte aus der Berufspraxis von Forensikerinnen und Forensikern oder um Kriminalfälle, die sich tatsächlich ereignet haben. Wie ein Verlagshaus mit der Planung eines forensischen Sachbuchs beginnt, wird in folgender Interviewsequenz dargelegt:

> Und wir haben gesagt, wir haben sozusagen den Markt angeschaut und festgestellt, es gibt viele Kriminalkommissare, die über ihre Berufserfahrung geschrieben haben, die vielleicht über berühmte Fälle geschrieben haben, und wir haben dann gesagt, was fehlt noch? Was hatten wir denn noch nicht? Und dann haben wir gesagt, diese spezielle Zuspitzung auf den Toxikologen, auf den chemischen Aspekt eben auch von Kriminaldelikten, das ist für uns ein interessanter noch unterrepräsentierter Themenaspekt. Und wir haben im Haus recherchiert, finden wir in deutschen, vielleicht in der universitären Landschaft oder Forschungsfeld, andere Medienartikel. Also da scannen wir dann auch eben wieder Zeitungen, oder gibt's irgendwo Veranstaltungen oder Podien, bei denen jemand spricht. Und da sind wir auf den Kai Baeckler [Name anonymisiert] aufmerksam geworden und haben ihn angeschrieben.

---

[7]Ein Beispiel dafür ist das so genannte „*CSI*-Training". Es handelt sich um ein mehrstündiges Event, bei dem sich die Teilnehmenden in die Rollen forensischer Ermittler begeben und u. a. anhand eines fingierten Tatorts versuchen müssen, in Gruppenarbeit einen fiktiven Mordfall zu lösen. Nähere Informationen finden sich unter: http://www.csi-training.de/product/csi-training-erlebnis/. Zugegriffen: 17. Juli 2016.

Ausgehend von den auf dem Buchmarkt tätigen Autorinnen und Autoren – und den Berufsfeldern, die sie in ihren Büchern behandeln – geht es bei der Verlagsrecherche darum, eine noch unerschlossene Nische zu identifizieren („Was hatten wir denn noch nicht?") und mit einer neuen Produktidee zu besetzen. Dieses Handlungsproblem wird hier mit der Spezifizierung auf den Berufstypus des Toxikologen gelöst, der „den chemischen Aspekt eben auch von Kriminaldelikten" verkörpert. Für den Verlag ist es einerseits wichtig, an der Popularität von Forensik im Allgemeinen zu partizipieren, und dabei andererseits einen Teilbereich zu bedienen, der von Konkurrenzverlagen noch nicht aufgegriffen wurde – und deshalb auf hohe Marktanteile hoffen lässt.

Nachdem die Toxikologie bzw. der Toxikologe als Innovationsquelle identifiziert wurden, richtet sich die Beobachtung des Verlags weg vom Handlungsfeld des Buchmarktes und hin zum Handlungsfeld der Forensik, genauer: der Toxikologie. Wer ist hier ein relevanter Akteur, d. h. wer entspricht dem gesuchten Typus und kommt als Autorin oder Autor eines Sachbuchs über die toxikologischen Aspekte der Verbrechensaufklärung infrage? Die Suche vollzieht sich auf unterschiedlichen Plattformen, auf denen eine Präsenz von in der Toxikologie Tätigen vermutet wird (Zeitungen, Veranstaltungen, Podien). Um vom Verlag ‚entdeckt' zu werden, bedarf es zum einen kulturellem Kapital – die Kandidaten müssen über ein toxikologisches Expertenwissen verfügen, welches u. a. durch akademische Zertifikate zum Ausdruck kommt. Darüber hinaus ist eine gewisse Form der öffentlichen Sichtbarkeit und Adressierbarkeit vonnöten, z. B. in Form von Vorträgen, der Teilnahme an Podiumsdiskussionen oder der Präsenz in unterschiedlichen Medienformaten.

Während sich der Verlag aus der Zusammenarbeit mit dem Toxikologen ökonomische Gewinne verspricht, kann auch der künftige Autor davon (un-)mittelbar profitieren. Mit allgemein verständlich verfassten Sachbüchern wird für gewöhnlich eine größere (weil breitere) Leserschaft erreicht, als dies bei wissenschaftlichen Publikationen der Fall ist, die üblicherweise ein relativ kleines Fachpublikum adressieren. Die Aussicht auf hohe Verkaufszahlen ist hingegen mit der Akkumulation nicht nur von zusätzlichem ökonomischem, sondern auch von symbolischem Kapital (in Form von Anerkennung und Prestige) verbunden. Das bedeutet zum einen, dass das öffentliche Bewusstsein für die Daseinsberechtigung der eigenen Disziplin geschärft werden kann; über diesen aufklärerischen Aspekt hinaus erhöht sich aber auch die Bekanntheit des Autors. Möglicherweise avanciert er zum öffentlichen ‚Gesicht' seiner Disziplin, weitere Medienvertreterinnen und -vertreter werden auf ihn aufmerksam und bitten ihn, sich über Themen seines Faches in der Öffentlichkeit zu äußern, sobald diese auf der medialen Tagesordnung stehen. Insofern kann die Kooperation mit einem Sachbuchverlag auch ein Gewinn an medialem Kapital bedeuten, welches eine neue Position innerhalb des Feldes ermöglicht.[8]

Buchverlage verhelfen ihren Autorinnen und Autoren aber nicht nur zu einem Gewinn an medialem Kapital, auch können sie selbst von dem bereits vorhandenen medialen Kapital ihrer Autorinnen und Autoren (ökonomisch) profitieren. Ein bekannter Name bzw. ein bekanntes Gesicht auf dem Buchcover fungiert gewissermaßen als ‚Qualitätssiegel', welches die Absatzchancen des Produktes erhöht. In einer solchen *win-win-Situation* können sowohl Autor als auch Verlag ihre Kapitalien maximieren, indem sie ihr Handeln aneinander ausrichten.[9] Man könnte diese Wechselwirkung auf die einfache Formel bringen: Wer in den Medien auftaucht, wird bekannt – und wer bekannt ist, taucht in den Medien auf.

Bei der Verteilung von Kapital im Feld der Forensik kommt den Medien also eine kaum zu unterschätzende Bedeutung zu. Dabei stehen sie dem Feld keineswegs isoliert gegenüber, sondern sie sind selbst dessen Bestandteil und nehmen dort eine aktive Rolle ein. Sie betreiben insofern ‚Agenda-Setting', als sie den Blick auf bestimmte Inhalte und Personen der Forensik legen und damit ihre eigene Deutung davon geben, was relevant ist und was nicht. Gleichzeitig aktivieren sie damit andere Akteure dazu, ihrerseits zu Mitspielern im forensischen Feld zu werden. Neben Buch- und Spieleverlagen sind noch einige weitere Unternehmen auf die Popularität forensischer (Medien-)Inhalte aufmerksam geworden und erkennen darin ein attraktives Sujet, das ihre Hoffnung auf ökonomische Gewinne nährt. Aus diesem Grund beobachten und vermessen sie das forensische Feld, um Ideen für eigene Produkte und Dienstleistungen zu entwickeln und zu realisieren (z. B. Merchandiseartikel, didaktische Materialien, Events). Dabei unterliegen sie der Marktlogik von Angebot und Nachfrage, denn produziert wird nur, was sich verkaufen lässt. Das forensische Feld verändert sich also nicht allein durch den

---

[8]Zur Umstellung von Reputation auf Prominenz innerhalb der Wissenschaft vgl. Reichertz 2010, S. 209ff.

[9]Ein vergleichbares Beispiel für die Beziehung von ökonomischem und medialem Kapital stellt die Zusammenarbeit des bereits weiter oben erwähnten Kriminalbiologen Mark Benecke mit dem Spieleverlag *Ravensburger* dar. Letzterer hat 2010 einen Experimentierkasten zum Thema Spurensicherung auf den Markt gebracht. Benecke war an der Konzeption dieses Kastens nicht nur maßgeblich beteiligt, sondern sollte auch eine Schlüsselfigur für dessen Vermarktung werden. So ist etwa sein Konterfei auf der Vorderseite des Kastens abgebildet und wird flankiert von der Aufschrift: „Entwickelt von dem weltbekannten Kriminalisten". Vgl. hierzu die hermeneutisch-wissenssoziologische Artefaktanalyse des Kastens bei Englert 2016.

Eintritt von privaten, an Gewinn interessierten Unternehmen – ihre Produkte und Dienstleistungen führen überdies zu einer Pluralisierung der Deutung dessen, was Forensik ist.

Anhand der Erkenntnisse, die in diesem Projektabschnitt gewonnen werden konnten, lässt sich die oben gestellte Frage, ob aus dem forensischen Feld ein Markt geworden ist, also deutlich bejahen. Ein forensischer Markt ist mittlerweile in Deutschland entstanden, weil ökonomisch motivierte Akteure hinzugetreten sind, die Forensik zu einem ökonomisch absetzbaren Produkt machen – und weil auch klassische Feldakteure durch die Inszenierung bzw. Vermarktung ihrer Fachkompetenz und ihrer Person zusätzliches ökonomisches, aber auch andere Arten von Kapital erwirtschaften können. Besondere Bedeutung erlangt hierbei das mediale Kapital als neue Währung, um die gerungen und mit der gehandelt wird.

6 Die Bedeutung der Mediatisierung für das forensische Feld

Der Einblick in die empirischen Ergebnisse liefert Hinweise auf Folgen der medialen Repräsentation des forensischen Feldes, die wir als Medienwirkungen verstehen. Nicht immer sind diese Wirkungen direkt zu beobachten, sondern in verschiedenen gesellschaftlichen Bereichen erkennbar, in denen Menschen ihr Handeln an dem forensischen Feld ausrichten. Die beobachteten Veränderungen des forensischen Feldes äußern sich vor allem im *Aufkommen neuer Akteure* und in der *Entwicklung neuer Handlungslogiken*. Vor diesem Hintergrund lassen sich forensische TV-Formate als ein Impuls verstehen, der solche Veränderungen nach sich zieht. Der Zusammenhang zwischen Impuls und Wirkung stellt jedoch keine direkte kausale Relation, sondern vielmehr eine Diffusionsbewegung dar. Damit ist gemeint, dass die medialen Inhalte nicht immer unmittelbar Handlungen auslösen, sondern dass sich forensische Themen verbreiten (diffundieren) und dadurch in neuen Handlungsbereichen Bedeutung erlangen. Ihre mediale Repräsentation verleiht forensischen Themen eine breite Öffentlichkeit und macht sie für unterschiedliche Akteure relevant. Wie gezeigt wurde, werden beispielsweise Zuschauende von TV-Sendungen, Buchverlage oder Spieleentwickler auf das mediatisierte forensische Feld aufmerksam und reagieren darauf auf je spezifische Weise: etwa in Form einer *Remediation* (vgl. Bolter und Grusin 2000), also der Repräsentation einer Erzählwelt *(CSI)* in einem anderen Medium (der Spiele-App *CSI: Hidden Crimes*) – oder generell durch die Entwicklung und Vermarktung von Produkten mit forensischen Inhalten. Letztere dringen auch in den Alltag derjenigen ein, die weder Zuschauer forensischer TV-Formate sind noch in sonstiger Form mit Forensik in Berührung gekommen sind.

Literatur

Bidlo O, Englert C, Reichertz J (Hrsg) (2011) Securitainment. Medien als Akteure der Inneren Sicherheit. Springer/VS, Wiesbaden

Bidlo O, Englert C, Reichertz J (2012) Tat-Ort Medien. Die Medien als Akteure und unterhaltsame Aktivierer. Springer/VS, Wiesbaden

Bolter JD, Grusin R (2000) Remediation: Understanding New Media. MIT Press, Cambridge, Massachusetts

Bourdieu P (1998) Vom Gebrauch der Wissenschaft. Für eine klinische Soziologie des wissenschaftlichen Feldes. UVK, Konstanz

Busemann K, Tippelt F (2014) Second Screen: Parallelnutzung von Fernsehen und Internet. Media Perspektiven 2014:408–416

Döring N (2013) Modelle der computervermittelten Kommunikation. In: Kuhlen R, Semar W, Strauch D (Hrsg) Grundlagen der praktischen Information und Dokumentation. De Gruyter, Berlin/Boston, S 424–430

Engell L, Englert CJ, Kempken N, Maeder D, Reichertz J, Schröter J, Wentz D (2014) Das Fernsehen als Akteur und Agent. In: Krotz F, Despotović C, Kruse MM (Hrsg) Die Mediatisierung sozialer Welten. Synergien empirischer Forschung. Springer/VS, Wiesbaden, S 145–164

Engelmann J (Hrsg) (1999) Die kleinen Unterschiede. Der Cultural Studies Reader. Campus, Frankfurt am Main

Englert CJ (2014) Der CSI-Effekt in Deutschland? Die Macht des Crime TV. Springer/VS, Wiesbaden

Englert CJ (2016) Das nebulöse Geschäft mit der Spurensicherung. Eine hermeneutisch-wissenssoziologische Artefaktanalyse. In: Englert CJ, Reichertz J (Hrsg) CSI. Rechtsmedizin. Mitternachtsforensik. Springer/VS, Wiesbaden, S 107–147

Englert CJ, Kempken N (2016) Dem Geld auf der Spur. Der forensische Medienmarkt. In: Englert CJ, Reichertz J (Hrsg) CSI. Rechtsmedizin. Mitternachtsforensik. Springer/VS, Wiesbaden, S 169–204

Englert CJ, Reichertz J (Hrsg) (2016) CSI. Rechtmedizin. Mitternachtsforensik. Das Geschäft mit dem Crime TV. Springer/VS, Wiesbaden

Flusser V (1996) Kommunikologie. Bollmann, Mannheim

Franck G (1998) Ökonomie der Aufmerksamkeit. Hanser, München

Hepp A (2011) Medienkultur. Springer/VS, Wiesbaden

Hepp A (2016) Pioneer communities. Media Culture & Society 38:918–933

Hepp A, Winter C (Hrsg) (2003) Die Cultural Studies Kontroverse. Zu Klanpen, Lüneburg

Hitzler R, Reichertz J, Schroer N (Hrsg) (1999) Hermeneutische Wissenssoziologie. Standpunkte zur Theorie der Interpretation. UVK, Konstanz

Iványi N (2003) Die Wirklichkeit der gesellschaftlichen Konstruktion. UVK, Konstanz

Jäckel, M (2012) Medienwirkungen. Springer/VS, Wiesbaden

Jers C (2012) Konsumieren, Partizipieren und Produzieren im Web 2.0. Ein sozial-kognitives Modell zur Erklärung der Nutzungsaktivität. Halem, Köln

Keller R, Knoblauch H, Reichertz J (Hrsg) (2012) Kommunikativer Konstruktivismus. Springer/VS, Wiesbaden

Keppler A (2006) Mediale Gegenwart. Suhrkamp, Frankfurt am Main

Kepplinger HM (2008) Was unterscheidet die Mediatisierungsforschung von der Medienwirkungsforschung? Publizistik 53:326–338

Krotz F (2007) Mediatisierung: Fallstudien zum Wandel von Kommunikation. Springer/VS, Wiesbaden

Krotz F (2014) Projektübergreifende Konzepte und theoretische Bezüge der Untersuchung mediatisierter Welten. In: Krotz F, Despotović C, Kruse MM (Hrsg) Die Mediatisierung sozialer Welten. Synergien empirischer Forschung. Springer/VS, Wiesbaden, S 7–32

McLuhan M (1994) Understanding media: The extensions of man. MIT Press, Cambridge, Massachusetts

Meyen M (2009) Medialisierung. Medien & Kommunikationswissenschaft 57:23–38

Mikos L (2008) Die Rezeption des Cultural Studies Approach im deutschsprachigen Raum. In: Hepp A, Winter R (Hrsg) Kultur – Medien – Macht. Westdeutscher Verlag, Opladen, S 177–192

Morris M, Ogan C (1996) The Internet as Mass Medium. Journal of Communication 46:39–50

Nolte K (2005) Der Kampf um Aufmerksamkeit. Wie Medien, Wirtschaft und Politik um eine knappe Ressource ringen. Campus, Frankfurt am Main

Rehbein B, Saalmann G (2009) Feld (champ). In: Fröhlich G, Rehbein B (Hrsg) Bourdieu Handbuch. Leben – Werk – Wirkung. Metzler, Stuttgart, S 99–103

Reichertz J (2000) Die Frohe Botschaft des Fernsehens. Kultursoziologische Untersuchung medialer Diesseitsreligion. UVK, Konstanz

Reichertz J (2006) Das Fernsehen als Akteur. In: Ziemann A (Hrsg) Medien der Gesellschaft – Gesellschaft der Medien. UVK, Konstanz, S 231–246

Reichertz J (2007) Medien als selbständige Akteure. In: Aus Politik und Zeitgeschehen. APuZ 12/2007, S 25–31.

Reichertz J (2010) Die Macht der Worte und der Medien. 3. Aufl. Springer/VS, Wiesbaden

Reichertz J (2016a) Wozu und weshalb braucht man einen ‚korporierten Akteur'? In: Englert CJ, Reichertz J (Hrsg) (2016) CSI. Rechtmedizin. Mitternachtsforensik. Springer/VS, Wiesbaden, S 149–168

Reichertz J (2016b) CSI und das Feld der deutschen Rechtsmedizin. Thesen. In: Englert CJ, Reichertz J (Hrsg) (2016) CSI. Rechtmedizin. Mitternachtsforensik. Springer/VS, Wiesbaden, S 23–29

Reichertz J, Iványi N (2002) Liebe (wie) im Fernsehen. Eine wissenssoziologische Studie. Leske und Budrich, Opladen

Reichertz J, Meitzler M, Plewnia C (2017) Wissenssoziologische Medienwirkungsforschung. Zur Mediatisierung des forensischen Feldes. Springer/VS, Wiesbaden (in Vorbereitung)

Über die Autoren

Matthias Meitzler, M.A., ist wissenschaftlicher Mitarbeiter im drittmittelgeförderten Projekt ‚Die Pluralisierung des Sepulkralen' am Lehrstuhl für Soziologie der Universität Passau. Forschungsschwerpunkte: Thanatosoziologie, Qualitative Sozialforschung, Wissenssoziologie, Soziologie des Körpers. Veröffentlichungen u. a.: „Wissenssoziologische Medienwirkungsforschung. Zur Mediatisierung des forensischen Feldes", Wiesbaden 2017 (mit J. Reichertz und C. Plewnia, in Vorbereitung); „Der alte Körper als Problemgenerator.

Zur Normativität von Altersbildern", in: Keller, Reiner/Meuser, Michael (Hg.): „Alter(n) und vergängliche Körper", Wiesbaden 2017; „Hunde wollt ihr ewig leben? Der tote Vierbeiner – ein Krisentier", in: Hitzler, Ronald/Burzan, Nicole (Hg.): „Auf den Hund gekommen. Interdisziplinäre Annäherungen an ein Verhältnis", Wiesbaden 2017; „Postexistenzielle Existenzbastelei", in: Benkel, Thorsten (Hg.): „Die Zukunft des Todes. Heterotopien des Lebensendes", Bielefeld 2016; „Soziologie der Vergänglichkeit. Zeit, Altern, Tod und Erinnern im gesellschaftlichen Kontext", Hamburg 2011.

Caroline Plewnia, M.A., ist wissenschaftliche Mitarbeiterin im Projekt „Die Mediatisierung der deutschen Forensik. Aktivierte Zuschauer und private Unternehmer als Akteure auf dem forensischen Markt" im DFG-Schwerpunktprogramm „Mediatisierte Welten" an der Universität Duisburg-Essen. Forschungsschwerpunkte: Wissenssoziologische Diskursanalyse, Wissenssoziologische Theorie, Sozialkonstruktivismus, Methoden der qualitativen Sozialforschung. Veröffentlichung: „Wissenssoziologische Medienwirkungsforschung. Zur Mediatisierung des forensischen Feldes" (mit J. Reichertz und M. Meitzler, Wiesbaden 2017, in Vorbereitung).

Jo Reichertz, Dr. phil. habil., ist Professor em. für Kommunikationswissenschaft an der Universität Duisburg-Essen und Professor am Kulturwissenschaftlichen Institut Essen. Er ist Leiter des Projekts „Die Mediatisierung der deutschen Forensik. Aktivierte Zuschauer und private Unternehmer als Akteure auf dem forensischen Markt" im DFG-Schwerpunktprogramm „Mediatisierte Welten". Veröffentlichungen u. a.: „Wissenssoziologische Medienwirkungsforschung. Zur Mediatisierung des forensischen Feldes" (mit M. Meitzler und C. Plewnia, Wiesbaden 2017, in Vorbereitung); „Gemeinsam interpretieren: Die Gruppeninterpretation als kommunikativer Prozess" (Wiesbaden 2013); „Kommunikativer Konstruktivismus" (hrsg. mit R. Keller, H. Knoblauch, Wiesbaden 2013); „Einführung in die qualitative Videoanalyse" (mit C. J. Englert, Wiesbaden 2010); „Die Macht der Worte und der Medien" (Wiesbaden 2010), „Kommunikationsmacht. Was ist Kommunikation und was vermag sie?" (Wiesbaden 2009).

Teil VI
Ausblick

Pfade der Mediatisierung: Bedingungsgeflechte für die Transformationen von Medien, Alltag, Kultur und Gesellschaft

Friedrich Krotz

Zusammenfassung

Dieser abschließende themenübergreifende Beitrag zielt darauf ab, Mediatisierung als Metaprozess sozialen kulturellen Wandels in einigen seiner Besonderheiten auf der Basis der Arbeit des Schwerpunktprogramms zu charakterisieren. Dabei steht insbesondere im Vordergrund, dass es nicht *die* Mediatisierung gibt, sondern dass die Verläufe von Mediatisierungsprozessen in Abhängigkeit von Kultur und Geschichte, Ökonomie und Politik verlaufen und dass darüber zumindest in Demokratien mittels vielfältiger Aushandlungsprozesse in den unterschiedlichsten sozialen Entitäten entschieden wird. Zudem wird in dem Text auf die Rolle historischer Bedingungen heutiger Mediatisierungsprozesse sowie auf die Bedeutung anderer Metaprozesse wie Globalisierung, Individualisierung und Kommerzialisierung eingegangen. Der Text nimmt auf dieser Basis die Frage nach einer kritischen Mediatisierungsforschung auf und diskutiert in diesem Zusammenhang unter anderem mögliche Begriffe wissenschaftlicher Kritik.

Schlüsselwörter

Mediatisierung · Medienwandel · Kritische Forschung · Historische Forschung · Metaprozess · Aushandlungsprozesse

---

F. Krotz (✉)
Universität Bremen, Bremen, Deutschland
E-Mail: krotz@uni-bremen.de

© Springer Fachmedien Wiesbaden GmbH 2017
F. Krotz et al. (Hrsg.), *Mediatisierung als Metaprozess*,
Medien • Kultur • Kommunikation, DOI 10.1007/978-3-658-16084-5_16

1 Einige offene Fragen der Mediatisierungsforschung

In dem diesen Band inhaltlich einleitenden Text (vgl. Krotz in diesem Band) wurde das Mediatisierungskonzept unter dem Aspekt behandelt, wie man die damit bezeichneten Prozesse und Transformationen empirisch untersuchen kann, wie sie zusammenhängen und wie sie sich konkret im Wandel von Alltag, Kultur und Gesellschaft ausdrücken. In Ergänzung dazu muss es in der Mediatisierungsforschung natürlich auch darum gehen zu analysieren, was diese Entwicklungen aktuell wie historisch vorantreibt und welche sonstigen gesellschaftlichen Kontexte dafür wichtig sind, wie sie in den gesamtgesellschaftlichen Wandel eingebettet sind und was sie zur Entwicklung der Menschheit beitragen etc. – also auch darum, welche gesellschaftliche Bedeutung dies alles in einem übergeordneten Zusammenhang hat und wie sich diese Entwicklungen beurteilen und bewerten und ggf. auch beeinflussen lassen.

Kriterien dafür lassen sich wegen der kurz- wie langfristigen großen Bedeutung von Mediatisierungsprozessen für die Formen menschlichen Zusammenlebens aus den Bedingungen ableiten, die für eine demokratische Gesellschaft notwendig sind, sowie aus den damit verbundenen Menschenrechten – in der Annahme, dass diese Zielsetzungen die grundlegenden Werte von Freiheit, Gleichheit und Selbstbestimmung heute am ehesten und weitestgehenden beinhalten. Dabei ist allerdings im Blick zu behalten, dass sich die demokratischen Regeln wie Menschenrechte unter Mediatisierungsbedingungen auch verändern können. Mit einigen damit zusammenhängenden Fragen beschäftigt sich dieser abschließende, und wie zu hoffen ist, auch weiterführende Beitrag.

Konkret geht es im zweiten Abschnitt um die möglichen Entwicklungspfade von Mediatisierung in den verschiedenen kulturellen und sozialen Einheiten sowie um dafür relevante Einflussfaktoren. Im dritten Abschnitt geht es dann um den Zusammenhang von Mediatisierung mit anderen historischen und aktuellen Entwicklungen und Metaprozessen. Der vierte Abschnitt befasst sich mit der daraus abzuleitenden Notwendigkeit einer kritischen, auf die Fragen der Zivilgesellschaft gerichteten Mediatisierungsforschung, der fünfte abschließend mit einigen ergänzenden Überlegungen. Weil alle diese Themen im Schwerpunktprogramm und seinen einzelnen Projekten zwar immer wieder eine Rolle gespielt haben, aber nicht im Zentrum der empirischen Forschung standen, kann aber jetzt schon für alle diese Bereiche eine Schlussfolgerung gezogen werden: Weitere Forschung und weitere akademische wie gesellschaftliche Diskussionen sind notwendig.

2 Pfade der Entwicklung von Mediatisierung

Ausgangspunkt der folgenden Überlegungen ist die bekannte These vom direkt aufeinander verweisenden Zusammenhang von Kommunikation, Kultur und Gesellschaft, weil jede dieser Perspektiven auf die Formen menschlichen Zusammenlebens ohne die anderen nicht sein kann. Medien als Modifikatoren von Kommunikation spielen von daher unmittelbar eine Rolle für den Wandel von Alltag, Kultur und Gesellschaft, die hier als integrierende Perspektiven auf die vielfältigen Formen menschlichen Zusammenlebens (vgl. Geertz 1991) verstanden werden. Wenn sich Medien und damit Kommunikation verändern, sind auf den verschiedensten Wegen und durch unterschiedliche ‚Mechanismen' vielfältige Ebenen von Alltag, Kultur und Gesellschaft betroffen. Dies lässt sich allgemein theoretisch begründen, schlägt sich aber auch in vielfältigen empirischen Studien und insbesondere auch in denen aus dem hier diskutierten Zusammenhang einer Untersuchung mediatisierter Welten nieder.

Um derartigen Wandel zu rekonstruieren, sind natürlich zunächst die *vorher bestehenden kulturellen und gesellschaftlichen Bedingungen* zu berücksichtigen (vgl. Hepp 2012; Krotz 2001, 2007). Dies zeigen die in diesem Band vorgestellten empirischen Studien; in theoretischer Hinsicht ergibt sich dies durch die Arbeiten von Havelock (1990), Innis (1950, 1951) und McLuhan (1964), Meyrowitz (1990), Ong (1995) und anderen sowie aus den Cultural Studies (vgl. Hepp et al. 2015). Auch aus anderen Disziplinen sind vergleichbare Untersuchungen bekannt – beispielsweise verweist Degele (2002) in ihrer Technikgeschichte darauf, dass sich das Telefon Ende des 19. Jahrhunderts aufgrund kultureller Unterschiede zwischen den USA und Großbritannien unterschiedlich schnell verbreitet hat: Das ‚my home is my castle'-Gefühl der britischen bürgerlichen und oberen Schichten und Klassen hat sich anders ausgewirkt als die Notwendigkeiten und Möglichkeiten, schicht- und ethnisch übergreifend im ‚Schmelztiegel' USA zu kommunizieren.

Neben kulturellen und sozialen Bedingungen und den davon beeinflussten Formen des Zusammenlebens spielen natürlich auch *die technischen und die ökonomischen Bedingungen* eine Rolle. Über Technik kommen die Medien von heute überhaupt erst zustande; aber die Technik folgt natürlich nicht nur technischen Fragen, auch wenn dieser Anschein oft erweckt wird – vielmehr sind dafür letztlich auch dahinterstehende ökonomische Interessen wichtig (vgl. Rammert 2007). Obendrein bedarf es für jede Technik immer auch einer entsprechenden Infrastruktur, etwa für Energie und Logistik, sowie eines ökonomischen und organisatorischen Spielraums einer Gesellschaft, um Nutzungsbedingungen für aufkommende oder sich entwickelnde Medien zu stabilisieren: Festnetztelefone benötigen beispielsweise eine teure Infrastruktur, deren Einrichtung sich umgekehrt auch lohnen muss, bei anderen Medien wie im Falle von Büchern, die beispielsweise auf die Kulturtechnik des Lesens zurückgreifen, bedarf es Institutionen, die Lesefähigkeiten vermitteln (vgl. Stein 2010), und weitere, die dafür sorgen, dass diese Fähigkeiten auch genutzt werden und erhalten bleiben. Und es bedarf natürlich auch eines entsprechenden politischen Willens, dies zu tun, der keineswegs immer als vorhanden angenommen werden kann.

Medien richten sich in einer demokratischen Gesellschaft prinzipiell an alle Interessierten, sind aber oft zunächst einmal speziell für spezifische soziale Entitäten interessant – das Internet beispielsweise zunächst für das Militär, dann für die Wissenschaft, einzelne Computerinteressierte und Wissenschaftlerinnen und Wissenschaftler, bis es sich dann zum universellen Marktplatz und Beobachtungsinstrument entwickelt hat. Insofern kann man wahrscheinlich sagen, dass Mediatisierungsprozesse immer spezifische soziale Entitäten betreffen oder genauer ausgedrückt, sich in solchen Entitäten entfalten. Solche Entitäten können ganze Gesellschaften sein wie etwa die meisten europäischen Staaten im 19. Jahrhundert, die teure und komplexe Schulsysteme aufbauten, jedoch nicht, um den Menschen neue Möglichkeiten zu eröffnen, sondern auf Anforderung von Militär und Ökonomie (vgl. Stein 2010). Das können aber auch Sozialwelten oder soziale Welten sein, wie im Einführungskapitel dieses Bandes (vgl. Krotz in diesem Band) definiert, also thematisch definierte Gruppierungen, die kommunikativ verbunden sind (vgl. Strauss 1984; Krotz 2014b, 2014c), beispielsweise bestimmte gesellschaftliche Mitgliedschafts- oder Orientierungsgruppen, Jugendliche einer bestimmten Altersgruppe, Bevölkerungssegmente wie Stadtbewohnerinnen und -bewohner oder Berufsgruppen wie Bürokraten. Es können natürlich auch noch sehr viel kleinere Entitäten wie Vereine oder Familien, oder nur zeitweilig kommunikativ verbundene Individuen sein, die sich situativ auf ein gemeinsames Thema konzentrieren, wie es der klassische Publikumsbegriff als Sonderfall von ‚soziale Welt' fasst (siehe Krotz in diesem Band).

Insbesondere derartig schnelle und breite Wandlungsprozesse, wie man sie heute beobachten kann, setzen letztlich jede einzelne derartige Sozialwelt unter Druck, die ihre je eigenen Konventionen entwickeln muss, wie, wann und was kommuniziert werden kann – dabei kann man technische, zeitliche, räumliche und soziale Bedingungen voneinander unterscheiden und natürlich kann eine solche Sozialwelt auch bestimmte Medien aus ihrer internen Kommunikation ausschließen. Dabei ist es vermutlich auch gleichgültig, auf welche Weise eine solche Sozialwelt mit einem neuen Medium konfrontiert wird – ob einzelne Individuen es einbringen, ob dahinter kulturübergreifende bzw. transkulturelle

Entwicklungen stehen, die auf der Machtebene Adaption erfordern oder die mit dem Ziel einer sozialen Ermächtigung von Institutionen wie der Kirche oder von Arbeiterbildungsvereinen in Gang gebracht werden. Auch in einigen der in diesem Band vorgestellten Projekte spielen, wenn man genauer hinsieht, derartige Zusammenhänge eine Rolle, etwa bei den mit Migration befassten Projekten, den Studien über reflexive Mediatisierung, über den Wandel von Haushalten oder die Untersuchung synthetischer Situationen.

Grundsätzlich zeigen vor allem solche detaillierten und sorgfältig durchgeführten Studien, dass sich soziale und kulturelle Entwicklungen in ihrer jeweiligen Gestalt auf der Basis der insoweit beschriebenen Hintergründe durch vielfältige *Aushandlungsprozesse* ausbilden, die sich dann in Regeln, Ausschlussbedingungen, Normen und Gesetzen, in Erwartungen und Ängsten und langfristig dann aber auch in einem Wandel von Gewohnheiten und in der Ausbildung neuer Eliten und neuen gesellschaftlichen Segmentierungen ausdrücken können. Derartige Aushandlungsprozesse können dementsprechend als öffentliche Auseinandersetzungen, politische oder ökonomische Entscheidungen, erzwungene Festlegungen, aber auch als privat oder gruppenintern vereinbarte oder akzeptierte Praktiken stattfinden; sie können durch neue Produkte und deren Verwendungen, durch andere Macht- und Einflusskonstellationen, aber auch durch Ängste und Vorlieben, traditionelle oder funktionale Interpretationen zustande kommen.

Als ein historisches Beispiel für solche Aushandlungsprozesse kann die Entwicklung des Radios in Deutschland nach dem ersten Weltkrieg dienen, als viele gesellschaftliche Gruppen dieses neue Medium benutzen wollten, dann aber letztlich die aus der Kaiserzeit übernommene Bürokratie sich durchsetzte (vgl. Dahl 1983). Beispielhaft für Themen solcher Aushandlungsprozesse heute kann man für die industrialisierten Demokratien des Westens die Diskussionen um die Bedeutung des Datenschutzes wie auch die um Netzneutralität anführen – es leuchtet unmittelbar ein, dass in einer Gesellschaft, in der diese beiden Bedingungen einer Nutzung der digitalen, computergesteuerten Infrastruktur auf menschengerechte Weise und unter Wahrung privater Grundrechte gewährleistet sind, sich jedenfalls Mediatisierung auf andere Art entwickelt als da, wo die Gestaltung dieser beiden Bedingungen Einzelinteressen von ökonomischen oder politischen Akteuren überlassen bleibt und BIG DATA so zu einem machtvollen Verfügungswissen beiträgt.

Aber auch in jeder einzelnen Sozialwelt müssen sich die Beteiligten für die interne Kommunikation auf bestimmte Medien und bestimmte kommunikative Konventionen einigen, was sich dann in ihrer weiteren Entwicklung in stabilisierten Konventionen ausdrücken kann. Zudem müssen auch die einzelne Sozialwelt übergreifende Aushandlungsprozesse stattfinden – zumindest müssten

Sozialwelten in einem breiteren Sinn dafür offen bleiben. Sie können sich dann auf dieser Basis auch gemeinsam weiter entwickeln, oder es können sich über eine Ausdifferenzierung von medialen Formen dann Subsozialwelten mit ganz unterschiedlichen Kommunikationspraktiken ausbilden – beispielsweise differenzieren sich Familien generationenbezogen auf Dauer aus; häufig liegen solchen Differenzierungen dann aber auch unterschiedliche technische und ökonomische Entwicklungen zugrunde. Insofern sind derartige Entwicklungen nicht unbedingt an spezifische staatliche Strukturen gebunden, sondern legen ein Verständnis von Gesellschaft als ein Konglomerat sich überlappender, oft auch in unterschiedlicher Richtung sich verändernder Sozialwelten nahe, wobei sich dann hier die Frage stellt, wie homogen Gesellschaften heute überhaupt noch sein können.

Es gibt also nicht *die* Mediatisierung, sondern bei jedem Mediatisierungsschub in jeder Phase spezifische gesellschaftliche Pfade der Mediatisierung, die auf sozialweltinternen oder sozialweltübergreifenden Aushandlungsprozessen beruhen, sofern sie nicht durch Machtkonstellationen entschieden werden, die oft als technisch alternativlos dargestellt werden, was freilich nicht immer richtig ist. Beispielsweise besitzen Laptops üblicher Weise eine Tastatur, die als wichtigstes Eingabemedium anzusehen ist. Weil aber eine handhabbare Tastatur höchstens eine zweistellige Anzahl von Tasten besitzt, ist damit letztlich eine Alphabetschrift vorausgesetzt – daran ändern auch Umschalttasten nichts (vgl. Haarmann 2011). Dies wirft aber für Kulturen ohne Schrift oder Länder und Kulturen mit einer Zeichenschrift eine Reihe von Problemen auf, die in kulturell grundlegende Strukturen und Prozesse in einer Gesellschaft eingreifen können – beispielsweise in Japan mit einer Zeichen- und zwei Silbenschriften (vgl. Krotz und Hasebrink 2003). Auch können es sich Länder ohne hinreichende finanzielle Ressourcen bekanntlich kaum leisten, aus der eigenen Kultur entstandene Fernsehprogramme zu entwickeln oder kleinere Sprachgemeinschaften gleichberechtigt zu behandeln. Und in Ländern, in denen ein diktatorischer Staat Bildung einschränkt, indem er sie in seinem Sinn zu lenken versucht, ist mit Zeitungen weder ein Geschäft noch viel Staat zu machen. Auch die Kontrolle notwendiger Infrastrukturen wie etwa des Stromnetzes oder von Internetverbindungen ist für derartige Probleme relevant. Dass umgekehrt ein Scheitern oder Übergehen von Aushandlungsprozessen in Demokratien Medienentwicklungen entscheidend bremsen kann, zeigt das triste Beispiel des deutschen DAB Radios, das es infolgedessen nicht zu einer im Verhältnis zum Aufwand sinnvollen Nutzung bringen konnte (vgl. Kleinsteuber 2005).

Schließlich ist festzuhalten, dass Medien immer, ganz gleich, ob sie in spezifischen Kulturen und Gesellschaften entwickelt oder von anderen Kulturen und Gesellschaften übernommen werden, *Chancen und Risiken* beinhalten. Insofern finden alle Aushandlungen darüber, wie ein Medium und wofür es verwendet wird, im Rahmen von sozialer und ökonomischer Macht und Herrschaft und im Rahmen kultureller Hegemonien statt: Dies sind Invarianten jeder bisherigen Gesellschaft (vgl. hierzu Marx und Engels 1969; Bourdieu 1987; Foucault 1978; Gramsci 1991; Anter 2012).

Derartige Machtpotenziale können durch neue Medien gestützt, aber auch infrage gestellt werden. Dies ist relevant, weil sie prinzipiell neues Wissen, neue, wenn auch medial vermittelte Erfahrungen, neue Alltagspraktiken, neue soziale Beziehungen etc. ermöglichen; deswegen werden neue Medien ja in der Regel bei ihrem Aufkommen kritisch diskutiert, und diese Kritik zielt insbesondere auch darauf ab, die Inhalte und Nutzungsformen einzuschränken und zu reglementieren, Erwartungen zu kanalisieren und ungewollte Nutzungsformen zu verhindern. Denn sie können sich immer auch, wie etwa bei der Erfindung der Druckerpresse geschehen, gegen etablierte Strukturen wenden – damals sind bekanntlich zunächst einmal im Rahmen von Reformation und Bauernkriegen mehr Flugblätter als Bücher gedruckt worden (vgl. Krotz 2012, 2014a, 2014b; Bösch 2011). Selbst in Bezug auf das Medium Fotografie, bei dem nun einmal die Menschen selbst die Produktion von Bildern in der Hand hatten, haben sich erstaunlicher Weise eigentlich überall implizite Regeln durchgesetzt, zum Beispiel die, dass man Fotomotive am besten auf Familie oder den Urlaub einschränkt.

Insofern besteht jeder historische Mediatisierungsprozess aus vielfältigen einzelnen Formen von Mediatisierung, die von kulturellen, ökonomischen, von technischen, politischen und gesellschaftlichen Rahmenbedingungen abhängen, aber dann eben auch von den jeweiligen Ergebnissen der Aushandlungsprozesse – die Gruppe der Amish people beispielsweise hat sich bekanntlich schon vor vielen Jahrzehnten nur selektiv auf die elektrischen Medien eingelassen. Es gibt also keinen naturwüchsigen oder gottgegebenen Pfad von Mediatisierung in einer vorgegebenen Kultur und Gesellschaft. Stattdessen muss von *verschiedenen möglichen Pfaden der Mediatisierung ausgegangen werden, über die im Falle einer Demokratie per gesellschaftlicher Aushandlung und unter Berücksichtigung angemessener Diskursregeln* (Habermas 1987) *entschieden werden muss,* wobei die ganze Bevölkerung einzubeziehen ist. Dies muss dann auch Möglichkeiten beinhalten, an bestimmten Entwicklungen nicht teilzunehmen und hat dann oft auch Auswirkungen auf die Technikentwicklung, die so langfristig menschenfreundlicher wird, insofern auch Minderheiten von Betroffenen berücksichtigt werden können.

So hat der heute meist allgemein als Digitalisierung bezeichnete grundlegende Mediatisierungsschub zwar einmal als Digitalisierung der Schreibmaschine, von Schreib- und Rechenprozessen und später der damals existierenden Medien begonnen. Aber die gesamte Entwicklung bis hin zu der heute sich zunehmend verdichtenden computergesteuerten Infrastruktur lässt sich kaum noch unter dem Titel einer Digitalisierung fassen. Diese Entwicklung besteht vielmehr aus immer neuen Teilschritten, wie sich diese Infrastruktur entwickelt hat und was sie den potenziellen Nutzerinnen und Nutzern anbot: Der Verbreitung von Stand-alone-Computern folgte eine Phase der Vernetzung, der dann eine weitere mobile Vernetzung folgte, die später beide mit dem Smartphone zusammenflossen. Parallel dazu fanden Entwicklungsschritte von fundamentaler Bedeutung statt, beispielsweise, als Suchmaschinen die Verwaltung und Zuteilung des menschlichen Wissens übernahmen, später soziale Netzwerke aufkamen und spezifische Formen gesellschaftlicher Partizipation zum Thema wurden. Auch weitere Entwicklungsschritte wie das Netz der Dinge, verstanden als überall vorhandene und flächendeckende computergesteuerte Infrastruktur aus Messgeräten und Aktanten sowie den Geräten zur Speicherung, Verarbeitung und Verwertung der daraus resultierenden Daten, und das Aufkommen von Robotern als an Menschen und deren Bedürfnisse angepasste Dienstleistungsmaschinen, zeichnen sich mittlerweile immer deutlicher ab.

Insgesamt stellt sich hier natürlich auch die Frage, wie diese Aushandlungsprozesse zustande kommen, wer daran beteiligt ist und wer sie und die daraus resultierenden Ergebnisse bestimmt – derzeit wohl vor allem die Unternehmen und die von ihnen beauftragten und kontrollierten Technikerinnen und Techniker, obwohl das für die gesamte Gesellschaft von hoher Bedeutung ist. Dass damit die oben genannten Kriterien einer Orientierung der Entwicklung an den Notwendigkeiten einer Demokratie und einer Beförderung der Menschenrechte besonders im Mittelpunkt stehen, kann man da wohl kaum annehmen: Die Staaten und ihre Regierungen bleiben vergleichsweise hilflos, die Zivilgesellschaft ist kaum beteiligt. Hierauf wird noch einzugehen sein.

3 Externe Bedingungen und Zusammenhänge von Mediatisierung heute: Zur Geschichte der Mediatisierung und ihres Verhältnisses zu anderen Metaprozessen

Diese Rahmenüberlegungen legen es nun zunächst nahe, nicht nur nach internen Bedingungen von Mediatisierung zu fragen, sondern auch nach externen Einflüssen. Das in diesem Band behandelte Mediatisierungsverständnis geht in vielerlei Hinsicht über andere Konzeptionen von Medienwandel und dessen Bedeutung für Alltag und Identität der Menschen, Kultur und Gesellschaft hinaus – beispielsweise mit der These des Entstehens einer computergesteuerten digitalen Infrastruktur für alle symbolischen Operationen, aber auch mit seiner prozessualen Sichtweise, seiner Betonung der Notwendigkeit eines Verstehens historischer Zusammenhänge sowie des Einbezugs kultureller, sozialer und anderweitiger Entwicklungen. In diesem Teilkapitel soll dementsprechend die Bedeutung einer historischen Kontextualisierung betont sowie der Frage nach für Mediatisierungsprozesse relevanten anderen gesellschaftlichen Metaprozessen (vgl. zu diesem Konzept Krotz 2011, 2014a) nachgegangen werden.

Was die Bedeutung der Berücksichtigung *historischer Entwicklungen* angeht, so lassen sich dafür zahlreiche Indizien sowohl in der Literatur als auch bei den in diesem Band dargestellten Projekten finden. Vor allem die Geschichte des Schreibens und Lesens, die sich über Jahrtausende hinweg auf ganz unterschiedliche Weisen in den verschiedenen Kulturen und Epochen entwickelt hat, an die aber auch die Angebote und die Nutzung der computergesteuerten Medien heute anknüpfen, kann dafür als Beispiel angeführt werden (vgl. Stein 2010; Raible 2006). Darüber hinaus kann man sagen, dass die gesamte gegenwärtige Medienentwicklung die früheren Medienentwicklungen, deren Übernahme durch die Menschen und die daraus resultierenden früheren Transformationen von Alltag, Kultur und Gesellschaft voraussetzt – beispielsweise, was die in Europa in der Renaissance entwickelte Zentralperspektive des Bildersehens als Umgangsweise mit Bildern (vgl. Krotz 2012) oder das eng an traditionelle und sozialisatorische Erfahrungen geknüpfte Hören von als ‚harmonisch' empfundenen Tonfolgen angeht (vgl. Sterne 2003): Alle unsere Wahrnehmungsformen sind bekanntlich erlernt, haben sich als Gewohnheiten in Körpern und Handlungsweisen niedergeschlagen, und sind damit aber auch im Gegensatz zu Instinkten etc. veränderbar – und sie ändern sich erkennbar auch im Laufe der Zeit, wenn man sich die Entwicklung von darstellender oder auditiver Kunst ansieht. Auch die Benennung mancher Hardware/Software-Systeme von heute als Telefon, Buch oder Fotografie versucht ja gerade an traditionelle Medien anzuknüpfen, auch wenn jede solche Hardware/Software-Kombination heute ganz anders funktioniert als das frühere Medium – technisch, sozial, von den Inhalten und Ästhetiken wie von den Nutzungsweisen her (vgl. Krotz in diesem Band). Insofern versuchen die heute neu entstehenden Medien auch, sich durch die alten Medien und deren Produktions- und Nutzungsformen zu rechtfertigen bzw. den möglichen Kundinnen und Kunden dadurch den Zugang zu erleichtern. Sie perpetuieren so dabei allerdings auch die damit verbundenen Nutzungsbedingungen, etwa Klassen-, Geschlechter- und Bildungsunterschiede, und schaffen zugleich in der Regel auch neue, wie beispielsweise in Deutschland die entsprechenden *Pisa-*, *Iglu-* und *Timss-*Studien zeigen. Die vorhandenen Möglichkeiten, etwa über die Netze politisch und gesellschaftlich zu partizipieren, könnten durch offenere und weniger vorstrukturierte Angebote vermutlich durchaus demokratisiert und nicht auf höhere Bildungsschichten eingeschränkt werden.

Zusammenfassend ist im Hinblick auf die Vorgeschichte der heutigen Mediatisierungsschübe also zu sagen, dass sie auf den früheren aufsitzen und man davon lernen kann. Man muss die früheren schon allein deswegen verstehen, um die heutigen angemessen einzuordnen, und man muss, wenn man über Mediatisierung spricht, immer auch die inneren Zusammenhänge dieses globalen und die Menschheit begleitenden Metaprozesses in seinen kulturellen Ausprägungen in den Blick nehmen, ebenso wie man die heutige Globalisierung nicht verstehen kann, wenn man nicht die vielfältigen und kulturell unterschiedlichen wie übergreifenden Prozesse der letzten Jahrhunderte im Detail berücksichtigt.

Die historische Analyse allein reicht aber nicht aus, wenn es um die Frage nach externen Einflüssen auf die heutigen Pfade von Mediatisierung geht. Vielmehr müssen auch die existierenden weiteren *gesellschaftlichen Metaprozesse der Moderne* (vgl. Krotz 2014a) betrachtet werden.

Zu einer Begründung und Einordnung dieser Aussage ist zunächst anzumerken, dass der Mediatisierungsansatz zumindest in der hier vorliegenden Form als ein aus der Kommunikations- und Medienwissenschaft stammendes Konstrukt entwickelt worden ist, das sich auf symbolische Operationen (natürlich auf einer materiellen Basis) konzentriert und über den so induzierten Wandel Aussagen machen will. Das kommunikative Handeln der Menschen erscheint dabei zunächst einmal als etwas recht Flüchtiges im Vergleich zu den harten und die Gesellschaft prägenden Strukturen der kapitalistischen Wirtschaft und den dafür grundlegenden Arbeits- und Machtverhältnissen, sodass es manchmal schwerfällt, den Wandel von Medien und Kommunikation als etwas Bedeutsames und Einflussreiches anzusehen. Aber der Mensch ist nicht nur ein arbeitendes und seinen Körper und seine Gattung reproduzierendes Wesen, sondern vor allem auch ein ‚animal symbolicum', wie es Ernst Cassirer auf den Punkt gebracht hat: Alles, was der Mensch erlebt und tut, hat danach einen symbolischen Charakter; wir erleben nicht die Wirklichkeit, ‚wie sie ist', sondern eine in unserem Denken und Handeln, Wahrnehmen und Äußern durch Symbole vermittelte und dadurch in ihrer Art zumindest teilweise auch konstituierte sozial basierte Realität, die gleichwohl natürlich auch noch eine materielle Dimension besitzt (vgl. Cassirer 1994). Wie wir mit ihr umgehen und wie wir sie wahrnehmen und erleben, beruht auf gelernten, angeeigneten und damit veränderbaren Prozessen, so tief sie auch in uns verankert sind. Insofern dient Kommunikation der Koordination, aber sie ist weit darüber hinaus auch die Grundlage des Wahrnehmens, Denkens und der Reflexion, des Präsentierens und Inszenierens, von Nähe und Distanz, sozialen

Beziehungen und eben der Wirklichkeit. Mit ihr entsteht der Mensch, und so kann Sprache zwar auch als Medium behandelt werden, sie ist aber zugleich sehr viel mehr. Von daher sind alle symbolischen Operationen der Menschen immer auch als Interpretationen jeweils kontextuell beeinflusst. Das gilt auch für den Medienwandel und dessen Wahrnehmung.

In dieser Hinsicht sind im Rahmen des Mediatisierungsansatzes allerdings bisher vor allem Kulturen untersucht worden, die selbst Schriftkulturen sind und außerdem eine Alphabetschrift verwenden – insofern kann man diesem Ansatz derzeit noch eine eurozentrische Enge vorwerfen, weil sich etwa bei der Mediatisierung schriftloser oder mit Zeichenschrift konstituierter Kultur vermutlich wesentlich andere Prozesse beobachten lassen (vgl. hierzu auch Krotz und Hasebrink 2003). Auch Gesellschaften, die bisher nur enge und eingeschränkte kommunikative Infrastrukturen im Hinblick auf den Symbolgebrauch entwickelt haben, weil es eine umfassende Alphabetisierung nie gab, müssten in dieser Hinsicht genauer untersucht werden – so ist beispielsweise anzunehmen, dass in afrikanischen Ländern, wo sich mangels Infrastruktur weder das analoge Telefon noch das Fernsehen durchsetzen konnten, wo bis heute die technischen Infrastrukturen ebenso wie die Bildungsbedingungen ganz andere sind, vor allem dem Smartphone eine ganz andere Rolle als unter anderen Bedingungen zukommt.

Vor diesem Hintergrund lässt sich dann sagen, dass Mediatisierung immer kulturspezifisch verläuft, und infolgedessen im Zusammenhang mit den Metaprozessen *Globalisierung, Individualisierung und Kommerzialisierung* stattfindet – diese sind zentraler Kontext des Metaprozesses Mediatisierung und finden umgekehrt auch im Kontext von Mediatisierung statt. Vor allem ist zu vermuten, dass der Metaprozess einer Kommerzialisierung, in deren Verlauf immer mehr Handlungsformen und Handlungsbereiche der Menschen zur Ware und vergeldlicht werden, während umgekehrt eine kapitalistische Orientierung immer mehr Teilbereiche von Gesellschaft und Kultur durchdringt (vgl. McAllister 1996; Schiller 1989), für die Analyse von Mediatisierungsprozessen von zentraler Bedeutung ist. Denn hier handelt es sich um grundsätzliche und im Kapitalismus letztlich immer aktivierbare und ausschlaggebende Handlungsmotive, damit Entwicklungen zustande kommen. Sie treffen auf darauf zugeschnittene technische Entwicklungen, die ertragsmäßig optimiert werden können. Auch für Globalisierungs- (vgl. Hepp et al. 2005) und Individualisierungsprozesse (vgl. Beck 1986; Krotz 1998) sind darin basierte Einflüsse wirksam geworden; in ihrer Allgemeinheit ermöglichen sie in der Regel immer auch eine globale Verwendung von medienbezogenen Geschäftsmodellen, die erst die heutigen Internetgiganten *Google, Facebook* etc. möglich macht. Die gewaltigen Einflüsse des Wirtschaftssystems im Spätkapitalismus wie der Globalisierungsprozesse und der

Individualisierung beziehen ja auch theoretisch die Medien und damit Mediatisierungsprozesse von heute mit ein.

Gleichwohl bleiben die Beziehungen zwischen diesen Metaprozessen uneindeutig, insofern sich durchaus ambivalente Teilentwicklungen beobachten lassen (vgl. Krotz 2001, S. 213–264): Beispielsweise impliziert der Globalisierungsprozess, dass immer mehr, immer detailliertere und immer brauchbarere Informationen über immer mehr Länder, Wirtschafts- und Lebensbedingungen nachgefragt werden – der Spekulant an der Warenterminbörse in Chicago will wissen, wie es mit der Kaffeeernte in Guatemala steht, die einzelnen Menschen sammeln Informationen für ihre Urlaubsreisen oder für Arbeitsmigration, die Ökonomie will Bescheid wissen über die wirtschaftlichen und organisatorischen Zusammenhänge in anderen Ländern, mit denen man Handel betreibt etc. Dagegen wirkt sich Kommerzialisierung so aus, dass verlässliche und belastbare Informationen im Kapitalismus immer teurer und somit weniger leicht zugänglich werden – selbst große Tageszeitungen wie die *FAZ* betreiben nebenbei Datenbanken für die Wirtschaft, für deren Zugang man reichlich bezahlen muss. Ähnliche Beispiele lassen sich leicht finden, wenn man auch die Individualisierungsprozesse in den heutigen Gesellschaften als Entwicklungen betrachtet, die ein verändertes Informationsbedürfnis wie auch veränderte Geschäftsmodelle von Informationskonzernen zur Folge haben.

Wie sich was auf Mediatisierung auswirkt, ob es diesen Metaprozess vorantreibt oder behindert oder irrelevant dafür ist, muss dementsprechend von Fall zu Fall untersucht werden. Insgesamt kann aber Mediatisierung in keiner Weise nur für sich alleine und abgetrennt von allem anderen empirisch beschrieben und theoretisiert werden. *Mediatisierung bleibt ein interdisziplinäres Konzept.* Vermutlich liegt hier eine weitere, noch längst nicht hinreichend erkannte Besonderheit des Mediatisierungsansatzes, der in seiner Allgemeinheit für Vergleiche gut geeignet ist.

4 Die Notwendigkeit kritischer Mediatisierungsforschung

Insbesondere die aktuelle Entwicklung wirft die zentrale Frage auf, unter welchen Bedingungen in welchen Lebensbereichen sich welche sozialen Zusammenhänge im Kontext des Wandels der Medien wie verändern. Grundsätzlich ist die sich entwickelnde computergesteuerte Infrastruktur mehr oder weniger in alle symbolischen Operationen involviert, auch dann, wenn einzelne Akteure oder Individuen versuchen, das zu vermeiden. Es liegt infolgedessen auf der Hand zu fragen, wer über die derzeitigen Entwicklungen bestimmt und mit welchem Recht, entscheidet, wohin sich Schule, Bildung und Universitäten entwickeln, wie journalistisch brauchbare Berichterstattung zustande kommen kann, wie Demokratie funktioniert etc.: Wessen Chancen realisieren sich, wer muss die Nachteile ertragen?

Kritik, die an derartigen Fragen ansetzt, ist natürlich immer *normativ*. Sie geht in der Regel von bestimmten, vorher gewählten Standpunkten aus, von ethischen Überlegungen, religiösen Vorstellungen oder ideologischen Setzungen. Kritik kann dann auf Reformen hin angelegt oder auf radikale Veränderungen hin orientiert sein. Auf einer derartigen Basis kann dann demokratisch gestritten, nach Lösungen gesucht und darüber entschieden werden.

Über primär normative Argumente hinaus kann Kritik als *praktisch-politische Kritik* auftreten, die an konkreten Erlebnisweisen der Menschen und deren Interessen und Wünschen ansetzt und diese aktiv in entsprechende Aushandlungsprozesse einbringt oder solche erst gegen Gewaltoptionen erzwingt.

In beiden Fällen kann akademisch begründete Kritik derartige Prozesse unterstützen, wenn sie sich dem von der Frankfurter Schule entwickelten wissenschaftlich basierten Kritikbegriff anschließt. Sozialwissenschaftlerinnen und -wissenschaftler arbeiten danach theoretisch angeleitet mithilfe empirischer Untersuchungen und können so Sachverhalte in ihrer Existenz wie auch ihrem Zustandekommen rekonstruieren. Darauf bezogen können sie aber auch mögliche Alternativen zu den real existierenden Sachverhalten formulieren, indem sie auf Entscheidungen beim Zustandekommen dieser Sachverhalte verweisen, Alternativen aufzeigen und diese als realisierbare Potenziale ebenfalls analysieren. Genau das führt aber zum Kritikbegriff der Kritischen Theorie (vgl. Horkheimer und Adorno 1971; Proißl 2014), der seine Herkunft von Hegel nicht verhüllen kann. *Ansatzpunkt derartiger Kritik ist es, das Mögliche gegen das real Existierende zu setzen* – dies ermöglicht Abwägungen, in denen dann erst bei der abschließenden Bewertung auf normative Überlegungen zurückgegriffen werden kann: Man sieht so auch deutlicher als anderweitig, welchen Preis man für eine Entscheidung bezahlen muss. Diese Art, Kritik durch die verschiedenen Schritte empirischer Forschung, konkreten Vergleichs und einer daran anschließenden Bewertung im Hinblick auf demokratische Grundwerte und Menschenrechte wissenschaftlich zu begründen, ist allgemein hilfreich, insofern sie es ermöglicht, verschiedene Lösungen sachbezogen gegeneinander abzuwägen. Dies ließe sich zum Beispiel auf die Frage anwenden, welche Rechte Staat und Unternehmen für das Sammeln und Auswerten von Daten haben sollen und welchen nicht. Es ließe sich auch bei der Diskussion um Netzneutralität anwenden – man würde in allen Fällen sehen, dass hier grundlegende Menschenrechte Aller gegen kurzfristige partikulare Interessen einzelner Unternehmen gesetzt sind.

Natürlich ist es im Rahmen einer solchen wissenschaftlichen Kritik immer auch möglich, über das zum Teil notwendige funktionale Verständnis von Medien hinauszugehen, indem man sich mit den damit verbundenen Machtproblemen beschäftigt: Bekannt ist, dass hier der auf Foucault zurückgehende Begriff des Dispositivs (vgl. Foucault 1978), der von Baudry (1999), Hickethier (2007) und anderen auf Medien angewandt wurde, in Betracht gezogen werden kann, um Medien zu analysieren – hier lassen sich interessante Ergebnisse erarbeiten (vgl. Lepa et al. 2014).

Kommt man im Rahmen wissenschaftlicher Kritik auf die Frage danach zurück, wer die Entwicklung bestimmt und zu wessen Vor- und Nachteilen sie stattfindet, so kann man auf der Basis empirischer Forschung und einer Theorie der Demokratie jedenfalls ohne weiteres sagen, dass Entscheidungen von einiger Tragweite in Demokratien letztlich von der Zivilgesellschaft (vgl. Adloff 2005) bestimmt werden müssen; dies kann dann der Startpunkt in eine kritische Mediatisierungsforschung sein. Dass diese trägt, macht auch Colin Crouch (2008) deutlich, dessen Begriff der Postdemokratie zwar zentral auf Entscheidungsverfahren zielt, dabei aber immer wieder deutlich macht, wie die Medien unter den heute gegebenen Bedingungen dazu beitragen, Demokratie zu unterhöhlen. Auch lässt eine gründliche Analyse des derzeit so inflationär im Zusammenhang mit den digitalen Medien verwendeten Partizipationsbegriffs erkennen, dass es sich hier wieder einmal um einen Hoffnungsbegriff handelt – im Hinblick auf die technischen und organisatorischen, von *Facebook* und anderen verwalteten und eingegrenzten Gegebenheiten kann man eigentlich nur sagen, dass sich die Möglichkeiten, Zuhörende oder Gleichgesinnte zu finden, durch diese kontrollierten partizipationsgeeigneten Medien liberalisiert haben; dass daraus quasi automatisch politische oder gesellschaftliche Partizipation entsteht, ist jedoch eher unwahrscheinlich.

5 Abschließende Anmerkungen

Kommunikation ist die Grundlage menschlichen Daseins – nicht die einzige, wie wir spätestens seit Karl Marx wissen, aber Kommunikation lässt sich jedenfalls nicht auf Kooperation verkürzen, sondern verbindet innere und äußere menschliche Realitäten und ermöglicht deren Weiterentwicklung. Wenn sich die Formen individueller wie gesellschaftlicher Kommunikation verändern, so wandeln sich nicht nur die Formen menschlichen Zusammenlebens, manchmal auf geringfügige Weise wie etwa mit der Erfindung der Postkarte oder des Videorekorders, manchmal auf grundlegende Weise, wenn die Erfindung der Druckmaschine oder die Nutzung von computergesteuerten Medien nicht mehr übersehbare Konsequenzen hatten und haben. In letzteren Fällen kann die Kommunikationswissenschaft auf die Theorien von Innis (1950, 1951) und McLuhan (1964) sowie auf die gesellschaftlich/psychoanalytisch immer wieder auch in Bezug auf die herrschenden Medien konstruierten Formen von Sozialcharakter und Habitus Bezug nehmen, um den Wandel des Individuums zu beschreiben und in seinem Entstehen zu rekonstruieren: auf den Habitus nach Bourdieu (1987), und auf den Sozialcharakter als autoritären Charakter nach Fromm (1942) und Adorno et al. (1950), als außen geleiteten Mensch bei Riesman et al. (1961), oder den narzisstischen Charakter nach Ziehe (1975) bzw. Lash (1979). Eine darauf bezogene Entwicklung eines Subjektkonzepts der Kommunikations- und Medienwissenschaft muss freilich noch entwickelt werden.

Denn auch das ist eine der mit Mediatisierung verbundene Schlussfolgerungen: Das in einer grundlegenden (und vermutlich recht zweifelhaften) Weise in abendländischen Vorstellungen als autonom verstandene Individuum erweitert heute sein Ich, macht es gleichzeitig durchlässiger und bettet es auf neue Weise in die Gesellschaft ein. Es integriert sich medial vernetzt in einer neuen, abstrakten und von allen konkreten Handlungsbezügen abgegrenzten Weise, macht sich aber gleichzeitig auch von seiner gewählten oder erreichten Umwelt abhängiger, insofern wesentliche Handlungsweisen an diese medialen Einbettungen gebunden sind (und es wird, wie wir wissen, auf das genaueste dabei beobachtet). Der Wandel des Subjekts als kommunikativ vermittelte Psychogenese erscheint dann unter anderem auch als eine Internalisierung von Regeln vor allem über Hardware/Software-Systeme, und im Rahmen einer Soziogenese (vgl. Elias 1972), in deren Verlauf den Menschen der Zugang zu ihren Wurzeln entzogen wird, insofern Wissen an *Google* et al., soziale Beziehungen an *Facebook* et al. und vieles andere an Weitere delegiert wird.

In diesem Rahmen findet dann soziale Integration nicht mehr wie früher auf der Basis gleichartigen Tuns und gleichartiger Erfahrungen statt, sondern auf der Basis der Kommunikationsfähigkeit der Individuen, damit auf der Basis ihrer kommunikativen bzw. medienbezogenen Kompetenz, die allerdings auch durch die Vorgaben der sogenannten Internetgiganten, dieser mächtigsten Firmen in der Geschichte der Menschheit, strukturiert sind. Hier ist eine gesellschaftliche Lenkung durch Machtstrukturen angelegt. Diese Bedingungen müssen im Hinblick auf die hier anzusetzenden Kriterien eines demokratischen Zusammenlebens und einer freien Selbstverwirklichung der Individuen jedoch dringend rekonfiguriert werden. Sonst bleibt den Menschen nur Anpassung übrig. Insofern ist dieser Aufbruch der Menschheit aber auch nicht a priori defizitär, sondern kann auch ein Aufbruch zu einem neu und anders sozialisierten Individuum in einer technisch und materiell, aber auch symbolisch anders zusammengesetzten Wirklichkeit werden, die allen ganz neue Möglichkeiten bietet, ohne sie zu enteignen. Das allerdings geht leider nicht von alleine, sondern muss vermutlich in einem langen Aushandlungsprozess umgesetzt werden, der, blickt man in die Geschichte zurück, nicht immer friedlich verlaufen wird. Dabei ist auch für die Wissenschaft viel zu tun: Prozessual angelegte Forschung unter sich wandelnden Bedingungen mit dem Ziel einer integrativen und zugleich praktisch gerichteten Theoriebildung, die gleichzeitig Mediatisierungstheorie in die dafür relevanten anderen Sozialtheorien integriert, und die vor allem und in erster Linie der Zivilgesellschaft zu tiefer gehender Reflexion verhilft. Dies muss interdisziplinär wie international vernetzt angepackt werden.

Literatur

Adloff F (2005) Zivilgesellschaft. Theorie und politische Praxis. Campus, Frankfurt am Main
Adorno T, Frenkel-Brunswik E, Levinson D, Sanford R (1950) The authorian personality. Harper and Brothers, New York
Anter A (2012) Theorien der Macht: Zur Einführung. Junius, Hamburg
Baudry J-L (1999) Das Dispositiv. In: Pias C, Engell L, Fahle O, Vogl J, Neitzel B (Hrsg) Kursbuch Medienkultur. DVA, Stuttgart, S 381–404
Beck U (1986) Risikogesellschaft. Suhrkamp, Frankfurt am Main
Bösch F (2011) Mediengeschichte. Campus, Frankfurt am Main
Bourdieu P (1987) Die feinen Unterschiede. Kritik der gesellschaftlichen Urteilskraft. Suhrkamp, Frankfurt am Main
Cassirer E (1994) Wesen und Wirkung des Symbolbegriffs. Wissenschaftliche Buchgesellschaft, Darmstadt
Crouch C (2008) Postdemokratie. Suhrkamp, Frankfurt am Main
Dahl P (1983) Radio. Sozialgeschichte des Rundfunks für Sender und Empfänger. Rowohlt, Reinbek bei Hamburg
Degele N (2002) Einführung in die Techniksoziologie. Fink, München
Elias N (1972) Über dem Prozess der Zivilisation. 2. Aufl. Suhrkamp, Frankfurt am Main
Foucault M (1978) Dispositive der Macht. Merve, Berlin
Fromm E (1942) Character and social process. An appendix to Fear of Freedom. https://www.marxists.org/archive/fromm/works/1942/character.htm. Zugegriffen: 15. August 2015
Geertz C (1991) Dichte Beschreibung. 2. Aufl. Suhrkamp, Frankfurt am Main
Gramsci A. (1991) Marxismus und Kultur. Ideologie, Alltag, Literatur. Herausgegeben von Sabine Kebir. 3. Aufl. VSA, Hamburg
Haarmann H (2011) Geschichte der Schrift. 4. Aufl. Beck, München
Habermas J (1987) Theorie kommunikativen Handelns. 4. Aufl. Suhrkamp, Frankfurt am Main
Havelock, EA (1990) Schriftlichkeit. Das griechische Alphabet als kulturelle Revolution. VCH Acta humaniora, Weinheim

Hepp A (2012) Cultures of mediatization. Polity Press, Cambridge
Hepp A, Krotz F, Winter C (Hrsg.) (2005) Globalisierung und Medien. Eine Einführung. Springer/VS, Wiesbaden
Hepp A, Krotz F, Lingenberg S, Wimmer J (Hrsg.) (2015) Handbuch Cultural Studies und Medienanalyse. Springer VS, Wiesbaden
Hickethier K (2007) Film- und Fernsehanalyse. 4. Aufl. Metzler, Stuttgart
Horkheimer M, Adorno TW (1971) Dialektik der Aufklärung. Fischer, Frankfurt am Main
Innis H (1950) Empire and communication. Clarendon Press, Oxford
Innis H (1951) The bias of communication. University of Toronto Press, Toronto
Kleinsteuber HJ (2005) Radio. In: Weischenberg S, Kleinsteuber HJ, Pörksen, B (Hrsg) Handbuch Journalismus und Medien. UVK, Konstanz, S 381–386
Krotz F (1998) Media, individualization and the social construction of reality. In: Giessen HW (Hrsg) Long term consequences on social structures through mass media impact. Vistas, Berlin, S 67–82
Krotz F (2001) Die Mediatisierung kommunikativen Handelns. Wie sich Alltag und soziale Beziehungen, Kultur und Gesellschaft durch die Medien wandeln. Westdeutscher Verlag, Opladen
Krotz F (2007) Mediatisierung. Fallstudien zum Wandel von Kommunikation. Springer/VS, Wiesbaden
Krotz F (2011) Mediatisierung als Metaprozess. In: Hagenah J, Meulemann H (Hrsg) Mediatisierung der Gesellschaft? LIT, Münster, S 19–41.
Krotz F (2012) Von der Entdeckung der Zentralperspektive zur Augmented Reality: Wie Mediatisierung funktioniert. In: Krotz F, Hepp A (Hrsg) Mediatisierte Welten: Forschungsfelder und Beschreibungsansätze. Springer/VS, Wiesbaden S 27–58
Krotz F (2014a) Mediatization as a mover in modernity: Social and cultural change in the context of media change. In: Lundby K (Hrsg) Mediatization of communication. De Gruyter, Berlin/Boston, S 131–161
Krotz F (2014b) Die Mediatisierung von Situationen und weitere Herausforderungen für die kommunikationswissenschaftliche Forschung. Medienjournal 38:5–20
Krotz F (2014c) Einleitung: Projektübergreifende Konzepte und theoretische Bezüge der Untersuchung mediatisierter Welten. In: Krotz F, Despotović C & Kruse M-M (Hrsg) Die Mediatisierung sozialer Welten. Synergien empirischer Forschung. Springer/VS, Wiesbaden, S 7–32
Krotz F, Hasebrink, U (2003) Computer in Schulen in Deutschland und Japan. Ein Forschungsbericht. MS. Hans-Bredow-Institut, Hamburg
Lash C (1979) The culture of narcissism. W.W. Norton & Co, New York
Lepa S, Krotz F, Hoklas A-K (2014) Vom Medium zum ‚Mediendispositiv'. In: Krotz F, Despotović C, Kruse M-M (Hrsg) Die Mediatisierung sozialer Welten. Synergien empirischer Forschung. Springer/VS, Wiesbaden, S 115–143
Marx K, Engels F (1969) Die deutsche Ideologie. Marx/Engels Werke Bd 3. Dietz Verlag, Berlin
McAllister MP (1996) The commercialization of American culture. New advertising, control and democracy. Sage, London u. a.
McLuhan M (1964) Understanding media: the extensions of man. McGraw-Hill, New York
Meyrowitz J (1990) Die Fernsehgesellschaft. Beltz, Weinheim
Ong WJ (1995) Orality and literacy. The technologizing of the world. Routledge, London/New York

Proißl M (2014) Adorno und Bourdieu. Springer/VS, Wiesbaden
Raible W (2006) Medien-Kulturgeschichte. Mediatisierung als Grundlage unserer kulturellen Entwicklung. Universitätsverlag Winter, Heidelberg
Rammert W (2007) Technik – Handeln – Wissen. Springer/VS, Wiesbaden
Riesman D, Dennis R, Glazer N (1961) Die einsame Masse. Rowohlt, Reinbek bei Hamburg
Schiller H (1989) Culture, Inc.: The corporate takeover of public expression. Oxford University Press, New York
Stein P (2010) Schriftkultur. Eine Geschichte des Schreibens und Lesens. 2. Aufl. Wissenschaftliche Buchgesellschaft, Darmstadt
Sterne J (2003) The audible past. Cultural origins of sound reproduction. Duke University Press, Durham/London
Strauss A (1984) Social worlds and their segmentation processes. Studies in Symbolic Interaction 5:123–139
Ziehe T (1975) Pubertät und Narzissmus. Europäische Verlagsanstalt, Köln

Über den Autor

Friedrich Krotz, Dr. phil. habil., ist Professor für Kommunikationswissenschaft mit dem Schwerpunkt Soziale Kommunikation und Mediatisierungsforschung an der Universität Bremen. Er ist Initiator und Koordinator des DFG-Schwerpunktprogramms „Mediatisierte Welten". Forschungsschwerpunkte: Theorie und Methoden der Kommunikationswissenschaft, Kultursoziologie, Cultural Studies, Medien und Gesellschaft und Mediatisierungsforschung. Zu seinen letzten Veröffentlichungen gehören (zus. mit C. Despotović und M. Kruse) 2014 die Herausgabe des Bandes „Die Mediatisierung sozialer Welten. Synergien empirischer Forschung" im VS-Verlag sowie (zus. mit A. Hepp) 2014 die Herausgabe des Buches „Mediatized worlds. Culture and society in a media age" bei Palgrave und (zus. mit A. Hepp) 2012 die Herausgabe des Bandes „Mediatisierte Welten. Forschungsfelder und Beschreibungsansätze" im VS-Verlag. Zudem ist er gewähltes Mitglied des International Councils der IAMCR.

Printed by Printforce, the Netherlands